D1687378

記念碑論争

ナチスの過去をめぐる共同想起の闘い
［1988〜2006年］

米沢薫【著】
Yonezawa Kaoru

Der Denkmalstreit

社会評論社

記念碑論争　ナチスの過去をめぐる共同想起の闘い（1988～2006年）＊目次

I 記念碑論争の経緯と諸問題

4●記念碑芸術コンペ――68

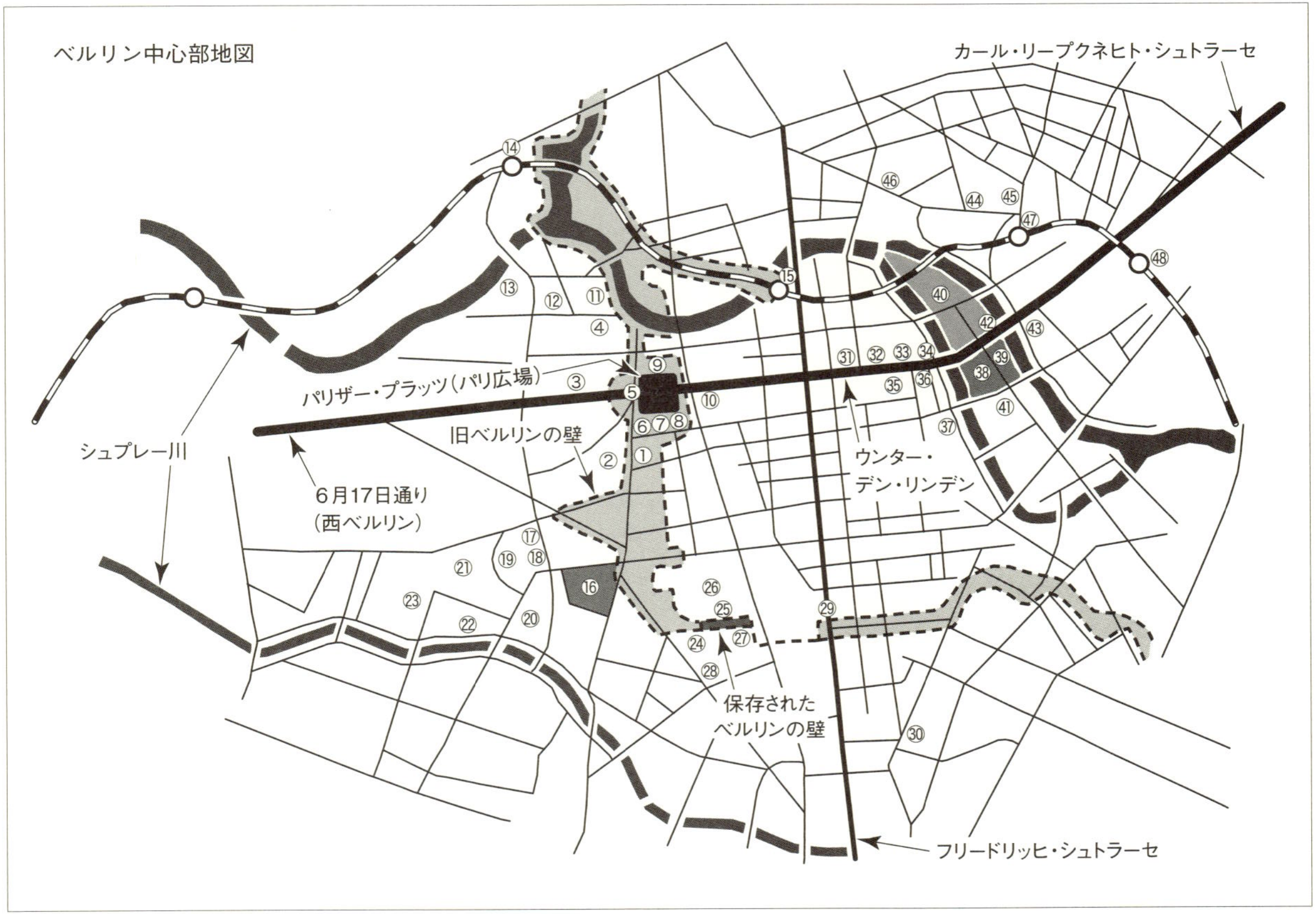
ベルリン中心部地図
カール・リープクネヒト・シュトラーセ
パリザー・プラッツ（パリ広場）
旧ベルリンの壁
シュプレー川
6月17日通り
（西ベルリン）
ウンター・
デン・リンデン
保存された
ベルリンの壁
フリードリッヒ・シュトラーセ

ベルリンの中心にある記念碑・施設

＊＊　集会・デモの規制を受けるナチスに関連する歴史的に特別重要な施設。
＊　その他の本書で言及した記念碑や施設。

ブランデンブルク門周辺

① 虐殺されたヨーロッパのユダヤ人のための記念碑　＊＊
② 同性愛者の記念碑　＊
③ ソ連軍顕彰碑（西ベルリン）　＊
④ 虐殺されたシンティー・ロマの記念碑（建設中）　＊＊
⑤ ブランデンブルク門　＊
⑥ アメリカ大使館
⑦ 芸術アカデミー
⑧ イギリス大使館
⑨ フランス大使館
⑩ ロシア大使館
⑪ 連邦議会堂（旧帝国議会）　＊
⑫ 連邦議会堂前広場　＊
⑬ 首相官邸

ポツダム・プラッツ（広場）周辺

⑯ ポツダム・プラッツ（統一後に空き地から新たに造られた繁華街）　＊
⑰ 「ベルリン・カーヴ」　＊
⑱ 「灰色のバス」　＊
（⑰⑱のどちらも Aktion T4 の記念碑）
⑲ ベルリン・フィル・ハーモニー
⑳ ベルリン国立図書館Ⅱ（旧西ベルリンの国立図書館）
㉑ 芸術図書館
㉒ ノイエ・ギャラリー（美術館）
㉓ ドイツ抵抗記念館・ヒトラー暗殺を企てた将校が処刑された中庭の記念碑（連邦国防省）
㉔ マルティン・グロピウス・バウ　＊
㉕ ベルリン市議会議員会館（旧プロイセン議会堂）
㉖ 連邦参議院議会
㉗ テロの地政学　＊＊
㉘ ヨーロッパハウス（「故郷追放者の想起の場」が造られる建物）　＊
㉙ チェックポイント・チェーリー

ウンター・デン・リンデン周辺

㉛ ベルリン国立図書館Ⅰ（旧東ドイツ国立図書館）
㉜ フンボルト大学本館（フォイエルバッハ・テーゼ）　＊
㉝ ノイエ・ヴァッヘ　＊＊
㉞ ドイツ歴史博物館　＊
㉟ 「空の書棚」バーベル広場　＊
㊱ 国立オペラ座
㊲ 外務省
㊳ ベルリン宮殿建設予定地　＊
㊴ 解体中の共和国宮殿　＊
㊵ 博物館島（ボーエ博物館・ペルガモン博物館・アルテスムゼウム・ナショナルギャラリー）　＊
㊶ 旧東独国家評議会（ベルリン宮殿のバルコニーが埋め込まれている）　＊
㊷ ベルリン大聖堂　＊
㊸ マルクス・エンゲルス像　＊

その他

⑭ ベルリン中央駅　＊
⑮ フリードリッヒ・シュラーセ駅
㉚ ユダヤ博物館　＊
㊹ 強制移送されたユダヤ人が集められたユダヤ人老人ホーム跡の記念碑　＊＊
㊺ オットー・ヴァイト視聴覚障害者工場跡記念館　＊＊
㊻ ユダヤ教会堂（シナゴーグ）
㊼ ハッケッシャー・マルクト駅
㊽ アレクサンダー・プラッツ駅

まえがき

二〇〇五年五月十一日、二七一一本のコンクリート製の石碑群がブランデンブルク門の傍ら、「ベルリンの壁」の跡に出現した。市民運動による記念碑建設の最初の呼びかけから十六年、連邦議会での建設決議から六年余を経て、「虐殺されたヨーロッパのユダヤ人のための記念碑」（通称ホロコースト記念碑）は戦後六十周年にその除幕式を迎えた。本書はこの記念碑をめぐる論争の経緯とその論点を明らかにすることを企図したものである。

記念碑建設の呼びかけから記念碑建設の決議、着工から工事の中断と再開、そして記念碑の完成から今日に至るまで、この論争はさまざまな局面によって構成され、そこで論じられたテーマは多岐にわたる。それらの中には、論争の初めから今日に至るまで、一貫して中心的テーマとして論じられたものも多数あるが、それぞれの局面における政治的、社会的背景と深く結びついたその時期固有の論点もある。またすでに論じ尽くされたと思われていた問題は、しばしば事態の予期せぬ展開の中で全く別の視点から再検討が迫られ、論争はそのつど激しい対立を生み出しながら発展していった。連邦議会による記念碑建設決議は論争の一つの到達点ではあったが、それを終結させるものとはならず、その実現の過程で浮上した問題は再び新たな対立を生み出した。

記念碑論争の特徴は、まさにこの点にあるといえよう。論争の長さとそれを構成する論点の多様性や拡がりは、「過去の克服」というテーマの下で、戦後ドイツにおいて行なわれた他の論争と比べて際立っている。記念碑という極めて具体的、可視的な対象が常に議論の中心にあったため、そこで論じられた問題は歴史学、政治学、哲学の領域に留まらず美学や都市工学などにも及び、相互に関連する個々のテーマはいくつもの大きなテーマ群を形成した。とりわけ一九九四年に行なわれた記念碑芸術コンペによって問題はより具体的なものと

▲…「虐殺されたヨーロッパのユダヤ人のための記念碑」の「石碑のフィールド」。

なり、論争は知識人やジャーナリスト、政治家、芸術家のみならず、多くの一般市民を巻き込み、論争参加者の層は飛躍的に拡大した。

ベルリンは記念碑の建設地として一貫してこの論争の焦点であったため、ベルリン市民にとって記念碑問題はそれに対する賛否にかかわらず、常にきわめて身近なものであり続けた。一九八九年、ベルリンの壁が崩壊し、平行して立ち並ぶ二枚の壁が撤去された後、ベルリンの中心には数年間、巨大な空き地が残されていた。所有権をめぐる法的問題が解決してから、壁の跡地はそれまで利用価値がないとみなされていたその傍らの土地と共に再開発の対象となっていった。ボンからベルリンへの首都の移転の決議（一九九一年）によって、それらの一部は政府関係の施設の建設地となり、残りのほとんどの土地は商業開発地となった。二〇〇〇年にほぼ完成した、大企業や銀行、ホテル、映画館、劇場など大商業施設が集中するベルリンの新たな中心、ポツダム・プラッツも野うさぎが駆け回る広大な空き地から出現したものである。そうした建設工事に、統一後の急務の課題、交通網の再建がさらに加わった。分断された、あるいは廃線となっていた東西を結ぶ電車や地下鉄の軌道の設置、廃墟となっていた駅の修復、新たな路線や道路や橋の建設、拡張など、広大な範囲で大規模な工事が並行して進められた。その中で最大のものは二〇〇六年五月、十五年の工事の末ようやく完成した総ガラス張りのベルリン中央駅である。東西ヨーロッパを結び、ベルリンの交通網の中心となるこの駅に接続される路線の工事は現在も進行している。

一九九〇年代のベルリンは、至るところにクレーンが立ち並ぶヨーロッパ最大の建築現場であった。こうし

▲…かつては空き地だったポツダム・プラッツ。

▲…15 年にわたる工事の末完成した、ベルリン中央駅。

た急激に変貌する町の風景や日常生活の変化は、ベルリン市民にとって戦後と冷戦の終結を日々、まのあたりに突きつけるものでもあった。

しかしその一方では、統一後の熱狂的歓喜の後、極右の活動は活発化し、一九九二、三年を頂点に「外国人」襲撃や難民施設の放火など、それは次第にエスカレートしていった。また東ドイツでは旧独裁体制の中で強大な権力を握っていた国家保安局（シュタージ）の秘密協力者の問題を始めとして、旧体制の腐敗が日々明るみに引き出された。相互不信や対立は顕在化し、東ドイツはそれ自体のうちに「過去の克服」の問題を抱えることになる。またさまざまな形での東西格差が明らかになるにつれて、やがてそれは軋轢となって現われ、「見えない壁」という言葉を生み出した。

この記念碑論争の舞台は、統一後のドイツが新たに直面することになった多様な問題がとりわけ先鋭化し、集中的に現われたベルリンであり、そしてベルリンはまたその論争の焦点でもあった。記念碑論争は、ベルリンにとって、たんに町の中心の巨大建造物建設をめぐる対立であったのではなく、この記念碑がベルリン分断の前の、また分断の契機でもあった東西共有のあの過去に直接的に関わるものであるが故に、それをめぐる論争は東西共同の営みであり、新たなベルリンの共同形成への志向を内包するものであり得た。

連邦の次元では、ドイツ統一に伴うボンからベルリンへの首都移転は、戦前の、そして何よりナチス時代の首都へのドイツ連邦政府の帰還であり、首都移転は、ドイツにとって「戦後」の終結を最も象徴的に表わすものであった。この帰還に伴って「ベルリン共和国」と呼ばれる統一ドイツは、この記念碑をベルリンに必要としたのである。そしてこのことが記念碑の問題を西ベルリンの一市民運動から統一ドイツの国家プロジェクトへと転換させ、記念碑の意味を根本的に変質させるものとなった。

統一に伴う歴史的社会的変動を背景に、一九九〇年代、ドイツではゴールドハーゲン論争（一九九六年）[★1]や国防軍展覧会論争（一九九五年）[★2]、記念碑論争と密接な関わりを持ち、ここでも詳しく論じた「ノイエ・ヴァッヘ論争」（一九九三年）〔第Ⅰ部3・2〕、そして「ヴァルザー―ブービス論争」（一九九八年）〔第Ⅰ部5・1〕など、ナチスの過去の克服や歴史評価をめぐる激しい対立が相次いで起こり、それらは相互に深く影響を及ぼした。

また一九九九年の記念碑建設決議直前には、ドイツ軍はNATOの軍事行動に参加し、コソボ空爆に加わった。戦後初めてのこのドイツ軍の直接的軍事行動は当時それ自体大きな政治論争の焦点となったが、これもまた、記念碑問題にさまざまな形で影響を与えている。

記念碑をめぐって集中的に議論が行なわれたのは、このようにドイツが社会的、政治的に大きな変貌を遂げた一九九〇年代であり、それ故にこの論争の全貌を捉えるのは容易なことではない。同時代に起こった他の論争との関連を掘り下げることは不可欠であるが、しかし、それのみならず、戦後ドイツにおける過去との対決としての共同想起の営み全体を捉え返し、この論争をその中に位置づけることが必要であろう。さらに戦後と冷戦の終結による新たな政治的枠組みの構築という観点もそこに関連づけられなければならない。またこの論争の中心的テーマの一つである記念碑と芸術の関係という問題については、ナチスに関わるヨーロッパの想起文化とまたそこに位置づけられる記念碑、例えば、ポーランドの強制収容所跡記念碑コンペの論争なども視野に入れることは、このテーマ全体を見究めるために不可欠であろう。

本書はこうした広大な問題領域の一端を指し示すことをめざしつつ、その中心的課題としたのは記念碑論争の今日に至るまでの主要な流れと論点を、当時の資料に即して再構成することである。その際、特に重点を置いたのは市民運動による記念碑建設の呼びかけから連邦議会での記念碑建設決議までの約十年間である。この期間において記念碑論争の重要な論点が初めて次々と提起され、議論を通して次第にそれらが掘り下げられ、展開していく過程がとりわけ鮮明に表われているからである。

二度行なわれた記念碑芸術コンペはこの期間の中心的出来事であり、それは論争に決定的な影響を与えた。コンペは多くの一般市民の関心を集め、記念碑問題は広く知られるようになったが、それは同時に記念碑芸術というものに対する多くの失望者を生み出す結果ともなった。コンペの開催後、具体的造形の問題がテーマとして加わることによって、それまで論じられた理念上の争点との関わりの中で美学的議論が新たに始まった。コンペを契機にして論争はさらに多様な方向への展開を遂げることになる。本書は三部構成となっているが、最初の二部がその期間だけを扱っているのはそのためである。

第Ⅰ部では記念碑論争の発端から連邦議会での議決までの事実経緯を、各団体の声明や呼びかけのビラ、コンペ公募文書なども含めて、論争の展開の中で特に重要な役割を果たした資料を紹介し、論点を明らかにしながら時間軸に従って解説した。

第Ⅱ部では、Ⅰ部で扱った期間に公刊された文献の中から、論争の中で頻繁に言及されたものや独特の観点から問題点を掘り下げた、記念碑論争を代表する文献の一部を大きなテーマに分けて編集した。それらの文献は論争の内容をそのまま伝えるものであり、第Ⅱ部は本書のいわば中核ともいえる独立した部分である。しかしそれらの文献のほとんどは新聞や時事的雑誌に掲載されたものであるため、記念碑をめぐる当時の状況を周知のものとして書かれている。従ってそこで論じられている事柄の背景を知る上で、第Ⅰ部の論争の経緯を参照することが必要になる場合はあるであろう。また第Ⅰ部での経緯の解説では、そこで言及されている論点について詳しく論じた文献をそのつど、明示した（【 】内に資料番号を明記した）。そこには第Ⅱ部に収録した文献も多く含まれている。第Ⅰ部と第Ⅱ部はそういう形で関連づけられている。

第Ⅲ部は、第Ⅰ部で扱った時期以降の展開、すなわち連邦議会の記念碑建設決定から現在に至るまでの経緯とその期間の重要な論争を取り上げている。特に記念碑公開後については、現在まだ充分な議論が尽くされていない段階であり、概略を記すだけに留まっている。記念碑の完成によって直面している現在の問題は、根本的にそれまで論議の対象となっていた記念碑と実現したそれとのあまりにも大きな隔たりに起因するものである。そしてそれは、記念碑完成までの論争の中では全く予期されていなかったものであるが故に、それまでの議論に欠落していたものを突きつけ、その再検討を迫るものとして大きな課題を提起している。記念碑が公開されている現在、この論争を紹介する以上、そうした問題に触れることは事柄の本質上避け得ないものであると考え、簡略ながらも論及することにした。これらについては完成後の記念碑についての論争がひと通り終わった後、記念碑建設決定以降の展開と併せてより詳しい分析や評価が可能になるであろう。そのことはまた別の機会に譲りたい。

第Ⅲ部の最後では、ユダヤ人以外のホロコースト犠牲者の記念碑をめぐる論争と現在中心的に論じられているドイツの共同想起の問題に言及した。それらは「虐殺されたヨーロッパのユダヤ人のための記念碑」と本質的には関連を持ちつつ、その完成以降のドイツにおける想起の焦点の移行と今後の課題を示唆するものとして重要であると考えられるからである。

本書はこの論争をできるだけ資料に即して再構成することをめざし、文献の抄訳を避け論争に関連する事柄について可能な限り全文を翻訳した。諸般の事情から翻訳・転載許可を得ることができなかった資料については要約紹介に留まっているが、その場合も引用をできるだけ用い、原文を生かすことに務めた。

論争全体で論じられた膨大なテーマの中で、ここにとりあげることのできたものは僅かにすぎない。テーマや文献を選択する際に基準としたのは、そこで論じられている問題が現在、日本で行なわれている共同想起とその形式についての論争にとって本質的に意味があるかどうかということである。日本での議論に直接的に関わり、今後の論議の上で参考になると思われる論点については特に重点的に取り上げ詳しく紹介した。しかし逆に、それらに直接的関わりのないと思われるものについては、たとえそれがこの論争の中で集中的に論じられたものであっても、簡単に触れるに留まっている。

その一つは、連邦と連邦を構成する州との軋轢から生じる連邦国家固有の諸問題である。連邦とそれを構成する一六州の一つベルリン（特別市）との間では、記念碑の決定権や管轄をめぐる争点があった。またベルリン議会内部における党派的対立も論争の流れに大きな影響を及ぼしたが、それらについては簡単に言及しただけである。

連邦の次元では、十六年間続いたヘルムート・コールが主導する連立保守政権は一九九八年、総選挙に敗れ、ゲルハルト・シュレーダーを首相とするドイツ社会民主党（SPD）と緑の党（正式名称、緑と九〇年連合）の中道左派政権が誕生した。

この時の総選挙を前にした政治的動きや新政権の発足は、記念碑問題に大きな影響を与えたが、それについても詳細な論議は省き、論争の展開を理解する上で必要最小限の経緯だけを紹介している。

記念碑の建設場所をめぐる議論は論争の中で一貫して重要なテーマの一つであったが、それについては記念碑の本質に直接的に関わる理念的問題だけに限定し、ベルリンの地理や地誌についての知識を前提にした議論はほとんど省略している。

その意味では、本書は論争のテーマ全体を網羅的、俯瞰的に捉えることをめざしたものではなく、またその中心的関心はドイツやベルリンの現代政治にあるのでもない。

記念碑論争はナチスのユダヤ人虐殺というドイツ固有の問題のみを焦点とするものではない。この論争において徹頭徹尾中心にあるのは、過去との対決や克服を志向し、共同想起やその方法を考える際、不可避的に直面する普遍的な問題である。ここで主として取り上げたのは、それらの問題を根本から問う論争であり、従ってそれは現在日本で論議の焦点となっている事柄と本質的に関わるものでもある。この論争はそれらの問題に対して何らかの解決を指し示すものではなく、むしろ問題の深さとその克服に伴う困難をさまざまな形で呈示している。しかしまさにそのようなものとして、この論争と論争が提起した問題は日本での今後の論議にとって多くの示唆を与えるものであるといえよう。

文献を編集するに際して、第Ⅰ部と第Ⅱ部で本書が土台にしたのは、一九九九年に出版された『記念碑論争――記念碑とは何か』（凡例参照、二三頁）と題するA４判で一四〇〇頁近くに及ぶ資料集である。ここには一九八三年から一九九九年四月、記念碑建設の連邦議会議決の二ヵ月前までの資料がほとんど収められている。新聞や雑誌の記事を始めとして、今では入手することがほとんど不可能である僅かな部数しか刷られていないパンフレットやビラ、記念碑コンペの提出作品の紹介や企画書などもここに収録されている。本書が取り上げた文献の中で、この資料集に収録されているものについては原資料の出典と共にこの資料集の該当頁を明示した。それ以外に用いた主要な文献は凡例の後に列挙した。

（1）一九九六年九月、アメリカの歴史学者ダニエル・ゴールドハーゲンによる『ヒトラーの意志的死刑執行人』という本が出版された。ゴールドハーゲンはそこでホロコーストはナチスの思想というだけではなくドイツだから起こり得た、ドイツ人の精神性に基づくものであることを主張した。この本はただちにドイツ語に翻訳され、その内容をめぐって大きな論争が起こった。多くの歴史学者もその議論に加わっている。

（2）ハンブルクの社会研究所が企画し、市民団体の支援を受け、一九九五年三月から、「絶滅戦争——ドイツ国防軍一九四一年〜一九四四年」と題する展覧会がドイツやオーストリアの各都市で開かれた。この展覧会は、それまでナチスの犯罪からはある程度区別され、それには中心的に関与していないとされてきたドイツ国防軍が、東部戦線ではナチスの絶滅戦争の犯罪に積極的に関わっていたという事実を多くの資料によって明瞭に示すものであった。それは、ナチスの犯罪からある程度除外され、犠牲者とみなされてきた一般ドイツ兵士を加害者へと変える、国防軍の神話を打ち砕くものとなり、大きな社会的反響を引き起こした。展覧会が行なわれた各地では右翼の抗議デモが行なわれ、会場は爆破の脅迫なども受けた。

一九九九年、この展覧会は展示されていた写真の一部に誤りがあったことが原因で一時中断するが、二〇〇一年十一月に「国防軍の犯罪の規模　一九四一年〜一九四五年」という新たなタイトルの下で再開された。それらの展示資料は現在ドイツ歴史博物館に収められている。

凡例

一、ドイツは一六の州・市からなる連邦であり、ベルリンはハンブルクやブレーメンと並んで、他の一三州と共に連邦を構成する特別市である。それらの首長は他の市長とは異なる呼称を持つが、本書ではベルリン市、その首長をベルリン市長と訳している。

二、統一以前のドイツの名称についてはドイツ民主共和国を東ドイツ（東独）、ドイツ連邦共和国を西ドイツ（西独）と表記した。なお、統一後について用いられている東ドイツ、東ベルリンは、現在のドイツで通常用いられている呼称であるが、旧東ドイツ、旧東ベルリンにあたる地域を指す。

三、翻訳における訳者の注記は［　］内に記した。

四、記念碑を表わす言葉はドイツ語にはDenkmal《デンクマル》とMahnmal《マーンマル》の二つがある。前者は記念碑一般を指し、後者はその中で戒めの意味を持つ記念碑を指す。しかし通常この言葉は意識的に区別されて用いられていない。この「虐殺されたヨーロッパのユダヤ人のための記念碑」の正式名称にはデンクマルが用いられているが、マーンマルも一般に使われている。翻訳に際して著者が意識的に区別している場合を除いては、基本的に記念碑と訳出している。

五、ここでいうユダヤ人とは、何らかの意味や程度で自己をユダヤ人と規定している人々を指し、宗教性や国籍とは関係がない。この論争に参加したユダヤ人はほとんどドイツで暮らし、ドイツ国籍を持ち、ドイツ語を母語とする人々である。文脈上必要な場合には、ドイツでの表現に倣いユダヤ系ドイツ人、非ユダヤ系ドイツ人という表現も用いている。

六、シンティー・ロマと表記したのは、（かつて）ツィゴイネルと呼ばれた諸民族の中で、ヨーロッパで多数を占める、民族の名称である。この名称の問題については現在議論があるが、ここではドイツの多くのシンティーとロマが蔑称として拒絶している「ツィゴイネル」という言葉を原則として用いず、一九八〇年代からドイツで通常用いられているシンティーとロマ（Sinti und Roma）をシンティー・ロマと表記して用いている〔第Ⅲ部5・1・1参照〕。

七、ドイツでは想起、記憶、記念などを表す言葉としてエアインネルンク（Erinnerung）、ゲデヒトゥニス（Gedächtnis）、及びその派生語があるが、これらは概念上、厳密な区別はない。一九八〇年代からドイツでは、ナチスの過去との関連において、歴史の連続性と断絶、文化記憶（「伝統」）、集合アイデンティティーといったテーマと結びついて、「想起」や「記憶」は歴史学、政治学、社会学、哲学、文学、芸術学などさまざまな研究領域で中心的概念となっている。二〇〇一年には、『記憶と想起——学際的事典★1』が出版されたが、ここには記憶と想起の二つの項目は省かれている。それに関連するさまざまな領域の諸概念を明らかにすることを通して、逆にこの言葉の意味を明確にしていくという試みである。本書でもこれらの言葉に対して、決まった訳語を対応させることをせず文脈によって訳し分けている。

略称

［ドイツ連邦議会政党とその略称］
ドイツ社会民主党（ＳＰＤ）　社民党
キリスト教民主同盟（ＣＤＵ）
キリスト教民主社会同盟（ＣＳＵ）

＊なおキリスト教民主同盟（ＣＤＵ）とキリスト教民主社会同盟（ＣＳＵ）は、形式的には別の政党ではあるが、連邦議会で同一会派を形成し実質的に区別して扱われない。この会派をキリスト教民主・社会同盟と略称する。個々の議員についてはそれぞれの政党を記す。

緑と九〇年連合（Bündnis 90/Die Grüne）　緑の党

ドイツ自由民主党（ＦＤＰ）　自民党

ドイツ民主社会党（ＰＤＳ）　社会党（東独社会主義統一党（ＳＥＤ）を後継する政党）

［新聞］

FAZ　Frankfurter Allgemeine Zeitung（フランクフルター・アルゲマイネ新聞）

SZ　Süddeutsche Zeitung（南ドイツ新聞）

Tsp　Der Tagesspiegel（ターゲスシュピーゲル）

taz　Die Tageszeitung（ターゲスツァイトゥンク）

Welt　Die Welt（ヴェルト）

BZ　Berliner Zeitung（ベルリン新聞）

BMp　Berliner Morgenpost（ベルリン・モルゲンポスト）

［週刊新聞］

Zeit　Die Zeit（ツァイト）

［総合週刊誌］

Spiegel　Der Spiegel（シュピーゲル）

記念碑論争の資料集と包括的文献

[資料集]

○ Ute Heimrod/Günter Schlusche/Horst Seferens (Hg.), Denkmalstreit — das Denkmal? Berlin 1999.（記念碑論争――記念碑とは何か）

＊一九八七年から一九九九年四月までの資料集。

○ Sybylle Quack (Vg.), Auf dem Weg zur Realisierung, Berlin 2002.（実現への途上）

＊「虐殺されたヨーロッパのユダヤ人のための記念碑」を構成するもう一つの施設、「情報の場所」が具体化される過程で、記念碑財団が発表した重要な文書とベルリンで開かれた「情報の場所」についての国際シンポジウムでの講演や議論の記録が編集されている。

[本書で主として利用した論争全体を紹介した記念碑論争の包括的文献]

○ Hans-Georg Stavginski, Das Holocaust-Denkmal. Der Streit um das Denkmal für „die ermordeten Juden Europas" in Berlin (1988–1999), Paterborn/München/Wien/Zürich 2002.（ホロコースト記念碑――ヨーロッパの虐殺されたユダヤ人の記念碑をめぐる論争）

○ Jan-Hologer Kirsch, Nationaler Mythos oder historische Trauer. Der Streit um ein zentrales „Holocaust-Mahnmal" für die Berliner Republik, Köln/Weimar/Wien 2003.（国家神話か歴史的追悼か――ベルリン共和国のための一つの中央「ホロコースト記念碑」をめぐる論争）

＊上記二冊は同じ年に提出された歴史学の学位論文を基にしたもので、どちらも記念碑建設運動の始まりから、連邦議会での建設決定までの期間を扱っている。

○ Claus Leggewie/Erik Meyer, „Ein Ort, an den man gerne geht" Das Holocaust-Mahnmal und die deutsche Geschichtspolitik nach 1989, München/Wien 2005.（「喜んで行きたくなる所」ホロコースト記念碑と一九八九年以降のドイツの歴史政治）

＊記念碑建設運動から記念碑の完成直前までの期間を取り上げているが、特に建設決定以降に重点が置かれている。なお、このタイトルはシュレーダー首相が当時、望むべき記念碑をそのように表わし、後に批判にされた言葉に由来する。

その他の記念碑の代表的包括的資料や写真集などの一部は、虐殺されたヨーロッパのユダヤ人のための記念碑財団のインターネット・サイトの公式サイトで随時、紹介されている。

http://www.holocaust-mahnmal.de/publikationen/buecherzumdenkmal.

（1）Nicolas Pethes/Jens Ruchatz (Hg.), Gedächtnis und Erinnerung. Ein interdisziplinäres Lexikon, Hamburg 2001.

I．記念碑論争の経緯と諸問題

▼…マルティン・グロピウス・バウ（左）と、ゲシュタポ跡地で開催されている「テロの地勢学」（右下地下部分）。その上に保存されたベルリンの壁の一部が見える。その後ろの建物はベルリン議会会館（旧プロイセン議会堂）

1 記念碑論争の前史

1・1 ナチスの想起をめぐる西ドイツの一般的状況

西ドイツにとって戦後、ナチスとの自己批判的対決、「過去の克服」はヨーロッパ諸国との関係回復のために、また政治的、経済的、文化的再生のためにも必要不可欠の急務の課題であった。一九五〇年代のナチスの犯罪の時効停止をめぐる議論や、一九六〇年代フランクフルトで行なわれたアウシュヴィッツ裁判を代表とする戦争犯罪に関わる裁判、また一九六八年を頂点とする学生運動で中心的テーマの一つとして先鋭化された若者たちによる親の世代に対する戦争責任の告発など、西ドイツではさまざまな機会に過去との対決に関する多くの論争が行なわれてきた。

一九七〇年代の後半から社会を構成する大部分が戦争を体験していない世代へ移り変わっていくにつれて、過去の想起の形式は、直接的体験者による自己批判的、あるいは自己弁護的証言、そして沈黙などから、非体験者の共同想起へと次第に移行していった。直接的体験者が減っていくに従って、ナチスに対する関心は一般に広がり、一九七九年、ドイツの公共放送局で放送されたアメリカ制作の四回連続のテレビドラマ「ホロコースト」は西ドイツで三〇%を越える記録的な視聴率を残した。★1

また一九八五年、想起の重要性を説いた大統領リヒャルト・フォン・ヴァイツゼッカーの戦後四十周年式典での演説「荒野の四十年」は当時世界に知られたが、ドイツ国内でもそれに対する賛否を含め、大きな反響を引き起こした。その翌年にはホロコーストの歴史的評価をめぐって「歴史家論争」が起こり、ナチスの大量虐殺の歴史的唯一性とその相対化を中心的テーマにして、ハーバーマスやノルテを中心にもっぱら知識人の間で議論が行なわれた。

直接体験から共同想起への移行という過渡期において、過去への関心の高まりは一方ではナチスの過去をドイツ史の断絶と捉え自己批判的対決を志向する方向と、他方ではそれを相対化し歴史の一章として完結させ「正常化」を希求する方向との両極性を内包している。

この記念碑論争もまたこれら一連の流れの中に位置づけることができる。この論争にはそれまでの論点のほとんど全てが流れ込み、さまざまな争点へと分岐していった。その意味では記念碑論争は、戦後六十周年という契機もあいまって、ナチスの過去との対決や克服に関する戦後の議論の集大成という側面を持つ。そしてそれは、この論争において争点となったことのほとんどは、かつて何らかの形で論じられたものであることを意味するものでもある。しかしドイツ統一という局面において、従来のテーマは別の視点から取り上げられ、新たに位置づけられることになった。また「過去の克服」としての共同想起が、具体的形式との密接な結びつきにおいて徹底的に論じられたという点も、この論争を特徴づけるものであるといえよう。

1・2 ゲシュタポ跡地の再発見——記念碑設立運動の具体的契機

「虐殺されたヨーロッパのユダヤ人のための記念碑」（以下、原則的にこれを「記念碑」と略称する。この名称そのものが論争の根本的な問題になっているからである）の設立運動は、テレビ・ジャーナリスト、レア・ロースと歴史学者エバーハルト・イェッケルを中心とする市民運動の提案に遡る。この運動は、一九八〇年代の初め、残骸の残る空き地として放置されていた西ベルリンのゲシュタポ跡地の再開発をめぐって行なわれた論争に端を発している。

一九八一年、マルティン・グロピウス・バウという博物館がベルリンの壁の傍ら、ベルリン国立図書館やベルリン・フィルハーモニーの近くに完成した。それは戦時中、爆撃によって破壊され、廃墟のままで長く残されていた工芸美術館が長い修復工事の末、生まれ変わったものである。プロイセンをテーマとする第一回の展覧会がこの建物で開催され、それは大きな成功を収めた。そして多くの来館者の関心はこの博物館に連なる隣の土地にも注がれることになる。そこは、ナチスが権力を掌握した一九三三年から一九四五年までの期間、その最重要機関であった国家保安本部、ナチス親衛隊、ゲシュタポ（国家秘密警察本部）が置かれていた場所である。戦時中、建物は爆撃によって破壊された後、そのままの形で長く放置されていたが、一九六〇年代に完全に爆破され、瓦礫が埋もれる小高く盛り上がった空き地として残っていた。★2

一九八〇年代の初めにはここに道路を通す計画があったが、この場所の保存を求める市民の反対運動で、工事は結局中止に追い込まれる。しかしマルティン・グロピウス・バウの完成を機にゲシュタポ跡地が再び人々の注目を集めたことによって、この場所の歴史的評価をめぐる議論は再燃した。この場所の保存を求める声は次第に高まり、その結果ベルリン（建築住宅省）が主催し、ベルリン市長（リヒャルト・フォン・ヴァイツゼッカー、市長在職期間一九八一～一九八四年）の後援によってゲシュタポ跡地の活用の企画とそこに建てる建造物についてのコンペが開催されることになった。★3

審査の結果、第一位の作品が一九八四年四月に発表され、その企画についての議論が広く活発に行なわれたが、結局その実現は見送られることになる。その背景には当時首相であったヘルムート・コールの主導によって進められていたドイツ歴史博物館の建設計画があった。この土地はその建設候補地の一つであり、連邦と同じく保守党が政権を握っていたベルリン政府（市長エバーハルト・ディープゲン、在職期間一九八四～八九年、一九九一～二〇〇一年）はその計画に連動し、そのコンペで選ばれた作品の実現を阻んだためである。★4（その後、ドイツ歴史博物館のコンペは別の場所を建設予定地として開催されたが、結局ベルリンの壁の崩壊によって、その計画は根本的に見直されることになる。そして統一後、ウンター・デン・リンデンにある十七世紀の末に建てられたプロイセン時代の兵器庫、旧東ドイツの歴史博物館が、ドイツ歴史博物館として改修され、一九九一年、最初の展覧会が開かれた）。

こうした背景からベルリン政府はベルリン生誕七百五十年の記念に、この場所でゲシュタポについての展覧

▲…ドイツ歴史博物館

会を開くことを決定した。一九八七年一月、歴史学者ラインハルト・リュルプを中心として企画された「テロの地勢学」と題する展覧会が、ゲシュタポ跡地の一部を整地して造られた仮設の展示館で、期間を限定して開催された。そこではナチスの時代にその場所でいったい何が計画され、それがどのように遂行されていったのか、ゲシュタポの機能やその実態が当時のさまざまな資料や写真によって詳しく紹介された。それは大きな反響を呼び、連日多くの人々が訪れたため、その年の九月、ベルリンはゲシュタポ跡地の再利用について具体的な計画が決定するまで、仮設の展示館を残し、展覧会をそのまま続行することを決定した。

この場所の再利用の問題についてはリュルプを議長とし、ナチスに関連する記念館や博物館関係者、歴史学者や建築家やジャーナリストなどが参加して「ゲシュタポ跡地の扱いについて考える会」が設立され、議論はさらに続けられた。またゲシュタポ跡地の調査も始まり、地下の取調室や拷問室などが新たに発掘され、それらも見学や展示の場として利用された[★5]。

（1）Vgl. Susanne Brandt, „‚Wenig Anschauung'? Die Ausstrahlung des Films ‚Holocaust' im westdeutschen Fernsehen (1978/1979)", in: Christoph Cornelißen/Lutz Klinkhammer/Wolfgang Schwentker (Hg.), Erinnerungskulturen, Frankfurt a. M. 2003.

（2）Vgl. Hans-Georg Stavginski, Das Holocaust-Denkmal, Berlin 2002, S. 26.

（3）Vgl. Senatsverwaltung für Bau- und Wohnungswesen und Bauausstellung Berlin GmbH (Hg.), Ausschreibung zum offenen Wettbewerb Berlin, südliche Friedrichstadt. Gestaltung des Geländes des ehemaligen Prinz-Albrecht-Palais (Auszüge), in: Ute Heimrod/Günter Schlusche/Horst Seferens (Hg.), Der Denkmalstreit, Berlin 1999, S. 37–39. Der Denkmalstreit を以下DSと略称する。

（4）Vgl. Hans-Georg Stavginski, a.a.O., S. 26.

（5）Vgl. ibid., S. 26 f.

2 記念碑建設運動の始まり

2・1 市民運動による最初の呼びかけ

一九八八年八月二十四日、「ゲシュタポ跡地の扱いについて考える会」を中心にさまざまな団体が共同で、ゲシュタポ跡地の利用についての根本構想をテーマとするパネル・ディスカッションをベルリンで開催した。★1

この場でレア・ロースは、ナチスによって虐殺されたユダヤ人の記念碑をゲシュタポ跡地に建てることを初めて提案する。★2 これが記念碑論争の始まりである。

ロースは公共放送で活動するテレビ・ジャーナリストであり、ドイツのユダヤ人の強制移送や虐殺に関するドキュメンタリー番組の制作にも携わっていた。ロース自ら議長を務める「パースペクティーフ・ベルリン」(一九八八年設立)という市民運動グループが、この後、記念碑建設運動を中心に担う団体となる。

一九八九年一月三十日、ナチスの政権掌握記念日に、パースペクティーフ・ベルリンは、「虐殺されたヨーロッパのユダヤ人のための記念碑建設」の最初の呼びかけを行ない、そこには二七人の東西ドイツの著名人が名前を連ねた。その中には元西ドイツ首相ヴィリー・ブラントやギュンター・グラス、また東ドイツを代表する作家クリストフ・ハインやクリスタ・ヴォルフ、劇作家・演出家ハイナー・ミュラーなども含まれている【資料1】。

【資料1】(*1989,1,30*)

パースペクティーフ・ベルリン
ベルリン政府、ドイツ連邦各州政府、連邦政府への最初の呼びかけ

ナチスの権力掌握とヨーロッパのユダヤ人虐殺から半世紀がすぎた。しかし加害者の国ドイツには、この比類ない民族虐殺を想起させる中央記念館や中央記念碑は今日もなお、ただの一つもない。

これは恥である。

それ故に、我々は虐殺された数百万人のユダヤ人のために決して見すごすことのできない記念碑を、ベルリンのゲシュタポ跡地に、かつての帝国首都の殺人本部、ナチス国家保安局があった場所に建設することを要求する。

この記念碑の建設は、東西併せた全ドイツ人の義務である。

ヴィリー・ブラント、クラウス・ベドナルツ、フォルカー・ブラウン、マルゲリータ・フォン・ブレンターノ、エバーハルト・フェヒナー、ハンス・ヨアヒム・フリードリヒス、ギュンター・グラス、ハインリヒ・ハノーファー、クリストフ・ハイン、ディーター・ヒルデブラント、ヒルマー・ホフマン、アルフレート・フルドリカ、エバーハルト・イェッケル、インゲ・イェンス、ヴァルター・イェンス、ベアーテ・クラースフェルト、オットー・シリー、ヘルムート・ジーモン、クラウス・シュテック、フランツ・シュタインキューラー、クラウス・ヴァーゲンバッハ、クリスタ・ヴォルフ

パースペクティーフ・ベルリン
レア・ロース、アーダ・ヴィターケ＝ショルツ、クリスティアン・フェナー、アーント・ザイフェルト、ウルリッヒ・ベアー、ティルマン・フィヒター、ロルフ・クライビッヒ、レオニー・オソヴスキー、モニカ・パーペンフス、ライナー・パーペンフス、ヤコプ＝シュルツ・ロアー

この運動を支持する方は、下記の住所へ署名をお送り下さい。

[住所と振込口座省略]

(『フランクフルト・ルンドゥシャウ』)

2・2 呼びかけに対する反響

ゲシュタポ跡地にユダヤ人犠牲者のための記念碑を建設するというロースのパネル・ディスカッションでの提案は、その場で大きな論争を引き起こした。この提案に対する批判はその後、「ゲシュタポ跡地の扱いについて考える会」を中心に展開された。

ゲシュタポ跡地は加害者の場であり、犠牲者の碑を建設するために適切な場所ではない。ホロコーストの多様な犠牲者の中でユダヤ人だけを対象とした記念碑をここに建てることは他の犠牲者をないがしろにすることになる。★3 その二点が主要な論点である。

「ゲシュタポ跡地の扱いについて考える会」は、歴史的現場であるこの場所の発掘調査を進め、当時の形を保存しつつ、ナチスの歴史についての研究や啓蒙的活動、また主体的歴史学習の場として利用すべきであると主張した。

この記念碑の犠牲者グループの限定という問題は、記念碑論争の中でその後一貫して最も重要なテーマの一つとして論じられ、一九九九年の記念碑建設を決定した連邦議会において、最終的に賛否の票決が採られた議案の一つとなった。

また特に論争の前半、ユダヤ人犠牲者だけの記念碑建設に対して最も集中的に批判を展開したのは、ユダヤ人と同じく民族虐殺の犠牲者であったシンティー・ロマである **【資料3】**〔第Ⅰ部2・2・2〕。

2・2・1　記念碑建設場所をめぐる対立――「財団　テロの地勢学」の設立

仮設展示館での「テロの地勢学」に市民の関心が集まり、また記念碑建設の呼びかけも大きな影響を与え、ゲシュタポ跡地の活用の問題については活発な議論が続けられた。市民運動や人権団体、政党、またキリスト教会など、さまざまな組織が関わり、多くの提案がなされた。

一九八九年二月、ベルリンは「ゲシュタポ跡地の扱いについて考える会」の代表リュルプを議長にして、八人の専門家から構成される「ゲシュタポ跡地の活用を検討する委員会」を設置し[★4]、この土地の利用についての検討を依託する。委員会は、「パースペクティーフ・ベルリン」を初めとして、多くの団体や外国の記念館関係者や専門家を招き、審議を重ねた結果、同年十月二十三日、ベルリン政府に暫定的報告書を提出した（最終報告提出は翌年三月[★5]）。

この報告書の骨子は、ゲシュタポ跡地を保存しつつ、展示室や会議室、研究施設などが設けられた資料センターを建設するというものであった。記念碑をゲシュタポ跡地に建設するというパースペクティーフ・ベルリンの提案は、この報告書によって実現の可能性を失った。

ベルリンと連邦は一九九二年、この報告書に基づき「財団　テロの地勢学」を設立した。そしてスイスの建築家ツムトアーの設計によるナチスの歴史資料館と来訪者のためのセンターがゲシュタポ跡地に建設されることになり、一九九七年にその工事は始まった。（一九九九年、工事は休止に追い込まれる。その後の展開については第Ⅲ部5・1・2参照）。

ベルリンの壁が開放されたのは、ゲシュタポ跡地の利用についての暫定報告書が提出された二週間後のことである。

2・2・2　記念碑の対象をめぐる対立——シンティー・ロマの批判

ホロコースト犠牲者の記念碑建設を支持する者からも、記念碑の対象となる犠牲者をユダヤ人だけに限定することに対しては、初めから疑問の声があった。

ドイツのシンティー・ロマを代表する組織、ドイツ・シンティー・ロマ中央協議会議長ローマーニ・ローゼは、記念碑建設の呼びかけから二ヵ月半たった一九八九年四月十一日、ベルリン市長、連邦首相、連邦各州首相に対して、ユダヤ人とシンティー・ロマ共同の記念碑建設を訴える最初の呼びかけを行なった。★6 ローゼはシンティー・ロマに対してもユダヤ人と同じことが、同じように徹底的に行なわれたことを主張し、シンティー・ロマをナチスによる民族虐殺の犠牲者として、ユダヤ人と同等に扱うべきことを強く訴えた。

ドイツのユダヤ人代表組織ドイツ・ユダヤ人中央協議会は、記念碑問題に対して公式には一貫して距離を保ち、記念碑建設はあくまでもドイツ人の主導によるべきものであり、ユダヤ人はそれに直接的には関与しないことを表明していた。しかし他方、もし記念碑が建てられるならば、それはユダヤ人犠牲者のためだけのものであるべきことをもまた強固に主張した。そしてシンティー・ロマがユダヤ人と同じ民族虐殺の犠牲者であることは認めながらも、ナチスの思想の核心はユダヤ人の迫害、虐殺にあるとして、ユダヤ人虐殺の徹底性、特殊性をあくまで強調した。記念碑建設の運動を始めたロース【資料5】もその運動の理論的指導者であり、またホロコーストの歴史的相対化を批判する側に立って歴史家論争に関わった歴史学者エバーハルト・イェッケル【資料2】も一貫してその立場に立っている。

ユダヤ人協議会議長、ハインツ・ガリンスキー（初代議長、在職期間一九五四〜六三年、一九八八〜九二年）は、ローゼに宛てた書簡の中で述べている。

「シンティー・ロマの運命や苦しみを、私はいかなる意味においても無害化するつもりはありませんが、ユダヤ人民族に対する犯罪の唯一性という性格に疑問符を附すことを断じて許すことはできません」★7。

この問題をめぐっては、シンティー・ロマ協議会とユダヤ人協議会との間で激しい対立が起こった。そして一九九二年、ガリンスキーの死去によって新たにユダヤ人協議会議長に就任したイグナッツ・ブービスとローゼの間で、対立はさらに激化した。論争はナチスの思想の本質をめぐる議論に始まったが、どちらの民族がより差別され、より迫害されたのかという問題に集中し、それは次第にエスカレートしていった。犠牲者グループの間での論争が感情的対立へと発展するに及んで、ベルリンは記念碑の分離を望むユダヤ人協議会の強い要請に基づき、シンティー・ロマの記念碑を別の場所に建設することを一九九二年に決定した。

シンティー・ロマ協議会は、こうした事態を受けて、ユダヤ人との共同の記念碑を諦め、ユダヤ人の記念碑の傍らに、構造的に関連性を持ったシンティー・ロマの記念碑を建設するという妥協案を提起した。しかしブービスは宗教的理由を持ち出してそれを拒絶した。ユダヤ人にとって記念碑が墓の代用となり、ラビ（ユダヤ教聖職者）が来て死者の祈りを捧げることになった場合、近くに異教徒が埋葬されていればラビはそこに足を踏み入れることはできないというのがその論拠であった。そして、シンティー・ロマの記念碑は少なくとも五〇メートルは離れるべきことをブービスは主張した。この拒絶をシンティー・ロマは「人間以下」に扱われる「差別」として受け止め、ブービスをアパルトヘイトと非難したことから、両者は決定的決裂に至る。[★8]

もしユダヤ人が記念碑を墓の代用としてこの記念碑を受け止め、またシンティー・ロマの記念碑が近くに建てられたとしても、実際にそこに「異教徒」が埋葬されるわけではないのであるから、この拒絶の論拠を正当なものとして受け入れることは難しい。ブービスはローゼとの会見を二度と行なわないことを公式に表明した。[★9]両者の直接的対話は結局、論争が始まった当初、一度行なわれただけであった。

一九九三年十二月、シンティー・ロマ協議会は正式に連邦首相とベルリン市長に対して、構造的結びつきを持って隣接するユダヤ人とシンティー・ロマの犠牲者のための二つの記念碑をホロコースト記念碑として建設することを呼びかけたが、[★10]この提案が顧みられることはなかった。

翌年、シンティー・ロマの記念碑の建設場所は、ベルリンの連邦議会堂のすぐ傍らに決定された。その後「シンティー・ロマもユダヤ人と同じナチスの民族虐殺の犠牲者である」というシンティー・ロマが長く求め続けた記念碑の碑文についての論争が起こり、長く続いた〔第Ⅲ部5・1・1〕。

六〇〇万人に及ぶというユダヤ人犠牲者に対して、シンティー・ロマの犠牲者は約五〇万人といわれており、数の上では両者の違いは歴然としている。しかしその圧倒的量的差異は、民族絶滅という質の問題に対してどのような意味を持ち得るのか。またユダヤ人の虐殺はナチスの思想の核心であったのか、もしそうであるならば、それはユダヤ人犠牲者だけの記念碑を特別に建てる根拠になり得るのか。そうした問題が、ユダヤ人とシンティー・ロマとの対立を契機にして深く掘り下げられることになる。この論争は、ホロコーストの民族虐殺の「忘れられた犠牲者」シンティー・ロマに焦点を当て、ヨーロッパでシンティー・ロマが今日、なお差別的状況に置かれている状況を際立たせることになった。多くの人々の意識をその問題に喚起したことにおいても、この論争が与えた影響は大きい。

ホロコーストの犠牲者はユダヤ人とシンティー・ロマの他にも精神障害者、同性愛者やエホバの証人、またナチスに対する抵抗運動の活動家など多くを数える。シンティー・ロマとユダヤ人の記念碑を別々に建てるという決定は、他の犠牲者グループに対する個別の記念碑建設を必然的に意味することでもある。しかし個々の犠牲者グループにそれぞれ個別の記念碑を建設することは「犠牲者のヒエラルキー」を不可避的に生み出すことになるという批判が、歴史学者クリスティアン・マイアー【資料36】やライハルト・コゼレック【資料38】によってなされた。

犠牲者グループ個別の記念碑建設には、その犠牲者グループの数や組織力、支持団体などの社会的力関係、ロビイストなどが決定的に大きな影響力を及ぼし、それが記念碑に与えられる土地の広さや場所、さらに記念碑の大きさにも反映し、目に見える形で現われる。記念碑を建てる「加害者」の側が、犠牲者グループをこのような形で等級づけするようなことが果たして許されるのか。これが「犠牲者のヒエラルキー」の提起する問題である。これは論争の中で最後まで激しい議論の焦点となった。

しかしそれ以上に根本的な、そして致命的ともいえる問題は、犠牲者グループの区別とは、ユダヤ人の定義【資料37】ということも含めて、結局はナチスが当時つくった人種主義のカテゴリーに従い、その定義を再び用いることに他ならない、ということである。

この批判に対して根本的に反論することはおそらく不可能であろう。しかし異なる歴史的背景や文化を持つ多様な人々を、犠牲者という名の下で、何の区別もなくただ一括することが許されるのか、個々の犠牲者グループをそれぞれにふさわしい方法で想起することが追究されるべきではないかという反論もまた行なわれている。これは想起の形式に関わる困難な問題の一つとして、最も激しい論争を生み出したテーマの一つであった。

そしてこの問題をさらに明確な形で突きつけたのが、後に触れる「ノイエ・ヴァッヘ」（戦争と暴力の犠牲者のための国立記念碑）の改築論争（一九九四年）であり、そこにおいて犠牲者の区別と一般化の問題が中心的論点として、集中的に論じられた〔第Ⅰ部3・2〕。

【資料2】（1989,4,7）

エバーハルト・イェッケル

すべての人々を想起する——市民運動の呼びかけ

＊エバーハルト・イェッケル（一九二九年〜）　歴史学者。記念碑建設運動の主唱者の一人。歴史家論争ではホロコーストの相対化に対して批判的立場に立った。記念碑論争においてはホロコーストの核心はユダヤ人虐殺にあるとして、この記念碑がユダヤ人犠牲者だけに捧げられるものであることを一貫して主張する。シンティー・ロマについては、「ツィゴイネル」の呼称が歴史的に正しいものであるとし、この論文の中でもその呼称を用いている。

ベルリンのユダヤ人虐殺記念碑の問題は空疎に長々と論じられてはならない。ベルリン市の政権交代によって、今までの議論は新しい局面を迎えている。ベルリン市議会選挙の翌日、ちょうどかつてヒトラーが政権を掌握した一月三十日、新聞に掲載された市民運動「パースペクティーフ・ベルリン」の「虐殺された何百万人のユダヤ人のために決して見すごすことのできない記念碑の建設」を求める呼びかけに、ヴィリー・ブラントを初めとして二〇名を超える東西ドイツの著名人が賛同を表明した。この記念碑の建設場所は、第二次大戦でヨーロッパのユダヤ人を虐殺する指令を出した第三帝国のナチス親衛隊本部の所在地、プリンツ・アルプレヒト・パラスである。

この運動の根本にある考えは非常に単純なことである。イスラエルにはホロコースト記念館ヤド・ヴァシェムがあり、ホロコーストに関わりのある他の多くの国々にはそれぞれそれにふさわしい記念碑がある。そして今、ワシントンでは「ホロコースト記念館」が建設中である。しかし加害者の国ドイツには、西にもまた東にも、そのような記念碑は未だただの一つもない。呼びかけはそのことを「恥」として捉えた。殺人が実際に始まったその国に、可視的な徴《しるし》が建てられなければならない。その建設場所についても疑問の余地はない。

誰もこの考えに反論はしない。しかしそれについてただいたずらに、くどくどと論じられ、その実現は脅かされている。ある者は記念碑の傍らに、記念館や展示館、研究センター、研修施設など、さまざまなものが付設されるべきであるという。それはこの跡地をどのように利用するのかという将来の問題であり、議論されるべき余地がある。そのために記念碑自体が忘れられたり、置き去りにされたりするのではない限り、誰もそれに反対はしない。

ドイツ・シンティー・ロマ協議会も議論に加わり、その記念碑はツィゴイネルの虐殺をも想起するものでなければならないという。その虐殺の問題に異を唱えたいと思う者はいない。異なる前史を持っているが、ツィゴイネルもまた、人種についての妄想的観念によってユダヤ人と同様に虐殺された。そしてナチスの支配下にある全てのヨーロッパの地域で男や女、そして子供にまでその虐殺は及んだ。このツィゴイネルの虐殺が補償において、また人々の記憶において、ユダヤ人ほど注目を集めてはいないことが正義に反しているということもまた疑いのようのない事実である。

さらに、次のことも多くの人々から求められている。政治的に迫害されたもの、ソビエトの戦争捕虜、強制労働者、同性愛者、精神障害者、「反社会的」といわれた人々、エホバの証人等々、虐殺された他の人々も見すごしてはならない。その記念碑は全ての犠牲者を想起させるべきである。そしてここから、次の結論に至り着く。個々の犠牲者グループはそれぞれ名指しされるべきか、それとも、それは不可能

▲…1953年に建てられた「ナチスによる全ての犠牲者の記念碑」は、顧みられることのない場所にある。

であるから、「犠牲者」という一つの言葉でこれらの犠牲者は一括されるべきか。

すでにパースペクティーフ・ベルリンの呼びかけを、他の犠牲者に対する侮辱的な無視と感じている人々がいる。そしてこの議論はだんだん激化しているが、これが最終的にどのような結末に至るのかということもまた、明らかである。結局、記念碑を建てないということである。この呼びかけに賛同者として署名した人々に（その中にユダヤ人は意図的に入れられていないが）、他の犠牲者を無視する意図があると考えるのは全く馬鹿げたことである。

今ここで、ユダヤ人虐殺の記念碑建設を訴えるのは、次のような理由に基づく。

第一に、記念碑というものが想起を促す契機を与えるべきものであるならば、それぞれ特別で、また異なるものである。例えばゲーテの記念碑の建設に対して、シラーやその他の詩人全てを共に想起するものでないのであれば建てられるべきではないといって、それに反対する者はいないであろう。ちなみに「ナチスの犠牲者のために」と書かれた記念碑は、それ相応に貧弱なものであるが、すでにベルリンのシュタインプラッツに一九五三年に建てられている。この例は、この種のものがなぜ造られるべきではないのかということを警告している。

現在のベルリンの議論は、かつてボンに建設を計画されていた、全ての人々を想起するという記念碑にまつわる忌わしい議論を、それとは異なる展開ではあるが、思い起こさせる［一九六四年、ボンに「諸戦争と暴力支配の犠牲者のために」という碑文が付された国立記念碑が建てられ、戦争に関わる多様な死者は犠牲者の名の下で一括された。なおこの記念碑にまつわる論争は資料36（二五八頁以下）にも触れられている］。

第二に、記念碑というものは、当然のことであるが、

郵便はがき

料金受取人払

本郷局承認

1536

差出有効期間
2010年3月19日
まで

有効期間をすぎた
場合は、50円切手を
貼って下さい。

113 - 0033

東京都文京区本郷2-3-10

社会評論社 行

（受取人）

ご氏名

（　　）

ご住所

TEL.

◇購入申込書◇ ■お近くの書店にご注文下さるか、弊社に送付下さい。本状が到着次第送本致します。

（書名） ¥ （　）

（書名） ¥ （　）

（書名） ¥ （　）

●今回の購入書籍名

●本著をどこで知りましたか

□(　　　　　)書店　□(　　　　　)新聞　□(　　　　　)雑誌

□インターネット　□口コミ　□その他(　　　　　　　　　)

●この本の感想をお聞かせ下さい

上記のご意見を小社ホームページに掲載してよろしいですか?

□はい　□いいえ　□匿名なら可

●弊社で他に購入された書籍を教えて下さい

●最近読んでおもしろかった本は何ですか

●どんな出版を希望ですか(著者・テーマ)

●ご職業または学校名

決して他の記念碑を排除するものではない。この国にすでに多くの記念碑があり、ナチスの暴力支配による犠牲者のためのものもある。そして今後も、さらに多くのものが建てられる予定であり、またそうあらねばならない。とりわけ忘れられがちなツィゴイネルに対しては、ただちに記念碑が建てられるべきである。換言すれば、これは敢えて言う必要もないことかもしれないのであるが、ユダヤ人の記念碑を求めている者は、そのことによって他の記念碑の建設を妨害しているのではない。我々が要求しているのは一般的な何かではなく、特別で他のものと区別される記念碑なのである。包括的で何の拘束性もないものではない。

これらの単純な考えが受け入れられるならば、ヨーロッパのユダヤ人虐殺のための国立記念碑をドイツに建てることは可能であり、また優先的に建てられるべきであるという第三のことは決して大きな問題にはならないであろう。なぜならば、この虐殺がその時代の突出した特徴であるからである。今、そこから時間的に遠ざかれば遠ざかるほど、ユダヤ人の虐殺こそが全ての軍事的出来事以上に第二次大戦の歴史を決定したものであり、人類の歴史においてもそれが比類のないものであったことは、ますます明らかになっている。

虐殺されたユダヤ人がその数において、他を圧倒したということだけではない。その虐殺が支配の中心的動機であったからである。ヒトラーの政治的道程は人生の最初の政治的文書、一九一九年九月十六日付の手紙に始まるが、そこには、反ユダヤ主義の最後の目標はユダヤ人を完全に隔離することであると書かれている。そしてヒトラーは一九四五年四月二十九日の遺書で、最後に再びユダヤ人を中心に置き、自分の人生を短く振り返って次のように書いた。「私がドイツと中欧からユダヤ人を根絶したことで、ナチスは永遠に感謝されるであろう」。

ヒトラーにとって、ユダヤ人の根絶ほど重要な目標は他にはなかった。それは戦争での勝利にも優るものであった。ポーランドにある六つの絶滅収容所の四つ（ヘウムノ、ベウジェッツ、ソビブル、トレブリンカ）は、ユダヤ人を虐殺するためだけのものであった。そして第三帝国がその存続をかけて闘っていたとされる一九四四年、輸送に対する補給が大きく削減された時でさえ、三ヵ月間で四三万七〇〇〇人のユダヤ人が、ハンガリーからアウシュヴィッツのガス室に送られた（約二万人の生存者がいる）。そして一九四四年四月、三歳から十三歳までのユダヤ人の子供四一人がリヨンの子供の施設からアウシュヴィッツへの長い道程を移送された時には、そのために人員や電信機が投入された。

そのことを想起するということは、ナチスがその他多くの犯罪を行なったことを、決して否定することではない。ただユダヤ人の虐殺こそがナチスの中心的事柄であり、それが何千年も続いてきたユダヤ人に対する憎しみの頂点でもあったということを言っているにすぎない。ユダヤ人は長い間、悪者に仕立てられてきたということが、結局この結果を生み出した。この非常に古く、長い伝統をドイツは最後の最後まで貫徹し、世界の三分の一以上のユダヤ人を抹殺した。そうであるならば、その国にそのことに対して、一つの特別な記念碑が建設されてもよい。誰もそれによって犠牲者を類別するつもりはない。しかしこの経緯を一般化することは誰にも許されない。この比類のない特殊さは、結局、次のように表わすことができる。それは歴史において残念ながらしばしば起こり、今日もなお起こっているように、本当の敵ではなく誤解に基づく敵が殺された、というのではないことである。一九四四年に移送されたロードスのユダヤ人の子供たちはいかなる意味においても危険ではなく、またドイツから何ものも奪ったわけではなかった。そして真の意味で全く危険とはいえないのは、オランダの通過収容所ヴェスターボルクで注意深く包まれて、アウシュヴィッツに移送された未熟児のユダヤ人新生児であった。

この唯一性を一般化する者は、結局ファシズムに味方する。すべての犠牲者のための記念碑を要求する人々の多くはそれである。彼らはヨーロッパのファシズムにその責任を一般的に帰すことができるという考えを支持しているのである。しかしファシズムの概念がその起源をもつイタリアで、そのファシズムは一人のユダヤ人もドイツには移送しなかった。むしろフランスやユーゴスラビアやギリシャの占領ゾーンでユダヤ人を守った。例えば、一九四二年、占領されていない地域からユダヤ人を移送したヴィシー政権のフランスにおいては、イタリアの占領ゾーンがユダヤ人にとって当時最も安全な場所であった。

この問題を何も考えずに、ファシズムについて語り、犠牲者をそれぞれ名指しすることによって、この唯一性を一般化する者は、我々にナチスの人種虐殺とボルシェビストの階級殺人とを同等にみなすべきであると説得する歴史家論争の論者と同等であり、彼らがそれを望んでないとしても、結局はその唯一性を相対化するのである。

もし我々がこの過去をいかなる方法においても一般化せず、それを隠蔽しないとするならば、我々は尊厳を失わずにこの過去と共に生きていくことができるであろう。

（『ツァイト』）

【資料３】（1989,4,28）

ローマーニ・ローゼ

すべての犠牲者の記念碑を――ナチス政権の迫害に一等、二等の区別はなかった

＊ローマーニ・ローゼ（一九四六年〜）　ドイツ・シンティー・ロマ中央協議会創設（一九八二年）以来、その議長を務める。

イェッケルや「記念碑建設を支援する会」の立場を批判し、民族虐殺の犠牲者として、シンティー・ロマとユダヤ人両方に記念碑が捧げられるべきことを一貫して主張する。

ドイツ連邦共和国には、建国四十周年の今日なお、ナチスによる民族虐殺の犠牲者のための記念碑はない。これは恥である。それゆえ、ドイツ・シンティー・ロマ中央協議会は、ホロコースト犠牲者のための中央記念碑の建設を原則的に要求する。

しかしホロコーストとは、五〇万人のシンティー・ロマの虐殺をもまた意味している。シンティー・ロマとユダヤ人が人種的理由に基づいて共に迫害されたという共通性こそが、ナチスの絶滅政治の決定的特徴である。ナチスによってつくられた人種的帰属性の観念によって、ユダヤ人とシンティー・ロマは、老人であれ、子供であれ、その生物的存在そのものが絶滅の理由にされたのである。ナチスの民族虐殺の特殊性は、この全体主義的絶滅の意図によって特徴づけられる。ドイツ連邦共和国はホロコーストのこれらの犠牲者を、記念碑によって特別に想起する義務がある。

さらに、かつての国家安全局本部跡地に民族虐殺の犠牲者の記念碑と並んで、ナチスによる迫害政治による全ての犠牲者についての記録を包括的に保存する中央記念館も建設されなければならない。徹底的に突き進められていった絶滅政治の根源とその原

動力は、ナチスの人種理論に基づいて住民の中からマイノリティーを完全に選別し排除することであった。そしてユダヤ人とシンティー・ロマに属する全ての者の絶滅が必要不可欠であると根拠づけられ、これらの人々はまるで工場のような方法で非人間化され虐殺された。これが歴史上、ナチスによる民族虐殺の比類のない特殊性であるということができる。ナチスの唯一性、あるいは比較不可能性は、この民族虐殺にのみ関連づけられるべきである。

ユダヤ人と同様、シンティー・ロマに対しても人種根絶は極端にまで押し進められた。ナチスのカテゴリーによるいわゆる「四分の一ユダヤ人」は、一九四四年まではまだ比較的、安全であった。しかし一九三八年のヒムラー［ナチス親衛隊長］の回覧通達「人種的理由からのツィゴイネル問題の規定」によって「八分の一ツィゴイネル」でさえ、「人種鑑定」に基づく判別の上、強制移送され、虐殺されたのである。

記念碑の建設予定地は、この民族虐殺を計画した中央機関、国家保安本部のあった場所である。ナチスによる民族虐殺の犠牲者の記念碑についての議論を、この場所から切り離して行なうことはできない。それは決して、任意に選ばれた場所なのではない。この敷地は歴史的、政治的に明確に定義することが可能である。ここでヨーロッパのユダヤ人の虐殺と、それに並行してシンティー・ロマの虐殺が計画されたのである。その場所がドイツの民族虐殺犠牲者を想起する記念碑の建設予定地である。

ベルリンの市民運動パースペクティーフ・ベルリンが掲げ、またパースペクティーフ・ベルリンの呼びかけの第一署名者であるエバーハルト・イエッケルによって、四月七日付『ツァイト』で詳しく述べられた要求は、その記念碑がユダヤ人にのみ関連づけることが許されるということである。それは民族虐殺の犠牲者やシンティー・ロマの生存者を傷つけ侮辱する、犠牲者の階級化を意味している。エバーハルト・イェッケルはシンティー・ロマの運命の想起は「包括的な無拘束性」を意味し、ナチスの犯罪の相対化であると考える。そのことで、イェッケルはその論文の初めで非難している不正義を自ら実践している。すなわちそれはシンティー・ロマを想起から排除することである。

一九七九年、当時ヨーロッパ議会の議長であったシモーヌ・ヴェイユは、シンティー・ロマの犠牲者に対するベルゲン＝ベルゼンで行なわれた最初の記念集会の演説で次のように述べた。「我々は必ずしも十分連帯してこなかった。この不幸に対して共同の連帯感を持っていなかった。我々はそれぞれの陣営において、これはおそらくナチスの勝利であろうが、自分たちの運命を別々に生き、そして別々に苦しんだ」。

今、新たに建設が求められている記念碑からシンティー・ロマの犠牲者を排除することは、シンティー・ロマの虐殺という歴史と歴史的事実を偽り、相対化することを意味する。それは、すべての主張に反して民族虐殺の犠牲者を一等と二等の階級に分けることである。ヴィリー・ブラントは一九七九年、ベルゲン＝ベルゼンでの記念集会で、「迫害に一等や二等の階級はない」と言い、シンティー・ロマに対する迫害と虐殺をユダヤ人に対するそれとの関連において見ることは課題であると述べた。

そして驚くべき、また恐るべきことは「すべての犠牲者を想起する」というイェッケルの言葉である。イェッケルは四十年間も忘れ去られ、拒絶された運命を背負う民族虐殺の生存者に、そしてドイツ史のあらゆる取り組みから排除されている者にとって、この言葉がどのように響くのかということを知っているのであろうか。

皮肉にもイェッケルは民族虐殺の犠牲者の間にいかなる区別も許さないという要求を、加害者と被害者を一緒に、同時に想起するというボンの国立記念碑についての議論と同一視している。シンティー・ロマの犠牲者に対するそのような嘲笑はパースペクティーフ・ベルリンの市民運動全体を笑いものにし、それに署名した人々に対しても、その計画全体に疑念を抱かせるものとなるであろう。

イェッケルがナチスの民族虐殺の特殊性をテーマにするとき、正確な歴史的事実を求めるのは正しい。しかし民族虐殺の犯罪の唯一性を根拠づけるその詳細な説明は、真実の半分にすぎない。なぜならばシンティー・ロマに対する迫害の歴史に対応する事実は、そこには全く挙げられていないからである。一九七九年、イェッケルは書いている。「最も恐ろしいことについては、およそ説明ということが全く不可能である。それはユダヤ人と、しばしば忘れ去られているツィゴイネルの虐殺である。（略）純粋に事務的なやり方で冷酷に組織化され、機械的に行なわれた大量虐殺の方法は、歴史上、他に全くモデルを持つことなく、また人種差別の流れから推測可能な範囲を遥かに逸脱し、理性から説明の言葉を奪うところにまで到達した」。

イェッケルが、加害者の責任を軽減するためにナチスの犯罪を相対化する歴史家論争の論者に対して、彼らとの違いをはっきりさせることを意図して、ナチスのユダヤ人虐殺の唯一性を主張するならばそれは正しい。しかしその唯一性という主張は、ユダヤ人と同じく民族虐殺が行なわれたシンティー・ロマの犠牲者に対しても向けられている。そのような戦術的議論で、イェッケルは歴史学者としての責任を裏切り、同時にナチスによる民族虐殺の犠牲者を想起するという歴史的政治的義務をも裏切っている。

ジーモン・ヴィーゼンタール［強制収容所を生きのびたオーストリアのユダヤ人建築家。ホロコーストの資料館を設立し、資料の保存、収集に携わった。またホロコーストについての多くの著作を残す］は、一九三九年、アルトゥール・ネーベ（国家保安局の指揮官、後に国家安全局の第五部門の責任者）に宛てられたゲシュタポの電信通信に、次の文面があることを紹介している。「ツィゴイネルの移送に関して次のことが伝えられた。一九三九年十月二十日金曜日に最初のユダヤ人の移送車両がウィーンから出発する。これにツィゴイネルの車両も三、四両、接続される。これから移送は定期的に行なわれる」。

ヴュルテンブルクのムルフィンゲンにある聖ヨセフ養護ホームの子供の施設で、シンティーの子供たちは「人種衛生研究所」の研究対象として使われ、その後、一九四四年、ツィゴイネル収容所が解体される三ヵ月前にアウシュヴィッツに送られ、ガス室で殺された。この子供たちは、リヨン郊外の児童施設にいたユダヤ人の子供たちと同じように殺人工場の犠牲者となった。民族虐殺犠牲者のための記念碑はこのシンティーの子供たちを想起しないのか。

結局、イェッケルにとってナチスの民族虐殺の唯一性は次のことにある。「ここでは本当の敵ではなく誤解に基づく敵が殺された、というのではないことである」。このことが、まさに決定的核心である。そしてそこで歴史的正確さが求められている。すなわち、ナチスの民族虐殺の唯一性はユダヤ人と同様にシンティー・ロマについても妥当する。第三帝国においてまずユダヤ人とシンティー・ロマだけが、ナチスによってつくられた「科学的厳密さ」による人種的帰属性に基づき、完全に根絶するため、他の人々から徹底的に区別された。

一九四四年六月、十二歳の誕生日にニュールンベルクからアウシュヴィッツのビルケナウ絶滅収容所に移送され、殺されたシンティーの少女はシンティー・ロマという少数民族全体を根絶するという意図から虐殺されたのであり、他にいかなる理由も存在しない。

「アウシュヴィッツのツィゴイネルの収容所に移送、それ以外の指示なし」と殺人が規則に則って指示されている。これは中央フランケンの警察管区に最近まで保管されていた九枚の書類の最後のページの記載事項である。この殺人の命令はベルリンの国家保安局本部から発せられたのである。これらの犠牲者の想起がナチスによる民族虐殺の犯罪の唯一性を「平面化する」と言う者は不誠実であり、また犠牲者と我々、マイノリティーの生存者を侮辱し、傷つけている。

ユダヤ人とシンティー・ロマの民族虐殺の犠牲者を想起することは歴史的、政治的義務であり、誰もそこから逃れ得ず、またその想起の義務は分割され得ない。ナチス親衛隊跡地に建てられる中央記念碑はナチスのすべての犠牲者を正当に評価し、扱わなければならない。ナチスによる民族虐殺の犠牲者の記念碑は、民族虐殺の犠牲者を決して分離してはならない。

（『ツァイト』）

【資料4】（1991,4,11）

ギュンター・フロイデンベルク

犠牲者を区別することは誠意が禁じる

——虐殺されたユダヤ人とシンティー・ロマのための一つの国立記念碑か

＊ギュンター・フロイデンベルク（一九二三〜二〇〇一年） 哲学者。韓国、フィリピンの民主化運動をテーマの一つとし、積極的に関わる。ホロコーストの民族虐殺の記念碑としてユダヤ人とシンティー・ロマの両者に捧げる記念碑の建設を訴える。

今日に至るまでドイツには、第三帝国におけるホロコーストの犠牲者、すなわちナチスによって支配された全地域で六年の間に虐殺された何百万人のユダヤ人と何十万人のシンティー・ロマの犠牲者を想起するホロコースト国立記念碑は存在しない。

この事実は恥じるべきである。ナチスの民族虐殺が歴史に他に例を見ないものであるということに対して、歴史家論争の後にもはや異論を唱えることはできない。一九三八年十二月、第三帝国のポグロームの夜［ユダヤ人の商店やユダヤ教会堂などが襲撃された「水晶の夜」］と、シンティー・ロマの移送を目的としたハインリッヒ・ヒムラー（当時の帝国大臣、ナチスの親衛隊指導者）の「ツィゴイネル問題の規定についての回覧文書」五十周年を機にして、ドイツ連邦議会議長と副議長によって、この犯罪に対する国家的責任がついに政治の場で語られ、確認された。

しかしナチスによるホロコーストの犠牲者に対する特別な責務を認知することは、「戦争と暴力による犠牲者に対する国立顕彰記念碑（ノイエ・ヴァッへ）」で自国の戦死者だけではなく、ナチス支配による他の全ての犠牲者を共に想起するという連邦議会の意志に、当然矛盾する。

連邦大統領、連邦議長、そして連邦首相にも喜んで受け入れられたそのような記念碑は、ドイツでは全く共感を得ることはできなかった。幅広い公の批判と、特に殺人者と犠牲者を同じ場所で一緒に想起することは不可能であるというユダヤ人とシンティー・ロマの代表者による断固たる反対表明によって、顕彰記念碑の建設という連邦政府の意志は今まで実現を阻まれてきた。

加害者と被害者との強制的想起は、ナチスの民族虐殺の唯一性という倫理的政治的重要性を失うことである。そして残念ながら、まさにそのことこそが、政府の意図していることであると思われる。

歴史学教授エバーハルト・イェッケルとジャーナリスト、レア・ロースが中心となっている市民運動は、第三帝国における民族虐殺の犠牲者、ユダヤ人を想起するための記念碑実現をめざしている。そのような運動が、第三帝国のホロコーストの想起に責任を感じている多くの著名人の支持を得るのは確実であろう。連邦政府もまた市民運動の代表者との対話において、ホロコースト犠牲者のための記念碑建設を国家的課題として引き受けることを表明し、産業界の中心的人物もまたこの運動に対する支持を表明した。そして多くの公人もそれに自発的に名前を連ねている。その中にはエドツァールト・ロイター［ダイムラー・ベンツ会長］やジークフリート・レンツ［作家］、クルト・マズアー［東独の指揮者］などの人々もいる。

多くの寄付金が、直接的にこのベルリンの記念碑建設を可能にするであろう。そしてそれにふさわしい土地がベルリンのポツダム・プラッツの傍らで、空き地のまま残っている。しかし連邦政府は連邦議院の多数派の支持を受けて、「国立顕彰記念碑」に今なお、執着している。そして「虐殺されたヨーロッパのユダヤ人のための記念碑」の実現を目指す市民運動が、広く一般に批判されている「国立顕彰記念碑」を受け入れやすくするための前提を生み出すと考えているようである。そのような「取り引き」はそれ自体、すでに堪え難いことである。そして国立顕彰記念碑の受容という打算のために、ホロコーストで犠牲になったグループに苦痛が与えられるとすれば、それはさらに容認し難い。そのグループが、シンティー・ロマである。

シンティー・ロマはユダヤ人と同様にナチスの民族虐殺計画の犠牲者であったが、しかしホロコースト記念碑の建設を主唱する人々から、彼らは初めから意図的に排除されていた。ホロコーストの犠牲者を想起するという当然のことは、ただユダヤ人だけに限定された。民族虐殺の犠牲者を想起するためのベルリンの国立記念碑にシンティー・ロマを関連づけるということを、ホロコーストを生き延びたシンティー・ロマの政治的代表者が求めなければならないという事実は、すでにそれだけで国家的罪責に対するドイツ人の取り組みに独特の光を投げかけるものである。特に第三帝国の歴史ドキュメンタリー番組の制作に職業上、関わり、その機会にシンティー・ロマのホロコーストについてすでに知っていた市民運動の主導者にも同じことを言うことができる。

ナチスによるホロコーストの犠牲者の記念碑は、ユダヤ人と同じように虐殺されたシンティー・ロマの犠牲者をも想起するものでなければならないというシンティー・ロマの要求に対してなされた、それらの犠牲者を傷つける侮辱的で素っ気ない、公然たる拒絶は、スキャンダルである。そしてそのスキャンダルの本質は、シンティー・ロマの犠牲者を除外することで、ナチスが犠牲者の選別に用いた人種的基準が再び導入されているということにある。

このことは恐らく公の議論に後に致命的な影響を与えるであろう。「虐殺されたヨーロッパのユダヤ人の記念碑」の建設運動を支持する歴史学者のイェッケルは、『ツァイト』誌掲載の「すべての人々を想起する」と題した論文でシンティー・ロマを記念碑から排除することを根拠づけようとしている。イェッケルは歴史家論争においては、ナチスのホロコーストの特殊性を歴史的に相対化する傾向に対して断固として反対を主張した陣営に属している。従ってシンティー・ロマ協議会の要求に対するその拒絶は、保守的陣営からのものではない。イェッケルはむしろ政治的に進歩的であると自任している人々の代表として、議論を進めている。しかしそれにもかかわらず、ホロコーストとの関連でユダヤ人の運命の特殊性を前提にする時、イェッケルの論拠には密かに持ち込まれた憂慮すべき人種差別的特徴がある。そしてイェッケルがナチスの占領下にあったヨーロッパにおいて虐殺されたシンティー・ロマに「反社会的」という一般的偏見をもって、彼らが尊厳ある想起にはふさわしくないとみなしているとすれば、それはさらに大きな問題となる。ナチスの人種論において当時公に正当性を構成した部分が、ここでは全く無反省に正当化され直接的に継承されている。もしユダヤ人の犠牲者の除外が、ナチスの思想構造をそのまま継続して議論されることを想像してみるならば、その問題性は明らかであろう。

このような方法によってユダヤ人のホロコーストの相対化を果たして防ぎ得るのであろうか。もし人種差別を継続しながら、シンティー・ロマに関してはホロコーストの相対化を進めるとすれば、いったいどういう結果になるのか。ナチスによる人種虐殺の特殊性の相対化を否定するということは、決して部分的にのみなし得ることではない。イェッケルはその論文で、自らが闘っているその相手と全く同じことを行なっている。ナチス・ドイツによる（シンティー・ロマの）人種虐殺を希薄なものとし、その論文のタイトル自体がそれを証明しているように、それを他の多くの政治的犯罪と同じ次元においている。

ユダヤ人とシンティー・ロマの人種虐殺を想起する一つの記念碑が、唯一の正しい提案であるということを理解することができないイェッケルとホロコースト記念碑建設運動全体の問題は、比類なき罪責を担っている我々が、そのことを政治的、道義的に正しく理解することからいかに遠く隔たっているかを示すものに他ならない。

ユダヤ人との価値的評価の相違におけるシンティー・ロマに対する差別は、ドイツ連邦の公式の政治に、また我々の国においてアウシュヴィッツ以降もなお存続している。今、虐殺された何百万人ものユダヤ人のための記念碑が建設されるべき時であるという事実は、この恥ずべき事実を無視してその記念碑を建設することを決して正当化しない。

虐殺されたシンティー・ロマは我々の記憶の中に特別に呼び起こされるには価しないのか。我々は、ナチスの人種虐殺という事実との取り組みと社会的差別や政治的影響力の欠如の両面から生じている想起における二つの階級について厳しい議論をしなければならない。その議論は、ドイツ市民がその運動と取り組むことを空疎にするのではなく、むしろそれをより説得力あるものへと押し進める助けとなるのである。

一つの国立ホロコースト記念碑の建設を支持する議論をしている者は、一つの虐殺されたヨーロッパのユダヤ人の記念碑に反対することはできない。我々の歴史の結果として、ユダヤ人とシンティー・ロマがそれぞれの歴史を別々に認知することは、相互理解と共に、共同に形成されるべき将来の基盤となる。それぞれの認知はその差違の認識を不可欠なものにする。それは例えば、先入観の構造における、またテロと暴力を根拠づけた宗教的観点から見た両者の相違である。すでにほとんど敗北していた戦争において、なお行使可能なあらゆる戦力を動員して厳格にユダヤ人とシンティー・ロマの絶滅への営みが続けられたことを、たんに反ユダヤ主義やまた歴史的文化的に深く根を持つ否定的「ツィゴイネル神話」や「ツィゴイネル像」からのみ理解することは不可能である。ナチスの人種イデオロギーと人種研究は、そこでヨーロッパの二つのマイノリティー絶滅を必然的なものにする一つの国家的「システム」を決定した。そのシステムは古くから伝わるユダヤ人とシンティー・ロマに対する偏見の構造を全て吸い上げ、今でも実際的な契機には情緒的発散の余地をなお残している大衆的人種ルサンチマンを、諸科学に支えられた国家的教説へと変容させたのである。それは個々人の感覚や経験や洞察の無制約的犠牲を、最後には人間的感情の分裂をも正当なこととした。それによって少数者に対する敵意の自発的反応が、遂には公共的合意に支持された体系的絶滅へと変容させられた。そのナチスの人種教説が「人種の帰属性」という理由から、ユダヤ人とシンティー・ロマの運命を民族虐殺ということにおいて、また迫害や絶滅収容所での苦しみ、そして存在の完全な抹殺、死に至るまで一つにした。

国立ホロコースト記念碑についての繊細でまた賢明なコンセプトは、犠牲者の観点から見たそれぞれ固有の歴史や別々の想起の欲求を完全に受け入れることができる。それぞれが特別な記念碑を歴史的に特別重要な場所に建設することを、それは妨げない。しかしナチスの人種的妄想によるユダヤ人犠牲者のためだけの国立記念碑は、今までもそうであったように、これからもユダヤ人犠牲者だけを想起するという想起の排他性を持続させ、四十年以上も続いているシンティー・ロマの迫害の運命を抑圧することになる。それぞれに別々の記念碑を建設することによって、それは決して清算されない。想起されるべき犠牲者をナチスの人種妄想によって差異化することは、ホロコースト記念碑が反対する人種の優越性の思想を、結果として自分たちのものとして受容することである。

ドイツ・シンティー・ロマ協議会の次の論拠は直接的、また啓発的である。

ナチスによる虐殺の犠牲者を想起するために国家的儀式は決して並行して二つは行なわれ得ない。この同じ犯罪を想起する国家は決して並行して二つはあり得ない。

この問題の核心にとって、次のことをはっきりさせておくことはこの論点にとって非常に重要である。ここで求められている記念碑は、ドイツ人のものであって、政治的妄想の犠牲になったマイノリティーの犠牲者のものではない。その記念碑は、ドイツにとって必要なものである。そしてそれは、ドイツ民族の名において行なわれたナチスによるユダヤ人とシンティー・ロマの人種虐殺という、歴史において他に例のない犯罪に対する歴史的責任をドイツ人に想起させるということによって、正当なものとみなされる。

その記念碑は、我々が決して持ち得ない、また持つことが許されない犠牲者の視点によって建てられるのではなく、生存者との結びつきにおいて建てられる。

歴史的誠実さは我々に犠牲者と犠牲者を分けることを禁じる。しかしその一方で民族虐殺の犠牲者の想起は、ホロコーストを生き延びた人々とその子孫の視点からはそれぞれに特別な歴史的意味を持つ。まさにこの緊張は犯罪を起こした国における記念碑に否応なく生じるものである。ドイツ民族の特殊な罪責を質的にも量的にも相対化する傾向に直面して、この罪責をはっきりと公に認め、政治的にもそれを効力あるものにすることが重要なのであり、ユダヤ人とシンティー・ロマを同時に想起することは、ドイツとイスラエルとの微妙な関係において適切か否かというような議論が意味を持ってはならない。

何百万人のユダヤ人の犠牲者への境界づけられた想起において人種主義は密かな形で繰り返され、後に犠牲者についてそれを追認するという今、すでに見られる傾向は非常に重大である。それ故に市民運動の呼びかけに対する批判がある。そしてそれ故、想起の分裂の克服への要求がある。

今、ドイツにナチスによる民族虐殺の犯罪を想起させる見すごされ得ない記念碑を、実際に建てるべき時である。しかし戒めのための想起は、真理を求める労苦を前提にする。そうでなければ、それは公共の美辞麗句か茶番にすぎない。

シンティー・ロマの犠牲者を排除した記念碑によってユダヤ人犠牲者だけを想起することは、後に生まれてくる世代に対して不信の汚名を担うことになるであろう。

統一が実現してからドイツ人にとって共同の場所となったベルリンで、ホロコーストの犠牲者、すなわちナチスによって占領されたヨーロッパにおいて虐殺されたユダヤ人とシンティー・ロマを想起する記念碑によって、第三帝国の民族虐殺の他に例を見ない特殊性を決定的に公に表明する。この要求を受け入れることはドイツの市民運動の課題である。

（『フランクフルター・ルンドゥシャウ』）

（1）Reinhard Rürup, „Einladung der ‚Topographie des Terrors'", in: DS, S. 49.
（2）Vgl. Art. „Es fehlt ‚das Bekenntnis zur Tat'", in: Tsp vom 26.8.1988, in: DS, S. 49 f.
（3）Vgl. Brief der Initiative zum Umgang mit dem „Gestapo-Gelände" an die Unterzeichner des Aufrufs der „Perspektive Berlin e.V." vom 6.11.1989, abgedr., in: DS, S. 63–65.
（4）Vgl. Hans-Georg Stavginski, a.a.O, S. 32.
（5）Fachkommission zur Erarbeitung von Vorschlägen für die künftige Nutzung des „Prinz Albrecht-Geländes", Abschlußbericht (Auszug), in: DS, S. 65 f.
（6）Zentralrat Deutscher Sinti und Roma, „Aufruf an den Bundeskanzler, den Regierenden Bürgermeister von Berlin und die Ministerpräsidenten für die zentrale Gedenkstätte des Völkermords", Anzeige, in: Tsp vom 11.4.1989, in: DS, S. 55 f.
（7）Brief des Vorsitzenden des Zentralrates der Juden in Deutschland an den Vorsitzenden des Zentralrates deutscher Sinti und Roma, Romani Rose vom 22.6.1992, abgedr. in: DS, S. 93.
（8）Vgl. Konrad Schuller, „die Untaten entzweien die Opfer", in: FAZ vom 20.4.1994, in: DS, S. 224–226.
（9）Vgl. Brief des Vorsitzenden des Direktoriums des Zentralrats der Juden in Deutschland an den Staatsminister im Bundeskanzleramt, Anton Pfeiler vom 25.10.1993, abgedr., in: DS, S. 114.
（10）Zentralrat Deutscher Sinti und Roma, „Aufruf zum ‚Nationalen Holocaust-Mahnmal in Berlin' an den Bundeskanzler und den Regierenden Bürgermeister von Berlin", in: Tsp vom 16.12.1993, in: DS, S. 117.

3 「ベルリンの壁」の崩壊（一九八九年十一月九日）とドイツ統一による論争の転換

3・1 「ベルリンの壁」の崩壊による記念碑問題の質的転換

一九八九年十一月九日、パースペクティーフ・ベルリンによる記念碑建設の最初の呼びかけから十ヵ月後、ベルリンの壁は崩壊する。このことは次の二点で記念碑問題に決定的な転換をもたらした。

第一点は、西ベルリンを囲む形で、大部分は平行して立っていたベルリンの壁が撤去されたことによって、ベルリンの中心に突然巨大な空き地が出現したということである。ゲシュタポ跡地に記念碑を建設することが不可能になった直後、ブランデンブルク門の横に広がる広大な土地が、記念碑の建設場所として新たに浮上し、結局それは建設予定地となった。

サッカー場二面の広さを持つこの土地は、その後記念碑の造形に大きな影響を及ぼし、コンペを挫折へと導く最大の理由の一つとなった。コンペに提出されたほとんど全ての作品が敷地の広大さに作品を対応させ、巨大モニュメントの性格を必然的に帯びることになったためである。そのことは美学的批判の焦点となった。

またこの土地はナチスの歴史的現場と直接的に関わりがなく、ベルリンの壁の間に挟まれていたという他、特に何の意味も持たないこともまた大きな問題として指摘された。さらにベルリンで暮らす者の生活から全く切り離され孤立した場所にあることも、記念碑の建築場所として不適切であるとして、多くの者から批判された。この問題も後に大きな影響をもたらすことになる。

第二の、そしてより本質的な問題は、壁の崩壊による記念碑の意味づけの根本的転換である。「赤」の海に浮かぶ孤島、東西の分断や冷戦の象徴であったベルリンは、壁の崩壊によって、冷戦の終結と統一ドイツの象徴に変わり、一九九一年にはボンからベルリンへの首都移転が連邦議会で決定された。戦前の、そしてナチスの時代の首都ベルリンに政府が帰還するにあたって、この記念碑は、そのベルリンで統一ドイツの意志表示として「過去の克服」を可視的に表わすという新たな役割を担わされることになる。

こうした公式の意味づけに対しては、記念碑建設は統一ドイツの新たなアイデンティティーを「ホロコースト」によって確立しようとする試みであるという批判も行なわれた。その観点からは、この記念碑建設はホロコーストを媒介とする否定的アイデンティティーに基づく統一ドイツの「建国神話」の創設であるという、新たに記念碑に託された政治的機能を問う議論が始まった。そこでは、「否定的アイデンティティー」、「否定的ナショナリズム」という言葉が中心的概念として用いられ、論じられた。この問題はこの論争の中で最も質の高い議論が展開されたものの一つである【資料30、31、35】。

壁の崩壊は、こうして「ベルリン共和国」の首都に建てられる記念碑を、国家プロジェクトという意味づけを負うものへ否応なく転換させるものとなった。

一九八九年十一月七日、パースペクティーフ・ベルリンは「財団　虐殺されたヨーロッパのユダヤ人のための記念碑建設を支援する会」(以下「記念碑建設を支援する会」と略称)という社団法人に組織を改編し、壁の崩壊から二ヵ月あまり経た一九九〇年一月、ブランデンブルク門近くの壁の跡地を、記念碑の新たな建設場所として正式に提案する。この年の春、記念碑建設の二度目の呼びかけが行なわれた。★1

【資料5】(*1990*)

レア・ロース

虐殺されたヨーロッパのユダヤ人のための記念碑

＊レア・ロース(一九三六年〜) ジャーナリスト。公共放送で討論番組の司会やドキュメンタリー番組の制作などに携わる。記念碑建設運動の主唱者。

私は次の三つの問いに答えようと思う。

なぜ、ユダヤ人(だけ)の記念碑か。

なぜ、かつての総統官邸跡［ベルリンの壁の間の記念碑建設場所は、それが提案された当初は、戦後完全に爆破されたヒトラー総統官邸跡に近いと言われていた。しかしその場所は、当初考えられていたほど接近していなかったことが後にわかる］に記念碑を建てるのか。

なぜ、「記念碑建設を支援する会」が記念碑を建てるのか。

一、なぜ、ユダヤ人のための記念碑か

ナチスのユダヤ人虐殺は、ヨーロッパ一七ヵ国という多数の国から移送された人間の殺人であり、そのために造られた独自の絶滅センターで工業的方法によって人間の絶滅を遂行するという人類史上他に例を見ない犯罪である。その目的は一一〇〇万人のユダヤ人の虐殺であった。そして五、六〇〇万人のユダヤ人の虐殺によって、ヨーロッパの幾つかの国をほぼ「ユダヤ人なし」にすることに成功した。そしてヨーロッパのユダヤ人の生活と文化は致命的な喪失を被った。ポーランド、ハンガリー、オランダ、ルーマニア、ブルガリア、そしてドイツで多くのユダヤ人が生命を奪われた。

我々加害者の国で、そのことが書物以外のいったいどこに記録されているのか。

我々の記念館はいったいどこにあるのか。

我々がその死者を想起するとき、我々はどこへ行けばよいのか。

アメリカでは今ちょうど、ワシントンに巨大なホロコースト博物館が建てられている。この「ホロコースト記念博物館」には一億ドル以上が投じられた。これはユダヤ人の生と死を記録するエルサレムにあるヤド・ヴァシェムに次ぐ世界で二番目に大きい博物館となる。

その殺戮に全く関わっていないヨーロッパの外の国でその博物館は建てられた。

そしてドイツはどうであろうか。

ドイツには、それと比較できるようなものが一つもない。

さらに悪いことには、加害者、虐殺の執行者の国、ドイツには、ヨーロッパ各国からのユダヤ人の強制移送と虐殺という犯罪行為を想起する記念碑がいまだに一つもないのである。

加害者はこれらの犠牲者を想起していない。

それはもちろん偶然ではない。そうなったことには、それまでの経緯と原因と歴史がある。

ヨーロッパのユダヤ人の排斥と迫害は、ドイツですでに何百年の伝統があった。だからこそ、この迫害は死による完成に至るまで、非常に徹底して遂行されたのである。それはヴィッテンベルクで目に見える形ではっきりと表われている。ヴィッテンベルクのマルティン・ルターの教会には次のようなレリーフがある。一頭の豚の後ろに一人のユダヤ人聖職者が跪いてその豚の尾を持ち上げ、肛門を見ている。その豚の乳首をユダヤ人の子供が吸っている。その豚について書かれている言葉もまたユダヤ人の神を冒瀆するものである。そこで記されている神の名は決して呼ばれてはならないものであるからである。

このレリーフの下でルターは日曜ごとに説教をしていた。ここでルターはキリスト教とその福音を伝えたのである。キリスト教が人間や隣人にそのように関わり、その感情や尊厳や宗教を傷つけ冒瀆し、挙げ句の果てに多くの書物と同じように、人間さえも消却した。

ルターの教会にあるこのレリーフは十六世紀から触れられることなく、破壊されることもなくそこにある。［このレリーフは教会の建物外壁、入り口から反対側の角の高い所にある。一九八八年十一月九日にユダヤ人が襲撃された「水晶の夜」五十周年を記念してこれを戒めるレリーフが、その真下の地面につくられた。現在その経緯を解説するプレート（英独）がその場に立てられている］。

我々ドイツ人は我々の歴史のこの重荷を認識し、それを我々の歴史の新たな一章に、公に記録するため、目に見える徴《しるし》をつくらなければならない。

なぜユダヤ人のため（だけ）の記念碑か。なぜすべての犠牲者のための記念碑ではないのか。

「彼ら（ナチス党員）は、ユダヤ人を非常に明白に『最終決定的に』犠牲にした。反ユダヤ主義は決してナチスの要素の一つではなく、その中心なのである。ナチスは、ユダヤ人に、またユダヤ人の中に全体を見た。ナチスの世界像を決定した損害の全体、悪の全体、そして人間の本質と人間社会の歪曲の全体である」（マーゲリータ・フォン・ブレンターノ［ドイツの哲学者］）。

我々が、ユダヤ人の虐殺がナチスの核心であり、典型的な例であると言うのは、決して他の犠牲者に対する差別を意味しているのではない。二千年間、この大陸で生き、諸民族に属し統合の中にあり、そこに根を張って暮らしてきたユダヤ人を、それにもかかわらず、そこから選別し、それぞれの民族から排除した。そしてその後、他のすべての犠牲者グループに対して同じようことが実行されたのである。我々はそのように理解している。そして二度とそのようなことが起こらないことを求めている。

そのこともまたユダヤ人に捧げられる記念碑に示されなければならない。

二、なぜ、総統官邸跡に記念碑を建設するのか

ベルリンの市民運動団体、パースペクティーフ・ベルリンがナチスの権力掌握から五十年たった一九八八年九月、初めてそのような記念碑の設立を公に訴えた時、ドイツとまたベルリンはまだ分断されていた。ドイツ人の犯罪行為に対するそのような記念碑は全ドイツ人の問題でなければならないと我々は考えていたが、当時の事情がその実現を許さなかった。それ故に歴史的に重荷を負う西ベルリンの旧ゲシュタポ跡の敷地（プリンツ・アルプレヒト・パラス）を記念碑の建設場所にすることを我々は求めた。この提案をめぐる歪曲や憶測の中で行なわれた論争によって、この要求は拒絶されたが、このようなテーマと取り組むことが我々の国でいかに困難であるかということを、そのことは示した。この対立は一九八九年にパースペクティーフ・ベルリンが出版したパンフレットの中に記録されている。

一九八八年当時、我々は一九九〇年に東ベルリンの協力によって、ナチスの支配の当時中心であった場所を探すことが可能になるとは予想だにしていなかった。我々は東西共同でブランデンブルク門と当時の総統官邸跡との間の場所を建設予定地として決定した。このナチスの権力の中心であった廃墟の上に、虐殺されたユダヤ人のための記念碑が建つ。すなわち殺人者の上に殺された者が、加害者の上に犠牲者が立つのである。

またその記念碑には、それがユダヤ人に捧げられ

ることが記される。

三、なぜ、「記念碑建設を支援する会」が記念碑建設を呼びかけるのか。

想起しないという恥ずべき状態を、我々は終わらせたい。

我々、市民運動パースペクティーフ・ベルリンは記念碑の建設を実現させるという課題を担いたい。我々の考えに対する一般の支持や賛同の署名、寄付は、この運動を継続させていくのに充分である。一万を越える人々の署名が短い期間で集まった。そのことは我々の国には信頼するに足る充分な人々がいることを示している。

その中には次の人々も含まれている。

ヴィリー・ブラント、クラウス・ベドナルツ、フォルカー・ブラウン、ヘルター・ドイブラー＝グメリン、クラウス・フォン・ドーナーニ、エバーハルト・フェヒナー、オシップ・K・フレヒトハイム、ハナス・ヨアヒム・フリードリヒス、ペーター・グロッツ、モーリス・ホフマン、アルフレート・フルドリカ、ウドー・リンデンベルク、エゴン・モンク、ハイナー・ミュラー、ウタ・ランケ＝ハイネマン、ヤン・フィリップ・レームツマ、ホルスト＝エバーハルト・リヒター、ヨハネス・マリオ・ジメル、フリードリヒ・ショーレマー、フランツ・シュタインキューラー、クラウス・ヴァーゲンバッハ、コンスタンティン・ヴェッカー、クリスタ・ヴォルフ

我々は、このプロジェクトだけにもっぱら従事する「記念碑建設を支援する会」の設立を決定した。その課題は非ユダヤ系のドイツ人が、ドイツ人によって虐殺されたユダヤ人の記念碑を建てるということであり、その核心は、一つの民族がその一部を排除して虐殺に委ねたことを戒めることである。

ユダヤ人に捧げられる記念碑には、次のことがまた示されるべきである。

決して忘れられてはならない。人間が人間になし得たことを常に思い起こせ。

ヨーロッパ諸国から失われたユダヤ人の数

ポーランド	二二〇万から三〇〇万人
ソビエト	二一〇万から二二〇万人
ハンガリー	五〇万二〇〇〇人
チェコスロヴァキア（一九三七年当時の国境）	二六万人

ルーマニア	二二万一二二四人
ドイツ帝国	一六万五〇〇〇人
オランダ	一〇万二〇〇〇人
オーストリア	六万五四九五人
ユーゴスラビア	六万五〇〇〇人
ギリシャ	五万九一八五人
フランスとベルギー	三万二二〇〇人
ブルガリア（トラキアとマケドニア）	一万一三九三人
イタリア	七六三八人
ルクセンブルク	一二〇〇人
ノルウェー	七五七人
アルバニア	五九一人
デンマーク	五〇人

（数はヴォルフガング・ベンツによる。ミュンヘン歴史研究所）

（虐殺されたヨーロッパのユダヤ人のための記念碑建設を支援する会（編集）『虐殺されたヨーロッパのユダヤ人のための記念碑』からの抜粋）

3・2　ノイエ・ヴァッヘ（「戦争と暴力の犠牲者のための記念碑」）の改築をめぐる論争とその影響——統一ドイツにおける「戦没者」の国家想起の問題

ドイツ統一と深く関わり、この記念碑論争に本質的に、また実際的にも大きな影響を及ぼしたのは、ノイエ・ヴァッヘへ改築をめぐる議論であった。

ノイエ・ヴァッヘはベルリンの目抜き通りウンター・デン・リンデンにある一連の壮麗な建造物の一つであり、十九世紀の初めプロイセンの著名な建築家カール・フリードリッヒ・シンケルにその設計は由来する。それはもともとプロイセン時代にベルリン衛兵本部として建てられたものであったが、その後、改修が重ねられ、建物の機能もさまざまな変遷をたどった末、一九三〇年に第一次大戦の戦没者記念碑となった。第二次大戦中、爆撃によって破壊された後、戦後そのまま放置されたが、一九五六年、東ドイツはこれを「ファシズムと軍国主義の犠牲者のための記念碑」という施設に改修した。建物内部の中央の床には「永遠の火」と名づけられた燃え続ける炎が置かれ、一九九〇年のドイツ統一まで、この建物の前には、東ドイツ人民軍兵士二人が二十四時間、立哨を続けていた。

統一ドイツはこの施設を、別の理念の下に新たに改修することを必要とした。それは次の理由に基づく。

第一に、ノイエ・ヴァッヘはファシズムと闘った共産党によって建国されたという、いわゆる東ドイツ建国神話に基づく国家の自己理解を象徴するものであった。その理念は統一ドイツとは当然、相容れるものではなく、また統一ドイツは東ドイツ独裁体制による犠牲者をも、国家によって想起されるべき犠牲者に新たに加える必要があった。

▲…ノイエ・ヴァッヘ。

第二は、西ドイツには国家的儀式が可能である戦没者の国立記念碑がなかったという実際的な理由である。一九八四年、首相コールはアメリカ大統領レーガンをラインハルト＝プファルツ州にあるビットブルクの墓地に案内したが、そこにはドイツ国防軍だけではなくナチスの武装親衛隊兵士も葬られていることから、コールに対する激しい批判がドイツで起こった。このビットブルク事件を契機として、西ドイツには「戦没者」に関わる国家儀式のために適切な記念碑がそれ以前にもまして強く求められるようになった。ノイエ・ヴァッヘはドイツ古典主義の建物であり、その外観からも国家式典にふさわしく、またブランデンブルク門に通じるウンター・デン・リンデンに位置することから格好の立地条件を満たすものと考えられた。

この施設はもっぱらコールの主導によって、「主として」戦争の犠牲者の国立記念碑として改修され、想起されるべき「犠牲者」もまた拡大した。

一九九三年十一月、「戦争と暴力支配の犠牲者のためのドイツ国立記念碑」として生まれ変わったノイエ・ヴァッヘは、虐殺されたユダヤ人や虐殺したドイツ兵士、また一九五三年六月十七日の東独労働者蜂起で弾圧され殺された者などが、全て「犠牲者」という名で一括され、「我々」によって、想起されるという施設となった。

このノイエ・ヴァッヘへの改修については除幕式に至るまで、激しい論争が続いた。

ノイエ・ヴァッヘで「加害者」と一緒にされることに対して、何よりも激しく反発したのは民族虐殺の犠牲者、ユダヤ人とシンティー・ロマであった。ユダヤ人協議会議長ブービスはこれに抗議し、ノイエ・ヴァッヘの除幕式への参加拒否を表明した。そしてブービスは一九九三年の五月、ノイエ・ヴァッヘを容認する条件として、コールに二つの要求を提示した。その一つは「虐殺されたヨーロッパのユダヤ人のための記念碑」の建設であり、もう一つはヴァイツゼッカーの演説「荒野の四十年」（一九八五年）の中で個々の犠牲者グループの名指しを行なった一節を、ノイエ・ヴァッヘへの入り口に碑文として掲げることである。コールはユダヤ人の記念碑の建設についてはただちに、そして犠牲者の名指しの碑文については二週間後に承諾したという。★2 ブービスはそれを受けて、ノイエ・ヴァッヘへの除幕式の出席を承諾した。最大の犠牲者グループであるユダヤ人代表者の式典参加は、この施設の信憑性が、少なくとも形式的に失われないために絶対不可欠のことであった。

こうしてノイエ・ヴァッヘへの改築による「戦争と暴力支配の犠牲者のための国立記念館」の誕生こそが、事実的にも理念的にも、「虐殺されたヨーロッパのユダヤ人のための記念碑」の建設を必然的なものとした。そしてそれは、他の犠牲者グループ個別の記念碑建設を不可避的にするものとなった。

一九九三年十一月十四日、多くの抗議デモと厳重な警備で騒然とする中、「戦争と暴力支配の犠牲者のための国立記念碑」の除幕式が行なわれた。ベルリンのユダヤ教会の議長はこの日ゲシュタポ跡へ向かう抗議デモに参加した（資料36、二五九頁参照）。

【資料6】(1994)
ノイエ・ヴァッヘの碑文

ノイエ・ヴァッヘは戦争と暴力支配による犠牲者の想起と記念の場所である。

我々は、戦争によって苦しみを受けた民族を想起する。我々は迫害され、命を失ったそれらの市民を想起する。我々は世界大戦の戦没者を想起する。我々は戦争と戦争の結果による捕囚や追放によって死んだ人々を想起する。

我々は何百万人の虐殺されたユダヤ人を想起する。我々は虐殺されたシンティー・ロマを想起する。我々は出自やまた同性愛によって、病気や弱っていたために殺された全ての人々を想起する。我々は生きる権利を拒絶された全ての人々を想起する。

我々は、宗教的、あるいは政治的信念によって死ななければならなかった人々を想起する。我々は暴力支配の犠牲となった、また無実のまま死んだ全ての人々を想起する。我々は暴力支配に対する抵抗運動のために命を犠牲した人々、良心を屈することよりも死を甘受した人々に敬意を表する。

我々は、一九四五年以降の全体主義的独裁政治に抵抗したために迫害され虐殺された人々を想起する。

ノイエ・ヴァッヘへの入り口のこの碑文は、ヴァイツゼッカーの演説の原文をこの施設にふさわしく僅かに改変したものである。[★3] すなわち、演説原文では犠牲者の名指しは虐殺された六〇〇万人のユダヤ人から始まるが、この碑文では「戦争で苦しみを受けた全ての民族」がその筆頭である。ここには戦争に関わった全ての人々、すなわち全てのドイツ人もまた含まれる。名指しされる個々の犠牲者グループの最末尾には東ドイツ独裁体制の犠牲者が挙げられているが、もちろんこれは演説原文にはないものである。

この施設で「犠牲者」という言葉をここまで無差別に拡大することに対して、一般市民の間からも激しい批判が起こった。そして論争の中で、「受動的犠牲者」と「能動的犠牲者」、また「犠牲者となった加害者」という概念が用いられ、犠牲者の区別について深く掘り下げられた。そこではドイツ人犠牲者と非ドイツ人犠牲者

3.「ベルリンの壁」の崩壊(1989年11月9日)とドイツ統一による論争の転換

との区別もまた問題となった。この議論は、記念碑論争に決定的な影響を与えることになる【資料36、37】。

ノイエ・ヴァッヘにおけるこのような死者の包括的中央管理は、あまりにも大きな相互矛盾から理念的に破綻し、碑文で名指しされた個々の犠牲者グループは、この矛盾対立からの「脱出」を余儀なくされ、それぞれ個別の記念碑を求めることになる。しかしそれらの犠牲者の離脱は、ノイエ・ヴァッヘの機能を損なうのであろうか。むしろ個々の犠牲者グループの「脱出」の後、最後に残る犠牲者、ドイツ人一般市民や兵士がこの施設の性格をより一層明らかに示すものであるのかもしれない。

また「戦争と暴力支配の犠牲者」とは、そもそも誰を指すのか、この犠牲者の二つの区別もまた決して自明なことではない。ホロコーストの犠牲者をたんなる「戦争の犠牲者」として、(ドイツ)兵士や一般市民とともに括ることができないのは当然であるが、しかし民族の根絶を目的として計画的に虐殺された膨大な犠牲者を、たんに「暴力支配の犠牲者」と片付けることはできない【資料36】。そしてその場合には、ホロコースト犠牲者と東ドイツの独裁体制の犠牲者が同じカテゴリーに入れられることになる。

また東ドイツの体制の犠牲者を「暴力支配の犠牲者」と言うことに正当性があるとしても、しかし、その加害者はいったい誰であり、これを想起する「主体」はいったい誰なのか。ここには他の犠牲者の場合とは異なり、主体の側の分離の問題も絡んでいる。東ドイツ独裁体制の犠牲者はノイエ・ヴァッヘから外し、別の場で想起すべきであるという声はある。実際に一九五三年六月十七日の東ドイツ労働者蜂起の記念日には、その犠牲者の多くが葬られている墓地が、毎年連邦やベルリンの代表者が訪れる公式の記念の場所として定着している。

▲… 1953年6月17日の東独の労働者蜂起の犠牲者の墓。独裁体制に抵抗し弾圧された。現在、記念日に公式の式典が行なわれている。

実際的機能から考えれば、ノイエ・ヴァッヘとは結局、国家儀礼を行なうことを目的として設立された施設であり、そこで求められているのは、ドイツと外国から来た政治的代表者が、効率よく、また問題なく、儀礼を行ない得る場所であるということである。そのために必要な条件とは、中央の、唯一の、包括的、国立施設であり、この施設が形式的にはそれを充たしている以上、そしてその形式こそがここでは問題であるのであるから、それは充分「機能」する。

そして、結局「ノイエ・ヴァッヘ」で徹頭徹尾中心となっているのは、想起の客体ではなく、むしろ想起の主体である。「ドイツ」のために、あるいは「ドイツ」によって、意志的、反意志的、あるいは受動的に、それぞれ全く別様に死に至った人々を、「犠牲者」として認知するその想起の主体が、このノイエ・ヴァッヘの真のテーマなのであろう。「東ドイツの犠牲者」がここに含まれていることによって、それは一層、独特な仕方で露になっている。「統一ドイツ」とは形式的には、ドイツ連邦共和国に、かつての東ドイツが新たに六州として編入されたものであり、西ドイツは統一の前も後も「ドイツ連邦共和国」であることに変わりはない。東ドイツの犠牲者を想起することができるのは、そのドイツ連邦共和国なのである。

第一次世界大戦の志願兵から（それ以前の全ての戦争も原理的には含まれているが）、虐殺されたユダヤ人も、虐殺したドイツ人も、そしてベルリンの壁を越えて射殺された者まで、相互に何の繋がりもない「犠牲者」を一括できる一者（「我々ドイツ人」か、「国家」か）が、それらを一括することによって共同想起の主体としてここに浮かび上がる。

根本的に問われなければならない問題は、もちろん次のことであろう。このような死者の包括的管理を行なう唯一の国立施設やそこで行なう国家儀礼は、そもそも何のために必要であるのか。そしてそれは個々の死者の想起と、何か関係があるのか。それとも、一人一人の死者は、そこで再び何かのために利用されているのか。そしてこれらの多様な死者を一括して想起するという「我々」とはいったい、誰であるのか。

ノイエ・ヴァッヘが記念碑論争に与えた影響は、「犠牲者」をめぐる論争に留まらなかった。もう一つの大

▲…ノイエ・ヴァッへに置かれたピエタ。

きな論点は、ノイエ・ヴァッへの改築に際して、議会の決議を経ることなく、コールの独断で進められた政治的手続き上の問題である。それは美学的造形の決定にまで及んだ。ノイエ・ヴァッへの中央には東ドイツ時代の「永遠の火」に代わって、公の議論に付すことも、また芸術、美学の専門家の審議を経ることもなく、ドイツを代表する彫刻家ケーテ・コルヴィッツ（一八六七～一九四五年）の「死せる息子と母」（一九三八年制作）と題する高さ三八センチの彫刻が、原型を四倍に拡大して、そこに置かれることになった。この作品はコルヴィッツが第一次大戦で志願兵として戦死した自分の息子をモチーフにして、「ピエタ」と自らが称した、死んだ息子を抱く母の像である。

これに対してはコールの独断的決定に対する批判だけではなく、この作品をこの場所に据えること自体に対しても、本質的な批判が向けられた**【資料38参照】**。

第一に、キリスト教のモチーフを前面に押し出したこのような作品は、さまざまな犠牲者を記念するという名目の場に適切ではないということである。また死んだ兵士を中心に据えることは、全ての犠牲者の中で戦死者に価値的中心を置くものとして批判された。さらにはコルヴィッツが小品として意図的に制作したと書き残している[★4]作品を原作者の意志を全く無視して拡大することは、作品の本質そのものに手を加える改竄であるという美学的批判である。

宗教的モチーフへのこのような安易な依存は、政治権力の芸術への介入などに対する批判と共に、記念碑論争へと継承され、特に記念碑コンペの審査に大きな影響を与えた。またこの論争を契機として、記念碑建設の決定や記念碑の造形的問題について公の審議や決定を求める声が次第に広がっていった。

ノイエ・ヴァッヘの除幕式から五ヵ月後、こうした論争を背景にして「虐殺されたヨーロッパのユダヤ人のための記念芸術コンペ」の公募が行なわれた。

なお、ノイエ・ヴァッヘは現在、ドイツの戦争終結記念日（五月八日）と両世界大戦の死者とナチスの犠牲者のための国民追悼記念日（十一月）に、ドイツ大統領や三権の長らの花輪置き場として、また観光スポットとして機能している。

（1）Förderkreis zur Errichtung eines Denkmals für die ermordeten Juden Europas e. V., „Aufruf zur Errichtung eines Denkmals für die Ermordeten Juden Europas, 1990", in: SZ von Pfingsten 1990, in: DS, S. 70 f.

（2）Vgl. Ignatz Bubis (mit Peter Sichrovsky), Damit bin ich noch längst nicht fertig. Die Autobiographie, Frankfurt a. M.1996, S. 280.

（3）Vgl. Hans-Georg Stavginski, a.a.O., S. 66.

（4）Vgl. Johannes Heesch/Ulrike Braun, Orte erinnern, Berlin 2003, S. 45 f.

4 記念碑芸術コンペ

4・1 第一回記念碑芸術コンペ（一九九四年〜）

4・1・1 第一回コンペの呼びかけ

論争が始まってから五年を経て、「虐殺されたヨーロッパのユダヤ人のための記念碑の芸術作品コンペ」が、連邦（連邦内務省）とベルリン（ベルリン建設住宅省）、そして「記念碑建設を支援する会」の三者の主催によって行なわれることになった。一九九四年四月十八日、ドイツの主要な新聞にコンペ公募の告知が掲載された。

【資料7】（*1994.4.14*）

ベルリン建設・住宅省編集

コンペ募集要項（抜粋）

参加資格　　造形芸術家と、それに近似する領域の芸術家。

作家、歴史学者、建築家、都市計画の専門家などとの協同作業は許可されている。この課題の意味と困難さを鑑み、それはむしろ推奨される。

参加条件

参加者は少なくとも半年以上、ドイツに居住、もしくは仕事に従事している者。

コンペの課題

一、テーマと関連事項

記念碑の建設予定地はブランデングルク門からポツダム広場の間にあり、その場所は過去六十年間のドイツの際立った歴史を表わしている。

その敷地の近くには、かつてヒトラーの執務場所であった総統官邸があり、その場所は加害者と共に、その制圧と武装解除をも示している。そして最終的にこの場所は、東西ドイツの四十年間の分断を徴《しるし》づけている。

この出来事が刻み込まれた瓦礫の近くに「虐殺されたヨーロッパのユダヤ人のための記念碑」は建設される。

現代の芸術家の力によって、悲しみと戦慄と敬意への眼差しが恥と罪責の意識に象徴的に結びつけられることが求められている。平和と自由と平等と寛容において生きることのできる将来への認識が記念碑によって目覚め得るであろう。

二、課題の設定

このコンペのこのテーマと目標は上述の通りである。しかし芸術的課題の設定は開放されている。その際、彫刻芸術と建築物とを組み合わせる可能性も認められる。

課題との取り組みがどのような形をとるかについては、個々の芸術家が決定するべきである。

結果を予め想定することは試みない。その開放性が困難を招き、よい結果を保証するものではないということを主催者は意識している。しかし作品が、本質的なもの、独自的なもの、そして持続的に影響を与えるものに到達する可能性を保証するために、その開放性は不可欠であると考える。

一九九四年四月ベルリン

コンペ開催に至るまで、主催者三者の間で課題や選考方法、審査委員の選定など多くの点で意見が対立し、最も重要なコンペの課題も結局、明確に規定することができず、事前に公の議論に付されることもなかった。この公募の正式のパンフレットはナチスの犯罪に関する歴史的事実をまとめた資料を中心に本編はA４判で四五頁あり、それに多くの資料が添付されているが、[★1]コンペの課題設定について記された部分【資料7】は、半頁に満たない。その中で特に、記念碑が表現すべきものとして無造作に羅列された「悲しみ」、「戦慄」、「恥」などの記述に対しては多くの批判が向けられた。内容的に空疎であるということだけではなく、本来、芸術家に委ねられるべき問題がそこで不当に介入されているというのがその批判の中心である。

さらにこの課題の根本構想は、コンペの審査委員の一人でもある著名なスイスの展覧会企画専門家ハラルド・ゼーマンが、かつてパースペクティーフ・ベルリンの要請によってまとめた記念碑の企画書の内容を色濃く反映し、そのゼーマンの文書が実際に公募資料にも添付[★2]されたことに対しても、コンペ参加者に特定の方向性を与えるものとして批判された。これらの問題は、コンペの挫折後に多くの批判を受けることになる。

4・1・2 コンペの審査結果とその反響

コンペ開催の発表は、予想をはるかに越えて一般市民にも大きな反響を呼び起こした。五月十一日に行なわれたコンペについての質問討論会は予定会場よりもさらに広い場所に変更され、用意されていた二六〇〇の公募パンフレットはすぐになくなった。一九九四年の十月二十八日の締切までに、主催者のもとに提出された作品は、主催者側に招待された内外の著名な芸術家一二人[★3]の作品を加え、全部で五二八を数えた。審査委員会は、主催者三者がそれぞれ五名ずつ選んだ計一五人の委員から構成され、記念碑建設の最初の呼びかけの賛同者として名前を連ねたベルリン・ブランデンブルク芸術アカデミー前会長ヴァルター・イェンス【資料12】が審査委員長を務めた。

提出された全ての作品について作者の名を伏した匿名審査が行なわれ、審査会議が何度も重ねられた後、一九九五年一月二十日、ようやく結果が発表された。最終的に選出されたのは一七作品であり、そのうち上位九位までが入賞作とされた。

そして次の二作品が一位として選ばれ、そのうちのどちらを記念碑として実現するかという最終決定は主催者に委ねられた。

一つはクリスティーネ・ヤコブ＝マークスの縦横一〇〇メートル、高さ三〇センチから一一メートルまでの勾配がつけられたコンクリート製のプレートである。その傾いた正方形の巨大プレートの上には（その時点で判明しているとされていた）虐殺されたユダヤ人四二〇万人の名前が全て彫り込まれる。★4

もう一つのジーモン・ウンガースの企画は、縦横八五メートル、高さ六メートルの鋼鉄製の枠であり、それは四隅を柱によって地面から約三メートルの高さで支えられている。そしてその枠にはアウシュヴィッツを始めとする絶滅強制収容所の名前が透かし彫りにされる。その文字は枠の外側から見ると鏡文字になるが、枠をくぐってその内側に入れば正しく読むことができる。また太陽が上るとそれらの文字は地面に正しい影を作る。★5

一位発表から五ヵ月経た一九九五年六月二十八日、主催者はヤコブ＝マークスによる名前のプレートを記念碑として実現することを決定した。この結果については主催者の間で最後まで意見が分かれたというが、この作品が最終的に決定されたのは何百万人もの犠牲者に名前を取り戻し、それぞれを個人として想起するというこの作品の主旨に対する高い評価によるものであった。★6 またこの作品が巨大プレートの建設完了をもって記念碑として完結するのではなく、新たに判明した名前をその後、順次プレートに刻み続けていくという作者の提案は、記念碑を媒介にする想起の営みが常に途上にあり続けることを示すものとして評価された。★7

この主催者の決定が発表されるや否やメディアや一般市民など、あらゆる層から轟々たる非難が巻き起こった。一〇〇メートル四方のプレートと、四二〇万人の名前という想像を絶する規模が、ただちに感覚的拒絶反応を引き起こしたためである。その巨大さと膨大な数の名前が、一人一人の犠牲者を匿名から救い出すと受け止めることは困難であった。確かにそれは、多様な死者を犠牲者という名の下に一括し、個人を一般に解消するノイエ・ヴァッへの対極の思想ではあるが、四二〇万人という途轍もない数の中に埋もれてしまえば、個人個人の名前も匿名以上の意味を持つとは思われない。[★8]結局のところ、この巨大プレートは人々を圧倒、圧迫するだけで、想起とは何の関係もないという点で多くの批判は一致した。

ユダヤ人協会議長ブービスも、この企画の実現に明確に異議を唱えた一人であった。ブービスは、それらの批判に加えて、記念碑完成後もユダヤ人の名前を金をかけて一人ずつ彫り込み続けていくのは、まるで「免罪符」を買うようなものであるという批判をすでに公に表明していた。さらにブービスは、ユダヤ人によくある名前については、その中に何千人もの同姓同名がいることが推定されることから、一人一人、生年月日も記さなければ、匿名と全く同じであると批判している。[★9]

しかし問題はそれだけに留まらなかった。そこに彫り込まれるというユダヤ人犠牲者についても四二〇万人という数に確たる根拠はなくドイツでは確定不可能であること、またユダヤ人犠牲者名簿を作成しているイスラエルの記念館ヤド・ヴァシェムにもそれについて事前に問い合わせが行なわれていないことが新たに判明した。ヤド・ヴァシェムの「名前のホール」の責任者は、東欧出身のユダヤ人犠牲者の名前については確認終了の時期も未定であり、「このような形式ではその実現は完全に不可能である」と述べた。[★10]

さらに、現在判明している名前についても、連邦政府の個人情報保護法の委員から、犠牲者の遺族の同意なしにそのような形で名前を公表することは情報保護法に抵触することが指摘された。[★11]ユダヤ人歴史学者ユリウス・シェップスはこの作品を激しく批判し、もし自分の家族がそこに名前を彫られるならば、法的手段を講じて阻止すると述べた。ユダヤ人にとってはホロコーストの想起は人間にとっての最大の屈辱の想起であり、名前を彫ることでそれが記念碑に永遠化されるからである。[★12]この名前のプレートに対してのみならず、そもそもこの巨大記念碑の建設計画そのものに対して、ユダヤ人を「虐殺された民族」としてだけ規定することになるという批判は、多くのユダヤ人によって一貫して行なわれたものでもある【資料15、41】。

また実際に名前が彫られた後、そこに間違いが指摘されるというほとんど不可避的な事態が生じた場合や、あるいは犠牲者の遺族がこのプレートに身内の名前を発見できなかった場合、どのように対処すべきかというような、本来この作品の実現を決定する前に当然考慮されていなければならなかった実際的問題が次々と指摘されていった。そしていかなる観点から見てもこれが実現不可能な作品であることは、ほどなく誰の目にも明らかになった。

この作品の実現が発表されてから二日後、コールはベルリン市長ディープゲンと会談を行ない、その後次のことを表明した。連邦が記念碑に対して土地を提供し、建設費を負担する以上は、実現される作品に幅広いコンセンサスがあることが条件であるが、ヤコプ＝マークスの作品には現在それが欠けているため、その実現を連邦政府は支持できない。★13

これは事実上、コンペの結果を完全に破棄するものであった。この迅速なコールの対応に対しては、芸術に対する政治の介入という当然の批判もあったものの、これによってこの企画の実現が早々に阻止されたことは肯定的に受け止められた。それほどにもこの作品を支持する者は少なかった。

こうして長い時間をかけて行なわれたコンペも、また主催者の下した結論も、事実上何の成果を出すこともなく全ては白紙に戻った。

4・1・3 コンペで注目を集めた作品

コンペの結果発表の後、提出された全ての作品のモデルは、ベルリンの中心にある建物で一般に公開された。抽象から具象、コンセプチュアル・アートなど、あらゆる種類の企画がそこには展示され、会場には連日多くの人々が詰めかけた。それらの企画の中にはユダヤ教の宗教的象徴やナチスの象徴を直接的に、また無造作に用いたものも多数あったが、それらはノイエ・ヴァッへの、ピエタについての論争を踏まえて、最初に選考から脱落したものであった。

提出されたほとんど作品に、また入選作品にも顕著に表われていたのは、後にコンペの失敗の大きな要因の一つとして指摘された巨大モニュメントの問題であった。建設予定地の土地の広大さに作品を対応させ、その物理的巨大さによってナチスの犯罪の規模を表現するという傾向をほとんどの作品が示しているということが繰り返し批判された。

しかしまた提出作品の中には、戦後のナチスに関わるドイツの記念碑の伝統の中で生み出された、見る者にテーマとの主体的対決を促すアンチ・モニュメントと呼ばれる系譜に位置づけられるものもあった【資料10、34で言及】。

その一つは十一位に選ばれたレナータ・シュティーとフリーダー・シュノックによる「バス・ストップ」と題する作品である。これは、ベルリンがナチスによる全ての犯罪の出発点であることを象徴し、当時の政治権力の中心であったベルリンの帝国議会堂（現連邦議会堂）の傍らにある記念碑建設予定地をバス・ターミナルにするというものである。そこから実際に、ドイツ国内にあるナチスに関わる犯罪の現場やアウシュヴィッツを初めとするポーランドの強制収容所を結ぶバスを発着させる。またターミナルには、バスの乗車券売場や待合室と共に、その犯罪についての情報や資料を提供する建物も設けられる。★14 この企画は、想起の中央集権化や儀式化に対する批判として、また非歴史的で無意味な場所ではなく歴史的現場に実際に焦点を当てるものとして、一般の広い支持を得た。この「作品」は後まで多くの人々に言及され、実際にそのような路線バスの発着駅をベルリンの連邦議会堂前につくるという提案もなされた。

この作品と並んで高い評価を受け、多くの者が後まで論及したのは、同じくアンチ・モニュメントの記念碑作者としてすでに知られていたホルスト・ホーアイゼルの企画である。それはブランデンブルク門を破壊し、その破片を建設予定地の広大な敷地に撒くという「記念碑」である。ホーアイゼルは企画の主旨を次のように記している。

「ブランデンブルク門はドイツ統一以来、ドイツの不断のアイデンティティーと連続性を表わす象徴として、ますます頻繁に用いられるようになっている。（略）国のアイデンティティーも歴史的連続性も、ヨーロッパのユダヤ人とシンティー・ロマの虐殺によってすでに破壊されている。（略）この企画は、加害者の民族が、ヨーロッパのユダヤ人虐殺に向かい合って、その国の象徴を記念碑として犠牲にすることができるか否かを問うものである。すなわちブランデンブルク門のないパリ広場［ブランデンブルク門前の広場の名前］と、ブランデンブルク門の傍らの破片に覆われた記念碑のない建設予定地という二重の空虚に、ドイツ人は果たして耐えることができるのか。それがこの企画の問いである[★15]」。

ブランデンブルク門の破壊が実際に検討されることはなかったものの、消失させたものに対する「自己犠牲」やアイデンティティー喪失の象徴化としての記念碑というこの作品の根本理念については、後の論争の中でたびたび論じられた。これはホロコーストを国家アイデンティティーの根拠へと安易に転化させようとする試みに対する明確なアンチ・テーゼであったからである。この作品の背景には、記念碑を契機にして新たな観点から捉えられた国家アイデンティティーの本質をめぐるそれまでの議論がある**【資料30～33、35】**。この問題は論争の最後まで中心的テーマとして論じられ、その関連においてこの提案はしばしば言及された（ホーアイゼルが共同制作者の一人である「灰色のバス」という記念碑が二〇〇八年、ベルリンに建てられた）〔第Ⅲ部5・1・2参照〕。

また記念碑というもの自体に対する批判として、この巨大な敷地を空き地にし、それ自体を記念碑にするという企画もあった。記念碑の敷地を、中が見えるように高さ三メートルの鋼鉄製の網の柵で囲み、回りに高さ一二メートルのサーチライトを等間隔で立てる。そして柵には国家式典の際、出入りができるように一つの小さな入り口をつくり、その近くに次の言葉をはっきりと見えるように表示する。

「この場所は記念碑である。これはヨーロッパのユダヤ人の体系的に追放され虐殺されたユダヤ人が後に残した空洞と空虚を表わすものである。ここには草一本生えさせない[★16]」。

そして記念碑建設予算は全てユダヤ博物館、ユダヤ教会堂や東欧の文化施設の再建設や維持のために用いることをこの作者は提案している。

4・2 第一回コンペの挫折とその後の展開（一九九五年〜）

4・2・1 コンペ挫折

第一位に選ばれた名前のプレートの実現が完全に拒絶された後、その後の具体的な方針が決められないまま時は経過した。その間、今後の展開についてはさまざまな提案が出された。それらは大きく三つの方向に分けられる。

第一はコンペの結果を踏まえて入賞作品から実現可能な他の作品を選ぶ。第二はコンペの結果を破棄し、新たにコンペを開催する。そして最後に、コンペに提出された膨大な作品への失望から、記念碑の建設そのものを根本的に考え直すというものである。

コンペの結果発表から一年を経た一九九六年四月二十四日、連邦、ベルリン、「記念碑建設を支援する会」の三者は今後の方針をめぐって初めて会議を行なった。その結果、第一回コンペに対する批判に応答するため記念碑について、翌年一月から、コロキウム（専門家による連続集中討論会）を開催することを決定した。そこには、歴史学、哲学、政治学、美学、都市工学などさまざまな分野の専門家約九〇名が招かれ、記念碑について多様な観点から集中的、多角的に論じられることになった。[17]

当初の計画ではテーマを細かく分けて八回行なわれる予定であったが、[18] 最終的には内容的にも時間的にも大幅に縮小され、結局三つの大きなテーマ、「記念碑の本質」、「記念碑の造形」、「記念碑の建設場所」について、それぞれ一回ずつの討論会が翌年の一月、二月、四月に行なわれるだけとなった。それまで長い議論が積み重ねられてきた個々のテーマについて、これほど多くの参加者によって、一日で議論を尽くすことが不可能であることは、この計画発表の段階ですでに明らかであった。

一九九六年五月九日、戦争終結五十一周年の日に連邦議会では初めて記念碑が議題となった。[19] しかしこの議会は形式的なものにすぎず、これに出席した議員も全体の三分の一、特に与党キリスト教民主・社会同盟の議員は三〇名程度であった。[20]

4・2・2 三回連続のコロキウム（一九九七年～）

一九九七年一月、「記念碑の本質」をテーマとする第一回のコロキウムが開かれた。それは次のような形式で進められた。まず毎回冒頭でそのテーマの専門家数名による基調講演が行なわれ、その後、予め指名されていた複数の専門家がそれに対して論評を加える。それらを踏まえた上で、初めて参加者全員による討論が行なわれる。[21] もともと参加者の数に比して時間が足りない上、この形式では討論の時間がほとんど残らないことは明白であった。

第一回のコロキウムが始まってそこでまず論議の対象となったのは、その日のテーマ「記念碑の本質」ではなく、このようなコロキウムの進行形式であった。また主催者側が参加者に対して討論の前提とすることを求めた「規定事実」は、さらに激しい批判の的となった。主催者によれば、記念碑の建設予定地、記念碑の想起の対象をユダヤ人犠牲者に限定すること、そして記念碑の定礎式が一九九九年一月二十七日のアウシュヴィッツ解放記念日に行なわれるという三点は、すでに決定した事実であった。記念碑の建設それ自体は、もちろん議論の余地のない大前提である。

多くの参加者はこれらの前提に強く抗議したが、主催者側があくまでこれに固執したため、討議は初めから紛糾した。コンペの失敗を経て、主催者の言う「規定事実」そのものが、根本的に論じられなければならない問題であるということは、コロキウムの参加者のみならず、すでに広くいきわたった認識であったためである。ユダヤ人以外のホロコースト犠牲者排除の問題や、歴史的に意味のない広すぎる土地、さらには記念碑建設の是非そのものを根本的に問い直すことなしに、「記念碑の本質」について議論を進めるというのであれば、そ

▲…連邦議会堂（旧帝国議会堂）。現在でも、この建物は帝国議会堂（ライヒス・ターク）と呼ばれている。建物の前の広場は多くの者によって記念碑の建設場所として支持された。

もそもこのコロキウムが何のために開かれたのか、その目的自体が疑わしいものとなる。コンペの審査委員ザロモン・コーンやユリウス・ショップス、ラフェル・ザラマンダーは、このコロキウムに対する抗議として中途で退席した。★[22]

「記念碑の本質」をテーマにしたこの日の議論でも、建設場所が記念碑の本質と切り離されない問題として論じられ、あらためて現在の無意味な建設予定地ではなく、連邦議会前やノイエ・ヴァッへの前など、以前から多くの者によって提案されてきた象徴的に意味ある場所を建設地として支持する意見が多く出された★[23]【資料31、36】。

一九九七年四月、コロキウムは、毎回紛糾しながらも、予定通り三回を終了した。その結果、記念碑を建設するということ、そして第一回コンペで選ばれた作品を実現しないことについては、多数の一致があったものの、その他の問題については多様な提案が行なわれただけであった。また今後どのような方法でこれらの問題を検討し、具体化していくのかについても合意に至ることはなかった。予定されていた時間が不充分であった上、進行をめぐって行なわれる参加者と主催者との対立に多くの時間が費やされたことも加わり、内容的には新たな展開は見られなかった。結局このコロキウムでは、それまですでに論じられてきた問題が改めて確認され、それらの論点についてはなお多くの対立があることが改めて浮き彫りになっただけであった。

しかし主催者は、最後のコロキウムから、わずか一週間後の四月半ば、新たなコンペの開催を「コロキウムの成果を踏まえて」発表した★[24]。コンペのやり直しを支持する者は、コロキウムの参加者の中にも少なくなかったが、そのためには前回のコンペの方法やその諸前提を再検討することが不可欠であるという認識は多くの者に共有されていた。

根本的な検討を加えることなく新たに開催されたコンペは、結局、最初のものと本質的に異なるものにはならなかった。

その意味ではこのコロキウムは、一回目のコンペ挫折後の膠着した状況を打開し、新たなコンペ開催に道を開くために設けられたアリバイ機能を果たすものにすぎないという、コロキウムを途中で離脱した者の批判は妥当なものであったといえよう。

4・3 第二回記念碑芸術コンペ（一九九七年〜）

4・3・1 第二回コンペの概要

コンペの開催発表から三ヵ月がたった一九九七年七月半ば、二回目のコンペ（公式の名称は「狭められた選考過程」）の概要と五人の審査委員が発表された。それは前回のコンペと次の二点において形式的に異なっている。新しく開催されるコンペは、一般公募ではなく、一回目のコンペの上位入賞者九人と新たに招聘された審査委員会が選出する招待芸術家によって行なわれる。そして審査方法は作者の名前を明らかにして行なう非匿名評価に変えられた。★25

このコンペは、一方では一回目の入賞者を加えることで最初のコンペの継続性を主張し、他方では前回参加していない芸術家を招くことで新しいコンペでもあることを印象づける折衷方式である。しかしこの形式には問題がある。それは新旧のコンペ参加者が二つの異なる条件のもとに置かれるということである。すでにこの課題に取り組み一度作品を完成させた一回目の入賞者は、最初のコンペに提出した作品の修正や改良という可能性が与えられているが、新たにコンペに参加する招待作家は、この課題に全く白紙から取り組まなければ

▲…ユダヤ博物館（右）と、精神障害者の「安楽死」記念碑（ベルリン・カーブ、左）。

ならない。提出期限はどちらも同じではあるが、作品制作の条件や、またそれに費やした時間は全く異なっている。また新たに招待された作家にとって作品提出の締め切りまでに与えられた時間が、前回の七ヵ月に比べても大幅に短い三ヵ月であることも問題となった。招待作家の中には、第一回目のコンペで落選した六人（そのうち招待作家四名）も含まれている。

ドイツ建築士会は、ベルリン建設・住宅省に対して、審査基準の不透明性、審査委員会の資格、非匿名審査の問題に対して批判を提起し、このコンペが正規の手続を踏むものではないとして、コンペへの協力を正式に拒否した。★26

記念碑の前提については前回と何一つ変えることなくコンペを再び開催した主催者は、一回目のコンペの挫折を根本的には受け入れず、その挫折の原因をあまりにも多い参加者のためというコンペの手続上の問題に還元させたように見える。

主催者によって新たに招聘された五人の審査委員には、記念碑問題に批判的な者はもちろん含まれていない。審査委員長はコロキウムでも招待講演を行なったホロコースト記念碑の専門家、ユダヤ系アメリカ人のジェームス・E・ヤングであった【資料10】。

審査委員会はヤングを中心として、コンペの招待作家一六人を選出した。その中にはすでに記念碑の分野で斬新な作品で知られる作家も含まれていたことから、その人選はある程度評価された。それらの作家の中で、例えばベルリンのユダヤ人、ダニエル・リーベスキントはベルリンの中心に新しく建設され、一九九八年に完成したユダヤ博物館の設計者であり、リチャード・セラは、ナチスによる精神病者や精神障害者の「安楽死」の記念碑「ベルリン・カーブ」を一九八七年に制作した。この記念碑は、当時この虐殺計画が立てられた場所、ベルリン・フィルハーモニーの傍らにある。

またヨヘン・ゲルツはアンチ・モニュメントの代表的作家であり、ハンブルクの地中に沈んで消滅した作品はアンチ記念碑の代表作として知られている（この作品については資料34に詳しい）。

4・3・2 第二回コンペの開催とそれに対する反響

一九九七年七月に発表された第二回コンペの概要は次の通りである。

【資料8】(1997,7)

ベルリン科学研究文化省

一九九七年から一九九八年までの狭められた選考過程［第二回コンペ］応募要項（抜粋）

はじめに

ここに新しくまとめられた「虐殺されたヨーロッパのユダヤ人のための記念碑」の企画の課題は一九九四年から一九九五年にかけて行なわれた芸術コンペ以来、広く公に続けられてきた議論や、一九九七年の一月、二月、四月にベルリン科学・研究・文化省主催による三回のコロキウム［専門家による集中討論会］の結果に基づいている。ここに改訂された文書の責任は、当時のコンペ主催者であった三団体、すなわち内務省が代表するドイツ連邦、科学・研究・文化省に代表されるベルリン、そして「社団法人　虐殺されたヨーロッパのユダヤ人のための記念碑建設を支援する会」にある。
新しく作品の提出が求められている者に対して、一九九五年以来の議論とコロキウムの結果を以下に明らかにしたい。

記念碑の意味と課題

どの国においても記念碑というものは、その国の経験や自国の理想化や政治的必然性、また美学的伝統などを具現化する。この理由からアメリカやポーランド、イスラエル、オランダなどの記念碑は、それぞれ異なる形式を持っており、その相違は顕著である。ドイツの記念碑もまたそれらとは区別される。ドイツの虐殺されたヨーロッパのユダヤ人の国立記念碑は、必然的にホロコーストについての現代ドイツの独自の想起、すなわち複合的で困難な想起を明確に規定するであろう。

「虐殺されたヨーロッパのユダヤ人のための記念碑」という名称は、この記念碑が虐殺された六〇〇万人のヨーロッパのユダヤ人に捧げられることを明らかにしている。ナチスの政権のもとで体系的に迫害され、貶められ、そして計画的虐殺の犠牲になったユダヤ人のうち、約三%がドイツ、そして他の九七%はヨーロッパの他の一七ヵ国の出身者である。加害者の国の首都で、その記念碑によって、それらの人々とまた彼らと共に滅ぼされた文化が想起されるのである。しばしば用いられる「ホロコースト記念碑」という表現は正確ではない。ホロコーストという概念はナチスの民族虐殺全体を表わすからであり、従ってそれはユダヤ人とシンティー・ロマに対する人種主義から行なわれたジェノサイドを意味する。このグループに属する人々はその出自の故に虐殺された。ホロコーストと並んでナチスは数えきれないほどの犯罪を行なった。政治的、宗教的信念を持つ者、障害者、社会的に追放された者、ソビエトの戦争捕虜、同性愛者、スラヴ民族に属する者など多くの人々がその犠牲になった。

しかしユダヤ人に対する大量虐殺は特殊な犯罪である。一五〇万人の子供を含む六〇〇万人近くのユダヤ人が虐殺されたというだけではなく、ヨーロッパの中心における一千年［原文のママ］に及ぶ文化をそれは滅ぼした。ホロコーストを、もしその破壊の恐ろしさにだけに限定して理解するならば、この犯罪が後に残した膨大な損失と空虚を見すごすことになる。ユダヤ人の大量虐殺の悲劇は、そこで人間が恐るべき方法で殺された（何百万人もの他の人々も同じように恐るべき仕方で殺されたのであるが）だけではなく、取り返しのつかない多くのものが消滅したということである。記念碑となるべき適切な企画は、ホロコーストが後に残したこの空虚を考慮に入れるものでなければならない。想起はテロと破壊にのみ限定されてはならない。それがどのように失われたのかということと共に、そこで失われたものもまた想起されなければならない。今日のドイツは記念碑によって、犠牲者と加害者を想起すると共に、取り返しのつかない多くのものの喪失、この大陸に留まっているその空虚を想起するのである。

ヨーロッパのユダヤ人虐殺のその特殊性が、特別の記念碑を建てる理由である。この記念碑は、他の犠牲者グループの苦しみや死を決して下位に位置づけているのではない。民族虐殺の犠牲者としてシンティー・ロマに対しては中央記念碑が建てられる。また他の犠牲者グループの想起に関してもそれぞれ別々の中央記念碑を首都に建てるのか、それともノイエ・ヴァッヘがその想起のための適切な場所であるのかという問題については、すでに議論が始まっている。

説得力のある作品の創造を妨げるあまりにも多くの課題を、この記念碑に重荷として負わせないことが重要である。記念碑は、例えば記念館の課題を担うことは不可能であり、またそれをするべきではない。記念碑はナチスによる犯罪の歴史的現場にある既存の記念館を補完し、一般の人々の注意をそれに対して向けさせるべきである。記念館が情報や資料という課題を担うのに対して、記念碑や想起の場所は、そこを訪れる者の瞑想的、情緒的な感覚によって方向づけられる。記念碑の意味は明瞭に書かれた碑文によって強調される。碑文の言葉は然るべき専門家の助言を得て、記念碑建設の責任者によって起草される。

造形の問題

記念碑の形はこの根本的な考えに対する一つの応答であり、また同時にその敷地が将来のベルリンの都市構造における新しい場所として、どのように理解され得るのかという問いに対する応答でもあるべきである。一九九五年に行なわれたコンペの結果を覆した造形的問題を鑑みると、土地の広さは絶対的な規定であるわけではなく、都市構造における尺度についての問いが決定的な問題である。しかし芸術上、説得力のあるコンセプトであるならば、記念碑を目立たないようにする、あるいは妨げになり困惑させる要素を放棄する必要はない。建築場所の敷地を小さく区切るというような企画の提案は芸術家や建築家に任されている。

この文書が、前回のコンペの目的設定と異なる点は、例えば建設場所がヒトラー総統官邸と位置的に近いという説明が放棄されたことである。この建設予定地の「意味づけ」については、ホロコーストの責任を結局ヒトラー個人に還元しようとする試みであるという批判がすでに多くの者からなされていた。ただし、実際には建設予定地が当初考えられていたほど、その場所と近い位置関係にはなかったことが明らかにされたことが、この撤回には影響したとも考えられる。この敷地はかつて、大臣庭園と呼ばれた政治家や官僚が集う一般には非公開の庭園であり、歴史的に意味のない場所であった。

また多くの批判にさらされたのは前回と同様、記念碑の課題の設定である。これは内容的に前回とは全く異なり、新たに書き起こされたものである。

今回は記念碑が想起させるものとして、「犠牲者」と「加害者」、「テロ」と「破壊」、そして「喪失」や「残された空虚」という言葉が並ぶ。しかしこれもまた、前回と同じく主催者側が検討を重ねてまとめたものでも、事前に公の議論に附されたものでもない。この文書は事実上、審査委員長ヤングの考えに依拠しており【資料10】、その意味では外に発注したものであるといえよう。

ドイツ（人）の記念碑の課題設定をアメリカから招いたユダヤ人に依存するのは、加害者の国に建てる加害者の碑としての記念碑という、論争の中でもそれまで中心的に論じられてきた観点から見て、問題のあるものといわざるを得ない。（非ユダヤ系）ドイツ人のユダヤ人への依存という背景には、明らかに最初のコンペの完全な失敗があり、そこにはいわば結果に対する責任回避としての機能が託されているように見える。そしてこうした問題は、ヤング自身が鋭く指摘していることでもある【資料10】。

（非ユダヤ系）ドイツ人とユダヤ人との関わりにおけるこうした歪みは、記念碑決定以降も繰り返し、さまざまな形で表われることになる〔第Ⅲ部1、2〕。

この文書でさらに大きな問題となったのは、ユダヤ人の大量虐殺の悲劇はただ大量虐殺のみにあるのではなく、「ヨーロッパの中心における一千年〔原文ママ〕に及ぶ文化を滅ぼしたことにある」という一節であった。ユダヤ文化が一千年を遥かに越えることは言うに及ばないが、この表現は、「六〇〇万人の虐殺も悪いが、それがノーベル賞を輩出した民族ならばさらに悪いのか」[★27]という辛辣な批判を受けた。ホロコーストにこのような文化的価値評価を絡ませるような視点は、特にシンティー・ロマとの関連において、犠牲者間の等級づけとして、批判的に論じられてきたことであった。いずれにせよこの文書が今までの論争を充分に踏まえたものではないことは明らかであった。

第二回コンペの要項が発表されて間もなく、一回目のコンペ審査委員であったザロモン・コーンやその他コロキウムに参加した歴史学者、建築学者などが中心になって、このコンペに対する根本的な批判を表明し、コンペ開催に抗議する公開書簡を発表した。

【資料9】（1997,9,1）

「虐殺されたヨーロッパのユダヤ人のための記念碑」のコンペに対する公開書簡

「虐殺されたヨーロッパのユダヤ人のための記念碑」の計画は決定的な局面を迎えている。コンペの失敗後、三回のコロキウムが行なわれ、それに対する圧倒的に批判的な反響が報道された後、コンペの主催者、すなわち連邦とベルリン、そして私的団体「記念碑建設を支援する会」は、そのコンペに二回目の「部分」を補充した。

すでに純粋に形式的に見るだけで、その新しいコンペは専門的検討を充分に経た上での要求とは言い得ない。そこではコロキウム参加者の多くの批判が意図的に無視されており、それだけでも十分に不真面目なものである。

コロキウムでは何人かの参加者はそれを「アリバイのための行事」として途中で席を立ったが、このことはその指摘が正しかったことを示している。論争の的になっていた第一回コンペの諸前提が、二回目のコンペにも全くそのまま継承されているからである。その前提の問題とは、多くの専門家の意見によっても、またいかなる観点から見ても間違っている記念碑の建設場所、現在も論じられているユダヤ人以外のナチス犠牲者の排除、そして専門家によってではなく政治代表者によって支配されている審査委員会の資格の問題である。

また批判者に対してだけではなく、芸術家に対する軽蔑的扱いという不快な問題もそれに付随している。最初のコンペで入賞作品に対する、圧倒的で厳しい批判はまるで参加した芸術家の資質の問題であるかのような印象を与えたが、結果の責任はむしろコンペの公募条件の誤りや曖昧さにあることがそれに対して繰り返し強調されてきた。コンペの前提の誤りに全く触れることなく行なわれる二回目のコンペは、責任者が失敗をただ回収するだけであり、公に記録された芸術家の失敗が再び繰り返されるという恐れは残ったままである。

我々は、この重要で大規模なプロジェクトに対する、いかなる観点から見てもディレッタントな文化政治的操作に断固として抗議する。そして芸術家に対しては、熟慮されていないコンペの鎖に繋がれないで、自らの責任で自律的決定を下すため、コンペの課題と建設場所を新たに熟考することを訴える。

署名者
マックス・ベッヒャー教授
ヴァルター・グラスカンプ博士・教授
ザロモン・コーン博士
ラインハルト・コゼレック博士・教授
アンスガー・ニールホッフ教授
ラヒェル・ザラマンダー博士
ミヒャエル・シェーンホルツ教授
ユリウス・シェップス博士・教授
ヨッヘン・シュピールマン博士

新たなコンペを始めるならば、たんに一回目のコンペの結果を無効にするということだけでは充分ではない。

一回目のコンペが失敗した時点で、本来根本的に問われなければならなかったことは、そもそも芸術がこの課題に対して本当に適切かどうかということではなかったか。コンペの失敗の意味を掘り下げていれば、この問いとの対決は必然的に生じるものであったはずである。最初のコンペに提出された五〇〇以上の作品のどれ一つとして、記念碑として説得力のあるものがなかったという事実は多くの者に、少なくともこの課題に対する芸術の可能性に疑問を投げかけるものとなった。上述の「バス・ストップ」やブランデンブルク門の破壊という「作品」が、実際に他のどれよりも、はるかに説得力を持つものであったことは、そのことを何よりも明瞭に示すものである。

そもそもこの記念碑はなぜ、「芸術」でなければならないのか。この大前提について一度も問われることなく最初のコンペが行なわれ、その失敗を経てもなお、その問いと直面することは回避された。そして本質的には一回目と何も変わることなく始められたこのコンペが再び挫折することは、予見し得るものであった。

連邦議会で記念碑問題に決議を下す直前、論争の最後の局面では、芸術作品に代わるさまざまな代案が多くの人々によって提起された。もし主催者が、最初のコンペの挫折から本質的な問題を引き出し、コロキウムを初めとしてそれについて徹底的に論議する場を持っていたとしたら、そして芸術以外の代替案を少なくとも芸術作品と同じ資格で議論の中で正当に取り上げていたならば、たとえコンペをもう一度始めることになっていたとしても、それは全く違った形式や内容のものとなり、異なる結果を生み出していたであろう。

その意味では最初のコンペの失敗後も、充分な論拠もなく、芸術だけに固執したコンペ主催者の偏狭さが、二回目のコンペを再び挫折へ導いたといえよう。論争の最終局面では、記念碑に資料館を併合させ、資料館によって記念碑を補完するという極めて混乱した議論へと流れ、記念碑が資料館という解説書つきの「芸術」に最終的に至り着くことになったのは、最初のコンペの失敗が本質的に生かされなかったことにその最大の原因があったと考えられる。

4・3・3 第二回コンペの審査結果

一九九七年十月、前回の上位入選者と審査委員会によって招待された計二五の芸術家、芸術家グループから、最終的に一九の作品が提出された。コンペの形式的不備とあまりにも短い準備期間から、招待作家の多くが参

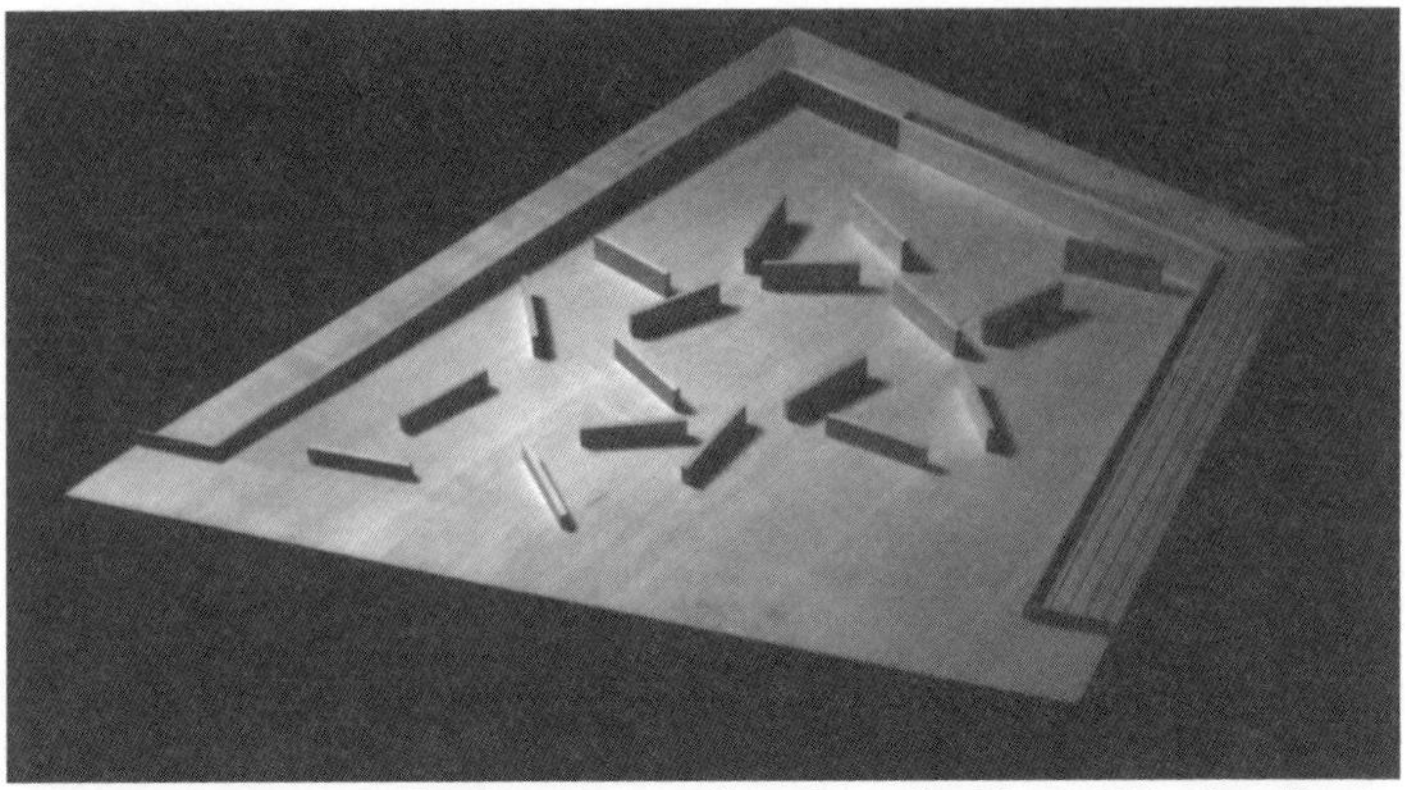

▲…２回目のコンペで、「石碑のフィールド」と共に１位に残ったゲジーネ・ヴァインミラーの作品。（©Gesine Weinmiller）

加を拒否するものと予想されていたが、招待作家一六人のうち、作品を提出しなかったのはエドアルド・チリダを初めとして六名であった[★28]。前回のコンペ入賞者の中では三位の作者が作品を提出していない。しかし参加した芸術家の中にも、後述するように、提出した「作品」においてこのコンペに対する根本的批判を表現したものもあった。

　この年の十一月、審査委員会はピーター・アイゼンマンとリチャード・セラの共同作品とゲジーネ・ヴァインミラーの作品との二つを実現される記念碑の候補作品として選んだ。連邦とベルリン政府の代表者はダニエル・リーベスキントを、「記念碑建設を支援する会」はヨヘン・ゲルツを推し、結局全部で四作品が最終選考に残ることになった。主催者の間で一人の候補者を一致して選ぶことができなかったためである。これらの選ばれた作品はすべて、招待作家によるものであった。

　ピーター・アイゼンマンとリチャード・セラの作品は、四〇〇〇本の高さの違う柱が波のように構成された「石碑のフィールド」である。それはホロコーストが人間の能力の限界を超え把握不可能なものであることを表現し、そこを訪れる者が石碑の中で孤独を体験することを企図している[★29]。

　ダニエル・リーベスキントは、建設予定地から帝国議会堂（現連邦議会堂）そしてユダヤ人の「最終的解決」が決定されたヴァンゼー会議の行なわれたベルリン郊外ヴァンゼーの別荘へ直線を引いた線上に、「石の息」と題する亀裂の入った数枚のコンクリートの壁を平行に立て、それを「運河」と見立てた。これはホロコーストに至る歴史を象徴する。[★30] なおこの敷地に立てられる「石の息」は、リーベスキントの構想全体のわずか一部にすぎない。連邦議会からドイツが侵略した国々へ何本も直線を引き、その線上にあるベルリンの所々の場所にこのブロックを置くことをリーベスキントはさらに提案している。

▲…ダニエル・リーベスキント「石の息」(Steinatem)。(©Daniel Libeskind)

▲…ヨヘン・ゲルツ「何故それは起こったのか?」(*Warum ist es geschehen? Denkmal für die ermordeten Juden Europas,* 1997)。(©Atelier Gerz)

ゲルツはアンチ・モニュメントの作品として、訪れる者にその記念碑のテーマに主体的な取り組みを促し、それがまた記念碑自体を構成するという企画を提出した。記念碑の敷地に三九本の照明灯を建て、「なぜそれは起こったのか」という問いを照らし出す。そして訪れる者がその問いに対する答えを書き付けることができるように地面は加工される。そこに書き連ねられていく言葉がこの記念碑を中心的に構成するものであり、それらの言葉は全て記録、保存される。そこにはネオナチの落書きなども当然予想されるが、それに対する批判も含めて現実の社会をそのまま映すものとして残される。記念碑はそのようにして、日々構成され、常に開かれたものであり続け、完成することはない。★31 また敷地の片隅には、資料や展示、また討論などに用いられる建物がつくられる。

ヴァインミラーの作品は、建設場所に対する批判を受け入れ、喧噪の場に瞑想や黙考のための静けさを造り出そうとする。記念碑の敷地全体に傾斜をつけ、その敷地全体に一八枚の壁を互いに離れてばらばらに建てることによって、訪れる者を廻りの音や視界から遮断する。敷地内のどこに立つかによって、見えるものが異なるようにその壁は配置されている。★32

【資料10】(*1998,1,2*)

ジェームス・ヤング

茫然自失に対して嘆きや笑いは何の役にも立たない

――絶滅を想起しようとする者は空虚を造らなければならない

*ジェームス・ヤング(一九五一年〜) アマースト大学(マサチューセッツ)ユダヤ学教授。第二回コンペ審査委員長。記念碑のコンペで最終選考に残った四作品が発表されて二ヵ月後に発表された文書。ヤングはこの論争が始まった頃、記念碑建設に対して批判的立場をとっていた。この論文では、第二回コンペ

の審査委員長を引き受けるに至った立場の転換について詳しく書かれている。また第二回コンペの主旨と審査経緯、入賞作品についてのヤングの批評も記されている。

　ドイツにいわゆる「ユダヤ人問題」があったのはそんな昔のことではない。今ドイツには「ホロコースト記念碑」問題がある。ドイツはそこで二重の困難に直面している。それはかつて加害者であった国がどのようにしてその犠牲者を悼むのか、そして自分たちの犯した犯罪の想起について意見が分かれている国民を、どのようにして一致させるのかという問題である。私はこの解決不能な問題に、他の多くの観察者と同じく没頭していた。いや、ある意味では楽しんでいたと言ってもいいかもしれない。

　私はかつて、記念碑論争は「最終的解決」をするよりも、むしろ一千年以上も論争が続けられればよいと辛辣に書いたことがある。ホロコーストの想起を一つの象徴に凝結させるより、さまざまに前提が変遷し、決して解決に至ることのない議論そのものを継続し、それを保存する方がよい。そしてさらによいことは、記念碑にかける莫大な金を、すでにドイツに多数存在するホロコーストに関するさまざまな記念館の維持に費やすことであると、私は言った。いかなる場所であれ、全ての犠牲者や、ましてや犠牲者と加害者の両方に対して語りかける記念碑などあり得ないのであるから、ドイツ国家は国民に対して既存の多くの記念館や資料館などの施設に訪れるよう繰り返し促すべきである。しかし、ヴァンゼーの別荘にある立派な資料センターや当時のゲシュタポ本部にある最も啓発的なベルリンの展示館「テロの地勢学」、非常に印象深い想起の場所ブーヘンヴァルト、そしてダッハウのよく配慮された施設と整備された博物館、また強制移送の出発点を記録する多くの記念碑やそれらの場所、そして今は空虚のまま残されているかつてユダヤ教会堂が建っていた多くの場所など、これら全ての内省のための空間については、語られていない。

権威主義的芸術形式としての記念碑

　私のこうした懐疑的な態度はドイツでは多くの共感を得た。私の同僚のほとんどは私と同じ思いであった。コール政権は「虐殺されたヨーロッパのユダヤ人のための記念碑」を、二十世紀を覆う巨大な墓石、ドイツの過去の亡霊を収容する密封された納骨堂として建てようとしている。そのような場所で虐殺されたユダヤ人の想起は喚起されることはなく、また想起を維持することなどできるはずがない。むしろドイツ人は想起の重荷をそこで降ろして自由になり、何の憂いもなく二十一世紀に切り替えるために、そこをただ義務的に訪ねるだけであろう。完成した記念碑は想起自身を「完成させる」であろう。

ドイツの新しい世代の思索的な芸術家は、そのような記念碑に対してすでに何年も前から深い懐疑を表現してきた。不遜な確信を持って歴史を力ずくで我がものにしようとする大衆煽動的物体である記念碑の教育理論は、多くの観点において非常に密接にファシズムと結びついている。記念碑とは、まさに全体主義的政府が全体主義的芸術によって、彼らの成し遂げたことを想起させるものではないのか。さらに記念碑は自己賛美や永遠の真理や持続性への妄想的信念という傾きを強く持ち、観察者をたんなる受動的見物人へと変容させようとする権威主義的芸術形式である。そのようなものが、いったいどのようにしてファシズムの犠牲者を想起させることができるというのか。

こうした批判は、非常に説得力に満ちたものであった。私は今もなお中央ホロコースト記念碑が果たす役割について、両義的な感情を抱いている。しかし私は同時に、そのような私の態度が、結果よりも経緯の方に関心を抱くアカデミックな観察者にのみ許される贅沢であったことを認めなければならない。記念碑をめぐる議論は非常に啓発的なものであったが、外国人を敵視するネオナチには届かなかった。彼らのアイデンティティーは言うまでもなく（無意識的であるが故により一層）、前世代の犯罪者の忘却に基づいている。

記念碑の議論に対して、もし多くのドイツ人が羞恥を感じているとすれば、それはとりわけ不快な言い争いのためであって、その議論がもともと由来する、かつてドイツの名によって犯された大量虐殺の故ではない。良きアカデミックな伝統に従い、我々は記念碑問題における興味深い観点に魅了され、それに集中し、その想起が向けられているもの、つまりユダヤ人の大量虐殺とそれが後に残した空虚はだんだん視野から消えていった。

時がたつにつれて、私は自分たちの立場の独善的なあり方に居心地が悪くなってきた。記念碑の自信に満ちあふれたものに対する回避し難い懐疑としてわれわれに表われていたものが、今ではあまりにも自信に満ちている。私と同じ懐疑を抱くドイツ人の友人たちは自分たちをヴァイマール共和国時代の芸術家のグループ、分離派［グスタフ・クリムトを中心として十九世紀末にウィーンで設立された新しい芸術を模索した画家や建築家の集団］と称した。自惚れも混じった彼らに対する敬意からである。その中には後にナチスの犠牲となった多くのユダヤ人も含まれていた。ベルリンの記念碑に対する首尾一貫した論理や道義的には非難され得ない批判は、時の流れと共に自己完結的にいたずらに堂々回りを繰り返すようになった。そして、それは必死の憂慮や快適な中立性、そしてほとんど娯楽的見せ物になっていった。

私は自らの懐疑を疑い始めていた。一九九七年六月に私は突然、評価が割れるさまざまな作品を審査するため新たに召集された五名からなる委員会のメンバーの一人として、評論家の高いボックス席から降りてそれに参加することが求められた。当時私は答えるのが簡単で、また困難でもある一連の問いを自らに問いかけた。かつてドイツがベルリンで最後に統治した時、そこでいったい何が起こったのかということを正確に、広く、公に知らせないまま、ドイツがベルリンに首都を移すことを、私は実際に望んでいたのであろうか。そんなことが許されてよいのであろうか。誇大妄想的な首都の再建計画とその途方もないファンタジーにおいて「ヒトラーの下で建設大臣を務めた」アルベルト・シュペアーのそれを上回る規模で、新しい首都に注ぎ込まれる資本の流れの下で、かつてのベルリン政府の犠牲者に捧げられる公共の想起に、最終的にいかなる場所も残さないなどということが、果たして許されるのであろうか。表面的には意識されず、下を流れているあの歴史の忘却の上に建つドイツの新しい首都に（新しい建物というものは、いつもその歴史の忘却に由来するのであるが）、私はいったいどのようにして再び足を踏み入れることができようか。

アドルノ「フランクフルト学派を代表する社会哲学者」はよい意味で、しかしもっと単純に（もう使い古された言葉ではあるが）「アウシュヴィッツの後［に詩を書くのは野蛮である」」という至言を訂正したように、我々にとっても弁証家の高い椅子から下りなければならない時であった。

しかし、ドイツのホロコーストの想起に関する新たに任命された審査員として、私は唯一のユダヤ人であり、また唯一の外国人であるという特別で、また居心地の悪い状況にあった。懐疑主義者の囁きの中に、私は自分自身の恐れを聞いた。私は自問した。私は記念碑問題の専門家として招聘されたのか、それともアリバイづくりのためだけにアメリカ人、あるいは看板外国人として呼ばれたのか。私の専門知識が求められているのか、それとも最終的に選ばれた作品が、一人のユダヤ人によって承認されることが大切なのか。ドイツの公式のホロコースト記念碑の決定に対して、私が影響を与えれば、その企画が後によくないものとみなされた場合、私に責任を押しつけることができるためか。

私はユダヤ的な方法で、その問題に対しては、新たな問いによって答えることにした。

ドイツが国家意識から情け容赦もなく消し去ったユダヤ人の感覚や知覚能力なしに、そもそもドイツはそのような長い射程距離を持つ決定を下すべきか。ドイツがユダヤ人市民の半分を虐殺した時、残りの半分は追放され、それから五〇〇万人のヨーロッパのユダヤ人虐殺が始まった。私は残念ながら言わなければならないが、ドイツは意識的、持続的にドイツ文化に対するユダヤ人の貢献を記憶から抹殺してきた。それ故にドイツ人は、自分たちが危害を加えた全てのユダヤ人に対して言葉の喪失という思いに苦しんでいる。イグナッツ・ブービスのような思慮深い善意のユダヤ人は、寛容と控えめであることを勧めた。しかしそれは呆然自失に対して何の特効薬にもならない。またレア・ロースのような善意のドイツ人は、自らユダヤ人の名前を名乗り、記念碑建設運動を主導している。しかしそれもまた特効薬ではない。ドイツ文化におけるユダヤ人の部分についてのあの過ちは、ドイツ人の心理においてまだ開いたままの傷として留まっている。その傷は再統一されたベルリンの町の風景にもそのようなものとして、はっきりと見てとることができる。

ドイツではすべてのユダヤ人の言動は痙攣を伴って迎えられると辛辣に表現したジェルジ・コンラート［ハンガリーのユダヤ人作家］の興味深い見解に、ウヴェ・シュミットは注目している。（一九九七年十二月十一日付『フランクフルター・アルゲマイネ』紙）

ドイツはユダヤ人から解放されることはなく、また何のこだわりもなく普通にユダヤ人やユダヤ人の考えに反応する能力がドイツ人から永遠に奪われてしまっているということこそが、この問題の本質なのである。その代わりに、至るところで痛ましい歪曲と苦痛を伴う際立った口ごもりが見られる。それはユダヤ人が自分たちを実際にどのように思っているのかという質問に対して顕著に表われる。ユダヤ人に対するそうした言葉の喪失の全てが、大量虐殺の残したものであり、ホロコースト自体の恐るべき、そして不可避的帰結なのである。

一人の外国人、一人のユダヤ人である私を審査委員会に参加させる必然性は、結局そこにあると私は考えた。ユダヤ人の目がもしかしたら（第一回コンペの決定のような）衝撃的なほどに過った決定をこの委員会が下すことを防ぎ得るかもしれない。私が委員会に参加することには、このようなまっとうで実際的、また政治的理由がある。それ故、私はベルリンの「虐殺されたヨーロッパのユダヤ人のための記念碑」建設のための委員会に協力することを宣言した。ただしその際、私は次のことを条件にした。それはまず我々が、記念碑の正確なコンセプトを発展させることである。例えば、この記念碑はドイツにある他の記念碑に代わるものではない。またこの記念碑は、ユダヤ人以外のナチスの犠牲者に対する想起を引き続いて必然的なものにするものではあっても、それらの犠牲者について語ることはできない。そしてこの記念碑は、ドイツの記念碑論争を駆り立てている解決不能な諸問題を覆い隠すのではない。例えばそれは他の記念館の財政的困窮や、現代の世代が持っている公式的想起のさまざまな形式に対する懐疑的態度や記念碑の自己様式化への傾きといったような問題である。この記念碑はそれらについての論争自体の本質的観点を深く掘り下げるものである。

誰が、誰をこの場所で追悼するのか

　私は何年も前から、ドイツの新しい芸術家や建築家、例えばクリスティアン・ボルタンスキーやノーベルト・ラーダーマッハーや、ホルスト・ホーアイゼル、ミヒャル・ウルマン、ヨヘン・ゲルツ、ダニエル・リーベスキントなどの人々が、モニュメントに対する自分たちの懐疑を、ラディカルに「アンチ・モニュメント」へと変容させてきたということを指摘し続けてきた。これらの芸術家によって設計された記念碑は、記念碑の造型の伝統全体に疑問を呈し、それを軽蔑し、ドイツの自己批判との両義的関係を反映し、そこに未解決に留まっている空虚それ自体を把握可能なものにした。

　もしドイツ連邦政府とベルリンが、虐殺されたヨーロッパのユダヤ人の記念碑をベルリンに建てようするのであれば、その記念碑はモニュメントというものに対するこれらの批判を受け入れることができなかったのではないのか。

　形式的なハンディーキャップをつける代わりに、我々は想起や記憶の営みのコンセプトを発展させた。その際、次の点を考慮した。まずホロコーストとその意味の明確で包括的な規定である。すなわち、加害者としてのナチス・ドイツの役割、現在の再統一されたドイツの想起の主体としての役割、そして今日の世代とホロコーストの想起との関わりなどの規定である。そして我々はそれに答える代わりに、さらに問いを提起した。想起の国家的根拠とは何か。この想起は、救済や和解をめざしているのか。それ

とも悲しみの過程の一部であるのか。教育的動機もそこでは役割を果たしているのか。自己様式化はそれにどのように関わっているのか。想起は今日の外国人排撃に対して何らかのインスピレーションを与えるのか。記念碑は、どのような国家的、社会的目的を満たすべきであるのか。また記念碑は、ユダヤ人が消滅したユダヤ人を悲しむ場所になるのか、それともドイツ人が消滅したユダヤ人を悲しむ場所となるのか。あるいはドイツ人が、ユダヤ人に対してかつて行なったことを想起する場所であるのか。

私の考えでは、これらの問いは、それ自体、想起と思索の過程を構成する本質的要素である。それ故に、私はたとえ決定的な答えを芸術家が見出すことができないとしても、この問いを自分たちで問うことを提案した。

さらに私はコンペの主催者組織に対して次のことに目を向けさせた。どのようにしてその恐るべきことを表現しうるのか、また表現すべきであるのかということについて、美学的論争が中心的な問題であるわけではない。ホロコーストとは結局、一五〇〇万人の子供を含む六〇〇万人にも及ぶユダヤ人の虐殺だけではなく、ヨーロッパの中心で一千年以上に及ぶ一つの文明の根絶でもあったのである。ホロコーストをただ絶滅の恐ろしさだけに縮減させるならば、ホロコーストが残した途方もない喪失と空虚が見逃されることになる。ホロコーストの悲劇は、人間が恐るべき仕方で殺されたということだけではなく、二度と取り戻すことのできない多くのものが消滅させられたことでもある。それにふさわしい記念碑とは、ホロコーストによって後に残された空虚を考慮に入れるものでなければならない。ただテロと絶滅の想起にだけ集中することは許されない。滅びたものを意識することは、同時にそれがどのようにして滅びたのかということを意識することと同様に、重要なことである。

それ故に、私はコンペの主催者に対して、コンペの参加者に謙虚さを、すなわちそのような記念碑のもつ根本的に困難な課題に対する敬意を促すことを求めた。最初のコンペでクリスティーネ・ヤコプ＝マークスの作品［名前のプレート］が選ばれたのは、決して驚くべきことではない。ホロコーストの想起を重荷と感じ、次の世代にその想起を背負わせようとする世代はその作品に賛同した。しかし、ささやかで控えめな含蓄ある作品には、想起による重荷とそこに由来するインスピレーションの間における均衡のようなものが表現され得るのではないであろうか。それは想起に常に刻印されていることと、想起によって常に妨げられていることとの間にある緊張関係である。他の国が建国神話や自分たちの理想の経験を背景にして、解放者や犠牲者や闘士をホロコーストによって想起するように、ドイツは好むと好まざるとにかかわらず、ドイツ固有の複雑で自己拒絶の傾向を帯びる動機をもって、ホロコーストを想起する。

このようなコンセプトによって、もう一度記念碑を求めることは正当とみなされるであろうか。最終的に提出された作品を前にして、私はこの問いに対して、決然として然りと答えることができる。我々が招待したほとんどの芸術家は、その中には何人かのラディカルな批判者はいたが、コンペの参加を表明した。それらの作品は同時代の美学的知覚、つまり具象的なものへのコンセプト芸術やランドアートのミニマリズムのもの、また構築的建築から脱構築的建築に至るまで、幅広い多様性をもっていた。我々は、最終選考に残ったものも含めて、八人の芸術家全てがそのような記念碑の持つ根本的に困難な問いと真剣に取り組んだことを確認した。そして審査委員会はプロジェクトの根本的な力と形式的デザインを検討して、最終的にゲジーネ・ヴァインミラーの作品とアイゼンマンとセラの共同作品二点が他のものよりも卓越しているということにおいて一致した。

ヴァインミラーと、またアイゼンマンとセラの作品は、大きな美と全体性において、また知性の高さにおいて傑出している。しかしその卓越性は、それぞれ別の源から与えられたものである。この二つの作品の間での選択は、優劣においてではなく、むしろ記念碑についての全く異なる解釈における選択の問題である。ヴァインミラーは静けさの精神、控えめや魔術的なイメージを喚起する間接的なもので満たされている。ピーター・アイゼンマンとリチャード・セラのものは、冷静さと驚きと危険を冒した造型に支えられている。ヴァインミラーは、自分自身には責任がないその出来事についての想起を負い、その出来事を恥じながら、しかし自分たちのものとして受け入れなければならないドイツの若い世代に属している。また後者二人は、共に著名なアメリカ人であり、アイゼンマンは建築家、セラは二世代前にドイツを去ったユダヤ人を父祖に持つ彫刻家である。

我々は共にこの二つの作品を選び、一般の人々と連邦政府と主催者に確信を持って提出した。この二つの作品についてはそれぞれ多様な意見があるであろうが、最終的には二つのうちのどちらかが一致した支持を獲得するであろう。

千年祭に招かれた不気味な客

これらの作品はジェルジ・コンラートが言うよう

に、本当に「教育的陳腐」であろうか。違う。マイアミにあるプールから手を伸ばして人間の上を這い回る手［マイアミにあるホロコースト記念碑］こそが、教育的陳腐なのである。ベルリンで選ばれた作品は全く陳腐ではない。またコンラートが提案するような子供たちの庭**【資料41】**はどうであろうか。そのような庭はユダヤ人の記念館にとっては、実にすぐれたアイデアであろう。ダニエル・リーベスキントが設計したベルリンのリンデン通りにある息をのむほど素晴らしい建築のユダヤ博物館にも、そのような庭は実際に存在する。またアムステルダムの「ユダヤ人広場」や、アメリカやイスラエルの多くの場所にも、同じように庭と遊び場はある。私の目には、ユダヤ人ホロコースト記念館として成功しているものの多くには、子供たちや我々が幸福に自由に、憂いなく生きていくために子供の遊び場をつくり、それによって殺された子供たちを想起している。

しかし生きている子供たちの笑い声によってその重荷が喜ばしく軽減される場所ということだけでは、ドイツの「虐殺されたヨーロッパのユダヤのための記念碑」にとって充分とは言えない。ユダヤ人として我々は、子供たちの人生が喜びに満たされるように最善を尽くす。しかしドイツ人が、大量虐殺を、そのような遊びというような仕方で補完することは不可能であることを知らなければならない。最終決定は、たとえそれが中途半端に下されるとしても、いずれにせよ政治的決断に俟つであろう。しかし今記念碑を建てないという決定を下せば、それは最初のコンペの結果通りに記念碑を建設することよりも、さらに間違った決定である。ホロコーストの想起は、招かれざる客としてドイツの千年祭に招かれたのである。この客を今、再び招待客から取り除くということは、それがどれほど人気のない客であろうとも、そのことがこの客に賛成したものや全ての人々の思いを深く傷つけるであろう。

その代わりに、私は主催者に、二つの非凡な作品、ゲジーネ・ヴァインミュラーか、ピーター・アイゼンマンとリチャード・セラのどちらか一つを選択し、それがどれほど不完全な決定であろうともそれを建て、そのことによって一般の人々を別の問いの前に立たせるよう緊急に助言した。

次のことを人々に選ばせるべきなのである。かつてドイツがヨーロッパのユダヤ人にしたことを、記念館を訪ねることで想起したいのか、それとも家に留まって、一人で、または誰かと一緒に想起したいのか。そのような場所を訪れたいのか、その場所を羞恥や苦しみや軽蔑で満たしたいのか。それともそれに背を向け、ただ無視したいのか。そして、記念碑というポーズが結局どのようにして空虚なものになるのか、あるいは意義深いものになるのか。記念碑というものは埋め合わせることのできない過去に対して、儀礼的ポーズ以上のものでは、もはやありえないのか。それらについて決定を下させるべきである。

（レインハルト・カイザーによる英語からの翻訳）
［翻訳に際しては、筆者から送られた英語原稿を参照した］
（『フランクフルター・アルゲマイネ』）

4・3・4 コンペで注目を集めた作品

提出された作品の中には、「芸術」記念碑の無効性やこのコンペそのものに対する批判を作品によって表現した二つの作品があった。どちらも前回のコンペで入賞した作家によるものである。

その一つはすぐれたアンチ・モニュメントの作品として多くの注目を集めた、前回九位であったルドルフ・ヘルツとラインハルト・マッツによるものである。作者は前回提出したものを破棄して、コンペの条件を完全に無視した「アウト・バーン」と題する次のような作品を提出した。

ドイツの真中を南北にまっすぐ縦断するアウト・バーン（A7）の中心を一キロメートルの長さにわたって敷石で舗装し、その区間で時速三〇キロの速度制限を行なう。そして敷石で舗装された区域に入る一キロ手前には、道路の上を横切る看板を掲げ、そこに「虐殺されたヨーロッパのユダヤ人のための記念碑」と表示する。この敷石で舗装された一キロの道路が、作者の提案する記念碑である。この作品の主旨を作者は次のように述べている。★33

ホロコーストやユダヤ人の虐殺を直接的に示すのではなく、敷石の道路を車でゆっくりと走ることで体に感じる振動という日常を、それと結びつける。アウト・バーンはドイツ経済を一九三〇年代、一九五〇年代に支えたものであり、その意味でそれはドイツ社会の一貫性を象徴するものである。またアウト・バーンはヒトラーの「功績」であるが、我々の経済と余暇はその記憶なしに、全くスムーズに流れている。しかしそれが一キロの区間、速度制限によって阻まれることで、見せかけの一貫したアイデンティティーに対して否が突きつけられることになる。

そして記念碑建設予定地を売却し、虐殺されたユダヤ人の想起によって少数者への差別に対する意識を喚起し、その克服のための財団を設立することが併せて提案されている。

またこの作品と並んでこのコンペそのものを批判したのは、前回七位に入賞したSCALA、シュトルツ、ヴェーレの共同作品である。それは、建設予定地をそのまま空き地として残し、その土地の四辺に次の言葉を記した看板を立てるというものである。「六〇〇万人以上のヨーロッパのユダヤ人を一九三三年から一九四五年までに虐殺した加害者の子孫は、ここにその犠牲者の記念碑を建てようとした。しかしその試みは失敗した。ベルリン一九九七年[★34]」。この企画についてはこの言葉が記されているだけである。

▲…ルドールフ・ヘルツ／ラインハルト・マッツ「アウトバーン」。(© Rudolf Herz/Reinhard Matz, Montage: Hans Döring, München)

4・3・5 コンペの反響とその後の展開

提出されたすべての作品はベルリンの中心にある建物で展示され一般に公開された。選考に残った四作品については作者を招いた一般の討論会も行なわれ、活発な意見や質問が出された。またそれらと並行して連邦議会や各政党の代表者、批評家、ジャーナリストらが参加するさまざまな討論会も開かれた。

翌一九九八年一月、コールは作品の展示会を訪れ、そこでアイゼンマンとセラの作品に特別な関心を表した。コールはこの企画の縮小を提案し、それを受けたコンペ主催者（ベルリン、連邦、「記念碑建設を支援する会」）はアイゼンマンとセラに作品の修正を非公式に依頼した。★35 五月にはコールはアイゼンマンとセラに会い、「石碑のフィールド」の原案を縮小した修正案の提出を直接求めた。★36 セラはコンペの最終結果が出ていない段階で、主催者がこの作品に対して他のコンペ参加者とは異なる対応をすることに対して、公正性に欠けるという批判をすでに公にしていた。★37 コールとの会見から十日後、セラは作品の修正を拒否し、「個人的、また職業上の理由」でアイゼンマンとの共同制作から離脱する。★38 その後、アイゼンマンが一人でこの作品の修正を行ない、「石碑のフィールド」はアイゼンマン単独の作品となる。

コンペに最終決定が下される前に、「石碑のフィールド」はこうして非常に不透明な形でコンペの枠内から離脱し、事実上のコンペの勝者として扱われることになった。そしてこのことは後にコンペの正式な終了を妨げる大きな原因となった。

また選ばれた四作品について議論が行なわれる一方で、記念碑のコンセプトや意味について根本的な疑問を提起する議論が展開されていく。

二度目のコンペの後から、もともと記念碑建設に賛成していた者の中からも、記念碑建設中止、あるいは延期を求める声が次第に大きくなっていった。また記念碑ではなくそれに代わる企画の提起という流れも明確に表われてくる。建設予定の土地の売却や記念碑の建設・維持費で犠牲者の補償や和解のための具体的活動にあてるという、以前からあった提案も多くの者から繰り返し行なわれた。二度のコンペを通して、六〇〇万人の虐殺を表現するような説得力のある作品が結局現われなかったという現実に直面し、芸術に対する漠然とした信頼が崩れたことは、その大きな要因として挙げられる。なぜ、芸術なのかという問いは、論争が長引くにつれて、さまざまな形で表面に表われることになる。

一九九八年二月、市民運動による記念碑建設の最初の呼びかけ（一八九九八年）に署名した作家ギュンター・

グラスや第一回コンペの審査委員長であったヴァルター・イェンスら一八名の著名人が、記念碑建設中止の呼びかけを行なった【資料11】。

次に紹介するのはこの公開書簡と、それに関連する二つの重要な文献である。一つはこの書簡に名を連ねた第一回コンペの審査委員長であったヴァルター・イェンスが自らの立場の転換について述べたもの、もう一つは、元シュピーゲル編集長ルードルフ・アウグシュタインが、イェンスを始めとして、この公開書簡の署名者を批判し、全く異なる論拠から記念碑建設に根本的な反対を表明した文書である。

【資料11】（*1998,2,4*）

ヴァルター・イェンス、ラインハルト・コゼレック、クリスティアン・マイアー、ギュンター・グラスほか

計画中止の呼びかけの公開書簡　分別からの断念

今計画されている「虐殺されたヨーロッパのユダヤ人のための記念碑」は、目的の規定性を超越し、尊厳と価値とをただ自己のうちにのみ有している自由芸術ではない。記念碑というものは、その記念碑に与えられた規定や記念碑を見る人々にいったいどのように役立つのかということが明確に問われるものである。何年も続いたベルリンのホロコースト記念碑についての議論とコンペの結果は、ドイツやまた外国で表明された多くの疑念を少しも払拭することはできなかった。まるでスポーツスタジアムのような広大な土地に建つ威圧的で巨大な抽象的建造物が、静かな悲しみや想起の場所、あるいは戒めや意義ある啓蒙の場所になりうるとは我々は思わない。

造形の問題だけではなく、ナチスの人種や支配的人間についての妄想による犠牲者すべてに、その記念碑が捧げられるのではないということもまた作為的であり、その建設場所も、歴史的事実やそれについての証言や想起にとって適切であるということもできない。その記念碑建設場所から僅か数百メートル離れた所には、当時のゲシュタポ本部跡があり、そこには「テロの地勢学」と名づけられた博物館や記録センターが設立される。そしてベルリンの近郊には、ザクセンハウゼン強制収容所記念館がある。ベルリンにはヴァンゼー会議の開かれた別荘があり、強制移送が行なわれたいくつかの場所には記念碑もある。そしてすでに建設されたユダヤ博物館も近く公開される。

巨大な「国立」記念碑は、想起のためのこれらの具体的な場所とは違って、むしろ気晴らしや、非現実化や冷たい抽象の場所に留まることを我々は危惧する。それは過去の証言でもなければ未来の徴でもない。

それ故、我々は連邦首相と連邦政府、ドイツ連邦議会、ベルリン、そして「記念碑建設を支援する会」に対して訴える。このようにさまざまに論議されている計画について、今は採択によるいかなる決断も下されるべきではない。それは「その事柄自体からのみ」、決定されなければならない。疑念や熟慮のすべてを押しつぶすような強制や機械的決定は、この問題に対して決してなされるべきではない。我々は、栄誉ある分別からの断念を求める。

署名者

クラウス・ベーリンク、ペーター・フォン・ベッカー、ヴァルター・イェンス、ヘルムート・カラゼック、ユルゲン・コッカ、ギュンター・グラス、ジェルジ・コンラート、ラインハルト・コゼレック、ヴォルフ・レペニス、クリスティアン・マイアー、ディーター・ザウバーツヴァイク、ペーター・シュナイダー、ゲルハルト・シェーンベルガー、ヴォルフ・ヨプスト・ジードラー、ゲオルゲ・タボーリ、ジークフリート・ウンゼルト

(『ターゲスシュピーゲル』)

【資料12】（1998,2,7）

ヴァルター・イェンス

まだ間に合う——私のホロコースト記念碑支持の撤回について

＊ヴァルター・イェンス（一九二三年〜）　言語学者、作家。ドイツペンクラブ会長（一九七六〜一九八二年）、ベルリン・ブランデンブルク芸術アカデミー総裁（一九八九〜一九九七年）。二回目のコンペの結果が出てから、自らの第一回のコンペ審査委員長であり、最初の呼びかけ署名者の一人。二回目のコンペの結果が出てから、自らの立場を決定的に転換し、コンペの中止を求める公開書簡【資料11】に名を連ねた。その直後、この論文において自らの立場の転回の理由を明らかにする。

今学ぶために時間がある。［ゲーテ『ファウスト』の］メフィストフェレスが学士に言ったこの言葉は、変容させることができる。学ぶためにいつも時間はある。ましてや何年もの間、熟考することが求められてきた問題には。

我々はドイツの名において虐殺された何百万人もの人々を、どのようにして想起するのか。このことは、根本的に考えなければならない問題であり得るのか。このように問うのは、外見上は確かなものとして保証されているその主張に対して、繰り返し疑問が突きつけられるからである。しかしそれが深く考える者にとって、必ずしも好感を持つことのできない人々によって表明されると、私の信念はたびたび揺るがされた。

自分の考えを変えること、つまり自分が始めに正しいと考えたことを精査した結果について沈黙しないということは、なぜ、問題ある行為とみなされるのか。硬直した見解が思想の堅固さと称され、考えを変えることはなぜ、不定見というレッテルが貼られるのか。私は人間を学習能力のある存在であると考えている。そして私はその能力を次のように宣言することによって用いようと思う。

私は、「虐殺されたヨーロッパのユダヤ人のための記念碑」の芸術コンペに決定を下した審査委員会の委員長として、さまざまな問題はあるにせよ、最終的にはあの戦慄すべき出来事に対して、芸術的に適切な表現を与えうる巨大モニュメントを建てることが可能であるという見解を表明した。しかしその立場は厳しい吟味に持ちこたえることができなかった。最初のコンペで、また僅かにレベルの上がった二回目のコンペでも全く同じように、その戦慄すべき出来事は表現され得なかった。

あらゆる恐ろしさの中で、際立って恐ろしいそのことを、芸術の領域で、そしてモニュメントという方法で適切な対応をすることは不可能である。

「ナチスは一つのエピソードや我々の歴史における恐ろしい幕間劇などではない。それは新しい次元であった。（略）そしてアウシュヴィッツは切迫的なその証明である」。このオイゲン・コンゴン［ジャーナリスト・政治学者］の箴言は、新しい次元を開示しうる想起の碑のみが、それを芸術的に証明することができるということであろう。

しかし選考に残った緊迫性を示している企画のどれ一つを見ても、それをなし得てはいないということには議論の余地がない。このおぞましい犠牲者の場所が、それに対抗するものや説得力のある異他化や造型を許容しないからではない。私は熟考の結果（常にそれは暫定的なものではあるが）、次のことが中心的な問題であると思う。コロシアムのように誇張された固定的な環境に、トートロジーによってはその叫びは定められた目標には達することはなく、ただの巨大な見せ物になるだけである。慟哭は大声によってではなく、むしろほとんど声のない囁きによってのみ伝わる。ただ小さいもの、謙虚で慎み深いもの、個人個人の死を想起するささやかな場所だけが共同的記念碑として、議論の対象にならなければならない。

何百万人の死と言ってしまうのは容易である。しかしゼルマ・コーンはどのようにガス室に入って行ったのか。私が彼女を想起する場所は同義反復のそのコロシアムなのか。私がアブラハム・ボンバと彼の友だちをどこで探すことができるのか。彼らは理容師であったので、ガス室に送られる女性の髪をその直前に切らなければならなかった。我々は鞄に入れてそれを家に持って帰ることができるのか。

「私の友が、入り口から引き出されてきた妻と姉の髪を切らなければならない日がとうとうきた。彼は話しかけようとした。しかし後ろには警備兵が立っていたので、何も言うことはできなかった。もし彼女らに一言でも言葉をかければ、すぐにこの二人と同じ運命を辿らなければならないことが彼には分かっていた。しかし彼女らのために最善のことをした。ほんの僅かだけ長くそこに留まり抱き合いキスをした。もう二度と再び会うことがないことを彼は知っていたから」。

おぞましさを誇張する試みがどのような結果になるのかということは、巨大に拡大させられたノイエ・ヴァッヘにあるコルヴィッツのピエタの例によって、我々はすでに知っている。慎ましく小さな、しかし広く開放された空間で一人一人が、そして一人一人の生命が、その多様性の中で想起されるべきなのである。ここでは灰の中で、あそこでは吹きさらしで、集合的死を一層堪え難いものにさせる一人一人の生命の想起こそがなされなければならないことである。

私は今日三つのことを提案することにした。第一にダッハウからアウシュヴィッツまでの現在まだ残っているあのおぞましいものを細心の注意を払い、必要な経費をかけて保存するべきである。第二にベルリンの中央にある徴、「テロの地勢学」が完成されなければならない。そして第三に我々はドイツのあの「別の」歴史に、研究施設以外のところで取り組んでいかなければならない。これほど多くのヒンデンブルク通り［パウル・フォン・ヒンデンブルクはヴァイマール共和国の大統領（在任一九二五～一九三四年）］がある国で、我々はあまりにもその歴史を知ってはいない。

誰が偉大なジャーナリストで学者でもあったローベルト・ヴェルチュ［一九〇二年から一九三八年までベルリンで発行されていたユダヤ人のためのドイツ語週刊新聞『ユダヤ評論』の編集長・発行者、ヨーロッパの代表的シオニスト］を知っているであろうか。ベルリンの暗い時代に比類のない説教で定評のあった天才的ラビ、ヨアヒム・プリンツ［一九三七年にアメリカに亡命。アメリカ・ユダヤ会議議長を務める］の重要性を誰が知っているであろうか。ドイツのシオニストたちに、彼らが他のどの土地よりも出生の地に、ただ口先だけでそう言っている者たちよりも、はるかに緊密に結びついているということを確信させた彼の記事を、誰が読んだであろうか。

そのように考えると、少なくとも一九三三年から一九三八年までの間に公刊された『ユダヤ評論』が、当然のことだがドイツが経費を負担して、典型的な徴の一つとして復刻されるべき時ではないであろうか。そのことによって、後に生まれた世代が『民族観察者』［ナチス党の新聞］や『攻撃』［ナチス党のベルリン地域の新聞］や『突撃』［反ユダヤ主義の週刊誌］などによって規定された時代に、ワイマール共和国を支持する『フランクフルト新聞』［一八五九年に創刊され、一九四三年反ナチス的であるとして発禁処分となる］というドイツ語の完成度や輝きを最後まで保っていた新聞が少なくとも一つはあったことを知ることができるであろう。

慎み深い想起の碑には反対しないが、しかし血と恥を代価にしたものを、情熱的な花環置き場や一日観光コースの名所よりも分かりやすい堕落した巨大記念碑にするような我々の国の閉じられた伝統が再生することは憂慮される。

『ユダヤ人評論』の家族告知版を見ると、ショアの後の告知はただ涙の下にのみ書かれ得たものであろう。「エリカとツェンタウリエン。ユダヤ教教会の墓地の庭師に聞いて下さい」。

「食事をつくる完全に自立した家政婦を療養所が一年間求む」。これはユダヤ人襲撃の起こった一九三八年のあの夜［「水晶の夜」］の数日前に掲載されたものである。そこにはささやかではあるが深く人間的な符牒が、迫りくる危険の中で表わされている。

もう一度言う。巨大モニュメントの記念碑を求める代わりに、我々は自分自身に問うべきである。ユダヤ教の律法トーラーの巻物を装飾する王冠がカーニバルの飾りのように嘲笑された時代について、後にヨーロッパのユダヤ人絶滅へと至る行為が着々と進められていたその時代について、我々はいったい何を知っているのか。

いや、しかしこれではまだ少なすぎる。なぜ、私がこんなにたってから以前の立場を撤回することになったのか。省察が私に忍耐と学ぶことの覚悟を求めた。それは正しくない認識を公に非と認める自己批判を私に求める。

具体的な問題に関して言えば、少なからぬ人々を怒りへと駆り立てているこの試みについて最後に疑問を呈するにあたって、ジャーナリスト、ヴァルター・マリア・グッケンハイマー［ドイツのジャーナリスト、文芸批評家、翻訳家］の記事を私は思い起こす。「根本を掘り下げる途上では一つの失敗が時には救いになり得る」（一九九七年十一月二十六日付、『フランクフルター・アルゲマイネ』紙）。これは想起についての芸術的可能性をめぐる活発な議論を促している。

フランクフルター・アルゲマイネ編集部

数日前、ギュンター・グラスやヴァルター・イェンスを初めとする著名人によってコンラートの論拠に基づく記念碑設立反対の公開書簡が公にされた。

我々は、かつてはホロコースト記念碑の審査委員会の委員長でありそれに賛成したヴァルター・イェンスに、前言の撤回について説明を求めた。

（『フランクフルター・アルゲマイネ』）

【資料13】(1998,2,16)

ルードルフ・アウグシュタイン

補塡される恥

＊ルードルフ・アウグシュタイン（一九二三〜二〇〇三年）ジャーナリスト。一九四七年『シュピーゲル』誌創刊、死去まで同誌主幹を務める。

この論文の発表から八ヵ月たって始まった、ヴァルザー—ブービス論争（次節で詳述する）では、ヴァルザーを擁護する。この文書はイェンスを初めとする初期の記念碑建設支持者が立場を転回させたことを契機にして書かれたものであるが、ここには記念碑をドイツ人の恥として捉える戦争世代の一つの典型的な立場が表われている。

モニュメントというものは一般的に、自分たちの偉大な行為や他者の悪行を記憶に刻むために建てられるものである。自らの歴史における最悪の行為を、それも首都の真中で記憶に残すということは、始めから非常にいかがわしいことであった。しかし次の見解が発表されるまでに、実に十年もかかったのである。

「まるでスポーツスタジアムのような広大な土地に建つ威圧的で巨大な抽象的建造物が、静かな悲しみや想起の場所、あるいは戒めや意義ある啓蒙の場所になることができると我々は思わない」。

これに名を連ねているのは、巨大な記念碑に最初に賛成した人々である。その中心的人物はヴァルター・イェンスであったが、自分の立場の転回について イェンスは、当時これに賛同した時と同じく情熱的にその論拠を述べ、その「否」は「帝国の犠牲者フィールド」や「ドイツ・コロシアム」という言葉で裏づけられている。どちらもあまりにも誇張されている。それが許されているのである。

根本的な考えが間違っていたのであって、建造物のコンペの（五〇〇を超える）応募者に責任があったわけではない。首都の再生と共にその考えが全くの空論であった。レア・ロースやエバーハルト・イェッケル教授がそのことに心血を注いだことを非難することはできない。間違っていたのは彼らのレトリックに巻き込まれてしまったことである。

当時賛成した人々は反ユダヤ主義者とみなされたくないためにそうしたのではなく、彼らはただよく考えてはいなかったのである。作家で石工の職業訓練を受けたギュンター・グラス以外の多くの者は、造形的芸術を空間的な次元でイメージすることができなかった。重要なことはただ一つである。「ともかくやってしまえ、たとえそれがどんなものであろうとも」。

プロジェクト全体の失敗は十年前にすでに明らかであった。しかし推進者は簡単に諦めず、その他の者はかつての自分の立場を放棄するのにためらっていた。この全く望みのない労苦の問題は、全ての者の中で最も事柄が分かっていない首相コールが、このプロジェクトの運命を決定することで、先鋭化を余儀なくさせられた。コールは、始めはこのプロジェクトに反対していたが、今年は選挙の年であるので、今度は賛成するであろう。たとえそれがどんなものであろうとも。

モスクワ出身のソニヤ・マーゴリーナ［ジャーナリスト］は「集団精神安定剤」としての「似非論争」と言っている。確かに、それ以外の何ものでもない。最初の最も激しい批判者の一人であった、ハンガリー出身の作家ジェルジ・コンラートは最終決定に残った作品に対して「情け容赦もなく俗悪」で「物知り顔のあてこすり」、そして「わざとらしいシンボル」であり、住民や訪問者に対する傲慢であると批判した。

これは包括的批判ではあるが、少なくともコールが最後に選んだセラとアイゼンマンの企画については「住民や訪問者に対する傲慢」という批判を誰も否定することはできないであろう。

コールは、そもそもどのようにしてこの決定に至ったのか。そもそも連邦代表者、内務大臣カンターとベルリン市長ディープゲンは、この種の記念碑にももともと賛成してはいなかった。それに代わって、首相はかつての自分の補佐官であり、現在のベルリン文化大臣ラドンスキーと共に、この問題と取り組んだ。彼らがレア・ロースの価値ある支持を取りつけていることは疑い得ない。もう止めることはできないであろう。

自分自身の中に迫ってくる恥や、ホロコーストを生きた世代の人々にとって耐え難い恥を感じる者は、この記念碑を決定する者の中に一人もいなかったのであろう。モニュメントを事柄のために建てることはできる。しかし自分自身のためにモニュメントを建てることは不可能である。恥辱と恥はいかなるモニュメントとも相容れない。〔現代の〕恥辱の感情は、アデナウアー〔西ドイツ初代首相（在任期間一九四九〜一九六三年）〕の国家の時代とは違っている。

このコンクリートの石碑のフィールドによって、我々は誰とも和解することはできない。せいぜい非生産的な怒りを引き起すだけである。この記念碑は、予想される最低レベルの落書きを防ぐために招集される人々に省察を促すだけである。

右のスキンヘッドや左のラディカルな者らの二十四時間警備つきの集合場所が、ここにできるのである。警備塔や有刺鉄線がすでに眼に浮かぶようである。（『シュピーゲル』）

コンペの終った後、最後に残った四作品の中から、最終決定を下すことができなかった最も大きな要因の一つとして、ベルリン市長ディープゲンの記念碑建設に対する反対と、それによって生じた連邦とベルリンとの間の政治的対立が挙げられる。それが結局、主催者の統一的意思決定を妨げ、記念碑問題について非党派的に議論されてきたベルリン政府の内部にも亀裂を生じさせた。ディープゲンは、一貫して記念碑建設に反対を唱え続けた。ベルリンはすでに記念碑過剰であると言い、「記念碑のインフレ」や「記念碑通り」という言葉を用いて、このようなプロジェクトをベルリンに持ち込むこと自体を批判した。巨大記念碑の管理や警備のために、今後ベルリンにかかる膨大な負担を訴え、アイゼンマンの企画は抽象的で意味不明であると非難し、ベルリンに記念碑を建てることを妨害し続けた。★39

コールの求めに応じて修正されたアイゼンマンの作品は一九九八年六月に公開された。原案で四〇〇〇本あった石碑は二七一一本に、また最も高い柱も七・五メートルから四メートルとなり、石碑は全体に縮小された。また記念碑の敷地も観光バスの駐車などを考慮に入れ道路が拡大されたため、敷地もまたやや狭くなった。★40

最終的選考に残っていたゲルツは、こうしたコンペの不透明な経緯とコンペの最終決定の発表を引き延ばす

主催者を批判し、七月末に自らの作品をコンペから引き揚げた。★41

一九九八年九月の総選挙が迫り、記念碑問題を選挙の争点から外すことについて八月二十五日、ベルリン、連邦、「記念碑建設を支援する会」は一致し、コンペの最終結果の発表を選挙の後に持ち越すことを決定した。そうした政治的動きの一方では、記念碑の建設をドイツ人の「恥」として最初から徹底的に反対していた者や極右の反対運動は、記念碑問題の膠着に伴い活発になっていく。次節で取り上げるヴァルザー―ブービス論争は、こうした一連の動きを背景にして起こったものである。

次に取り上げる二つの資料は、記念碑問題の停滞の中で、それが次第に政治的利害関係の中で道具化され、想起の本質的問題から離れていく状況に批判を加えたものである。

【資料14】(*1998.8.6*)

ペーター・シュタインバッハ

過去への逃走

――知識人はホロコースト記念碑について議論する。しかしコソボでの民族虐殺はテーマにはならない

＊ペーター・シュタインバッハ　(一九四八年～)　歴史学教授　(カールスルーエ大学)。ドイツ　(ナチス)　抵抗記念館研究部門責任者。
この論文が書かれた当時の政治的争点であったコソボ紛争の議論を記念碑論争と関連づけ、論争そのものを鋭く批判した。ドイツ連邦議会がコソボへのドイツ軍のNATO空爆参加を決議したのはこの二ヵ月あまり後である。

ベルリンの連邦議会堂の近くに、間もなく建てられる予定になっているヨーロッパのユダヤ人の民族虐殺を想起する記念碑をめぐって、論争はより激しさを増しているが、それは今がちょうど、夏期休暇

に当たっているためではない。我々はおそらく現在の政治的問題から逃れ、過去へと逃避しているのであろう。ベルリンの記念碑論争には確かにこの間、新しい展開があった。次の連邦文化大臣に内定している社会民主党のミヒャエル・ナウマンは失望によって記念碑に対して決然と反対を表明し、ベルリンの市長エバーハルト・ディープゲンを支持するようになった。間もなく両者は共同で、記念碑問題の決定が委ねられているヘルムート・コールに反対を表明するであろう。ある人々はナウマンのこの拒絶が、記念碑の実現に最後の一突きを与えることになるであろうと考えている。なぜならば、コールが記念碑の建設に対してあくまで賛成を貫く他に道がないことは明らかであるからである。

問題は拡散し、そもそも記念碑がいったい何のために建つのかという観点からますます遠ざかっていく。その記念碑は、公式には東ヨーロッパのユダヤ人の大半を絶滅させた民族虐殺を思い起こすことになっている。しかし、装飾的でエキゾチックに響くのでそれは通常「ホロコースト記念碑」と呼ばれている。ベルリンでアイゼンマンの企画が俗に「戦車止め」といわれていることを除くならば、今注目すべきことは別にある。まるで我々の政治にとって、それが最重要の課題の一つであるかのように記念碑について激しく論じられている一方で、それと並行するようにここ数年の間に南東ヨーロッパでは第三の「民族耕地整理」が行なわれてきた。ボスニアの悲劇をスレブレニカ［一九九五年、旧ユーゴスラビア紛争で、セルビア人武装勢力による虐殺事件が起こった］という言葉が象徴しているように、オラホヴァツ［一九九八年、コソボ解放軍によってセルビア人への拉致・殺害事件が起こった］という地名もまたいずれヨーロッパの歴史年鑑に載ることになるであろう。

フランスの知識人は民族的に動機づけられたその犯罪を自らの課題として受け止め、またアルジェリアでの政治展開にも非常に明確な対応を示しているのに対して、中欧の知識人はそれについて沈黙している。彼らは直接的に目の前で起こっている何千もの人々の故郷追放の問題について語らない。

確かに、マイノリティーの権利を全く認めない民族間の闘争を解決しうる決定的打開策があるわけではない。しかし逃げることを余儀なくされ、呆然とする女性や子供や高齢者をまのあたりにして、そのことが問題なのではない。セルビアの民兵はコソボでアルバニアの村を焼き払い、その収穫物を処分し、国境地域でさまよっているその人々が再び戻ってくることを厳しい警備で防いでいる。追われた者のわずかな所有物を探し出すために家が破壊されることも稀ではない。人々は敵対者に腹を抉られ晒され、見せしめのために銃殺される。大量虐殺や強制収容所、大量強姦や強制移送などの悲劇が、我々がボスニアで見た寄る辺なき人々に繰り返されるのは時間の問題であろう。

しかし我々の間で知識人はコソボについて議論しないで、ホロコースト記念碑について倦むことなく論じ合っている。彼らは道義性を主張しているが、あの民族虐殺が始まったヨーロッパ全体における強制移送をただ傍観していた者に、この記念碑についての賛成や反対を説明する権利が、そもそもあるのかどうかを自問することはしない。

歴史について議論すること、美学について論争すること、文化について夢中になることは、ただ傍観しているだけよりは常にましなことであろう。戦後、我々の中に殺人者は生きていた。傍観者は傍観することでそれに参与しているのであり、その受動性にすでに罪があるのだといわれた。しかしいったい誰が将来、我々が我々の両親よりは正しく行動したなどと評価するのであろうか。我々はその時、本当に何もよく知らなかったのだということはできない。

コソボから追われる者の顔が私に迫ってくる。それらの人々の顔はベルリンで建てられるものが想起する人々の顔に似ている。彼らもまた権利を剥奪され、追われ、故郷を奪われたからである。そして民族として破滅へと聖別されることになったからである。もし我々がそれを許すならば、ベルリンに建てられるホロコースト記念碑が、たとえどんなに巨大で「美しい」としても、それによって我々が正当化されることはない。

（『ターゲスシュピーゲル』）

【資料15】（1998.8.22）

ユリウス・シェップス

誰も虐殺された者に尊厳を取り戻すことはできない

――ホロコースト記念碑論争はあまりにも混乱しているので中断は恥ではない

＊ユリウス・H・シェップス（一九四二年～）　歴史学者。ポツダム大学モーゼス・メンデルスゾーンセンター・ヨーロッパユダヤ学研究所所長。
ユダヤ人として一貫して記念碑建設に対して反対を表明する。

八月二十五日、ベルリンのホロコースト記念碑の設立について決定的判断が下される。それをめぐる議論は、その前哨戦としてすでにグロテスクな様相を呈している。その記念碑を、コンペの主催者が計画しているようには、どうあっても建てたくない者と、そのプロジェクトを何が何でも貫徹しようとする者とがいる。そしてどちらの側も記念碑について造形や美学上の批判に対して苛立っている。

連邦首相コールは、あらゆる非難に動じることなく「記念碑の建設は火急にして必然であり、この問題の解決をドイツはこれ以上延期することはできない」と簡潔に述べた。そしてさらに次のように言う。「もしそれを建てない場合、我々に起こることは、この国にとって重大な損害を加えることになるであろう」。

それは例えば、我々の自動車工場が外国での受注を減らすというようなことか。外国ではドイツの政治はいったいどのような寛容をもって極右とその犯罪に取り組んでいるのかということに驚嘆している。

誰を想起するのか

ホロコースト記念碑は、その国の国民が自分たちの過去と向い合うならば、その人々に対して意味を持つ。しかし記念碑についての議論の問題は、「なぜ」と「何のために」という問いの答が拡散していることである。いったい誰が、何のために、そして誰を想起するのかという問いは記念碑建設の主唱者たちによって充分に答えられてこなかったことの一つであり、これからもまた答えられることのない問いであろう。

最近、記念碑建設プロジェクトの主唱者のレア・ロースは、記念碑を建設することによって、犠牲者に尊厳を取り戻すと言明した。もちろん善意で言ったことであろうが、それ故にこの言葉はすでに信憑性を失っている。なぜならばそれは、彼らだけではなく、誰にも決して果たすことのできない約束であるからである。アウシュヴィッツで殺された人々に、その尊厳を取り戻すことは誰にとっても不可能である。皮肉な言い方をすれば、それはもっと早く考えておかなければならなかったことである。今ではもう遅すぎるが。

ショアを生き延びたユダヤ人がそれを思い起こすとき、その想起は疑いなく痛みに満ちたものであろう。それは虐殺された両親や叔父、叔母、従兄弟たちについての悲しみにかかわる痛みを伴うものであろう。しかしユダヤ人ではない者が、ユダヤ人の大量虐殺を想起する場合はどうか。彼らは虐殺された者を想起するのか、それとも殺人に関わっていた自分たちの父祖の犯罪行為を想起するのか。ただ確かなことは虐殺された者の子孫のように、それは悲しみの感情によって規定されていないということである。その想起は罪責の重荷を軽くしたいという密かな願望によって、規定されている。

ユダヤ人やユダヤ民族と同一化することが、ユダヤ人の「間」においてだけではなく、今では多くの非ユダヤ人たちの欲求である。彼らはオーレンやバース、アーク・ノアといったヘブライ語の名のつくレストランや喫茶店で、やや辛口のカーメルワインで種無しパンを口にして、ユダヤ的、あるいはイディッシュ的と思われるジョークを言ってみたりする。またユダヤ人文化の典型として賞賛されているクレツマーの音楽やゲットーの歌に魅了されている。それらの共感や抱擁の嵐に直面し、他の人々と同じように生活することができるということに価値を見出しているドイツのユダヤ人は当惑している。

ボストンへの憧れ

アメリカでは、よく知られているワシントンのホロコースト博物館の他にも、ショアをテーマにし、それを想起する一連の施設や記念碑が建てられている。この博物館や記念碑設立の背後には個人のユダヤ人、またユダヤ人教会やユダヤ人組織がある。彼らは資金を提供し、また一般にほとんどの想起のプロジェクトにおいて卓越した解決を見出している形式的、美学的造形について考えをめぐらす。

そこでは何らかの象徴的和解行為が問題なのでは

なく、アメリカのユダヤ人にとってはユダヤ教信仰の向こう側に自分たちのアイデンティティーを定義することが、何より重要な問題なのである。フリーダムトレイル［ボストンにある主要な歴史的建造物をたどる赤い線で印づけられた全長約四キロの道程］に建てられたボストンのホロコースト記念碑は、ショアの想起がどのようにして我々の時代の民主主義に自由に組み込まれていくのかということを、非常に印象深くまた顕著に示す例である。

ベルリンの議論においては、そのような問題の萌芽はほとんど見られない。記念碑はシンティー・ロマや同性愛者や政治的抵抗活動を行なった者など、ナチスによる全ての犠牲者を想起する代わりに、ユダヤ人だけを特別に際立たせている。意図的にではないにせよ、そのことは結果的にはユダヤ人を生まれながらの犠牲者として、多かれ少なかれ、印象づけることになる。このことが間違った方法であることは、イスラエルにあるヤド・ヴァシェムの記念館のテーマを一瞥すれば明らかである。ヤド・ヴァシェムでは犠牲者を想起してはいるが、それだけではなく生命の危機にあるユダヤ人を支え、救出した知られざる多くの非ユダヤ人の英雄をも共に想起している。

ベルリンの記念碑についての対立は、ある種の想起をめぐる闘争に凝結している。現在進行している状況の中では、記念碑の問題についてただちに決定を下すべきではない。その議論はいったん冷却させるべきである。記念碑論争は将来、広く公になされるべきであり、秘密裏に決定が行なわれてはならない。「国立」ホロコースト記念碑を、私的団体である主催者グループとベルリン政府、連邦内務省が決定できるというのは、馬鹿げたことである。このプロジェクトはその重要性がよって立つところのものによってこそ、正当性が与えられるのであって、求められている正当性がこのプロジェクトに重要性を与えるのではない。ベルリン政府がもし八月二十五日に記念碑建設を可決すれば、さまざまな方面から求められているが、今後それをどのようにドイツ連邦議会へ提起するのかということについて話し合われるであろう。

混沌とした現在の状況は、決して目新しいものではないが、このところ頻繁にメディアに登場している、ある提案によってさらに複雑化してきた。それはドイツでも、ワシントンを模範にしてベルリン・ホロコースト博物館を設立するという計画である。想起の舞台ドイツでその活動によってジャンヌ・ダルク的名声を獲得したレア・ロースが再びその側にいるということに、私はもう全く驚かない。レア・

ロースとその仲間たちは、その提案の貫徹を公にする使命感あふれるその野心は、計画中のホロコースト記念碑のプロジェクトと同様に再び不快感を生み出している。次の戦いが予想される。
（『ベルリン新聞』）

（1）Senatsverwaltung für Bau- und Wohnungswesen Abteilung Städtebau und Architektur (Hg.), Künstlerischer Wettbewerb. Denkmal für die ermordeten Juden Europas. Ausschreibung, Berlin April 1994, in: DS, S. 169–216.

（2）Harald Szeemann, Ein Denkmal für die ermordeten Juden Europas, 1991, in: DS, S. 74-78.

（3）コンペの招待作家は以下の通りである。Magdalena Abakanowicz, Cahristian Boltanski, Rebecca Horn, Magdalena Jetelova, Dani Karavan, Fritz Koenig, Jannis Kounellis, Gerhard Merz, Karl Prantl, David Ravinowitch, Richard Serra, Günther Uecker.

（4）Vgl. Künstlerischer Wettbewerb Denkmal für die ermordeten Juden Europas, Kurzdokumentation, Senatsverwaltung für Bau- und Wohnungswesen (Hg.), 1994/95, in: DS, 273–410, hier S. 275.

（5）Vgl. ibid. S. 274.

（6）Vgl. Senatsverwaltung für Bau- und Wohnungswesen (Hg.), Wettbewerb Denkmal für die ermordeten Juden Europas endgültig entschieden, Presseerklärung vom 28.6.1995, in DS, S. 440 f.

（7）Vgl. Künstlerischer Wettbewerb. Denkmal für die ermordeten Juden Europas, Kurzdokumentation, in: DS, S. 275.

（8）Vgl. Salomon Korn, „In der Schieflage“, in: FAZ vom 22.3.1995, in: DS, S. 417 f.; ders., „Monströse Platte“, in: FAZ vom 3.7.1995, in: DS, S. 448–450.

（9）Vgl. Ignatz Bubis (Gespräch), „Millionen Namen sind nicht genug“, in: FAZ vom 29.6.1995, in: DS, S. 442.

（10）Zit. nach Art. „Die Kritik wächst: Holocaust-Mahnmal vor dem Aus?“, in: Tsp vom 6.7.1995, in: DS, S. 453.

（11）Vgl. Art. „Widerspruch“, in: FAZ vom 17.7.1995.

（12）Vgl. ibid.

（13）Vgl. Presse- und Informationsamt der Bundesregierung, Pressemitteilung Nr. 233/95, in: DS, S. 446.

（14）Vgl. Künstlerischer Wettbewerb. Denkmal für die ermordeten Juden Europas, Kurzdokumentation, in: DS. S.

286.

(15) Horst Hoheisel, in: Ibid, S. 379.

(16) Beschreibung des Entwurfs Nr. 1094, in: DS, S. 295.

(17) Vgl. Senatsverwaltung für Wissenschaft, Forschung und Kultur, Presse Mitteilung vom 24.4.1996, in: DS, S. 546.

(18) Vgl. Ute Heimrod/Günter Schlusche/Horst Seferens, „Vorbemerkung“, in: DS, S. 543.

(19) Vgl. Plenarprotokoll der Bundestagsdebatte vom 9.5.1996, in: DS, S. 568–587.

(20) Vgl. dpa/Ap, „Nur wenige Abgeordnete zeigten Interesse für das Holocaust-Mahnmal“, in: FR vom 10.5.1996, in: DS, S. 587.

(21) Vgl. Senatsverwaltung für Bau- und Wohnungswesen (Hg.), Colloquium. Denkmal für die ermordeten Juden Europas. Dokumentation, in: DS, S. 604 f.

(22) Vgl. Protokoll der Diskussion der zweiten Sitzung am 14. Februar 1997, in: Senatsverwaltung für Wissenschaft, Forschung und Kultur (Hg.), Dokumentation, 1997, in: DS, S. 657–683.

(23) Vgl. etwa Salomon Korn, „Bestelltes Alibi“, in: FAZ. vom 7.1.1997, in: DS, S. 596 f.; Reihhart Koselleck, „Vier Minuten für Ewigkeit“, in: FAZ vom 9.1.1997, in: DS, S. 599–601.

(24) Senatsverwaltung für Wissenschaft, Forschung und Kultur, Pressemitteilung vom 18.4.1997, in: DS, S. 744.

(25) Vgl. Senatsverwaltung für Wissenschaft, Forschung und Kultur, Denkmal für die ermordeten Juden Europas. Engeres Auswahlverfahren 1997, in: DS, S. 833–842, hier S. 605.

(26) Vgl. Brief der Architektenkammer an die Senatsverwaltung für Wissenschaft, Forschung und Kultur vom 29.7.1997, in: DS, S. 854 f.

(27) Vgl. Henryk M. Broder, „Wer ein Menschenleben rettet, rettet die Welt“, in: Tsp vom 22.8.1997, in: DS, S. 868.

(28) 作品を提出しなかった招待作家は下記の通りである。Christian Boltanski, Eduardo Chillida, David Rabinowitch, Ulrich Rückriem, James Turrell, Rachel Whiteread.

提出した招待作家は下記の１０名である。Peter Eisenman, Jochen Gerz, Zvi Hecker, Hans Hollein, Rebecca Horn, Dani Karavan, Daniel Libeskind, Markus Lüpertz, Gerhard Merz, Gesine Weinmiller.

(29) Vgl. Erläuterungsbericht von Eisenmann Architects mit Richard Serra, in: DS, S. 881 f.

(30) Vgl. Erläuterungsbericht von Daniel Libeskind, in: DS, S. 887 f.

(31) Vgl. Erläuterungsbericht von Jochen Gerz, in: DS, S. 883.

(32) Vgl. Erläuterungsbericht von Gesine Weinmiller, in: DS, S. 889.

(33) Vgl. Erläuterungsbericht von Rudolf Herz und Reinhard Matz, in: DS, S. 907 f.

(34) Erläuterungsbericht von SCALA/Storz/Wöhrle, in: DS, S. 913.

(35) Vgl. Konrad Schuller, „Entscheidung über Berliner Holocaust-Mahnmal deutet sich an“, in: FAZ vom 24.1.1998, in: DS, S. 998 f.

(36) Vgl. Staatminister beim Bundeskanzler Anton Pfeifer, Presseerklärung vom 22.5.1998, in: DS, S. 1052.

(37) Vgl. Art. „Serra kritisiert Spekulationen“, in: Tsp vom 24.1.1998, in: DS, S. 999.

(38) Vgl. Art. „Holocaust-Mahnmal. Richard Serra zieht sich zurück“ in: Tsp vom 3.6.1998, in: DS, S. 1053.

(39) Vgl. Eberhard Diepgen, „Memento Berlin“, in: Tsp vom 28.03.1998, in: DS, S.1043 f.; ders., „Der Weg, den wir beschritten haben, ist nicht gangbar“, in: Tsp vom 16. 8.1998, in: DS, S. 1094 f.

(40) Vgl. Eisenman Architects, Überarbeitete Eisenman-Entwurf, in: DS, S. 1111–1114.

(41) Vgl. Art, „Gerz zieht Entwurf zum Mahnmal zurück“, in: BZ vom 28.7.1998, in: DS, S. 1078.

5 コンペ「挫折」後の展開（一九九八年〜）

5・1 ヴァルザー――ブービス論争――想起の分離

二度のコンペ挫折の後、記念碑建設に何よりも決定的な影響を与えたのは、戦後のドイツ文学を代表する作家の一人、マルティン・ヴァルザー（一九二七年〜）の演説を契機として起こった「ヴァルザー―ブービス論争」である。これは過去の想起をめぐる一連の議論であり、この論争については新聞、雑誌の記事、それらに対する読者の投稿、またヴァルザー、ブービス両者に送られた手紙等を収集した七〇〇頁に及ぶ資料集が一九九九年に出版されている。★1

論争のきっかけは、一九九八年十月十一日、フランクフルトで行なわれた恒例のドイツ出版社協会平和賞の授与式で、その年の受賞者ヴァルザーが行なった「善の凡俗性」と題する受賞記念講演★2である。その演説の中で、ヴァルザーは記念碑建設に反対を表明し、さらにナチスの過去の想起そのものを否定するかのような言辞を繰り返した。

演説が終わるとドイツ大統領ローマン・ヘルツォークを初めとして、列席者は立ち上がってヴァルザーに拍手を送った。聴衆が会場を立ち去っても、なおその場に座して動かなかったユダヤ教協議会議長イグナッツ・ブービスは、その直後この演説を「精神的放火」と非難し、極右政党ドイツ民族同盟議長ゲルハルト・フライや共和党前代表シェーンフーバと同じような発言であるとして、ヴァルザーを激しく批判した。★3「ヴァルザー

―ブービス論争」はここに始まる。

この論争は約三ヵ月あまり続くが、それはヴァルザーとブービスとの間で行なわれたものではない。ヴァルザーはこの講演の後、ほとんど沈黙を守った。この両者の直接対論が実現したのは、講演から二ヵ月余りたって、『フランクフルター・アルゲマイネ』紙が企画した、後述する対談の席である。

論争は、主としてヴァルザーの講演の解釈とまたブービスの批判の当否をめぐって、知識人やジャーナリスト、政治家の間で行なわれた。中でもブービスと公開書簡を交わしたドイツ社会民主党の連邦議員、元ハンブルクの市長クラウス・フォン・ドーナーニやドイツの代表的総合週刊誌『シュピーゲル』の創刊者で編集長であったルードルフ・アウグシュタインらがヴァルザーを積極的に擁護したことから、この論争は一般の関心も広く集めた。

ヴァルザーの論争の焦点となったのは、演説の中の次の部分である。

「私たちの歴史の重荷は誰でも知っている。忘れ得ない恥、それが我々を責めなかった日は一日もない。しかし我々にその恥を突きつける知識人は幻想に溺れているのだろうか。彼らは我々に恥をつきつけ、恐るべきことについての想起の仕事に携わることで、自分たちはほんの少しだけは赦され、一瞬の間は加害者より、むしろ被害者に近づき、加害者と被害者の耐え難い対立が緩和されたかのような幻想に浸っているのであろうか[★4]」。

まるで、決まりきった日課のようにメディアから聞こえてくる告発に、自分は告発されている側から離れることが可能であるとは思わないが、「しばしば八方から責め立てられ、どちらの方向にも目を向けることができなくなると、自分自身に重荷を軽くするようにと言い聞かせ」る。そして、ヴァルザーは「テレビで流れる映画の収容所のおぞましいシーン」から「少なくとも二十回は」目を背けた。

「アウシュヴィッツを否定するまともな人間は一人もいない。責任能力のある人間にとって、アウシュヴィッツの残酷さは明白である。しかし毎日のようにメディアによってこの過去が突きつけられるならば、私は我々の恥の持続的な呈示から身を守らなければならない。我々の恥の絶え間ない表現に私は感謝する代わりに、背を向け始めるであろう。そして私は自分の内にあるそれに対する防御に気づいたら、我々にその恥をつきつけるその動機を知ろうとするだろう。もしその動機が、その恥を我々に決して忘れさせないようにするためにではなく、我々の恥を現代の目的のために道具化することであるということを発見できたとしたら、私はむしろほとんど嬉しくなるだろう。たとえよい目的や栄誉のためであろうとも、それを道具として用いることに変わりない」[★5]。アウシュヴィッツは「いつでも持ち出すことのできる、人を威嚇する手段や道徳の棍棒やたんなる義務的演習」ではなく、またそのような儀式化によって実現するものは結局のところ「口先だけの祈りと同質のものである」。

ヴァルザーは問う。「もし、ドイツ人が今や完全に普通の民族であり、ドイツは普通の社会であると言えば、いったいどのような疑いが抱かれるというのか」[★6]。

そして記念碑に言及して次のように述べた。

「後の世界はベルリンのホロコースト記念碑をめぐる議論の中に、他者の良心に責任を感じる人々が建てたものについて解釈することができる。それはサッカー場規模の悪夢を首都の中心でコンクリートによって固めたものであり恥のモニュメント化である」[★7]。

この後に、ハナ・アレントの「悪の凡俗性」をもじったこの講演のタイトル、「善の凡俗性」が由来する言葉が続く。

「歴史学者、ハインリッヒ・アウグスト・ヴィンクラーはそれを『否定的ナショナリズム』と名づけた。たとえそれがその反対のものよりも何千倍もよいものに見えたとしても、全然ましなものではないと敢えて私は想像する。おそらくは善の凡俗性というものもあるのであろう」[★8]。

「人は良心の問題において全く一人である。それ故に公共的良心の行為は象徴的になるという危険性がある。良心にとって、たとえどれほどよい意味であっても象徴学ほど疎遠な言葉はない。良心の『徹底的な自己自身への沈潜』[★9]を、目に見える形ではっきり表現することは不可能である。良心の行為は常に『内面的な孤独』に留まる」。

このヴァルザーの講演から一ヵ月後の十一月九日、ユダヤ人の商店やユダヤ教の会堂が焼き打ちされた夜(「水晶の夜」一九三八年十一月九日)の六十周年式典が開かれた。ブービスは大統領や首相を初めとするドイツの政治的代表者らが出席する中で、事前に通告した通り、その演説の大半をヴァルザーに対する批判に費やした。[★10]

ブービスは、ヴァルザーが「恥」という言葉を何度も用いながらも、ナチスの犯罪については全く触れないことを批判し、ヴァルザーは「目をそらす文化」「考えることをそらす」文化を奨励していると言う。そして極右指導者ではなく、「ドイツの文化エリート」[★11]であるヴァルザーからこのような言葉が発せられたことにより、今後それはナチスの過去の終結を主張する論拠として容易に利用され、ホロコーストの忘却を加速させることになるとブービスは批判する。

「ホロコースト記念碑について、さまざまな立場からの賛成も反対もあり得るが、それに対して、悪夢や恥のモニュメント化という批判は許されない(略)。その恥が初めから巨大なのであって、記念碑によってそれが巨大化されるわけではない[★12]」。

そしてドイツの「正常化」とは、「ユダヤ人が再びドイツで生きていくことができると信じられること、ユダヤ人が社会的、政治的に積極的に参与することが可能であり、新たな人種主義が生まれることがなく、極右政党が影響力を持たないことである。しかしそれらはまだ実現していない[★13]」。

この式典でブービスに続いて演説を行なった大統領ヘルツォークは、この論争に触れて次のことを述べた。

「ナチスとの関連における想起と記憶とは、何より第一に犠牲者についてのそれである。すなわち、権利を剥奪された者は再び権利の中に取り戻さなければならない。そのことは、また犯罪やその行為を思い起こすことでもある。可能な限り正確にその原因を追求する歴史研究もまた本質的にそのことに帰属している。しかしこれらの想起は道徳的政治的自己吟味のためになされるものであって、決して現代における道徳的道具にしてはならない。それ故にもし『アウシュヴィッツ』や『ホロコースト』、あるいは『ファシズム』という言葉が、政治的論争において軽々しく使われるものになるならば、それは犠牲者の尊厳をもう一度傷つけることになる」[14]。

この式典から一ヵ月たった一九九八年十二月十四日、『フランクフルター・アルゲマイネ』紙が企画し、編集者フランク・シルマッハーとユダヤ人協議会ザロモン・コーンが加わり、ブービスとヴァルザーの対談[15]が行なわれた。しかしそれは相互理解や和解というにはほど遠い内容のものではあった。

ブービスはこの対談で最終的には、疑念をなお表明しながらも、「精神的放火犯」というヴァルザーに対する言葉を取り下げた。

ヴァルザーは、自分は想起を否定しているのでも過去から「目をそらす」ことを薦めているのでもなく、ドイツでは共同の想起のための適切な形式がまだ見出されていないこと、そして「自分の魂の平安」がほしいと述べただけであるという。それに対して、ブービスやコーンは、何よりも極右系の新聞がこぞってヴァルザーの演説を歓迎し、過去の幕引きやホロコーストの想起の否定に結びつけているという現実を多くの実例を挙げて指摘した。そしてそのような反応が、ヴァルザーの主張するように演説の誤解から生じているものであるならば、それを糾し真意を説明する責任がヴァルザーにあることを繰り返し述べた。しかしヴァルザーは自分の手元にきたという「千通を越える」手紙を根拠に、演説の真意はほとんどのドイツ人に正しく受け止められていると主張し、自らの演説を訂正、補足する必要は全くないとして譲らなかった。

この対談で何より人々の注目を集めたのは、対談の冒頭で行なわれた二人のやりとりであった。

ブービスは最初にヴァルザーの演説に対する批判の背景として、当時の自分の体験を述べた。強制収容所で自らがどのように生き延びたか、家族が次々死んでいった経緯や後に妻となった女性との出会いなども交え、ブービスは自伝的に詳しく語った。それに対してヴァルザーは、一言も触れることなく次の言葉を言い放った。

「ブービスさん、私はあなたに言わなければならない。私がこの領域に取り組んでいる時に、あなたは全く別のことに従事していたのだ。あなたは私よりも遅く、この問題に取り組んだ[16]」。

ブービスはそれに対して短く答えている。「私はそうしなければ生きていくことができなかっただろう。もしそのことにもっと早く取り組んでいたら、私は生きていくことができなかっただろう[★17]」。

ここには、両者の相互理解を阻む、言葉以前のあまりにも大きな亀裂が露わになっている。結局、この対談をめぐっての議論がひと通り行なわれた後、論争は表面的には収束に向かった。

この対談から一ヵ月後の一九九八年十二月十九日、ベルリンのユダヤ人墓地にある前ユダヤ人協議会議長ハインツ・ガリンスキーの墓がネオナチによって爆破された。

翌年八月十三日、ブービスは急死した。死んでから墓まで爆破されたくないという遺言[★18]に基づき、「ユダヤ教の信仰を持つドイツ国民（ブービスの言葉）」ブービスの遺体は、イスラエルに埋葬されることになった。これは当時、一般市民に強い衝撃を与えた。ブービスはさまざまな集会やテレビの討論番組などにも積極的に参加し、ドイツの若者との対話を精力的に行ない、ホロコーストの啓蒙に取り組んできたことから、一般のドイツ人に広く知られる存在であったからである。ベルリンの中心にあるシナゴーグなど二ヵ所に設けられた記帳の場に、ベルリン市民は長い列を作った。遺体はドイツから特別機でテルアヴィヴに搬送され、そこで行なわれた埋葬式典にはドイツ大統領、連邦参議院議長、連邦内務大臣が参列した。

この論争は全体として混乱しているが、それはヴァルザーの演説の意味とその（隠れた）意図、さらにはその社会的、政治的機能という問題が、混同されて論じられたからであり、その結果、多くの局面で非難の応酬へと展開した。それは主として「アウシュヴィッツの道具化」や「威嚇手段」というヴァルザーの批判が、そもそもどういう方向に向かっているのか、何を具体的に指しているのかをヴァルザーが最後まで明確にしなかったことに起因するものといえよう。

それらの言葉が形骸化した想起の形式に対する批判なのか、それとも想起の必要性を否定し、過去の終結を薦めるものなのか、「正常なドイツ」や「良心の自由」、「魂の平安」という言葉までそれらに絡めながらも、ヴァルザーは真意を明らかにしようとしなかった。自ら論争に加わることなく、それらの意味を説明しようとしないヴァルザーの態度に対して、それこそが「現代の目的のためにアウシュヴィッツを道具」にするものであるという批判もなされ得る。

しかしヴァルザーの演説の真意が何であったにせよ、この論争で論じられたテーマのほとんどはすでに記念碑論争において、また戦後、さまざまな機会に論じられてきたものでもあった。

ドイツはもう、「正常（ノーマル）」な社会であり、ドイツ人は「正常な」民族なのか。あるいは「正常な」民族とはそもそも何か。ホロコーストの歴史を個人化、内面化し「恥」と捉えることは、過去の克服に繋がり得るのか。それは将来の世代にとって無効ではないのか。個人の良心の自由や魂の平和を、私的なものに限定し共同的次元を切り離すことは可能か。私的な想起とは異なる次元を持つ共同的想起は、そもそも象徴や儀式なしで成立するのか。儀式や象徴の空洞化を防ぐものはいったい何であるのか。

そして記念碑はドイツ人の「恥」を固めたもの、恥のモニュメント化にすぎないのか。

これらの問いがこの三ヵ月間の論争によって本質的に深められたわけではない。しかしそれにもかかわらず、この論争は記念碑問題に決定的な影響を与えた。それはこの論争が結局、記念碑建設を促す最後の決定的な契機になったからである。ヴァルザーの演説以降、極右政党の新聞はこぞってその発言を「タブー破り」[★19]として最大限に歓迎し、それに依拠してブービスに対する非難や反ユダヤ主義のキャンペーンを展開した。そして論争を契機にそれまで沈黙していた層から、記念碑建設に反対する声が噴出してきた。

このような流れの中で、過去との対決としての想起の継承を根本的に支持するが故に、それまで記念碑建設に対しては本質的な批判を展開してきた人々の一部は、それらの批判がこの流れに組み込まれることを危惧して、記念碑反対よりもむしろ代替案の提起へ移行した。

連邦首相シュレーダーは一九九九年二月、『ツァイト』誌のインタヴューでヴァルザー―ブービス論争の後に、記念碑建設に反対の決定を下すことはもはや不可能であると述べている[★20]。

ガリンスキーの墓の爆破に明白な形をとって表われたように、この後に実際に極右の動きは活性化し、それが記念碑建設への流れを決定づけた。その意味ではヴァルザーの演説に端を発したこの論争は、皮肉にも、ヴァルザーが望んだこととは全く正反対の結果を一方でもたらし、他方では「正常な」ドイツに疑問符を突きつける結果になったのである。

最後にこの論争が提起した問題を三点挙げておく。

第一点は、「アウシュヴィッツの道具化」という問題である。現代の何らかの政治的目的のために「アウシュヴィッツ」を安易に利用してはならないということに、反論する者はいない。しかし過去の歴史の想起とは、本質的に過去そのもののためにではなく、むしろ現代や未来の方向づけのために行なわれる。「アウシュヴィッツを二度と再び繰り返すな」という言葉は、将来に向けてなされる現代の政治的決断、現代の政治的意志表明である。そしてそれはこの想起に本質的に含まれる。その意味では厳密に言えば、この言葉もまたアウシュヴィッツを、現代の目的のために利用するものである。

そうであるならば、アウシュヴィッツの道具化を一般的に否定するのではなく、そもそも、「アウシュヴィッツ」とはいったい何を意味しているのかということを明確にする必要がある。象徴的に用いられる「アウシュヴィッツ」という言葉は、たんに何百万人という膨大な数のユダヤ人の虐殺だけを意味するのでもなく、また人権蹂躙一般を意味するわけでもないからである。

この論争が行なわれていた時、コソボ紛争への軍事介入は与党、特に緑の党の中で激しい対立を引き起こし、大きな政治的争点となっていた。一九九九年三月、ドイツ軍は、NATOのコソボ空爆に参加した。それは戦後ドイツにとって初めての直接的軍事行動であった。

それに先立って同年二月、連邦防衛大臣ルードルフ・シャーピン（社民党）はドイツ兵士の一団を連れて、ポーランドの外務大臣と共にアウシュヴィッツ収容所跡を訪れ、次のことを演説で述べている。

「人権が蹂躙されているとき我々に沈黙することは決して許されていない。ボスニアのドイツ防衛軍はそのためにボスニアにあり、またそのためにコソボへ行く」[★21]。

「アウシュヴィッツ」という言葉を、それが具体的に意味していることを明確にしないで、無制限に、あるいは恣意的に拡大するならば、その言葉は結局、具体的な状況における個々の政治的決断をたんに正当化する道具として用いられることになるだけであろう。「アウシュヴィッツを繰り返すな」という言葉自体に反論することは絶対に不可能であるからである。しかしこの言葉は、なぜ今コソボに、なぜ空爆なのかということを何一つ説明するわけではない。

この問題については、記念碑と共に建設された「情報の場所」という資料館の根本構想をめぐる論争において後に再び浮上する〔第Ⅲ部3・2・2〕。

第二は、ドイツはすでに「正常な」社会なのかという問題である。

一九八九年の統一の後、(アフリカ人、アジア人など外見上「ドイツ人」とは異なる)「外国人」に対する極右の襲撃は一九九二年、一九九三年を頂点にしてエスカレートした。難民、及び難民申請者の施設、またかつて外国人労働者としてドイツに移住し現在ドイツに多く暮らすトルコ人住居の放火や電車や街頭での「外国人」殴打など何人もの死傷者が出る事件が頻発した。そしてそれらの襲撃のほとんどはネオ・ナチと結びついている。ドイツではユダヤ人関係の施設、ユダヤ人教会堂やレストラン、喫茶店、書店、学校等々はビデオカメラが設置され、二十四時間体制で厳重に警備されている。またユダヤ人議会議長に対しては、ドイツ大統領と同じレベルの警備体制が常時敷かれている。このような状況を、正常か異常かという概念で説明することは適切ではない。国家も社会もそれぞれ固有の歴史を持ち、それに結びついた問題を持っている。しかし、このドイツの現代の状況が、あの過去と切り離すことができないという意味では、現代のドイツであの過去がもう過ぎ去ったものであるということはできないであろう。

さらに第三点として、過去の想起についての困難な問題であるドイツにおける想起の分離について言及しなければならない。これが直接的に対立として表われたのはすでに触れたヴァルザー——ブービス論争の一部を形成する、クラウス・フォン・ドーナーニとブービスとの間で行なわれた論争であった。ドーナーニはヴァルザーを擁護する形でこの論争に加わり、ブービスとの間に何通もの公開書簡を交わしたが、それは次第に非難の応酬へと展開していった。

ドーナーニは、ヴァルザーが決してブービスが言うような「精神的放火犯」ではなく、「歴史的な拘束を感受し、自分が犯したのではないが、しかしそれに対して責任を感じなければならない良心に圧迫されている個人的に無実のドイツ人の嘆き」★22であると、ヴァルザーの講演を解釈した。

これに対してブービスは、「もしそのような解釈が正しいのならば、言葉の人である作家ヴァルザーは全く別の表現をしたはずである」。そして極右系の『国民新聞』がヴァルザーの演説の翌日に「世界的に有名な作家ヴァルザー」の演説をただちに引用して、反ユダヤ主義的主張を展開したことは決して偶然ではないとして、この解釈を切り捨てた★23。

しかしこの両者が激しく対立したのは、ヴァルザーの演説の解釈についてではなく、ドーナーニが「無実の良心を抑圧されているドイツ人」に対比させて、ユダヤ人について述べた次の部分であった。

ドイツ人は戦後に生まれたものであっても、ドイツの歴史のこの重荷を負わなければならない。しかし「ユダヤ人の信仰を持ちドイツ国籍を持つ」ブービスはこのドイツ人の「遺産の中心」から解放されている。ブービスの家族はナチスによって虐殺され自分自身も辛うじて生き延びた。ドイツ国籍を持つブービスに、アウシュヴィッツの責任を共に負うことを求めることは誰にもできない。そのブービスにはドイツ人ヴァルザーの嘆きは決して理解できない。それは「我々、ドイツ人がそれをした」ということを、自分に直接、責任がなくとも意識しなければならないドイツ人の嘆きなのである★24。そしてドーナーニはさらに問う。

「ブービスはユダヤ人として別の意識を持つことができる。ブービスにとっては、常にドイツ人がそれをしたのだ。しかしドイツのユダヤ人もまた自分に問わなければならないであろう。もし一九三三年以降、障害者や同性愛者やロマ『だけ』が絶滅収容所に移送されたとするならば、果たしてユダヤ人は、ほとんどのドイツ人よりも、もっと果敢にふるまうことができたのか。この問いを誰もが自分自身に問い正直に答えてみるべきである★25」。

ブービスはこの問いを「陰湿な悪意がある★26」という一言で拒絶した。

しかしそれに対してドーナーニは、その問いが個々のユダヤ系ドイツ人に対する良心の問いであるとして再度提起し、ヴァルザーに対して「精神的放火犯」と言ったのと同様にブービスは、自分を中傷していると非難した。そしてユダヤ系ドイツ人は非ユダヤ系ドイツ人に対してもっと配慮ある態度をとるべきことをドーナーニはブービスに訴えた。[★27] こうして両者のやりとりは決裂した。

ここで論じられているのはドイツ人の中における想起の分離である。そしてそれは結局のところ、記念碑を建てる「我々ドイツ人」とはいったい誰なのかという根本的な問題として返ってくる。ドイツ人とは加害者の子孫だけではなく犠牲者の子孫、そしてそのどちらにも属さない戦後移民してきてドイツ国籍を獲得した人々も含むからである。

記念碑が想起の対象とする「犠牲者」の区別がどういう困難な問題を伴うのかということを、ノイエ・ヴァッへの論争は示したが、この両者の論争は記念碑を立てる主体「我々ドイツ人」の側にある断絶を根本的に表わすものである。

ただ、ここでドーナーニがユダヤ人に対して問うた「良心の問い」に対しては、この論争の中で共感や支持を得ることはなかった。自分がその時、犠牲者の側にいなかったら、あるいは犠牲者の側にいたらどのような態度をとり得たかという問いは、もちろん誰もが自分自身に問うてもよい普遍的良心の問いであり得よう。しかし全ての人間に妥当するその普遍的問いを、ホロコーストを実際に自らの身体で直接体験し、強制収容所を生き延びたユダヤ人に問う前に、まずホロコーストを経験していない人々に問うべきである。ホロコーストを体験し、多くのものを犠牲にしたブービスに、その「普遍的」問いを最初に立てるとすれば、それは問いの形を借り、一般的妥当性に依拠して暗になされる非難や中傷であり、そうしたやり方は、結局隠れた意図の憶測を招く論難に終始することになるだけであろう。その意味ではブービスがこの問いを拒絶したのは正当である。

また、あの時もしユダヤ人が犠牲者ではなかったのであれば、という問いに対して、ホロコーストを生き延びたユダヤ人が答えるとするならば、その答えは、何よりもまず、もしそうであったならば、あのような体験を自分はしなくてすんだ、そして自分の家族や友人、知人は殺されなかったであろうということではないのか。その意味では、このドーナーニの問いそのものが、想像力の欠如ともいうべき深い断絶を表している。

しかしドーナーニ自身が、ヒトラーの暗殺計画に加わり処刑された抵抗活動家を父に持つという事実を踏まえると、この問題は「我々ドイツ人」や「共同の」想起とは何かという問題の困難さをさらに浮かび上がらせる。ドーナーニは特に若い頃のアメリカ留学時代、そのことによって「よい例外のドイツ人」として、自分自身の功績によるものではない特別な扱いを受け、そのたびに困惑したことを述懐している。★28 犠牲者も加害者も、また抵抗した者の子孫も含めてなお「我々ドイツ人」という共同性を繋いでいるものは何であり得るのか。

この対立もまた一つの契機として、記念碑論争の中で、記念碑を建てる主体を問う問題が多くの局面では問われることになる。

この問題に関連して、最後にドイツ大統領ヘルツォークがこの論争の最終的局面である一九九九年一月二十七日、アウシュヴィッツ解放記念式典で行なった演説を紹介する。

この演説の中で大統領がブービスに与えた「ドイツ愛国者」という「称号」は、あまりにも奇異に響くが、それがこの分離した想起を架橋し「我々ドイツ人」の共同性の構築に寄与するものになり得ないことは明白であろう。なお、この演説の中でこの論争や記念碑にも言及しているのは一部であるが、想起についてのドイツの公式の立場の表明であり、これは後の連邦議会の記念碑についての議決にも関わりがあるので敢えて全文を紹介する。

【資料16】（1999,1,27）

ローマン・ヘルツォーク

アウシュビッツ記念日の連邦大統領演説　私は国民から臆病な言葉を聞きたくない

＊ローマン・ヘルツォーク（一九三四年〜）　ベルリン自由大学法学部教授、バーデン=ヴュルデンベルク州内務大臣、文化大臣（キリスト教民主党）を経て、連邦最高裁判事（一九八七〜一九九四年）、連邦大統領（一九九四〜一九九九年）。

人間が他の人々に対してどれほど、ひどい苦しみを与え、残虐なことができるのかということは、ドイツ人の共同の記憶とまた個人的記憶に深く刻み込まれている。今日のアウシュヴィッツ解放記念日は、そのことについての消えない記憶である。

しかしこの数ヵ月の間、すでに何度か述べてきたが、この消すことのできない記憶に対して、我々は想起の形式をまだ見出してはいなかったということが、はっきりと示された。

我々が、どのような形でナチスの犯罪を誠実に思い起こすのかということについて、再び論争が起こったのである。そしてあの残虐な出来事から五十年たってもなお我々は、我々の歴史のその部分と対決することが必要なのかということさえ、そこでは論じられた。

私はこの論争全体の中の重要な部分について幾つかの点を論じたい。しかしそれに先立って、一つのことだけを最初に言っておく。それは、ホロコーストについての想起の終結を考えている者がいるならば、ただちにその考えを放棄すべきである、ということである。ナチスやホロコーストは、想起の終わりとは何の関わりも持たない。その思考は、私が野蛮と名づけたい全く単純な二つのことに由来する。

自分たちの歴史についての根本的な知識なしには、いかなる民族も長く存続することは不可能である。このことについては過去何十年間、議論の余地はなかった。そして、そのことが問題になるような時代は、私の認識が正しいとすれば、もう過ぎ去った。自分たちの過去なしに存続し得るほど自由で主体的な民族はどこにもいない。しかしある民族が自分たちの歴史の中で、またその歴史と共に生きようとするならば、歴史のよい部分や喜ばしい部分だけではなく、歴史全体の中で、また歴史全体と共に生きるべきであろう。

さらに私は、すでにたびたび述べてきたことであるが、ここでも次のことを意識的に繰り返したい。ナチスの犯罪を歴史的想起から抹殺する全ての試みは、私にとってはたんに知的臆病の特別な形式の一つにすぎず、その臆病さを私は自分の国の人々に見たくない。このことは私にとっては、どのような理由や意図であれ、他の人々が我々に対して、我々の歴史を繰り返し思い起こさせるかどうかということとは、全く関係がない。他の人々が、我々の歴史や彼ら自身の歴史から何をしようとも、それとは全く関わりなく我々には我々の歴史がある。他の人々の欠陥によって、それを相殺したり、相殺を示唆することはその事柄からの逸脱である。そして私は、我々の歴史に向かい合おうとする時、それを羞恥においてではなく、尊厳においてなそうとする。

我々は今、世代交代の時代を生きている。それは経験したことについての想起から、伝達されたことについての想起へと移行する時代である。そして想起の形式について、改めて真剣に確認する必要のある時代でもある。それ故、ヴァルザーとブービスの名に結びついているこの論争が起こったことはよいことである。多くの人々がさまざまに考えていることが言葉に表われないままで留まっているよりは、それぞれの立場が説明される方がはるかによい。この論争において、多くの考えが明るみへと引き出された。そしてそれらの意味を我々は論争が終わってしばらくたってから、初めて正しく認識することができるであろう。

その論争の中で、私が非常に気になっていることについて述べなければならない。マルティン・ヴァルザーの演説は、それに賛成する者はすればよいが、いずれにせよそれは忘却に同意しているのではない。当然ながら、その演説は世論に重要な対立を挑発し、実際にそれについての論争が起こった。その中には第三者からの注目すべき発言があり、また幸い記録集が編纂された二人の主要な論者の間での興味深い論争があり、それらと並んでありきたりのやりとりもあった。論争が始まって少したつと、たちまち一般的な議論は相互に非難を応酬する古い典型に再び陥った。そこにあるのは一方では永遠の事実の抑圧者や嘘つき、そして他方には永遠の自己批判者である。そのような議論は無意味で得るものがない。ホロコーストは、我々がそんな素朴で月並みな考え方、いやもっとはっきりと言うならば、そのような政治的妥当性（ポリティカル・コレクトネス）に任せてよいことではない。

誤解しないでもらいたいが、ここで私は決してイグナッツ・ブービスを批判しているのではない。イグナッツ・ブービスは確かに、我々の痛む傷口を常に抉り、それによって激しい反応を引き起こす。しかしブービスは強制収容所の恐怖を自らの身体で経験し、そこで家族を失った。ブービスには我々の歴史の問題に敏感に、そして激しく反応する権利がある。しかしそれにもかかわらず、ブービスが外国で今日のドイツのためにドイツを援護する発言をし、不正と思われる要求に対して断固として拒絶するのを私は幾度も経験している。ブービスがどれほど非難を浴びているのかについて、我々はあまりにも知らない。私はこのことから、イグナッツ・ブービスをドイツ愛国者であると言う。しかしここではブービスの人柄ではなく、我々の背後にある論争が問題である。

その論争は私に全く別のことを考えさせる。それは我々の過去の暗い部分と、どれほど多くの若者が真剣に取り組んでいるのかを我々は知っているが、それにもかかわらず、この論争がその父母や祖父母の世代の間で行なわれたということである。よく言われるように、恐らくこの若者たちの四分の一は当時の犯罪についてあまりよくは知らないであろう。しかしそれは現実の一面であって、逆に四分の三の若者はそれについて非常によく知っているということでもある。私は今ここで、年齢や健康が許す限り労苦や消耗を厭わず、若者たちに自分たちの経験を伝え続けているナチスの時代に犠牲になり、生き延びた人々に対して感謝を表わしたい。

しかしそれにもかかわらず、その若者たちが、今行なわれている議論をほとんど聞こうとしないということは事実である。その理由はいったいどこにあるのか、私は自問する。すでに述べたように、私が知り、また観察する限り、若者たちに知識や関心が欠けているわけではない。私は次のように問う。もしかしたら年老いた世代が、誰もそれを責めることはできないが、自分たちがそれに巻き込まれたことやそれについてのわだかまりについて、再び論じているからではないのか。それが意味していることや、その歴史からどのような結論が引き出されるのかということが、そこでは論じられてはいないからではないのか。若者たちは手近にある言い回しの中に、自分たちの表現を見出すことができず、ずっと前からこの歴史と自分たちとの関係について模索している。もしそうであるならば、我々は、両親や祖父母の世代における「正しい」語り方以上に、そのことにもっと注意を払うべきではないのか。我々の国の将来を方向づける若者が、その問題をどのように考えているのかということは、今日ではすでに五十年以上もの間それに取り組んできた人々の間でのすべての論争や概念の説明などよりも、はるかに重要なことだからである。

今問題になっていることは、我々が想起するのか、あるいは想起しないのかということではなく、我々はいったいどのような方法で想起するのかということである。そしてこの問題設定は、すでに圧倒的に多くのドイツ人が、ナチスとその犯罪を直接的には経験していないということによって、特別な意味を獲得した。新しい世代が育ち、その結果、想起は今の親の世代においてさえ伝達されたものとなり、自分自身のものではない。ナチスとの対決には、世代間での軋轢という今まではそこにさらに付加されていた重荷は、もはや存在しない。その対決を長い間、不可避的ともいえる仕方で規定してきた戦犯裁判もない。そのことは結果として、現代ではその責任に連なる子供や孫の世代の誰もが、道徳的優越性のポーズをとることによって、例えばドイツの過去から外に出るというようなことはできないということでもある。犠牲者や抵抗者の側に立つ自分という幻想を持ち、加害者の側に政治的敵対者を立てるようなことも、今はもう誰にもできない。ナチスは我々の共同のおぞましい遺産である。しかし直接的な犯罪や、共犯やまた黙認による犯罪の加担に多くの者が巻き込まれていた世代が、消えていくことによって、新しい見方が可能になるであろう。そしてそれは大きな希望でもあり得る。

想起は単純に消え去り、新しい世代がそれらすべてを自分たちには関係のないこととして、もはや全くそれを知ろうとはしないという危険性は考えられるであろう。しかし、私ははっきり言うが、その可能性は非常に少ないと思っている。すでに述べたように、我々の国の青少年や若い世代は、私自身の経験から言えば、ナチスについて多くの知識を持っている。そしてそのことについての関心はなお高い。むしろ六十、七十代の人々の中には、その問題を直視したくないという願望を若い世代に投影し、吹き込もうとする人々がいる。

私は、今が大きなチャンスであると勇気を持って言おう。若者は例えばアンネ・フランクの日記や、セバスチャン・ハフナー［ジャーナリスト］のヒトラーに関する本、またビクトア・クレムプラー［文学者、作家］の［ナチスの時代の日常を詳細に記録した］日記を読み、ホロコーストのテレビドラマのシリーズや［スピルバーグの］映画、「シンドラーのリスト」を見ている。そして恐るべきことが起こったその場所へ行き、記念館を訪れ、墓の手入れをし、学校の記録プロジェクトに協力し、テレビの歴史番組を見ている。学校のドイツ史のコンテストで「ナチスの時代における日常」というテーマが出された際には、他のものでは例を見ないほど多くの企画が提出された。我々の国の若い世代は議論し、研究し、そして問いを持って、その問題を見つめていることに全く疑いの余地はない。

想起を色褪せさせないで保つチャンスはそこにある。若者が年老いた世代のたんなる受動的な聞き手ではないこともそのために不可欠である。私はこれらの若者に直接、言いたい。我々はあなた方を能動的な議論の参加者として必要としている。我々はあなた方の、恐らく我々とは全く異なる問いを必要としている。我々はあなた方の物の見方、議論の仕方、そして関心を必要としている。我々は、あなた方が議論に加わることを望んでいる。そして自分たちの問いかけの方法で、年老いた世代の思考の類型や決まり文句を打ち破ってほしい。もしそれが成功するならば想起には未来がある。想起の未来には、しかしそれ以上のものがさらに必要である。第一に、我々には想起の場所がいる。私はその際、中央記念碑だけを考えているのではない。それについてはドイツ連邦議会が決定を下すべきであり、またそうなるであろう。私は記念碑について長く、非常に真剣に実りある議論が行なわれてきたことを喜ばしく思う。しかし今こそ、決断を下す時である。

私は一つのことだけを付け加えておきたい。それはこの記念碑を、我々ドイツ人は、我々自身のために建てるということである。我々は決してそれを他の国のために建てるのではない。また我々はそれを、罪を恒常的に呈示し続けるものとして建てるのでもない。我々は、安易で、結局のところ不誠実な犠牲者との同一化においてそれを建てるのでもない。記念碑は、その名が示しているところのものにならなければならない。それは犯罪を想起させ、とりわけ犠牲者と犠牲者の苦しみを想起させ、生きている者を戒める碑でなければならない。

我々は、この国全体に広く存在している具体的、歴史的想起の場を、さらに多く持つべきである。ナチスは決してベルリンやニュールンベルクやミュンヘンにだけ存在したのではない。至る所で、恐るべきことが行なわれた。ユダヤ人の子供たちを排斥した学校は至るところにあった。所有者が連れ去られた店が至るところにあった。至るところにナチスの突撃隊は地下尋問室を持っていた。そして至るところに、強制移送のための集合場所があった。そのことにあまり関わったことがない者は、身近でその犯罪が行なわれたことに、すぐに気がつくであろう。

私はしかし、ドイツ人の自己断罪だけを問題にしているのではない。後の世代に疎遠である歴史は、具体的な場所で具体的に想起することによって、実際に現実性を持つものとして把握することが可能になる。彼らは次のことを知るべきである。「全てのことは決してはるか大昔に起こったのではない。それはドイツで、私の町で、すでに車も電話もラジオもあった時代に、そして我々とは全く別様に生きていたのではない人々の間で起こったのである。テロの地勢学は我々の日常生活において見出される」。

学校では、地域を調査し、その痕跡やその場所を具体的に探すことで、ナチスと取り組む機会を持つことができる。学校は特別の機会を持っているが、しかしまた別の問題をもまた併せ持つ。ナチスは、他のものと全く同じように扱い得る授業のテーマではなく、そこでは歴史的事実の伝達だけが問題になっているのではないからである。この歴史に向い合う者は、自分自身を道義的主体として、その問いの中に置かなければならない。彼らは単純に次のように問うに違いない。どうして加害者はそんなことをしたのか。どうして共犯者はそんなことをしたのか。いったいどのようにして大衆は暗示にかけられ、またそそのかされたのか。

さらにまた次のように問うことも、避けられないであろうと私は確信する。私もまたそんなことを一緒にしなかったであろうか。たんなる傍観者になってしまわなかっただろうか。恐ろしい不安からそれに抵抗することができなかったのではないだろうか。

この時代との取り組みはそれ故、必然的に良心の形成や責任の教育を伴う。そしてその時、教師や教育者が適切なバランスを保つことは確かに困難であろう。ナチスは決して最終的に過ぎ去った閉じられた歴史の教材としてのみ扱われてはならない。しかし他方、それを道徳教育のために、平板に安易に更新して、使い回してはならない。そうしたことは、他に例のないこの犯罪を相対化することに帰結するであろう。

学習の目標は、我々がそう名づけることがそもそもできるのであれば、第三帝国で起こったことについての可能な限り正確な知識の習得に留まるのではなく、共感の習得のようなものである。さらには極端な単純化に対して不信を抱くことを学ぶことである。犯罪についての知識と苦しみの想起は、非常に異なる二つの事柄である。しかしそこから生まれた教訓が実際に頭と心に宿るためには、その両方を我々は必要としている。これは非常に大きな要求を伴う目標ではあるが、しかし我々は決してそれ以下で満足してはならない。

もちろん学校の授業には特別な困難がある。原理的にはどの授業内容でも、例えばそれが生徒に伝達されるのが好まれない学校であるために、生徒の反感にぶつかり得るが、この場合その拒絶は特別に致命的な遮断と拒否的な態度へと導き得る。重要な事柄であるが故に、決してテーマを軽くすることなく、非常に注意深く、私は敢えて意識的に言うが、よく考えて通り過ぎていかなければならない。そして特に学校はまさに今、社会から孤立してはならない。なぜならば、後の世代だけが問題であるのではないからである。我々は、学習内容や教育方法を、できるだけ正確に、何より方向性を持って、広く公に議論すべきである。

我々の国において若者が今、中心的テーマであることは誰の目にも明らかであり、そのことに我々は対応していかなければならない。そしてここに、今まではそれほど明らかではなかった考えるべき問題がある。それは今日生きているドイツ人の大多数は、アウシュヴィッツに対して罪責はないということである。その大多数に、ホロコーストやアウシュヴィッツのようなことを二度と繰り返させないということについては、もちろん、特別な責任がある。しかし今日のドイツ人の大部分は、選別や追放や民族虐殺に罪はない。そして意見を言わない人々の間で、この種の犯罪が二度と行なわれてはならないということが特別の責任をもって感じられている。我々の遺産を責任と言うのは妥当である。しかし後の世代に関して言えば、戦争が終った時、十一歳であった私もそれに含めるが、明確ではないその責任は過去にではなく、未来に結びついているのである。

そのために一つの例を挙げる。それは、ナチスに関する間違った、そして無害化の危険に至る次のような評価である。我々は、今日単純に次のように信じがちである。それは、一九三三年のナチスの始まりに、誰もがそれら全てのことがどういう結果をもたらすかをすでに知っていた、そして現代ならばそれについて話すことができる、というものである。このことが同時に示唆しているのは、知的にも道義的にも我々は今日、無知から守られているということである。しかしこれは事実ではない。それは一方では歴史のごまかしであり、他方では非現実的幻想である。

我々がその始まりを防ぎたいのであれば、不断に目覚めていなければならない。それはとりわけ反ユダヤ主義について言うことができる。今ドイツにおいて、それは、他の国よりも大きいとは言えないかもしれない。しかしユダヤ人の墓がなお冒瀆されているならば、我々は他の国の人々以上に、そのことに対して憤り、抗わなければならない。我々のところで反ユダヤ主義はいかなる場所も持たない。我々はまた言葉にも注意を払わなければならない。反ユダヤ主義的言い回しやジョークを我々は口にしてはならない。いくつかの言葉や表現は非常に汚されているので、それをこだわりなく用いることは二度とできない。

出自や信条やあるいは他のどんな理由であろうとも、他者の排斥や差別に注意を向けなければならない。私はこの場ではっきりと付け加えたい。当然の権利を持つ弁償や補償の要求に対しては、それに当然対応しなければならない。それは「道具化」やいわゆる「永遠の清算」とは何の関係もなく、ただひたすら正当なことであり、正義である。

ただ一つのことは明らかである。アウシュヴィッツは人間についての我々のイメージを闇にした。かつて歴史的現実であったものは、人間の恐ろしい可能性に永遠に帰属するのであり、どのような形であれそれが再び起こる可能性は決して排除され得ない。

イヴォ・アンドリッチ［旧ユーゴスラビアのノーベル文学賞作家］は『ドリナの橋』と題する小説の中で全く別の関連で、次のように書いている。「人間は迫害するものとされる者に分けられる。よい礼節や法律の堤防が取り去られない限り、人間の中に住み、決して現われてはならない飢えた虎が解放された。今や堤防が決壊した。人間の歴史においてしばしば暴力と強奪があった。そして殺人もその黙認という殺人の許可も。より高い利益という名のもとで、決められたスローガンの下で、あるいは特定の名前の限られた数の人々に対して、またある特定の信条が実践されるために。当時、純粋な魂と開かれた目を持って生きていた者は、社会全体が、ある日どのように変貌したのかを見ることができた」。

この文章は一九一四年に書かれたものである。これを今日読む者は、「よい礼節と法律の堤防」は至るところで、またどの時代にも、それが常に新しく培われているならば保持され得ることを認識する。寛容と自由。この五十年間、ドイツは、最初には敢えて夢見ることさえもしなかったものの多くを持つ社会となった。我々は世界の中で最高のものを持っているわけではない。しかし我々は寛容と自由、民主主義と法治国家、そして個人の発展の可能性、社会的安全、出版と表現の自由の基盤に到達した。この我々の共同体の観点から捉えられる個人は、ナチスが告知したもののアンチ・テーゼである。

ドイツはそのようにあり、世界でそのように知られ、尊重されている。私は今まで訪問した国々で、今日のドイツを、正義を守り、諸権利の強固さや自由の価値、弱者を保護する国として認識すると、聞かされてきた。それはたんなる政治的常套句ではない。ドイツはそのようにあり続けるべきである。我々はこの問題において、もちろん眼差しを前方に向けなければならない。しかしそれは決して過去を消滅させてもよいという理由にはならない。犠牲者は我々に対して過去を消滅させる権利ではなく、人間の未来に対する責任を我々に与えたのである。

（『フランクフルト・ルンドシャウ』）

5・2 さまざまな動き

二回目のコンペの後、主催者は、四作品の中から最終決定を下すことができず、コンペを終了させられないまま事態は膠着し、一九九八年九月の総選挙以降にコンペの最終決定は持ち越された。

そのような状況の中で、記念碑建設を根本的に見直す声と共に、新たな提案やまた今まで出されてきたさまざまな代案の再評価の声が次第に高まっていった。それらの代案の多くに共通しているのは、無意味で孤立した広大な建設予定地を放棄し、人目につく象徴的に意味のある場所に、象徴的に意味のあるものを建てるということであった。中でも連邦議会堂（旧帝国議会）前の広場（資料20、一五六頁以下はその論拠に詳しい）や、ウンター・デン・リンデンのノイエ・ヴァッへの前【資料31】など、今までもしばしば言及されてきた所が記念碑建設場所として議論の焦点となった。またベルリン・ユダヤ教会ラビ、アンドレアス・ナハマは、キリスト教、ユダヤ教の合同の神学大学を記念碑として設立することを、[★29] またジェルジ・コンラートは現在の建設場所をユダヤ公園にすることを提案した【資料41】。記念碑の建設費で、人道的援助を目的にする財団を設立する、あるいはリーベスキント設計の、すでに完成し高く評価されたベルリンのユダヤ博物館を記念碑にするというユリウス・シェップス[★30]（ユダヤ博物館を記念碑とする可能性については資料45、46で言及されている）からの提案も、多くの支持を得た。

（1）Frank Schirrmacher (Hg.), Die Walser-Bubis-Debatte. Eine Dokumentation, Frankfurt a. M. 1999. 以下、WBDと省略する。
（2）Martin Walser, „Erfahrungen beim Verfassen einer Sonntagsrede am 11.10.1998“, in: WS, S. 7.
（3）Dpa, „Geistige Brandstiftung. Bubis wendet sich gegen Walser“, in: FAZ vom 13.10.1998, in: WBD, S. 34.
（4）Walser, „Erfahrungen beim Verfassen einer Sonntagsrede“, in: WBD, S. 11.
（5）Ibid., S. 11 f.
（6）Ibid., S. 13.
（7）Ibid.
（8）Ibid., S. 13.
（9）Ibid., S. 14.
（10）Ignatz Bubis, „Rede des Präsidenten des Zentralrates der Juden in Deutschland am 9. November 1998 in der Synagoge Rykerstraße in Berlin“, in: WBD, S. 106–113.
（11）Ibid., S. 111.
（12）Ibid., S. 112.
（13）Ibid.
（14）Roman Herzog, „Rede des Bundespräsidenten bei der Gedenkveranstaltung aus Anlaß des 60. Jahrestages der Synagogenzerstörung am 9./10. November 1938 („Reichskristallnacht“)“, in: WBD, S.113–118, hier S. 114.
（15）Ignatz Bubis/Salomon Korn/Frank Schirrmacher/Martin Walser, „Wir brauchen eine neue Sprache für die Erinnerung. Ein Gespräch“, in: FAZ vom 14.12.1998, in: WBD, S. 438–465.
（16）Ibid., S. 442
（17）Ibid.
（18）Vgl. Inge Günther, „Ein Grab in Israel“, in: BZ vom 16.8.1999.
（19）Vgl. Lars Rensmann, „Enthauptung der Medusa. Zur Diskurshistorischen Rekonstruktion der Walser-Debette im Licht politischer Psychologie“, in: Micha Brumlik/Majo Funke/Lars Rensmann, Umkämpftes Vergessen. Walser-Debatte, Holocaust-Mahnmal und neuere deutsche Geschichtspolitik, 2. Auflage, Berlin 2004, S. 65–68

(20) Vgl. Gerhard Schröder, Interview, in: Zeit vom 4.2.1999 in: WBD, S. 617–625, hier S. 620.

(21) Zitat nach Eva Krafczyk, „Ein Ort, der die Soldaten Toleranz lehren soll“, in: FR vom 15.2.1999.

(22) Klaus von Dohnanyi, „Eine Friedensrede. Martin Walsers notwendige Klage“, in: FAZ vom 14.11.1998, in: WBD, S. 146.

(23) Vgl. Bubis, „Ignatz Bubis antwortet Klaus von Dohnanyi. Ich bleibe dabei“, in: FAZ vom 16.11.1998, in: WBD, S. 158.

(24) Vgl. Dohnanyi, „Eine Friedensrede. Martin Walsers notwendige Klage“, in: FAZ vom 14.11.1998, in: WBD, S. 147.

(25) Ibid., S. 148.

(26) Ignatz Bubis, „Ignatz Bubis antwortet Klaus von Dohnanyi. Ich bleibe dabei“, in: FAZ vom 16.11.1998, in: WBD, S. 158.

(27) Vgl. Dohnanyi, „Klaus von Dohnanyi antwortet Ignatz Bubis. Wir sind Alle verletzbar“, in: FAZ vom 17.11.1998, in: WBD, S. 164.

(28) Vgl. Dohnanyi, in: FAZ vom 14.11.1998, in: WBD, S. 147 f.

(29) Jorg Lau, „Halbgare Vorschläge“, in: Zeit vom 29.10.1998, in: DS, S. 1150.

(30) Julius H. Schoeps (Interview), „der Libeskindbau als Holocaust-Mahnmal“, in: BZ vom 12.6.1997, in: DS, S. 765–767.

6 連邦議会の議決に向かって

6・1 記念碑と資料館の併合の提案

総選挙が終わり、一九九八年の秋、十六年続いたコールの保守連立政権（キリスト教民主党と自民党）は敗れ、ゲルハルト・シュレーダーを首相とする社民党と緑と九〇年連合（以下緑の党と略す）の中道左派政権が誕生した。政府の連立協定書には記念碑建設が明記され、シュレーダーの就任演説では、記念碑問題の早期決着が約束された。

アイゼンマンの企画にそれまで明確な批判を表明していたミヒャエル・ナウマン（社民党）は、新しい連邦政府の大臣就任が決まってから、シュレーダーの意向を受け、積極的にそれを支持する方向へと突然、立場を転換した。

一九九八年十二月十四日、ナウマンがアイゼンマンと共に記念碑と資料館（図書館・研究所・展示館）を併合した新たな計画を進めていることを『シュピーゲル』誌が報道し、翌年一月、ナウマンはその具体的構想を初めて公にした。

【資料17】(*1999,1,19*)

ミヒャエル・ナウマン
ベルリンの「想起の家」とホロコースト記念碑

＊ミヒャエル・ナウマン（一九四一年～）ジャーナリスト、一九九九～二〇〇一年までシュレーダー政権の文化大臣（社民党）を務める。

一、記念碑問題の経緯の概略

ドイツでは、市民運動グループの主唱によって「虐殺されたヨーロッパのユダヤ人のための記念碑」についてすでに十年以上にわたって議論が続けられてきた。一九九二年、ベルリンと連邦は記念碑の設立への参与を承認した。その二年後、記念碑コンペの公募が行なわれ、一九九五年、一位の作品が二点決定され、コンペは終了した。ドイツ連邦議会では一九九六年五月、記念碑問題が議題として論じられた。一九九七年の一月から四月にかけて三回のコロキウムが開かれた。その結果、建築家と芸術の専門家による審査委員会が招聘され、新たに行なわれる「狭められた選考過程［第二回コンペ］」の招待作家がその委員会によって提案された。多くの専門的審議を経て、四点の作品（アイゼンマンとセラ、ゲルツ、リーベスキント、ヴァインミュラー）が、記念碑として実現される企画の最終選考に残った。当時の首相コールが推したピーター・アイゼンマンの作品だけは、さらに改良が許された。ドイツ連邦議会は、第十三会期中に結局、その最終決定を下すことはできなかった。

「虐殺されたヨーロッパのユダヤ人のための記念碑」の意味と芸術的可能性についての議論は、作品決定への過程において常に集中的に続けられ、この問題の複雑な全体がそこに映し出された。

二、新しい構想

その計画の実現についての最終決定は、ドイツ連邦議会の権限において下される。もし今日の議会が二度のコンペの選考結果に対して代替案を提出するならば、それもまた決定を補助するものとして理解することができるであろう。連邦政府は、当然のことであるが、議会の決定を尊重し、ベルリンと調整を図りつつ、それをただちに実現させていく。

私はこれらのことを前提にした上で、次のことを提案する。それは、ベルリンの中心にある記念碑建設予定地に、記念碑と共にそれと建築的に密接に結合するホロコースト犠牲者の「想起の家」を設立するということである。私の依頼に基づいて、ピーター・アイゼンマンは最初の企画を改良した（資料参照［省略］）。

この新しい構想は記念碑というものが、象徴として、社会的に広く認められているという確信に基づいている。ヨーロッパのユダヤ人虐殺の想起を表わす美学的、彫刻的にあるいは建築的に説得力のある造形については今まで合意に達することはできず、それが可能ではないということも明らかになっている。「想起の家」が記念碑と共に建てられることによって、記念碑がホロコーストの歴史の「幕引き」として理解される危険性を防ぐことができる。

「石碑のフィールド」で犠牲者の運命は想起され、また追悼される。そして加害者と、したがってまた歴史における社会的責任の問題は「想起の家」の中心的課題である。

2・1 想起の家

その施設全体はユダヤ博物館によって後援される。それによって図書館と「想起の家」の整備が体系的に行なわれる。「想起の家」は、その施設の特別な課題にふさわしい構造を持つ。ピーター・アイゼンマンの設計では、その使用面積は展示室と図書館と研究施設を含めて約一万三〇〇〇平方メートルである。

ベルリンの「想起の家」は、ユダヤ博物館と財団法人「テロの地勢学」、「ヴァンゼー会議の家」などの他の研究施設と密接な協力関係を保つことによって、その課題を遂行することが可能となる。各強制収容所記念館館長にも協力が要請される。ユダヤ博物館によって招聘される専門委員会が、「想起の家」の展示物や図書館や視聴覚設備の整備について決定に向けての準備を進める。

「想起の家」ではドイツにおける反ユダヤ主義とヨーロッパにおける民族虐殺の歴史に関する記録が常設展示され、特別展のための場所もまた備えられている。多くの要求を満たすことが可能な博物館教育を完成するために、エルサレムのヤド・ヴァシェムとワシントンのホロコースト博物館が支援を承諾した。

また図書館はドイツの出版社によって整えられ、このテーマについての出版物は、それに関心を持つ一般の人々や専門家が自由に利用できるように開放される。
「想起の家」における研究部門では、ニューヨークのレオ・ベック研究所［一九五五年、ハナ・アレント、マルティン・ブーバー、ゲルショム・ショーレムらによってエルサレムに設立されたドイツ語圏ユダヤ人の歴史や文化についての資料、研究センター］が資料と研究の一部をそこに移転することをすでに伝えてきた。それらが、ドイツ支部としてここに戻ってくるということは、非常に深い象徴的価値がある。
また、民族虐殺とそれを未然に防ぐ可能性を追究するため「ジェノサイド・ウォッチ研究所」を設立し、研究領域をさらに拡大する。

2・2 記念碑

記念碑はアイゼンマンとセラのすでによく知られている企画、コンクリート製の「石碑のフィールド」であるが、それは博物館の建物の南側に建設される。個人的な、また静かな想起のため、石碑は一本ずつ異なる高さを持つ。柱の数はまだ確定されていないが、当初の計画よりは、はるかに少なくなるであろう。

3・1 ベルリンの参与

ベルリンはこの博物館の運営と財政について至急、詳細を決定しなければならない。建設はベルリン建設省の管轄にある。

3・2 財政

「想起の家」の財政については連邦とベルリンとの間で合意が形成されなければならない。今後具体化させていく必要があるが、最初の見積もりとして、「想起の家」と「石碑のフィールド」併わせて、建築費が一億八〇〇〇万マルク、年間の運営費は約一八〇〇万マルクと算出されている。

一九九九年一月十九日　ボン

ナウマンの提起したこの記念碑と資料館の併合案はただちに大きな反響を引き起こした。コンペがまだ終了していない時点で、記念碑について全く別のコンセプトを最終選考に残っている作者と共に提示するということは、コンペの枠組みやそれまでの経緯を全く無視するものであるという批判が集中した。

6・2 記念碑と資料館の併合案に対する批判

主催者からの求めに応じて企画の修正を繰り返したアイゼンマンは、その時点で先に述べたように、その企画を原案からかなり縮小させていた。そしてこれ以上の妥協をしないと公言していたアイゼンマンが、今までの議論と全くかけ離れたナウマンの唐突な提案を受け入れたことによって、事態は全く予期せぬ展開をたどることになる。ナウマンとアイゼンマン共同の新たな企画の提案は、コンペの最終決定やコンペ終了の問題に影響を与えただけではなく、論争の流れを全く変え、記念碑と資料館の併合案が議論の新たな中心となった。

この提案に対して美学の立場からは、芸術を解説で補完しようとする芸術を根本から否定する試みとして、またナチスをテーマとするドイツの記念館の代表者や歴史学者からは、犯罪の現場にすでに数多くある記念館の活動をないがしろにするものとして激しい批判がなされた。

【資料18】 *(1998,12,18)*

ジェームス・ヤング

他のいかなる国民も試みたことのないこと

——ホロコースト記念碑はミヒャエル・ナウマンの機知にとんだ提案に躓いてはならない。

＊ジェームス・ヤング（略歴は資料10参照）。

第二回コンペの審査委員長として、コンペの審査結果とそれまでの経緯を全く無視したナウマンの提案を政治的介入として激しく批判する。そして第二回コンペの最終選考に残った四作品から、最終決定を下すべきことを訴える。

「虐殺されたヨーロッパのユダヤ人のための記念碑」の審査委員会で、我々が選んだ企画の作者である建築家ピーター・アイゼンマンは、明日ベルリンで文化大臣ミヒャエル・ナウマンと会うことになっている。恐らくナウマンはアイゼンマンに対して、記念碑の建設予定地で記念碑を教育・歴史研究施設と併合させるというアイデアを、「石碑のフィールド」の代わりに提案し、アイゼンマンを説得したいのであろう。緊張を台無しにすることになるならば申し訳ないと思うが、ピーター・アイゼンマンは、建設的対話の準備があるとは告げたであろうが、そんな懇願を受け入ることは決してしない。そんなことがどうしてできるであろうか。アイゼンマンは、連邦議会とベルリン市政府、そして「記念碑建設を支援する会」が合意した手続に基づいて進められた公のコンペに、それを正しいと認めて自分の作品を提出したのである。アイゼンマンは言っている。「私はそのような願いをもちろん拒絶しなければならない。公式にまだ継続しているコンペを回避して、どうして私一人だけそんなことができようか」。

その問いを問うことがなかったのは、ナウマン一人だけであろう。そしてナウマンはその代わりに、アイゼンマンの卓越した企画が（ゲジーネ・ヴァインミュラー、ダニエル・リーベスキント、そしてヨヘン・ゲルツの優れた企画と並んで）選出されるに至る非常に慎重に進められたそれまでの経緯全体を無視し、それよりさらに長く続けられてきた記念碑をめぐる啓発的議論そのものを否定する。先月表明されたナウマンの奇妙な提案は、今まで解決を求めてきた複雑な問題を再びベールに覆い隠すだけである。マルティン・ヴァルザーやルードルフ・アウグシュタイン【資料13】などの刺激的な言葉が溢れ始めてきた公共の議論に、ナウマンは突破口を見出したのかもしれない。あるいは、そのような記念碑がなぜ今まで以上に必要とされているのかということを表わしたナウマンに、我々は感謝すべきなのであろうか。

ミヒャエル・ナウマンただ一人だけが、このプロジェクトの今までの経緯を何一つ知らないように見える。このことを次の事実が示している。ナウマンの発表の後、信じられないほど多くの人々が、私に電話をかけてきて、コンペの手続きがすでに終了し、新しく何かを始めるという決定の公式発表を自分が聞き逃したのかどうかを尋ねた。私はもちろんそれを否定した。記念碑は、連邦議会の新しく選出された議員によって投票で決定される。

内務大臣オットー・シリーも新しい文化・メディア連邦議会特別委員会の責任者、エルケ・レオハルトもこのプロジェクトの歴史について知っており、現在連邦議会の案件の一つとしてそれを認知し、連邦議会で十分な議論が尽くされることを期待している。国民の代表者が、もし望むならば、今進行中の手続をそのまま進めるのか、それともアイゼンマンの企画と共に他の三人の企画についても、それぞれの長所や短所についてもう一度論じるのか、そうした手続を終わらせることも、また最初から始めることも投票によって決定することが可能である。政府にも、また野党も後者を選ぼうとする者は恐らく僅かにすぎないと思われるが、しかしそれは議会が選択することである。

これが物事の通常の進め方である。私を最も唖然とさせるのは、ナウマンがそれまでの経緯をまるで忘却しているかのようであり、またそれに対して公然とした無関心を示していることである。ナウマンの提案は、我々に毎月、求められることなく送られてきた無数の提案と同様に、真面目なものではある。しかしナウマンの思い上がりは度し難いといわざるを得ない。いったい、どうして一人の人間が、十二年間もの間続いてきた水準の高い議論を勝手に終わらせ、しかも他を全く圧倒するものではない自分の考えがそれに置き換えられるなどと信じることができるのか。このようなナウマンの宣言の恣意性は権威主義的でもある。

しかし記念碑についてのナウマンの構想がどれほど問題のあるものであろうとも、ここでの主要な問題はそのことではない。ナウマンは単純に別の記念碑を提案したのではなく、全く別のことを提案したのである。不幸にもナウマンは、自らを裁判官と審査委員会、そして作者に任命するという方法をとった。その方法では、それまでの啓発的論争は思い起こされることはなく、二回のコンペで企画を出した何百人もの人々が費やした何千時間への評価もなく、さらにはナウマンの発表したような提案についても、すでに詳細に論じられてきたことも全く意に介されてはいない。

記念碑か教育的学習の場所かという問題は、すでに詳細に論じられた。ユルゲン・ハーバーマスは、明確に次のように言っている。「その記念碑は、ホロコーストの想起がドイツの倫理的政治的自己理解の構成要素であることを示す徴《しるし》になるであろう」。

その想起がゼロサムゲームはないということを主催者は知っているが故に、新しいベルリンが、想起にも、また教育的記念館にも場所を持つことを決定した。ベルリンとその近郊には、ヴァンゼー会議の別荘や「テロの地勢学」、またリンデン通りのユダヤ博物館がある。ユダヤ博物館にはスピルバーグのビデオ資料や深い観点から選出されたブーヘンヴァルト収容所の展示物も収められている。ベルリンにはその他にも、ホロコーストについての卓越した博物館や展示施設がある。

問題は記念碑か博物館かの二者択一ということではなく、今まで存在している教育的記念館に附随して想起のための場所が必要であるかどうか、そしてそれが歴史を振り返る国家的式典のために捧げられるべきかどうかということである。そしてコンペの主催者は、さまざまな記念館が存在する状況において、過去について反省を公に促し、同時にその過去の特殊性について学ぶため、全ドイツに存在する博物館を訪ねることへ動機づける中心的な場を造るという結論に達した。

一つの中央ホロコースト記念館の構想に対して初期の頃、反対論者は（私もまたその一人であったが）、そのような記念碑が、教育的目的を持つ他の施設を圧迫するということを恐れた。我々はまたそのような記念碑がたんなる象徴的ポーズとして、歴史や想起に対する意識を神秘的に遮断するという可能性を憂慮した。しかし我々はこの問題を、記念碑の選考方法を構成する一つの要素にした。そして記念碑の有効性に対する懐疑が、記念碑そのものの構想の中で、記念碑の存在理由を構成する部分となり得ることを発見したのである。

主催者側はこの記念碑が教育の代用ではなく、教育へのインスピレーションであると考えている。またこの記念碑は、ユダヤ人以外の犠牲者のためにあるのではない。しかしそれは他の犠牲者グループに、記念碑の今後の建設を促すものである。この記念碑はドイツの解決不可能な記念碑問題に答えを与えるのではなく、むしろそのディレンマ自体を表現する。

そのことが記念碑の形や場所の問題において実際に表現され得るか、そのことを我々は公に、また新しい世代に属する最も優れた建築家や芸術家に問いかけ、答を求めた。ナウマン氏が信じようが信じまいが、記念碑はこの問いを現実化し得るし、アイゼンマンやヴァインミュラー、リーベスキントやゲルツの企画は、そのプロセスがすでに始まったことを示している。

確かにどんな記念碑も政治的打算を含むものであろう。しかしドイツにおけるホロコーストの想起を選挙テーマにしたことで、ナウマンはドイツ社会民主党の想起と和解という伝統に反している。いったい、ナウマンの政治的利益は何であるのか。ナウマンの時代は新しい記念碑の計画の実行を延期することが必要なのか。ドイツのいかなる場所であれ、歴史を具現化することのできない記念碑に内在するその不可能性の故か、それともたんに新しいホロコースト記念碑に対するモラトリアムにすぎないのか。社会民主党は、ヴィリー・ブラントやリヒャルト・ヴァイツゼッカー［キリスト教民主同盟］の和解を実際に求める姿勢からそんなにも遠くに隔たってしまったのか。

もしナウマンが、ユダヤ人に対するナチスの犯罪を想起するという課題を記念碑によっては遂行することができないという選挙用の立場に留まり、その立場をさらに強固なものにしていたのであれば、むしろそこから実りある議論が発展し得たであろう。しかしナウマンは選挙が終わるや否や、記念碑についてただちに以前とは全く矛盾する構想を、あたかも公共の趣味に合致する改訂を待っていたかのように発表した。それは新しい政府の国立記念碑論争を封じ込めるスタイルなのか。

悪霊との取り組み

否、そうではない。連邦首相シュレーダーは、記念碑について、連邦議会で議論し票決をとることに、今一度賛成することで、そのやりかたを賢明にも維持した。またドイツ国民は、記念碑論争を引き起こしたあの不可能な問題を、十二年間にもわたって、詳細に論じることによって信じ難い勇気を証明した。

自分たちの犯罪を想起するという確固たる基盤において再統一を果たし、首都の地理的中心点で犯罪の想起を前面に押し出すことは、他のいかなる国民によっても今まで試みられたことはなかった。そのためにこのプロセスが、そうした困難の重荷を負うことになったことは、決して驚くべきことではない。いったい、日本のどこに南京虐殺（Rape of Nanking）の記念碑があるのか。いったい、アメリカのどこに奴隷や先住民族虐殺の記念碑があるのか。我々は、二年前、ワシントンのスミソニアン協会でのフォーラムで、我々アメリカ人が第二次大戦での日本への原子爆弾投下をどのように想起するべきかという問題について全く議論していないことを、羞恥の中で確認しなければならなかった。

ドイツ人にとって、それを信じることがどれほど困難であろうとも、ホロコーストについての想起の将来に関してベルリンで広く公に行なわれた議論は、他の国の人々に対して、どのようにして自分たちの記念碑に祟る悪霊と闘い得るのかということについて優れた例を示した。ナウマンはドイツではどのようにホロコーストを想起すべきであるのかをアイゼンマンに説明する代わりに、どのようにしてその企画を制作するに至ったのかをアイゼンマンから聞いてはどうか。その後に、他の作者たちからも同じように、ナウマンはその作品の成立について話してもらうことができるであろう。それから意識の中での長い発展過程を経て、連邦議会の誰もがこの議論自体の想起を、ベルリンの「虐殺されたヨーロッパのユダヤ人のための記念碑」によって想起されるものの一部となしうるであろう。

（アンゲラ・ホイザーによる英語からのドイツ語訳）
［翻訳にあたっては筆者から送られた英語原稿を参照した。］
（『ベルリン新聞』）

【資料19】（1998,12,16）

ユルゲン・ハーバーマス
ピーター・アイゼンマンへの手紙

＊ユルゲン・ハーバーマス（一九二九年〜）　フランクフルト学派を代表する哲学者。この論争の中で、アイゼンマンの「石碑のフィールド」を積極的に支持した。そしてアイゼンマンに私信を送り、ナウマンの提案を拒否することを促した。

拝啓
ペーター・アイゼンマン様

あなたが私について少しでも知っておられるとよいのですが、私はフランクフルト学派の伝統に属する哲学者の一人であり、また歴史家論争に関わっておりました。私についてさらに多くの情報が必要でしたら、どうぞ私の友人ハンス・ウルリッヒ・グンブレヒト［スタンフォード大学比較文学教授］にお尋ね下さい。

私は十二月十九日に、あなたとミヒャエル・ナウマン氏がベルリンで会合を持たれたということに関連して、この手紙を書いています。私は、その時あなたに提案されたと思われる代替案を、あなたが受け入れることのないよう願っています。

歴史教育のためのいくつかの種類の研究施設に

よって、記念碑の負担を分担するというのがナウマン氏の提案ですが、それに対する私の単純な反論を、あなたはいずれにせよ、よく御存じであろうと思われます。そのような場所は状況が変わるや否や、全く別のものに簡単に変わっていくことでしょう。

ちょうど、私たちは今マルティン・ヴァルザーとイグナッツ・ブービスとの間の論争が精神に及ぼす衝撃的で破壊的な結果を憂慮しています。ドイツ系ドイツ人とユダヤ系ドイツ人市民の間での危険な対立が初めて表われたのです。私はドイツで多くの友人や知識人と共に、今まで以上に、あなたがセラ氏と共に企画したあの記念碑のような特定のものを必要としていることを深く確信しています。その記念碑はホロコーストの想起がドイツ連邦共和国の市民の倫理政治的自己理解を構成する要素として留まり続けることを示す徴となるでしょう。

私は『ツァイト』誌で、もう一度この歴史的決定の根拠について、ボンの連邦議会がこの問題を国民の注視の下で論じる一週間前に説明するつもりです。私は、連邦議会の多数派が最終的にあなたの企画に賛成票を投じると予想しています。しかしながらその文脈において、この作品の作者が最後まで全く躊躇を見せないということが決定的に重要です。

恐らくあなたには不必要な激励でお煩わせしたことをお赦し下さい。いずれにせよ、私はあなたのインスピレーションと断固とした社会参与に感謝を表したいと思います。

敬具

ユルゲン・ハーバーマス

一九九八年十二月十六日　シュターンベルク

【資料20】(1998,12,27)

ハノ・レヴィー

「虐殺されたヨーロッパのユダヤ人のための記念碑」についてのテーゼ

＊ハノ・レヴィー（一九六一年〜）　フランクフルトのフリッツ・バウアー研究所（ホロコーストの歴史と影響に関する研究・資料センター）所長（一九九五〜二〇〇〇年）。ホーエネムスのユダヤ博物館館長（二〇〇四

年〜）。

歴史的現場にある記念碑の重要性を訴え、記念碑と博物館の併合案に反対する。また記念碑の建設場所として連邦議会堂の前の広場を提案する。

一、十年以上にわたって論じられてきたプロジェクトの中心にあるのは、一つの記念碑、すなわち公共の空間における象徴的徴《しるし》の実現なのであろうか。

二、想起の営みを担う他の形式（記念館、展示、研究施設、教育センターなど）は議論の余地なく必要であり、ベルリンの記念碑コンペの結果いかんにかかわらず、それらは強化され、連邦全体で支援されるべきである。その活動の形式は必然的に非中心的なものである。それらは歴史的な場所に存在し、その一方で我々の社会における日常的営みによって方向づけられている。

恒常的に存在するものとして設置される象徴形式（記念碑）と、いわゆる論争や展示など多様な取り組みの形式とを直接的に結合することは、それが解決するものよりも、それが生み出す問題の方が大きい。一つの場所に造られるそのような「スーパー記念碑」の企画は、実践においても、また正当とみなされる多角的な利害という観点からも、必要な決断に対して他方面からの妨害を招くことになるだけであろう。

三、私はそれ故に、記念碑と記念館についての議論を可能な限り分離することを提案する。

四、問題の中心は、一つの場所にある象徴の形式によって、社会が全体として明確な態度を表明する批判的想起の徴である。ユダヤ人とユダヤ人の文化を抹殺する試みにその頂点を極めたナチスの犯罪に対して、ドイツ社会が全体として形式的責任と道義的責任を意識的に継承するということを表わす一つの徴がこの問題の核心なのである。この一つの国立記念碑は、この責任の意識的継承に、遠くからでもはっきりと見える表現を与え、社会における歴史との多様な取り組みの形式の意味を公に認知することによって、そうした多様な形式に対して生産的刺激を徹底的に与え得るであろう。

五、記念碑プロジェクトは、市民運動グループの枠組で始まって以来、独特の変遷をたどってきた。このプロジェクトは国家的支持を伴いながら、その構造からは市民運動の性格に添いながらも、他方では質的にも量的にも、その座標軸は「国立記念碑」の性格を帯びた。（他の重要な国の記念碑と比べてその記念碑を強調する）コンペでの建設予定地の広大さやベルリンの歴史的現場の地勢学においても、それは最も優先的な地位を獲得した。(その場所は「ヒトラー総統の場所」としてコンペの公募では多くの観点から神秘的に強調され、そのプロジェクトには国家的意味のみならず、「ベルリン共和国」のアイデンティティーの象徴という役割まで与えられた)。

六、しかしそのことによって、そのプロジェクトは目標からの逸脱へと脅かされた。そしてそれのみならず、全く別の論争に踏み込んでいくことを強いられた。批判的歴史意識から国家の肯定的アイデンティティーを創出し、社会の全成員を一つの象徴形式に結合するという試みは、不可避的に矛盾に陥り、また社会の多くの部分を排除した。最後の何年間かの議論において、ヴァルザーの演説をめぐる論争は言うまでもないが、これ以上の説明はもはや不必要であるということがはっきりと示された。

国家のアイデンティティー(「加害者という共同の出自」としてクラウス・V・ドーナーニがそれを文字通り表わした)を基礎づけるというそのような試みは、歴史と出自が異なる全ての者を、この社会から排除することになるであろう。社会的共同性は、一つの結合点よりも遥かに広いものを表わし得るし、またそうあるべきであると我々は理解する。何よりも、「意味付与」として、よりにもよってアウシュヴィッツに結合される国家アイデンティティーは、結局のところ倫理的同質性というナチスの夢を満たすものであろう。それはたんにユダヤ系ドイツ人を拒むばかりではなく、この社会にいる何百万人もの移民してきた人々を排除することになる。それらの人々の統合は、これから数十年間の中心的課題ではないとしても、それは社会的課題の一つとみなされ得るものである。

七、また他方では、この計画の中心的決定の権限が、ドイツ連邦議会へと委譲されることは、この記念碑を形式的に一つの国立記念碑という地位へと高める。このことは、この記念碑の意味がより強化されたこととして理解し得る契機ではあるが、しかし同時にそれは、このプロジェクトを、「国立記念碑」という傲慢で危険な観念を栄誉において決定する契機でもある。

八、記念碑の建設予定地には、次のような多くの問題があるという点では合意がある。

a その場所が持つとされている歴史的現場としての意味には疑問がある。この場所にはいわゆる「大臣庭園」という以外に何の意味もない。

b 「総統官邸と総統防空壕という基軸によって規定される神秘的な場所」という意味づけは、たんに問題があるというだけではすまされない。

犯罪の責任を「総統」に集中させることは、社会的重荷を軽減するものと解釈され得る。それは辛辣に非難されてきた記念碑の目的とみなされていることに合致する。

c　その場所は、交通量の多い道路と、人を受け入れにくい高度な安全対策が必要とされる外国大使館の近くにあり、都市計画上、救いようのない環境にある。

d　その土地の広大さは、すでに広く知られている諸問題を引き起こす要因となる。それは、場所の「治安上」の問題や、その巨大さから引き起こされる間違った連想などである。

九、それ故、今の建設予定地ではなく、公共的根拠に基づき、かつての帝国議事堂、将来の連邦議会堂の傍らに建設することが妥当である。その理由は次の通りである。

a　起こったことに対する責任を我々の社会が担っていくということを示す徴として、その場所は明らかな象徴的意味を持ち、記念碑の計画に決定を下す主権とその場所との明瞭な結合を表わす。

b　我々の時代との明確な関わりと、今なお脅かされている文明や民主主義、また憲法の意味、そして社会構成員全ての人権の意味について、その場所は明確な表現となり得る。

c　個人や団体で訪れる者、徒歩で来る者、また公共の交通機関の利用者にとってもその場所は都市構造上、優れた環境にあり、行きやすい条件にある。

一〇、今の建設予定地で、政治や諸機関、そして一般市民に至るまで、ドイツ社会の大部分がその犯罪に関与していたことについて精緻な芸術的表現ははたして可能なのか。またその責任と想起の問題について精緻な芸術的表現はあり得るのであろうか。このような場所において、この記念碑の意味を土地の広大さや誤った巨大モニュメントによってではなく［傍点原文斜字体。以下同じ］、それ自身のうちにある非常に集中的、凝縮的な形式において、すなわちこの記念碑の意味から決して取り去ってはならない慎み深さにおいて、生み出すことが可能なのであろうか。否、全く逆である。

一一、どのような形式で実現されるべき芸術企画の決定が下されるとしても、そのためにまず適切な場所を決めるべきであろう。現在の建設場所に問題として指摘されることは、連邦議会堂前では問題にならず、従ってただちに解決することが可能である。

一二、現在の建設予定地の将来については別個に決定されるべきである。ドイツにすでに存在する想起の活動や研究のための機関が、今日もなお恥ずべき程度に貧弱な設備しか持っていない状況にあっては、それと並んでさらに新しい施設を造るべきではない。ベルリンやその近郊だけでも「テロの地勢学」やヴァンゼー会議の記念館や、ザクセンハウゼンの強制収容所記念館、反ユダヤ主義研究センター、ユダヤ博物館という五つの非常に重要な施設がある。そのほとんどが資金不足に苦しんでいる。またそれらの施設は、多数の来館者に充分対応できるほど整備されていない。

一三、もし「国立記念碑」の他に、なお展示のために一つの中心的な場所が計画されるのであれば、次のことを中心にするべきである。すなわちホロコーストとの取り組みのさまざまな形式や問題設定、またホロコーストの歴史や影響に対する観点の多様性を熟考し、それをできるだけ多くの人々に伝達することである。それは、ホロコーストの歴史や現代へその影響に関するさまざまなテーマや観点を紹介する特別な展覧会のために一つの場所を設立することで行なうことができるであろう。しかしまた既存の研究施設の活動によってもそれは可能である。

そのような場所は、多様な記念館や研究、教育施設の支持を意味するものであって、多くの人々が恐れているように僅かな資金を求めるよけいな争いを意味するのではない。

またそのような場所は、歴史意識と想起の議論における変容に対して、そのつど時代に合った公の議論の形式に対応することが可能である。

【資料21】（*1999.1.18*）

シュテファン・ライネケ

使用説明書付きの想起——ホロコースト記念碑は博物館とともに存在すべきである

＊シュテファン・ライネケ（一九五九年〜）ジャーナリスト（『ターゲシュピーゲル』編集部）。ナウマンの記念碑と博物館の併合案に対して、記念碑がなぜ芸術でなければならなかったのかという問題をあらためて提起する。

かに重要であるかもしれない。その記念碑自体よりも確記念碑をめぐる議論は、その記念碑自体よりも確かに重要であるかもしれない。かつて存在したすべての記念碑は、本来考えられていた崇高な意味を満たすことのない世俗の場所となった。社会による、それ自身の過去と自己像についての省察は、すでに記念碑をめぐる論争の中で行なわれている。記念碑はいったん建てられてしまうと、日常的な場所になる。

一九九七年、遅くともコロキウムが終わった後、知識人はすでに十年近く続いていた記念碑論争に、疲労困憊していた。全てのことが語り尽くされた。そして、その問題に関するおよそ考え得る全く適切ではない主張や恣意的見解は、急速に蔓延していった。議論が最も停滞を極めていた時、そのことを顕著に示したのは一九九八年の選挙戦で、ゲルハルト・シュレーダーの言った、「議論は今から始められなければならない」という厚顔無恥で単純な言葉であった。これほどにもレベルの低いことを言ったのは、流れに決して適合しようとしない地方都市ベルリンの古臭さと曖昧な防衛反応とが入り混じったベルリン市長エバーハルト・ディープゲンだけである。ともかく記念碑について決定が下されることは、その限りよいことだと言わなければならない。

ミヒャエル・ナウマンが提案したアイゼンマンの石碑の森に図書館と研究施設からなる博物館を付設するという企画は、一見、最も単純な方法のように思われる。記念碑に対する両極からの批判がそれによって克服されるように見えるという利点がある。アイゼンマンの原案、四一〇〇本の石柱を持つ巨大な記念碑は、犯罪の巨大さをそれと同じ巨大さで美学的に反映させるという、分りやすくまた粗野な試みとして一方では批判された。

他方、抽象的な記念碑に反対する側は、逆に、その記念碑が明瞭で理解しやすいものではなく、あらゆる解釈の可能性を許すものであると批判した。ナウマンは助けを求めた。そして博物館と研究施設がここで批判されている全ての問題を克服すると考えた。

芸術か教育かではなく、芸術と教育である。そしてこの形式が実現される可能性は非常に高い。なぜならば、連邦議会でアイゼンマンの企画か、アイゼンマンとナウマンの共同の企画かについて票決を取るのは奇妙に見えるからである。恐らく記念碑と博物館の併合の企画についてのみ、賛否が問われるのであろう。そしてその記念碑は、歴史的問題について決然とした態度をほとんど取らないというシュレーダー政権に対する評価を、ネオナチの出現という悪評から解放するであろう。一致を求めるドイツ人の伝統的傾向もそれに見事に合致する。

アイゼンマンの計画からは多くのものは残らないであろうと言われている。この記録センターに反対する説得力のある論拠は、博物館、研究施設、展示施設はドイツにはすでに膨大にあるため、それは全くよけいなものであるということである。記録センターの意味するものは、明らかに芸術作品の修正である。たとえそれが「石碑のフィールド」の脇に建てられるとしても、アイゼンマンの作品に対する冷たい不信として見られるであろう。

我々は、ナウマンの妥協的形式に美学的、政治的判断を下すために、もう一度初めに戻らなければならない。そもそも記念碑はなぜ芸術であるべきかという問いである。表現することが不可能であるものを、美学的に表現するという冒険をなぜ、敢えて試みたのか。「ホロコーストという想像を絶するものを表現することが可能な芸術的手段は存在しない」（ザロモン・コーン）という認識に抗って、それをしたのはなぜか。ドイツで二十年間、習熟してきたあの教育的啓蒙や学習、克服の営みで満足してはなぜいけないのか。

根本的な考えはこうである。歴史的な啓蒙が政治意識を形成し、その出来事を想起へと呼び起こすことが可能になる。しかし死者に対する悲しみや犠牲者に対する共感は教育できるものではない。ユダヤ人の虐殺という問題に取り組めば、包括的知識によって解明することは全くできない説明不可能な残余、黒い穴が残る。しかし芸術ならば、洗練された上級者のための授業にもできないことをなし得るであろう。すなわち、芸術は、それを見る者の思いを「目的から自由な想起」（ミヒャ・ブルームリク）で満たしうる場所を造り出すことができる。それは、政治的目標を持たない犠牲者との共感をもたらす想起である。

しかしこの人為的な象徴は、それ独自の不充分さが反省されなければならない。記念碑は開かれた芸術作品でなければならない。なぜならば、ホロコーストの全ての具象的表現、あるいは明瞭な隠喩的表現は具体性を生産するからである。それらは通俗的に作られ、理解可能であることが約束され、そしてホロコーストの核心を外す。「大量虐殺の犠牲者のための悲しみの儀式が存続し続けることのできる唯一の形式は、否定的荘厳さという演出形式の中に閉じこもることである」とミヒャ・ブルームリクは一九九二年に書いている。このことは、ホロコーストを表現しうる象徴はあり得ないという逆説を表現したアイゼンマンの墓のフィールドについての叙述にも読み取ることができるであろう。理論はそこまできている。「荘厳さの否定的演出」によって、感情が満たされる空間を造るというこのコンセプトを疑うことはできるであろう。さらに、いかなる記念碑も、その意図が高貴であればあるほど、そして観念と現実との間の隔たりが大きければ大きいほど、日常的に使用されることで、それが本来あるべきものであることは決してない。アイゼンマンの石碑の森は五十年後に、目的から自由な犠牲者の想起の場であるのか。想起させる墓石さえ持たない犠牲者にとって、それが想起の場であり得るのか。

記念碑というものの作用についてのこの普遍的な懐疑を越えて、アイゼンマンの企画が使用可能であるかどうかを問う実際的な理由がある。それはドイツがホロコーストを芸術的、反省的に象徴化することに、充分成熟しているのかを問う問いである。ドイツ社会では、［一九三〇年代の終わりから］五十年間の沈黙の後、遅ればせながら一つの抽象的反ファシズムはありふれた日常になった。そのようにして超党派的な反ファシズムの合意が成立した。ナチスをある種の事故へと矮小化するあらゆる試みは、今までのところ逆に歴史に対する関心を高めることになった。

ヴァルザーとブービスの論争は一つの断絶を明白に徴づけた。ノルテのテーゼをめぐって行なわれた歴史家論争とは違って、今度はリベラルな市民階級が分裂した。それどころかむしろ多数派はヴァルザーの側についた。ヴァルザーは、ユダヤ人犠牲者の歴史に対して、もはやいかなる場所も持たない新しいドイツの攻撃的自己中心性を表わした。ヴァルザーは「魂の平安」においては「誰にも、ブービスさん、あなたにも口を挟まれたくない」と言った。この言葉の行間にあるものを、決して聞き逃すことはできない。それは、想起はよいし、また美しいが、そこでユダヤ人が絶えず口を差し挟まなければならないのかということである。ヴァルザーはフランクフルター・アルゲマイネが企画したブービスとの対話で驚くべき心なさを暴露した。それはブービスが語った自らの犠牲者としての過去の経験に対して、一言さえも述べなかったことである。その代わりにそこに見られるのは、ドイツの歴史を定義する権力を再び取り戻そうとする鉄の如き意志である。

この対話は一つの検閲であった。それ以来、ドイツ人はユダヤ人について公に、今までとは別様に語ることが許される。リベラルな大衆はそこにスキャンダルを見たのではなく、冷静に賛否を吟味した。

使用説明書を伴うナウマンの想起は、ヴァルザーのその逸脱が受け容れられた後、慰めなき説得力を獲得した。アイゼンマンに対する美学的訂正印としての記録センターは確かに気まずい。しかし残念ながらそれは、想起政治的にのみ意味を持つ。あれから五十年を経て、ドイツにおける冒険的美学的思想は、再び教育的手すりを必要としている。想起のパラドックスを省察するホロコーストへの芸術的接近は、自らの過ちと責任の問いに応答する啓蒙された社会を前提にしている。しかしヴァルザーの攻撃以来、もはや、この克服の文化が実際に共同意識の深みに到達したのか、それともそれはいつかよけいな服のように脱ぎ捨てられてしまうのか、それについて誰も確信が持てなくなっている。

どんな記念碑も、それが想起させるべきものについて、それが建てられた状況より多くのものを証言することがないのは周知の事実である。

ナウマンとアイゼンマンの記念碑は、死者に共感する能力がドイツ人にあるのかどうかという困惑させる問いを決して映し出しはしない。

(『ターゲスシュピーゲル』)

【資料22】(1999,1,25)

ヘンリック・M・ブローダー

馬鹿げたことの最終的勝利——ベルリンのホロコースト記念碑の最も新しい企画

＊ヘンリック・M・ブローダー(一九四六年〜) ユダヤ人評論家、作家。記念碑論争に積極的に関わり、記念碑建設に対して一貫して反対を唱えた。辛辣な批評で知られる。

アメリカにいるドイツの外交官は、ベルリンで建設が計画されている記念碑について最近、あるドイツ人ジャーナリストとの会食で、「記念碑の建設は早ければ早いほど、我々にとってよいことだ」と述べた。そのジャーナリストが、「我々」とはいったい誰を指すのかと問うと、その外交官は答えた。「外務省、つまりアメリカにおける我々の自己表現にとって」。

そのジャーナリストは、最近再び将来を楽観的に考えている。記念碑はボンからベルリンに首都が移る間に、リニア・モーターカー「トランスラピット」

に次いで、頓挫から免れることができる二番目のプロジェクトになるであろう。もしすべてが失敗したとしても、今年中に何か手が打たれるであろう。ドイツ連邦共和国生誕五十周年、そしてベルリンの壁崩壊十周年の今年中に。記念碑によって「［ユダヤ人の］最終的決着」の問題と西ドイツの誕生、そして東ドイツの消滅が歴史的に二重に溶解するのである。

この馬鹿馬鹿しいことの始まりは、連邦文化大臣就任予定のナウマンが「完全な総合」と自賛し、他の観察者は「妥協」と粗雑に扱ったナウマンの提案から始まった。そこではドイツ人の罪の誇りとユダヤ人の犠牲者の誇りが、実際に「完全に総合」されている。犯罪者の集合は、今再びその犯罪の恐るべき悲しみを自慢し、犠牲者の集合は、シンティー・ロマや同性愛者、エホバの証人のように外国でのドイツの評判にとっては全く重要ではないが故に、記念碑など一つも建てられない他のナチスの犠牲者たちを犠牲にして、今度は自分たちの特別扱いを甘受する。

これは「ユダヤ人の最終的的解決」を貫徹しようとした際に、非常に大きな助けになった根気や意志の強さや頑なさといったようなドイツ人の幾つかの二次的美徳が、今でもなお役立つことの証明であろう。いったん始めたプロジェクトは、最後までやり通さなければならない、どのようであろうとも、最後の最後まで貫徹すること。

レア・ロースが一九八八年に市民運動を設立し、「虐殺されたヨーロッパのユダヤ人の記念碑」を建てようとした時、そんなことは恐らく全く考えてはいなかったであろう。

「ビットブルク」と歴史家論争の後、そして壁崩壊直前の田園風景のボン最後の年に、ホロコーストはドイツ史における一つの事故として、片付けられようとしていた。

記念碑建設運動が「不可能な指令」であることは遅くとも、一九九五年の四月、第一回記念碑コンペの結果が旧東ドイツの国家評議会の建物で発表された時には、すでに明らかであった。全部で五二八の提出作品は、痛々しく、また破綻し、屈辱的なものの数々であった。コンペは一般参加大歓迎の良心の呵責大会、大仰な茫然自失ショーであった。ある芸術家は巨大な輪をつくり収容所を象徴する一六のワゴンをゴンドラにしてとりつけた。またある者は湖に浮かぶ直系一二〇メートルのダビデの星をつくり、その上には壊れた心臓を小さな冠として下には「喪の作業の場」と書いた。

ヴァルター・イェンスを議長とする一五人からなる審査委員会は、これらの記念碑の模型を展示会で解説し、それらをドイツ人の心理図として見せる代わりに、二点の作品を一位として選んだ。レア・ロースが推したベルリンの芸術家と建築家のグループの企画したものは、一〇〇メートル四方の巨大なコンクリート・プレートであった。当時の首相ヘルムート・コールが拒否権を発動していなければ、それはとうの昔に完成していたであろう。コールの命令によって、それまでの経緯の全ては反故にされた。そして二回目のコンペが、招待された一九人の芸術家によって始められた。その前に行なわれた三回のコロキウムでは、七〇人を越える専門家が参加し、数限りない交渉が舞台裏で行なわれ、またあれやこれやの企画を推す秘密裏の介入もあった。

コール時代の最後には、記念碑は歴史の深淵の中に沈んでいくように見えたが、新しい首相、ゲルハルト・シュレーダーは「誰もが喜んで行きたくなる」場所を望んだ。連邦文化大臣に任命されたミヒャエル・ナウマンは、就任前には、ドイツには想起のための場所が歴史的現場にすでに数多くあるために、中央モニュメントに反対を表明していた。

ニューヨークの建築家で、二回目のコンペの入賞者ピーター・アイゼンマンは、コールの圧力によってその企画「石碑の森」の四一〇〇本のコンクリートを二七〇〇本へと削減し、昨年の十二月にはこれ以上の譲歩はしないと宣言した。『ベルリン新聞』のインタヴューでアイゼンマンは、自分の作品によって「天と地の境界を記し」、「訪れる者に時空の中で置き去りにされたような感覚」を与えるために、「特徴のないフィールド」や「虚無の場を作り」たいと語っている。実在と仮象の間に境界線を記すという、現代芸術の特徴的な構造によって、アイゼンマンは自分の作品と芸術家としての自分の完全性を防御した。「博物館は全く別のものであり、それはできない」、そして「契約に釣られることはない」とアイゼンマンは語っていた。

しかしミヒャエル・ナウマンは突然根本的に態度を変え、国家を担って現実的で分かりやすい「分別」に従った。ナウマンはただちに、望まれていなかった子を希望の子に変えると宣言すると、クリスマスの直後、奇跡が起こった。ナウマンはアイゼンマンと会い、その企画を三週間以内に完全に書き直させることに成功した。象徴を担う「柱」の数は、鋼鉄とガラス製の「本の壁」と「想起の家」と称する資料館に場所を空けるため、さらに削減されることになった。そしてブランデンブルク門に並んで、今度は図書館と資料館付きの記念碑を建設するという。初めは「驚きと苛立ち」を示したレア・ロースさえも、今では「問題のある決定の方が、決定しないよりもまだましだ」と認識した。
この言葉を、ブーヘンヴァルトの強制収容所の入り口に掲げられている「各々にその持つべき分を与えよ」という言葉のように、記念碑敷地の入り口に石か鉄にして掲げてみてはどうであろうか。「問題ある決定の方が、決定しないよりもましだ」という言葉はぴったりである。根本的なことは何かが起こることである。建築家アイゼンマンは、いつまた驚くべきさらなる妥協を許すのか。

記念碑の予算は当初一五〇〇万マルクと予定されていたが、今や一億から一億二〇〇〇万マルクへと跳ね上がり、建築家に対する報酬もそれに対応している。この企てに参加したそれ以外の者は、これだけ長い間苦労した以上は何らかの結果を見たいと思っている。ドイツ人の十戒がつくられるならば、その第一戒はこうである。「汝、いったん始めたことは終わらせるべし」。

かくして、二個入りパックの記念碑である。しかし教育的使用説明書が必要であるというならば、いったい記念碑は何の役に立つというのであろうか。図書館と資料センターが必要であるというのならば、いったい何のためにそれは記念碑によって装飾が施されなければならないのか。二つの悪いアイデアを足したからといって、自動的にそれが一つのよいアイデアになるわけではない。今すでにこの施設全体がどのように管理され、利用されるべきか、管轄をめぐる争いが水面下で起こっている。

ベルリンには当時のゲシュタポ跡地に「テロの地勢学」があり、一九四二年に「最終的解決」を決定したヴァンゼーの別荘には資料センターがある。ベルリン工科大学には反ユダヤ主義の研究所があり、先週の土曜日にはユダヤ博物館が、まだ展示は行なわれていないが、完成した。受講者の大部分が非ユダヤ人であるユダヤ人市民大学は毎年ベルリン政府から二五万マルクという微々たる助成金の心配をしている。

もし死んだユダヤ人が問題であるのならば、一億マルクであれ、一億二〇〇〇万マルクであれ、経費は問題にならない。社民党の幹事長ペーター・シュトルックがベルリンで大言壮語したように、それこそ「全く最後の問題」である。

しかしここでは死んだユダヤ人が実際に問題になっているのではない。ナチスの妄想によって殺された六〇〇万人のユダヤ人の想起が、そのテーマなのである。そうであるならば、全く別の記念碑が建てられなければならない。記念碑の敷地にバス停をつくり、そこから「虐殺されたヨーロッパのユダヤ人のための記念碑」という表示をつけたバスが虐殺の現場へと出発する。これはベルリンのコンセプト芸術家であるレナータ・シュティーとフリーダー・シュノックが提出した企画である。そのバスは空のまま運行する危険性が高いが、もしそうであるならば啓蒙されなければならない一般大衆の無関心がそこには記録されるであろう。

同じくよく練られた、しかしチャンスを与えられなかったものにルードルフ・ヘルツとラインハルト・マッツ（ケルン）の次のような企画がある。カッセルのアウトバーンの一キロの区間を玉石で舗装にし、そこを通る何万人の車に二分間、時速三〇キロの減速を強制する。そして大きな看板をアウトバーンの上を横断して掲げられた看板に「虐殺されたヨーロッパのユダヤ人の記念碑」と表示し、減速の理由を説明する。この提案に対しては、伝統的な記念碑推進者たちは実際にそんなことを車を運転している者に強いることは不可能であり、もしそれを強制したとすれば反ユダヤ主義者を結果的に支援することになるだけだと言った。

しかしその記念碑建設推進者が掲げる今の計画はさらに馬鹿げている。彼らは資料センターを、将来の民族虐殺を防ぐことを支援する「ジェノサイド・ウォッチ研究所」で補完したいと考えている。

確かにそれは正確な説明が必要な高貴な課題である。その「ジェノサイド・ウォッチ研究所」とはいったいどのようなものとして、想像すればよいのか。記念碑の敷地に高い椅子でも置いて、そこから遥か遠くを眺めるのだろうか。足下では市井の人々の群が殺されていても。そして血の海がみつかれば、それはただちに「ジェノサイド」という認定を受けるのか。そのジェノサイド・ウォッチャーの仕事は、世界中にネットワークを持つウェイト・ウォッチャーの仕事と結合されるのであろうか。世界のどこかで民族虐殺が発見されたとしたら、いったい何が起こるのか。コソボのラカクの虐殺に際して最近ドイツ軍が行なったように、ドイツ・アンチジェノサイド部隊が素早くそれに介入するのか。

今までホロコースト記念碑にほとんど関わってこなかった連邦文化大臣は、もちろんこのような問いに対しては、何の答えも用意してはいない。ともかくまずは荷物を括ってしまうことである。アイゼンマンはさらに小さくするべきである。そして人が喜んで行こうと思う記念碑を求める首相は決定から離れるべきである。

「もう少し、もう少しで盥は一杯」と古いイディッシュの諺はいう。

間もなく盥は一杯になる。そしてベルリンはその後、全く無意味で余計なホロコースト記念碑を持つことになるだろう。しかし外務省の新機軸の宣伝として、それは素晴らしい儲けの種になるだろう。

（『シュピーゲル』）

6・3 記念碑と資料館の併合案に対する既存の記念館からの批判

【資料23】（1999,2,10）

ベルリン・ブランデンブルクの記念館研究共同体
ドイツ連邦議会議員への書簡――計画中の虐殺されたヨーロッパのユダヤ人のための記念碑あるいは記念館

＊ベルリンと、地理的にベルリンがその中に位置しているブランデンブルク州（州都ポツダム。行政的にベルリンとは区別される）にある記念館を代表する歴史学者による連邦議員宛の書簡。ナウマンの記念碑と記念館との併合案を批判し、歴史的現場にある既存の記念館の重要性を訴える。

ドイツ連邦議会議員各位

連邦選挙が終わってから、記念碑論争は驚くべき転換点にさしかかっています。私たち、首都ベルリン及びその近郊の諸記念館の代表者はそれに大きな関心を払いつつ、深い憂慮を抱いていることを申し上げなければなりません。今までは既存の記録や教育施設を内容的に、また内省的に補うための記念碑が問題になっていましたが、今や問題は、記念碑に中央ホロコースト博物館を組み合わせ、歴史的現場から切り離された記念碑と想起のための中央施設の建設へと移行しています。

この新しいコンセプトは専門家の間でさえ、ほとんど議論が行なわれていません。まずこれについて明確な説明がなされた上で、連邦議会で議決が行なわれることが重要であると私たちは考えます。例えばホロコーストをテーマにする一〇〇万冊の本が収容可能な本棚が提案されていますが、世界中から集めてもそれらの書籍は全部でせいぜい何万冊しか存在しないことも知っておいて頂かなければなりません。

論争を終わらせたいという希望は理解できますが、しかしそのことによって、その新しい計画がさまざまな既存の記念館全体の状況の中でどのように位置づけられるのかを熟慮することが放棄されてもよいということにはなりません。それ故、既存の記念館について、すでによくご存じかと思いますが、今一度それらの発展状況を記憶に呼び起こして頂きたいと思います。とりわけそれらの記念館が充分な財政的援助を受けられず、それが新しいプロジェクトに集中することを私たちは危惧するものです。その新しいプロジェクトの建設費は一五〇〇万マルクから一気に一億八〇〇〇万マルクへと跳ね上がり、その上毎年一八〇〇万マルクの経費が見込まれています。

同封された資料をご覧頂ければ、ベルリンとブランデンブルク州に存在するナチスによる暴力支配の犠牲者のための記念館について概略を得ることができます。「想起の家」に計画されている多くの機能は、ベルリンの、歩いていくことのできる距離にある幾つかの施設で満たされますし、他の施設とも重複するものであることも考慮されなければなりません。

私たちが代表を勤めている各記念館に皆さんを招待致します。「財団　テロの地勢学」の学芸員トーマス・ルッツ氏に事前にご一報下さい。(電話番号［略］)

添付資料

ベルリン、及びベルリン郊外にあるナチスによる犠牲者を想起するための重要な記念館の概要

・財団　テロの地勢学

国際資料館、出会いのセンター。公法(ベルリン)による財団。連邦とベルリンによって共同で担われている。かつてゲシュタポ、帝国公安局本部、ナチス親衛隊執行部のあったプリンツ・アルベルトパラス跡。一九八七年から資料の展示が行なわれている。二〇〇一年には改築が終わり、重要な新しいセンターが完成する予定である。これは加害者の場所であると共に犠牲者(拘置者)の場所でもある。建築工事中であるが、屋外の展示に一九九八年には一〇万人の人々が訪れた。

・ヴァンゼー会議の家

想起と教育のためのセンター。一九四二年に民族虐殺の計画を打ち合わせた「政務次官会議」が開かれた歴史的現場。この施設は「将来のための想起」という組織によって運営され、連邦と州、ドイツのユダヤ人協議会、ドイツのプロテスタントとカトリックの教会、ドイツ歴史博物館などが支援団体としてこの組織に参与している。ユダヤ人虐待とホロコーストの常設の展示があり、国際的に注目を集める目的別の教育プログラムがある。

・ドイツ抵抗記念館

一九四四年七月二十日、政府転覆の試みが行なわれた歴史的場所（ベンドラーブロック）。ベルリン科学・研究・文化省の非独立団体が担う。連邦と州により財政援助されている。常設の展示と教育プログ

▲…ユダヤ人の「最終的解決」が決定された「ヴァンゼー会議の家」の内部展示。

▲…国防省などのある建物（ベンドラーブロック）の中庭にある記念碑。ドイツ抵抗記念館はこの建物の一画にある。

ラムとフォルクスワーゲンの財政援助による「抵抗運動研究所」がベルリン自由大学との提携によって（中立的財政援助による研究）行なわれている。

この関連では、プロッツェンゼーの記念館等、多くの抵抗活動家やナチスの犠牲者が殺された場所などがある。

・ドイツ・ロシア博物館　ベルリン・カールスホルスト

▲…「ドイツ・ロシア博物館」。

連合軍の四国［米・英・仏・ソ］への無条件降伏にドイツが署名し、戦争とヨーロッパのナチス支配が終わった歴史的な場所。それを担う「ベルリン・カールスホルスト社団法人」は、ドイツ連邦政府の代表者、ロシア連邦、ベルリン、そして多数の博物館、記念館、研究施設からなる。連邦内務省とドイツ連邦首相府が財政を負担している。特に「占領のホール」の他、ドイツとソビエトの関係についての常設の展示物がある。一九四一年から一九四五年までの東の絶滅政治に重点がおかれている（全部で一一〇〇平方メートル）。特別展示やグループでの来館者との研究会やセミナー、出版などが行なわれている。

・ザクセンハウゼンの記念館と博物館
「強制収容所のモデル」であったザクセンハウゼン収容所のあった歴史的現場。この場所（T字型の建物「収容所の監査局」）から他の収容所の組織化が行なわれていった。ブランデンブルクの諸記念館財団、ブランデンブルク州、連邦によって財政は負担されている。二〇ヵ国、二〇万人の収容者のうち、一万人が収容所内で、また死の行進で命を落とした。「第三帝国の首都」ベルリンでユダヤ人襲撃のあった

▲…ザクセンハウゼン収容所の入り口。

▲…「T字型建物」。敷地の外にある。収容所全体を管理する部署が入っていた（現在は民間の企業によって用いられている）。

「水晶の夜」、多くのユダヤ人がここに連行された。一九四五年以降、膨大な墓を生み出したスターリンがここを「特別収容所」として利用した。「特別収容所」については他の展示とは区別された常設の展示がある。またセミナーやワークキャンプも行なわれている。

・ラーフェンスブリュックの記念碑と記念館

フュルステンベルクとハーフェルの傍らにあるかつての女子強制収容所。約一一万人の収容者（軍需品生産に関連した七〇の外の収容所を含む）のうち四万人以上が処刑、毒ガス、飢餓、疫病、死の行進などで殺された。常設の展示や案内、また学校の課題のための教材をもつ教育プログラムなどがある。個々のバラックには収容者の出身国の国際展示がある。

・ブランデンブルクの資料館

一九二七年から一九三五年までのナチスの支配下で大きな近代的監獄として建設された。特に戦時中、この監獄は収容人員の過剰と（収容人員一八〇〇人のところに四八〇〇人が収容）と劣悪な環境にあった。政治的理由によって死刑を宣告されたブランデンブルク出身の一七七二人がここで処刑された。また一九四五年から一九四七年まではソビエト軍の監獄として用いられていた。一九四九年から一九五〇年までは東ドイツ法務管理局が刑務所として、現在はブランデンブルクの青少年更生施設として引き続き使用されている。財団によって運営されている。記録と展示がある。

【資料24】(*1999,3,1*)

強制収容所記念館研究共同体

文化大臣ミヒャエル・ナウマンの提案に対する見解表明

＊全ドイツにある強制収容所に関わる歴史学者が、ナウマンの併合案を批判し、記念館が担って来た活動を強化する記念碑の建設を訴える。

連邦と各州が共同で責任を担っているドイツ強制収容所記念館研究共同体は、一九九九年二月二十一日と二十二日、ザクセンハウゼン強制収容所記念館で会議を行なった。ベルリンに、ホロコースト記念碑の代りに「想起の家」(「アイゼンマン三」と名付けられた提案)を建設するという連邦文化省大臣ミヒャエル・ナウマン氏の提案がそこで論じられた。研究共同体の成員は以下のことを確認する。

一、連邦議会は時代を画する決断の直前にある。抗いえない時の経過によって、当時の時代を証言できる人々が去っていくにつれて、その時代の経験や生きた想起は消えていく。従って「ホロコースト記念碑」や「想起の家」(アイゼンマン三)の建設という問題に留まらず、根本的には次のことが重要な問題となっている。それはドイツにおけるホロコーストの想起が、いかにして持続的に文化記憶に定着するものになるのかということである。すなわち、当時を生き延びた人々やまたドイツ人の積極的な活動によって発展してきた歴史的現場にある記念館を維持し、それを集中的に支援していくのか、それともアメリカをモデルにするホロコースト博物館、あるいは巨大記念碑とホロコースト博物館との併合かという問題である。

一九九八年、旧東ドイツにおいてドイツの統一へと向かうプロセスの中で、社会主義統一党の独裁が残したものを克服するために作られた委員会が、連邦共和国の歴史において初めて全ドイツの記念館構想をベルリンで計画されているホロコースト記念碑と関連づけてまとめ、提出した。それは、超党派的に可決された。想起文化の民主的形成がそこで推進されたことについて、今まで全く顧慮されることがなかったのは理解し難い。

さらに理解するのが困難であるのは、その委員会の姿勢とは対照的に、「ホロコースト記念碑」あるいは「想起の家」の問題が、ドイツの強制収容所記念館の今までの歴史や将来の発展から分離して扱われ得るかのように考えられていることである。ドイツでは一九五〇年代、想起に関する独特のネットワークが歴史的現場から始まり、成立した。これを全体として育成し、発展させていくことが重要である。新しいことを探すのではなく、統合が中心的テーマであるべきである。

二、研究共同体の成員は、第一に、新しい連邦政府が連邦共和国の歴史において初めて連立協定において、記念館の育成を明記したことを非常に重要な徴であると考えている。知識の伝達と啓蒙なくしては、想起は空回りするという文化省大臣ミヒャエル・ナウマン氏の考えに我々は同意する。またナウマン氏はその構想において非常に明確に、ショアの想起を決して終わらせることなく、常にそれは広く公の問題として留まり続けなければならないことを求めたことも支持する。

三、しかしそれにもかかわらず我々、研究共同体の成員は、発表された提案に対しては、内容的に、また実際的に深い懸念を抱かざるを得ない。その提案は、初めの企画よりもやや縮小された「石碑のフィールド」が、展示や資料図書館等と組み合わされた「人工的現場」である。「石碑のフィールド」はドイツに多数存在している実際の現場や大量の墓がある強制収容所墓地に代わろうとするものである。附設される「想起の家」は根本的には現存の記念館と異なるところはなく、結局重複する啓蒙の活動がそこで行なわれるのである。

人工的現場の設立はアメリカやイスラエルでは意味がある。しかし犯罪と苦しみの本当の現場であるドイツにおいてそれは意味がない。一九五〇年代からホロコーストを生き延びた人々とドイツ人によって継続して行なわれてきた現場の活動の価値を、たとえ意図的ではないにしても、それは事実として貶めることになる。

またドイツが、内容的、また制度的に「想起の砂漠」であるかのような印象を喚起させるということも、それらを軽んじることであると言わざるをえない。諸々の記念館がすでに四十年以上、犯罪と犠牲者についての想起の確立を目指して活動してきた。その主要なテーマは内容的観点から必然的に、イスラエルやアメリカとは異なるものである。ワシントンにあるアメリカのホロコースト記念博物館は、「どのようにして我々のユダヤ系市民がドイツでドイツ人によって権利を剥奪され、略奪され、最終的に大量虐殺されたのか」という主題に対応しているのに対して、ドイツの想起は別の構造を持っている。それは「いかにしてドイツ人は民主主義を破壊し、人種主義に根拠をもつ独裁体制を成立させ、無数の人々やグループを『民族共同体』から排除し、殺し、最終的にユダヤ人を虐殺するに至ったのか」という問題である。ドイツでは犠牲者の想起を「我々の中の人々」の犯した犯罪の想起から切り放すことは決してできない。それ故、イスラエルとアメリカの展示コンセプトをドイツが単純に継承することは不可能である。

その問題を度外視しても、ベルリンやまたその郊外には重要な記憶の場所や想起の営みのための施設がある。例えば「想起の家」の建設予定地から数百メートル離れたところには「財団 テロの地勢学」があり、その他にもまたヴァンゼー会議の家、ドイツ抵抗記念館、カールスホルストの博物館、そしてザクセンハウゼンの記念館が存在する。そこで行なわれている活動は、本質的には「想起の家」のそれと重なっている。そして「想起の家」によって、それらの仕事は統合されるのではなくむしろ分散されることになるであろう。

ナチスの犯罪を歴史的に展示するという仕事に携わったことのある者は、「想起の家」が結局は博物館の廃墟になる恐れがあることを知っている。また一〇〇万冊の書籍をそこに収容するといわれているが、ナチスの迫害とホロコーストの歴史に関する出版物は、正確に見積もれば、一〇〇万冊ではなく「たった」四万から六万冊である。またそこで展示される物も決して簡単に買うことができるわけではない。それらは既存の記念館や博物館や資料庫の中にある。資料はコピーされるか、今ある資料館やその書庫から収集されなければならない。そのことによって既存の施設で今まで活用可能であるものが、「想起の家」で用いられることになるのである。しかしまた、資料をスティーヴン・スピルバーグのショア財団のビデオだけに限定することも、教育的観点から見て、適切であるとはいいがたい。ビデオは瞬間的なショックを生み出すだけである。そこから持続的に活かし得る知識や理解が生まれるかどうかについては、経験上、疑念を持たざるを得ない。

四、ドイツ強制収容所の研究共同体の成員は、ナチスの犯罪とその犠牲となって虐殺された人々の想起が、ドイツの国家記憶の確固たる構成要素であり、またそうあり続けなければならないことを示す明白な徴がドイツに速やかに建てられるべきであるという連邦文化大臣の見解に賛同する。しかし我々は、記念碑というものがヨーロッパの伝統において、国家記憶の一部である一つの社会を表現する政治的象徴であるという点を憂慮する。それ故に我々は死者の想起だけではなく、その犯罪行為を想起に保つ記念碑（戒めの碑）に賛成する（ホロコーストを芸術的に表現するのはそれとは全く別のことである）。他方、象徴だけでは充分ではないというミヒャエル・ナウマンの考えを強く支持しつつ、そのような碑を頂点に置くのではなく、ベルリンにすでにある想起に関わるさまざまなものに、それを関連づけることを強く求める。

その際、地理的にそのすぐ近くに位置する「テロの地勢学」とユダヤ博物館との密接な協力関係が作られるべきである。同時にベルリンやベルリン周辺にある既存の記念館の場所もそこで表示されるべきである。

この根本構想は、ドイツの想起の伝統と状況を決定的に熟慮し、ホロコーストを生き延びた人々が歴史的現場を保存するために経験しなければならなかった苦難に、同時代人として責任を負うことを意味している。それは今まで行なわれてきた活動を、ただ非建設的にコピーすることによって、ドイツにおいては想起文化が未発展であるという間違った印象が生まれることを防ぐであろう。連邦議会によって決議される象徴は、その反対に、今まで行なわれてきた活動を強く支持することになり得る。なぜならばそれは誤解の余地なく明白に、ナチスの犯罪の想起、とりわけショアの想起は、いままで言われてきたような身内の悪口などではなく、連邦共和国の政治的文化を本質的に構成する一つの要素であることを表わすことになるからである。

フォルカー・クニッゲ博士　強制収容所記念館研究共同体広報担当（ブーヘンヴァルト記念館館長、

ブーヘンヴァルトとミッテルバウ＝ドーラ記念館財団理事）
強制収容所記念館研究共同体成員
バーバラ・ディステル（ダッハウ強制収容所記念館）、デトレフ・ガーベ博士（ノイエンガメ、強制収容所記念館）、ジグリット・ヤコバイト博士（ラーフェンスブリュック記念館）、コーネリア・クローゼ博士（ミッテルバウ＝ドーラ強制収容所記念館）、フォルクハルト・クニッゲ博士（ブーヘンヴァルト記念館）、トーマス・ルッツ（財団　テロの地勢学）、ギュンター・モーシュ（ザクセンハウゼン記念館、博物館）、ヴィルフリート・ヴィーデマン（ベルゲン＝ベルゼン記念館）

【資料25】（*1999,4,20*）

ラインハルト・リュルプ

ドイツ連邦議会の文化・メディア省の諮問委員会公聴会における見解表明

＊ラインハルト・リュルプ（一九三四年〜）　歴史学者。ゲシュタポ跡地の保存運動を中心的に担い、そこに設立された「テロの地勢学」の初代館長（一九九二〜二〇〇四年）を務める。加害者の碑としての記念碑の建設を支持し、博物館との併合案を批判する。この文書が書かれた頃、建設中の「テロの地勢学　資料センター」は財政的問題による一度目の工事の中断を経て、完成予定が大幅に遅延していた。

記念碑についての公の議論は長い間、集中的に、また部分的には非常に高い水準で行なわれてきた。従って、予定されている連邦議会の議決までに新しい論議が浮かび上がってくるということはほとんど考えられない。それ故、今まで提起された提案やまた観点を、政治的に評価することがむしろ重要である。私はそのことについて以下に簡潔に述べたい。与えられた時間の中では、それは必然的に概略的なものにならざるを得ない。

一、私はヨーロッパのユダヤ人の虐殺を想起する記念碑あるいは、戒めの碑を建てるということは、たんに意味があるというだけではなく、求められるべきことであると考えている。ベルリンが新たにドイツの政治的中心になるが故に、一層強くそのように考える。ドイツの政治がベルリンに戻るとき、我々は一九三三年から一九四五年までの歴史を意識するために、はっきりとした目に見える徴が必要である。

二、この関連から、建設されるその想起の場所が、「虐殺されたヨーロッパのユダヤ人のための記念碑」、つまり犠牲者のための記念碑であるのか、それともドイツ人によってなされた犯罪を想起する戒めの碑、つまり「ホロコースト記念碑」であるのかということについて、私の考えは上述のことよりも明らかである。この二つの観点はもちろん互いに分けられないものではあるが、しかし強調点は明確であるべきである。私はこの問題に関して、ドイツ人の犯罪を想起させる戒めの碑がより正しいと考えている。

三、ベルリンの中心的な、つまりはっきりと目に見える場所に建てられる戒めの碑、あるいは記念碑は、ドイツ、特にベルリンとブランデンブルク州にすでに存在している想起のための営み全体の重要な補完となり得るであろう。従ってその記念碑は、ナチスの歴史との対決に捧げられている、特にベルリンに数多くある重要な記念碑や記念館、またそれらと同じような役割を果たす施設と協働しなければならない。その記念碑は、想起全体を構成するこの個々の部分を具体的に指し示すべきである。また逆に既存の想起の場所は、記念碑をその活動に関連づけるべきである。

四、今計画されている記念碑を、大きな博物館との併合によって補完するという提案は拒否されるべきである。そのような博物館は、たとえ「想起の家」と名づけられようとも、実際には「ドイツ・ホロコースト博物館」であろう。そのような中央博物館の建設を決定すれば、それは歴史的に発展してきたドイツにおける想起文化に逆行するだけではなく、ナチスの具体的な歴史的現場と想起と啓蒙を明確に結合させてきた今までの連邦政府の政治にも矛盾する。そしてこの大規模な中央博物館は、ベルリンやブランデンブルクだけではなく、全ドイツにおける想起の営み全体を根本的に変化させ、それらを強化するのではなく、むしろ弱体化させる。

五、また提案されている博物館は、記念碑を補強するのではなく、むしろ弱めることになる。その場所は、一般には「ドイツ・ホロコースト博物館」として記念碑に結合したものとして見られるであろう。それはベルリンにとって、その事柄の本質からいって全くよけいなものである。なぜならば、同じような課題を担い、高い成果をあげている多くの施設がさまざまな所に分散してすでに存在しているからである。それらの最重要なものを挙げれば、例えば、記念館であり教育施設でもある「ヴァンゼー会議の家」やベルリンのカールスホルストにあるドイツ・ロシア博物館、またドイツ抵抗記念館やドイツ歴史博物館の現代史部門、さらにユダヤ博物館、そして「テロの地勢学」である。

六、とりわけ「財団　テロの地勢学」はペーター・ツムトアー設計の四五〇〇万マルクの建築費が見込まれている新築の建物が二〇〇〇年の終わりに完成する予定である。それに対して、今計画されている博物館は（記念碑も含めて）建築費だけで一億八〇〇〇万マルク、年間の経費が一八〇〇万マルクという見積もりが発表されている。記念碑から七〇〇メートル離れたところにある「テロの地勢学」にはナチスの歴史とその犯罪のための展示場があり、そこではまたコンピュータに保存されたデータが閲覧できる。映画の上映や講演会、セミナーも行なわれており、また資料の収集や研究、調査も可能である。記念館という領域において特に「テロの地勢学」はベルリンに留まらずドイツ全体で、またさらには国外でも長い間、記念館に関する調整や手配、助言といった課題を担い、また相談に応じてきた。

七、大きな博物館の計画は放棄し、その代わりにユダヤ人の虐殺についての基本情報を伝える小さな建物を建てることも時折、妥協的に提案されてきた。しかしこれはたんなるみせかけの解決にすぎない。実際にそれを実現しようとすると、僅かな広さでは必要最低限の情報を伝達するのにさえ充分ではないということに、たちまち気づくことになる。小さい建物はそれ故に、すぐ拡張されるであろう。そして結局、なぜ「本当の」博物館を建てないのかという問題に直面する。

八、戒めの碑、あるいは記念碑と結びつける僅かな情報は、一、二のプレートで表わすことができる。第一にその記念碑の成立について簡略に書き記し、その「使命」についての情報を与える。そして二番目に、ユダヤ人と他のナチスの犯罪についての資料や、それについてさらに考察する機会を提供するベルリンやブランデンブルク州にある他の場所を明示する。

九、「汝殺す勿れ」という言葉を想起の中心に据えるというリヒャルト・シュレーダーの提案【資料26、42】は、この問題においては説得力がない。なぜならば、その言葉によっては、ユダヤ人の殺人やナチスの犯罪における特殊な問題が失われるからである。しかしそれにもかかわらず、この提案がこの数週間で劇的に多くの支持者を得たということは、真剣に受け止められるべきである。その提案に対する共感は、記念碑コンペの結果やナチスによる犠牲者から非ユダヤ人を排除するという問題など、すでに広くいきわたっている記念碑建設計画に対する不満を明らかに表わしている。少なからぬ著名人や責任ある立場の政治家が今一度、コンペとそれに結びついた論争によって到達した地点へと戻ろうとしていることは、連邦議会の議論を「実現の問題」にのみ限定せず、政治的、根本的議論のために利用するという切迫した要求として理解されうる。たんに「アイゼンマン（一）［原案］」、アイゼンマン（二）［修正案］」あるいは「アイゼンマン（三）［博物館との併合］」の問題であってはならない。記念碑を建設しない、あるいはナチスのシステムによる犠牲者全てのための記念碑を建てるという、今のところ排除されている立場もまた議論の中に関連づけられなければならない。そうしてこそ初めて、ヨーロッパのユダヤ人の虐殺を想起する戒めの碑、あるいは記念碑に確信をもって、賛成することができるであろう。

一〇、ユダヤ人に対して行なわれた民族虐殺を想起させる、遠くからでもはっきりと見える戒めの碑を喜んで支持するという私の立場は変わらない。しかし私はナチスによる全ての犠牲者を想起する戒めの碑、あるいは「第三帝国」において犯された犯罪全体を対象とする戒めの碑を支持する政治的決断が下されることもまた理解する。連邦議会はいずれにせよ、一つの犠牲者グループのための一つの戒めの碑の建設という決断は、その本質からして、他の犠牲者グループの戒めの碑の建設の決断でもあるということをはっきりと認識すべきである。

6・4 戒めの碑（「汝殺す勿れ」）の提案

リヒャルト・シュレーダー（社民党）は、ナウマンの記念碑と博物館の併合案や芸術作品としての記念碑という今までの議論の流れを批判した。シュレーダーは、記念碑と戒めの碑を厳密に区別し、記念碑ではなく、戒めの碑が建てられるべきであると主張する。そして「汝殺す勿れ」という聖書の言葉を、加害者ドイツ人に対する戒めとして形にすることを提案した。

この言葉は全ての文化に共通する人間の共生の根本原則であり、この原則からの逸脱や停止から、ホロコーストが始まるというのがその根本的な主張である。またこの言葉がユダヤ文化から継承したヨーロッパ文化の基本であることから、それをヘブライ語で大きく表記し、その貢献を強調し、また全ての犠牲者の言葉の翻訳を併記することで、ユダヤ人のみならず、全ての犠牲者を記念碑に関連づけることを企図する【資料42】。

【資料26】(1999,3)

リヒャルト・シュレーダー

汝殺す勿れ——戒める碑の呼びかけ

*リヒャルト・シュレーダー(一九四三年～)哲学・神学者。東独人民議会議員(一九九〇年)、社民党連邦議会議員(一九九〇年)、フンボルト大学神学部教授(一九九一年～)、ブランデンブルク憲法裁判所判事(二〇〇三年～)。

一、ベルリンに建設に建設が予定されているヨーロッパの虐殺されたユダヤ人の戒めの碑は、エルサレムやワシントンにあるものと同じようなものではあり得ない。

二、戒めの碑は墓や墓地を連想させるものであるべきではなく、その後ドイツに生まれた現代の人々を実際に戒めるものでなければならない。また言葉を持たない戒めの碑は、加害者と被害者の国にとって適切ではない。

三、戒めの碑は聖書の十戒の一つ「汝殺す勿れ」のヘブライ語表記である。その戒めの言葉はヘブライ語で大きく書かれ、また迫害された犠牲者の話したすべての言葉で、従ってまたドイツ語でも併せて記されるべきである。何百万人もの殺人は、市民が国家によって法の枠外に体系的に排除された結果であった。またこの言葉は、ナチスが絶滅させようとしたイスラエル民族がヨーロッパ文化に果たした根本的貢献を同時に表わしている。この言葉は他の犠牲者を排除することなく、ユダヤ人の犠牲者を強調するものである。
　四、連邦議会は、戒めの碑とその建設場所の問題について決定を下し、新しい公募を可能にするべきである。

　ヘルムート・シュミット元連邦首相、リヒャルト・ヴァイツゼッカー元連邦大統領、クラウス・ベーリング官房長官、ペーター・ダンケルト連邦議員［社民党］、フォルカー・ゲルハルト教授［哲学］、ハンス・マイアー教授［彫刻家］、ハンス・ヨアヒム・マイヤー教授［言語学・ザクセン州文化・科学大臣］、ニートハマー教授［歴史学］、フリードリッヒ・ショルマー［牧師、旧東独民主化闘争指導者］、ディートリッヒ・シュトッベ［元ベルリン市長、元連邦参議院議長］、カール・アンドレアス・シュテングリン［ヴァイツゼッカー元大統領補佐官］、ユルゲン・エンゲルト［ドイツ公共放送ディレクター］、ハンス・キュンク教授［神学者］、ローター・デメジエール［自由選挙で選ばれた最後の東独首相、キリスト教民主党］、ハンス・マイアー教授［政治学］、エミール・シュネル連邦議員［元東独自由選挙による人民議会社民党議員］、ヴェルナー・シュルツ連邦議員［元東独自由選挙による人民議会議員］

　この呼びかけには、前大統領、元首相や、また東ドイツの民主化闘争を担った著名人が名を連ねた。芸術作品の代わりに戒めの言葉を形にするという提案は、犠牲者ではなく加害者を中心的テーマにした記念碑という理念に対して初めて具体的な形式を提起したものであった。これはそれまで記念碑に批判的であった多様な人々によって、多様な理由から支持された。

　第一に、言葉の記念碑は、それまでの芸術をめぐる膠着した議論を切り開くものとして共感を呼んだ。コンぺの失敗で根本的に芸術に失望していた者、特に抽象芸術の反対者は意味不明の記念碑よりも、誰にでもわかる言葉を支持した。

また、それまで記念碑問題にほとんど積極的な発言をしてこなかったドイツのカトリック、プロテスタント両教会の代表者はこの提案に対してただちに支持を表明した。これがプロテスタント教会の指導者の一人からなされたものであり、キリスト教が記念碑に初めて関係づけられたことがその支持の理由の一つであったと考えられる。

またR・シュレーダーは壁の崩壊後、新たに人民議会が成立するまで実質的政治決定機関であった、東独民主化闘争を担ったグループの代表者からなる円卓会議のメンバーであり、また自由選挙で選ばれた最後の人民議会の東独社民党の議員団議長であった。そのため、この呼びかけはそれまで、主として西ドイツ出身者によって担われてきた記念碑論争に東ドイツ出身者の関心を喚起した。

記念碑に対してあらゆる批判を行なってきたベルリン市長ディープゲンも最終的には、この提案の積極的な支持に回った。ディープゲンのような徹底的反対論者や建設反対を明確には表明しなかった消極的反対論者の中には、どうせ建てられるならばなるべく小さく目立たぬ無難なものがよいという動機でこの提案を支持する者が少なからずいたと考えられる。「石碑のフィールド」の支持者は特にその点を後に強く批判した。実際に連邦議会決議の投票結果の分析から、そのことを事実として読み取ることができる〔第Ⅰ部7・3参照〕。

しかしこの提案はまた多くの批判も受けた。

第一に、その戒めが犠牲者の言葉へブライ語で書かれることによってその戒めの宛先が曖昧であるという批判が多くの者からなされ、特にユダヤ人、ユダヤ教会はこの点に強く反発した【資料27】。

また現代政治の脈絡から、当時ベルリンのイスラエル領事館で起こったクルド人の射殺という事件に絡めて、この碑をイスラエル領事館前に建ててはどうかという辛辣な皮肉もあった。★1

「汝殺す勿れ」のヘブライ語表記は現代の政治的文脈において、ヘブライ語を公用語の一つとする国家を、この言葉の宛先とするものとして見れば、その戒めの碑は致命的に、皮肉な意味を持ち得る。そして実際に今日ドイツで起こる反ユダヤ主義的発言とは、一部の極右を除けば、こうした現代政治を過去の問題に絡めることから行なわれるナチスの犯罪の相対化という問題である。しかしこうした観点からの批判は実際にはほとんど行なわれることはなかった。

さらにこの言葉があまりにも一般的であり、ホロコーストの特殊性を表わすのには適切ではないということも批判の対象となった。★2

また戒めの碑の提案は造形については全く白紙であり、建設場所についても再考を促すものであったため、この碑を実現するためには再びコンペの開催や建設場所の決定などに多くの時間が費やされることになる。すでに記念碑の早期建設を求める政治的圧力の中では、それもまたこの提案の大きな欠陥とみなされた。

キリスト教会が、僅かな例外を除いてはナチスに協力したという歴史的事実を踏まえ、この戒めの宛先はキリスト教会であるべきであるという批判もまたあった〔第Ⅰ部7・2〕。

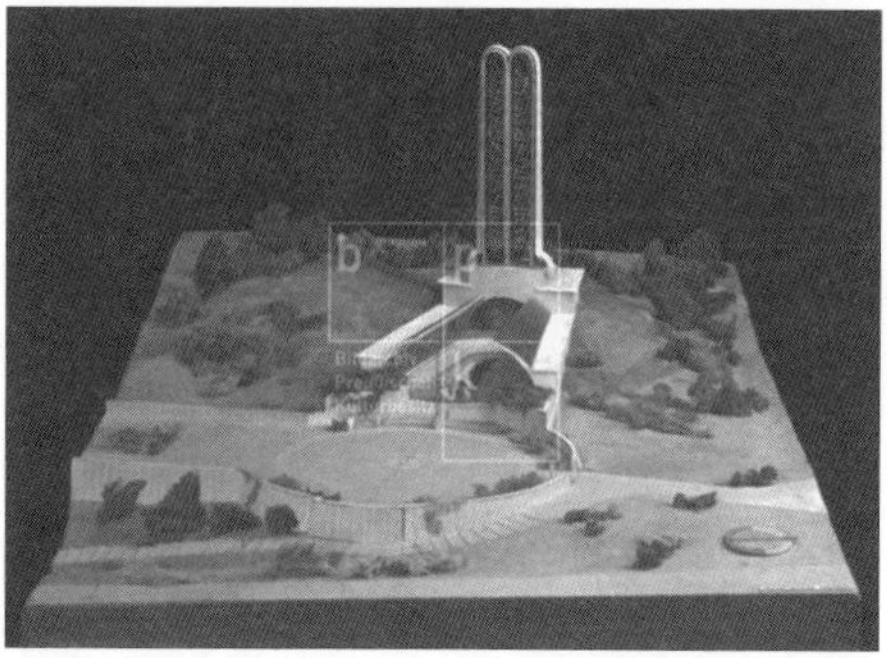

▲…エーリッヒ・メンデルゾーン「汝殺す勿れ」。(© Bildarchiv Preußischer Kulturbesitz)

しかしそうした多くの批判にもかかわらず、この提案が記念碑建設の決定までの最後の局面において大きな政治的機能を果たすことになったのは、結局どのような理由からであれ、これが他の代案に比べて多くの支持を短期間で取り付けたことで、連邦議会での議決の体裁を形式的に整えるものになったということである。記念碑だけか、それとも博物館付き記念館かという二者択一によってアイゼンマンの企画だけをめぐって採決が行なわれることを、この提案を選択肢に入れることによって形式的に回避することが可能となる。またアイゼンマンの企画に対する反対者の票がこの提案の支持に流れることによって、多数の無効票が出ることを防ぐ役割を果たすことも期待され得た。

なお同じような提案が第一回コンペに提出されていたことも後に明らかになった。当時審査委員に入っていた前連邦建設大臣オスカー・シュナイダーは、その企画を強く推したが、他の委員の同意を得ることができず、落選した。そのためコンペの選から落ちたものを再び取り上げることに対しては、手続き上不当であるという批判も新たに加えられる。しかしまた、この提案のみならず、今まで落選した提案の中で、多くの支持を得たものは、もう一度選択肢に加えるべきであるという意見もあった。

またこの提案を契機に、ベルリンで活躍し一九三三年、アメリカに亡命したユダヤ人建築家エーリッヒ・メンデルゾーンが一九五三年にニューヨークでホロコースト記念碑設計の依託を受け、「汝殺す勿れ」を造形した記念碑を起草していたことが新たに知られることになった。これは世界で初めてのホロコースト記念碑の一つとなるはずであったが[★3]、起草から二年後メンデルゾーンの死をもってこの企画は結局実現されることはなかった。この碑のモデルは現在ベルリン芸術図書館に保存されている。

【資料27】(1999,4,8)

アンドレアス・ナハマ
リヒャルト・シュレーダーへの公開書簡

＊アンドレアス・ナハマ(一九五一年〜) 歴史学、ユダヤ学者、ラビ。ベルリン・ユダヤ教会議長(一九九七〜二〇〇一年)、「テロの地勢学」館長(二〇〇四年〜)。R・シュレーダーの戒めの碑の提案に対して、ユダヤ教会を代表して批判の書簡を送る。戒めがヘブライ語で書かれることがその批判の焦点である。

あなたがホロコーストの記念碑として文字の造形を提案していることを知り、私は関心を持ちました。どのような芸術であっても、深い意味のある言葉なしには、何百万人のユダヤ人の男や女や子供の虐殺を想起する記念碑は成立し得ないでしょう。従って私はあなたが主導する論議を明確に支持します。

あなたの提案は、ユダヤ教会の代表者によるユダヤ教会議会で詳細に議論されました。そこでは私にも当然と思われる批判が行なわれ、ほとんど全員がそれに一致しました。それは、その言葉がヘブライ語で書かれた十戒の第六戒であるということです。ヘブライ語の「汝殺す勿れ」はそれを見る多くの者にとっては、ただ美しい文字の装飾であるだけです。ホロコーストの犠牲者とヘブライ語に知識のある神学者にとってだけ理解可能なものであるというのがその批判です。

ユダヤ人教会の代表者は、「汝殺す勿れ」の戒めが、犠牲者に対して向けられているという印象を与えることを恐れています。そしてもしそう思われるとすれば、それは大きなスキャンダルです。

記念碑を訪れるほとんどの者にとって、「汝殺す勿れ」は読解不可能な記号ですから、記念碑を訪れることは美しい文字を鑑賞することになるか、ユダヤ人が何かメッセージを伝えようとしていると思われるかもしれません。しかし我々は、犠牲者やその子孫として、この戒めをあまりにもよく知りすぎています。何千年もの間の反ユダヤ主義による排外や抑圧の歴史はキリスト教の名の下にも行なわれてきました。

十戒がキリスト教とユダヤ教では異なって伝承されてきたということを、あなたに示唆する必要はもちろんないでしょう。ヘブライ語の聖典ではその戒めをキリスト教とは異なって伝承されています。キリスト教の伝統ではその戒めは第五戒になります。

私は戒めの碑の中央にその言葉のドイツ語訳をおき、ドイツに協力した国々の言葉の翻訳も、それに添えて書かれることもあなたに考えて頂きたいと思います。ヨーロッパのユダヤ人を工業的に虐殺するという計画は、ルターやゲーテ、そしてシラーの言葉で書かれたのであって、ヘブライ語で書かれたのではありません。

また「汝殺す勿れ」にこれから何百年もの間、不可欠な歴史的次元を与えるためには、アウシュヴィッツやマイダネック、トレブリンカ、ダッハウ、ブーヘンヴァルト、ザクセンハウゼン（そしてその他の戦慄の場所）の名も、そこに共に書かれるべきではないかということを私は問いという形で個人的見解として述べておきたいと思います。

またキリスト教の第五戒の源であるヘブライ語聖典では、それが第六戒であることも補足説明で指摘されなければならないと思います。もちろんこれは後で考えればよいことですが。

今の議論の流れにおいて、あなたがその引用をヘブライ語からドイツ語に変えるということが何より決定的なことであると私は考えています。もしそれがなされないのであれば、一連のユダヤ教会からあなたの提案に対して断固たる抵抗が起こるものと私は考えます。

（『ターゲスシュピーゲル』）

【資料28】（*1999,4,10*）

リヒャルト・シュレーダー
アンドレアス・ナハマへの応答

　あなたの手紙を『ターゲスシュピーゲル』の紙面で拝見しました。お手紙に感謝します。あなたもまた言葉のない記念碑は好ましくなく、殺人の禁止が適切な戒めであると考えておられることを私は喜ばしく受け止めました。

　しかしあなたは、大きなヘブライ語で書かれたこの戒めを碑の中心に置くという私の提案に反対されています。その理由の一つは、訪れる者がその言葉を全く理解できないということです。私の提案はヘブライ語と「全ての犠牲者の言葉で」それが書かれることです。つまりそれはドイツ語でもはっきりと書かれます。従ってその戒めを誰でも理解できることは確実です。

　もう一つのあなたの反対の理由は、ベルリンのユダヤ教会の代表者が、「ヘブライ語の『汝殺す勿れ』がその記念碑の犠牲者に対して向けられたものである」ことに非常に当惑しているということです。私はそのように受け止める者がいるかもしれないなどとは全く想像もしていませんでした。私は自分の呼びかけを過信していたためでしょう。

　私の提案は次のような根拠に基づいています。十戒は古ヘブライ語の聖典に由来しています。キリスト教徒は独自の十戒を持たずユダヤ教の聖典にそれを見出しました。それが第二モーゼ〔出エジプト記〕二十章と第五モーゼ五章〔申命記〕です。ところでその戒めの数え方についてはユダヤ教と東方教会、そして改革派のキリスト教徒は、アレキサンドリアのフィロンに倣って偶像禁止を第二戒として別に数えたために殺人の禁止は第六戒になりました。しかしカトリックとルター派は偶像禁止を第一戒と別に数えなかったので、殺人禁止は第五戒になったのです。原典そのものでは、戒めは数えられていません。その箇所は一三行、一〇段落に分けられて書かれています。

古ヘブライ語の殺人禁止の戒めは、イスラエル民族と彼らの聖典がヨーロッパの文化に対して果たした根本的な貢献です。ヒトラーはユダヤ文化の貢献をも消し去ろうとしました。ブレーメンの裁判所の建物には十戒が書かれていました。ナチスはそれを塗って隠し、モーゼの立像も撤去させました。今はその文字を再び読むことができます。

ヘブライ語で書かれることによってユダヤ人の犠牲者が、そうあってしかるべく、際立たせられることになります。戒めの碑に強制収容所の場所の名を挙げるというのはよい提案だと思います。もしそれが実現されるならば、確かにその戒めの碑を訪れるいかなる者も、殺人の戒めが犠牲者に向けられたものであるなどという馬鹿げことを考えることはないでしょう。

私の根本的な考えはこの戒めを犠牲者がそれぞれの言葉で、我々に対して語りかけるということです。しかしあなたは、その戒めの向けられている者の言葉で書かれることを求める。しかしいずれにせよドイツ人も、殺人禁止をドイツ語で読まなければなりません。我々はそこでは一致しています。

しかし私は「協力関係にあった国々の言葉」をそこに付け加えるということには、賛成できません。これらの国々も一緒にやったではないかと言うのは、あまりにも安易な逃げ道になります。それに、もしナチスがユダヤ人の迫害を企てなければ、そして犯罪的エネルギーを注いでそれを遂行しなければ、他の協力国は決してそんなことをする機会を持ち得なかったでしょう。それらの協力者が自らの行為に対してどのような態度をとるべきかについては、彼ら自身が考えるべきです。

ベルリンのユダヤ教会にとっては、殺人禁止の戒めが犠牲者に対して向けられたものであるという誤解が生じることを回避する方が、イスラエル、ユダヤ教の伝統がヨーロッパの文化に果たした貢献を思い起こすことよりも重要であるというのならば、そのことは熟慮されなければならないでしょう。

どんな記念碑も、告知された「一連のユダヤ教会からの断固たる抵抗」に抗して建つことがないということは私にも明らかです。いずれにせよ私が決定するのではありません。今、行なわれている議論に私は一つの提案をしたにすぎません。

（『ターゲスシュピーゲル』）

（1）Henryk M. Broder, „Du solltest nicht schrödern“, in: Tsp vom 23.3.1999, in: DS, S. 1266.

（2）Vgl. Karl Heinz Bohrer, „Theologischer Eskapismus. Adresse an Richard Schröder“, in: SZ vom 27.2.1999, in: DS, S. 1269.

（3）Vgl. Michael Mönninger, „Hallo Opfer, danke schön“, in: BZ 23.3.1999.

7 連邦議会の記念碑建設決議

7・1 連邦議会決議までの経緯

一九九八年の秋、新政権が発足し、首相に就任したシュレーダーは記念碑問題に連邦議会で最終的決着をつけることを表明した。

そのためには、形式的にはまだ続いている記念碑コンペを正式に終了させることが不可欠であったが、コンペの終了をめぐってはコンペ主催者である連邦とベルリン、そして「記念碑建設を支援する会」の間で意見が対立し、結局、結論を出すことはできなかった。

コンペが事実上終っていることは明白であるのだから、最終決定を下さずにコンペをそのまま終了させるという意見、主催者が決定を放棄してコンペを終了すれば、連邦議会がコンペの結果を出すことになり芸術への政治介入を招くというそれに対する批判、またいかに不透明な形であれ、実際にはアイゼンマンの作品がコンペの勝者として扱われている以上、それを一位として発表すべきであるなど、多様な意見に分かれ、紛糾した。

またベルリン市長ディープゲンはベルリン議会で記念碑問題を取り上げることを引き延ばし、決定を妨げ、さらにはベルリンの参与なしに、ベルリンに建てる建築物について連邦議会が決定することにも反対を表明した。この「ベルリン封鎖」は、ベルリン議会の中でも大きな批判を浴びた。★1

しかしその一方、連邦議会でどのように議決を進めるのかということについて明確な構想があったわけではなかった。

コンペの最終決定を連邦議会が下すのか、あるいは、コンペの提出作品以外を議決の対象に入れるのかなど、多くの問題が未解決のままであり、そのような状況でコンペをどのように終了させるべきであるのか、コンペ終了の決定権が誰にあるのかさえすでに定かではなかった。

結局連邦政府は、コンペを終了させて連邦議会で記念碑問題を決議するために、その前段階として、文化・メディア政府諮問機関による記念碑に関する公聴会を二回開くことを決定した。

一九九九年三月の第一回公聴会では、連邦、ベルリン、「記念碑建設を支援する会」の代表者と共に、第二回コンペの委員長ジェームス・ヤングや、ジェルジ・コンラート、ザロモン・コーンら一一人が招かれ、記念碑の本質的な問題、すなわち記念碑建設の目的、建設場所、そして記念碑の造形について意見が求められた。そして同年四月の二度目の公聴会では、ナウマンの提案した記念碑と記念館の併合案をめぐって、特に既存のナチス関連の記念館館長などがそれに対する見解を述べた。

連邦議会のためのこうした準備期間を終え、一九九九年六月二十五日、記念碑問題に最終決定を下す連邦議会が開かれた。

この連邦議会の二週間余り前、連邦文化大臣ナウマンは、ベルリン、「記念碑建設を支援する会」、そしてコンペ参加者全員に宛てて、コンペの終了を正式に告知する文書を送付した。こうして第二回コンペは最終決定が下されることなく、極めて不透明な経緯をたどってようやく終了した。

7・2 連邦議会議決（一九九九年六月二十五日）

一九九九年六月二十五日、ボンの連邦議会堂で記念碑についての議決が行なわれた。それはベルリン移転の直前、ボンにおける連邦議会の最後の議決の一つであった。

この日、記念碑をめぐる下記の議案について投票が行なわれた。

ホロコースト犠牲者のための記念碑建設の可否、その犠牲者をユダヤ人に限定することの可否、実現すべき記念碑として「汝殺す勿れ」の戒めの碑とアイゼンマンの「石碑のフィールド」について、それぞれの可否、そして「石碑のフィールド」に資料館を併合することの可否である。この最後の議案はナウマンがアイゼンマンと企画した「想起の家」の設計や内容を指すのではなく、記念碑を補完する「情報の場所」を記念碑と同じ敷地に附設するか否かという具体的内容のない形式的問いである。

議会ではそれぞれの賛否の組み合わせから成る六つのグループが議案を提出し、それぞれの代表者、計三二名による演説が四時間半かけて行なわれた。その後の投票の結果、事前に予想された通りアイゼンマンの「石碑のフィールド」をホロコーストのユダヤ人犠牲者のための記念碑として建設し、「情報の場所」を、それに附設することが決定された。そしてこれを具体的に実現していくために、記念碑財団が設立されることになった。

それまで議会の外で長い時間をかけて根本的に論じられてきた問題に、ここで新たな視点や論点が提起されるはずもなく、さまざまな論者によってそれまでの論争で述べられてきたことが、再び繰り返されることになった。そういう意味では、内容的に特筆するべきものがこの議決にあるわけではない。また議決は形式上、超党派的に行なわれたが、実際には各政党の主流派の立場はすでに明らかであり、結果は予想されるものであったため、この決議が大きな注目を集めることもなかった。

しかしそれにもかかわらずこの議会の討議をここで取り上げるのは、今までの論争がどの程度、またどのように議会に反映されたのか、そして連邦議会はアイゼンマンの「石碑のフィールド」を、どのような意味づけや論拠によって記念碑として建設することを決定したのかを確認しておくためである。

このことは、記念碑実現の過程や記念碑完成後に生じた新たな問題やそれをめぐる論争を、第Ⅲ部で論じる際に重要な意味を持つ。連邦議会の決定において示された記念碑の理念は、実際にそれを具体化させていく過程でどのように反映されたのか、そして完成した記念碑はそれを実現し得ているのか、そのことが最終的に問われなければならない根本的問題の一つである。そして理念と現実の間に乖離が見出されるとするならば、それがいったいどのようにして生じ、それは不可避的なものであったのか否かが、さらに問われなければならないであろう。

連邦議会で述べられた議決案についての賛否やその論拠を、以下に要約的に紹介する。

まず記念碑建設を支持する多くの議員から繰り返し主張されたことは、連邦議会のベルリンへの移転の直前に戦後民主主義の出発点となったボンで、古くまた新しい首都ベルリンに、ホロコーストの記念碑を建設するという決定を連邦議会が下すことそれ自体が、大きな政治的象徴的意味を持つということであった。

記念碑建設は、ベルリンへの首都移転に必然的に伴うべきものであり、記念碑はあの出来事が始まったベルリンに本質的に帰属する。なぜならば、ドイツは、そしてベルリンは、過去の文化遺産における正の部分だけではなく、この巨大な負の部分をも継承する義務があり、記念碑はそのことを外に向かって、ドイツの中心において公に表明するものであるからである。この記念碑は比較を絶する特殊な犯罪の想起がドイツの歴史理解と自己理解に深く結びついていることを象徴的に示し、歴史に対するドイツの責任を明確に表明する。その意味において記念碑は、二度と同じようなことを繰り返さない、また起こさせないという決意を表わす徴《しるし》である。ドイツの戦後民主主義が依って立つドイツ基本法第一条、人間の尊厳の不可侵はホロコーストを出発点にするものであり、そのことは、人間の尊厳が侵されるところでそれを阻止する責任とまた不可分である。この記念碑建設は戦後今まで行なわれてきた想起の営みの一つの帰結であるが、しかしそれに決して終止符を打つものではなく、この想起は次の世代へと継承されていかなければならない。

記念碑建設を支持する者の演説からまとめられるこのような理念は、ヴァイツゼッカーが一九八五年に行なった戦後四十周年記念演説「荒野の四十年」におけるナチスの想起の重要性とそれに結びつくドイツの自己理解や将来への責任という方向づけに重なるいわば現在のドイツの公式見解でもある。これらの言葉は党派、立場を問わず多くの演説で繰り返し語られた。ドイツの自己理解や歴史理解という理念に位置づけられる記念碑は、それ故に根本的に（非ユダヤ系）ドイツ人のためのものであり、ユダヤ人のために建てられるのではない。このこともまた多くの者が強調した。

記念碑建設に反対を表明した者も、これらの理念に直接的に異議を唱えたのではない。少なくとも表面的には、こうした理念に賛同しつつも、しかしその具体的実践として記念碑は適切ではないというのが、その主張に共通するものであった。その論拠は以下のようにまとめられる。

ドイツや、またベルリンにはすでに記念碑や記念館が無数にあり、これ以上それを増やす必要はない。また強制収容所などの歴史的現場にある記念館の担ってきた想起の活動の方が、記念碑よりも将来の世代にとってはるかに大きな貢献をなし得る。歴史的現場にある記念館や記念碑が表わす切迫したものは、芸術によって表現、伝達できないということも、またこの立場に立つ多くの者が主張した。

しかし記念碑建設に反対を唱える者の中で、このような理念そのものを真っ向から否定する一人の議員（キリスト教民主同盟）がいた。★2

ドイツはすでに謝罪や悔い改めを今まで三世代も続けてきたのであり、これ以上、さらに何世代にもわたって続けるべきではない。ドイツは充分な賠償を支払ってきたのだから、犠牲者に対してそろそろ赦しを期待すると、はっきりと言うべきである。もし記念碑が建てられるならば、それはドイツ人が自分たちを赦すことのできない無能力の証しである。そして政治家は、マスコミが敢えて書かない、一般人が声高には言うことのできなくなっている記念碑建設反対の声に耳を傾けるべきである。★3

以上のような記念碑建設の理念についての根本的な意味づけの他に、多くの議員が指摘した記念碑や議会全体に関わる論点を以下に列挙する。

まず一般市民が記念碑の問題に広く関心を持ち、コンペが過ぎた後も、そしてこの議会の始まる直前まで、記念碑の造形について設計図やモデルやアイデアが新聞社や議員やまた政党などに自発的に送ってきたことに対して、多くの議員がその場で感謝を表明した（それら一般市民が送った記念碑の設計図やモデルなどは記念碑論争の資料として現在も、新聞社などに保存されている）。

また演説を行なった者のほとんどは、記念碑建設運動を唱導したレア・ロースと歴史学者イェッケルにその貢献に対する謝辞を述べた。

またこの十七年にわたる論争そのものが記念碑であるという、この議決以前からたびたび言われてきたことも、この場でも改めて強調された。そしてこの論争を記録し保存することの重要性が指摘された。

連邦議会での決定ということに絡んでは、ドイツのこの記念碑に関する議決が、諸外国から注目されていることも繰り返し触れられ、しかしそれを圧力として決定を下すのではなく、自らの意思で自発的に決断を下すべきことが訴えられた。しかしまた十七年間も論争を続けてきて、今日記念碑を建設しないという決定を下せば内外に与える影響が余りにも甚大であるとして危惧を表明する議員もいた。

議会運営の手続上の問題として、党派的対立をできるだけ排除してなされるべきこの決定が、結局党派性を超えられなかったことに対する批判やまた議決上の多くの不備を指摘する声があった。

また議決が結局、R・シュレーダーの戒めの碑とアイゼンマンの「石碑のフィールド」の実質的な二者択一になったことに対しても、手続上の不備を指摘する者は多くいた。実現されるべき企画として挙げられたこの二つの提案は、アイゼンマンのものが具体的造形であり記念碑についての最終決定となるのに対して、戒めの碑は具体的な形が提起されていないため、これが採択されることになれば、それは造形や建設場所についての議論を行なう出発点となるにすぎない。その意味ではこの二つの提案は適切な対比になっていない。

さらに、二度もコンペを開催し、内外から専門家を招聘し審査委員会を設立しながら、結局最終結果を下すことができないまま、コンペを終結させるに至った連邦、ベルリンの「無能力」も野党から強く批判された。そしてその結果、議会が造形について決定を下すことになったことに対して、特に集中的に批判を行なったのは社会党であった。社会党は造形についての決定に議会が関わることは芸術への政治介入であり、この議案そのものが不当であるという批判を、東独の社会主義統一党を後継する党として、「過去の反省から」展開した。

社会党はこの立場から、アイゼンマンの企画がコンペの結果から見て唯一正当性を持つものであると解釈し、それを論拠に「石碑のフィールド」を支持した。またR・シュレーダーの提案については、同じ提案がすでに第一回目のコンペで落選したものであるという事実から、これが決定に加えられた経緯に問題があるとして批判した。

こうした形式的、手続き的問題を別にすれば、「石碑のフィールド」と戒めの碑を支持、あるいは批判する論拠は記念碑建設の理念と本質的に深く結びついていた。

「石碑のフィールド」を支持する論拠の中心は芸術への信頼ということである。この立場は、言葉や合理性では表現され得ない特殊なその出来事は、言葉のない芸術の沈黙の力によってのみ表現され得るとして、芸術の表現力に賭けるべきことが訴えられた。またこの作品の巨大さは、目障りなもの、決して見すごされないものとして作用し、その抽象的難解さは容易な解釈を拒み、見る者を挑発し、作品との対話や対決を促すものと解釈された。また入り口や出口もなく、その全貌を一瞥の下で把握できない「石碑のフィールド」は、そこを歩く者にとってホロコーストの理解不可能な規模や、ホロコーストがもたらした「喪失」、「空」、「不安」、「孤独」を想像させるような体験となる。そして「石碑のフィールド」でのこの個人的体験が、ホロコーストの想起を何らかの意味で可能にするという主張があった。

「石碑のフィールド」を批判する者は、このような論拠に対して、記念碑は誰にでも理解できるものでなければならないが、芸術は結局自己を表現するものであり、また一義的な理解が不可能であるが故に、記念碑として適格性がない、そして「石碑のフィールド」は、ホロコーストの犯罪の巨大さに物理的巨大さを対応させるものであるという批判を繰り返した。

「戒めの碑」の支持者は、「汝殺す勿れ」という殺人の禁止は、誰にでも理解可能である人類の根本的原理であることを強調した。ホロコーストは殺人そのものが行なわれる前に、まず殺人が思想的に合法化されるところから始まるということが述べられた。

またこの戒めのヘブライ語表記については、そのことによってヨーロッパ文化の源流を指し示すだけではなく、犠牲者をして加害者に語らしめることであるということが強調された。しかし一方では、その戒めが誰に向けられたものであるのかが不明確になるという批判を受けて、「戒めの碑」を支持しつつも、その言葉がドイツ語で表記されるべきことを主張する立場もあった。

「戒めの碑」に対する批判の主要な論点は、殺人は人類の歴史と共にあり、「汝殺す勿れ」という戒めはあまりにも一般普遍的であるため、ナチスの犯罪の特殊性や歴史の断絶を表わすのに不充分であること、さらに殺人だけではなく、そこに至るまでの過程におけるさまざまな犯罪行為がこの戒めには含まれないということに批判が向けられた。また現代のドイツにとって、「汝殺す勿れ」という戒めはもはや適切とは言えず、「汝傍観する勿れ」の方が現実に即しているという指摘もあった。★4

またナチス時代のドイツの教会やそれ以前のキリスト教史における反ユダヤ主義に触れて、実際には実践されてこなかったこの戒めを、教会の扉に彫るべきであるという批判があった。★5

「石碑のフィールド」を支持する者の多くは、戒めの碑の支持者の中には、小さく、地味で、目立たぬ、つまり「快適」な記念碑を求める者が多くいると批判した。そしてまた戒めの碑の支持者がアイゼンマンの「石碑のフィールド」に対する批判として落書きの危険性を指摘するのに対して、ネオナチの落書きを恐れることは、そうした破壊行為に屈することであるという反論がなされた。

記念碑への落書き回避の必要性を、この場で唯一強く訴えたのは、戒めの碑を支持する演説を行なったベルリン市長ディープゲンだけであった。

「記念碑に対する落書きや野蛮な行為による破壊の危険性を見たくない者は、それが記念碑の建設意図と全く正反対の影響を与えることになりかねないことを知っていながら、知的に我慢している。これは危険なことである。私は、この危険性を警告、強調することが自らの責任であると任じている。記念碑を我々の社会の成熟度を測るリトマス試験紙にするというのは馬鹿げたことである。我々はそのテストを失敗させるためには一人の熱狂的な者がいるだけで充分であることを知っている」★6。

「石碑のフィールド」に「情報の場所」を附設するか否かについて、附設を支持する者は、歴史の証言者を持たない将来の世代にとっては、この記念碑が何を表わしているのかを伝達する施設がその敷地内に必要であるという論拠を述べた。しかしこれが「石碑のフィールド」を妨げるものにならないよう設計されるべきことを支持者のほとんどが指摘した。

また「情報の場所」が他の記念館や想起の活動と競合するのではなく、それらを結びつける機能を果たすものとして意味があるという見解もあった。

「情報の場所」の附設に反対する者はこうした論拠に対して、ベルリンの既存の記念館がその課題を果たしていること、そして「石碑のフィールド」に立つ時に、それまでに当然知っておくべきことを知らないとすれば、そのことにそれまで取り組む機会を与えなかった社会の責任であるという反論がなされた。

さらに芸術の表現力への信頼性を強く主張する立場からは、訪れる者それぞれが直接「石碑のフィールド」と対話、対決すべきであり、「情報の場所」による「石碑のフィールド」の説明は、その重荷から見る者を解放するものであり、そのような補完施設は芸術を根本的に損なうものであるという批判が行なわれた。

「情報の場所」をめぐる手続上の問題としては、そもそも「情報の場所」がいったい、既存の記念館とどう違うのか、その規模や展示物、展示方法などについて一切白紙であることから、全く具体性のない段階で賛否を問うこと自体が適切ではないという指摘があった。

最後に、記念碑が対象とする犠牲者については、ユダヤ人に限定するという主張の根拠は、ユダヤ人の虐殺が規模において他に比べて圧倒的であること、そしてそれがナチスの思想の中心にあったことが挙げられた。また犠牲者を何の区別もなく一括りにするのではなく、それぞれの犠牲者グループを個別に想起するべきであり、そのためには個別の記念碑、もしくは想起の方法が考えられるべきであることが併せて主張された。ユダヤ人犠牲者のみにこの記念碑を限定することが、他の犠牲グループそれぞれに記念碑を建設することと不可分のものであることは、これを支持する者全てが前提として強調したことであった。

一方、全ての犠牲者に対する記念碑の建設を演説の中で論じた議員は僅かであったが、そこでは国家の中央記念碑が一つの犠牲者グループにだけ捧げられることには公共性がないこと、また今後、他の犠牲者グループのために記念碑を次々と建て続け、そのつど論争が起こることは不毛であるという論拠が述べられた。

また社会党からは、当時虐殺された共産党、社民党員を念頭におきつつ、ドイツにも加害者だけではなく、犠牲者、抵抗者がいたということも、間接的には想起されるべきであると控えめに述べられた。★7

7・3 決議の結果とその分析

議決は記名投票によって、次に挙げた議案の順序に従い、一つの議案の投票結果が出てから、次の票決へと進んでいった。投票結果は次の通りである。★8

ここでは議案を簡略化し、政党分布を併わせて記す（賛否を求められた実際の議案は括弧内の通りである）。

一、記念碑建設の可否（記念碑を建設する代わりに、既存の記念館を支援強化する）

記念碑建設賛成　四三九

（社民党二四一、キリスト教民主・社会同盟九九、緑の党三八、自民党三一、社会党三〇）

記念碑建設反対　一一三

（社民党八、キリスト教民主・社会同盟九九、緑の党二、自民党四、社会党〇）

棄権　五

二、ユダヤ人に捧げることへの可否（ユダヤ人だけにではなく、ナチスの犯罪による犠牲者すべてに記念碑を捧げる）

ユダヤ人にのみ捧げる　三二四

（社民党二一八、キリスト教民主・社会同盟一七、緑の党三八、自民党二一、社会党三〇）
すべての犠牲者に捧げる　二一七
（社民党二二、キリスト教民主・社会同盟一八〇、緑の党一、自民党一四、社会党〇）
棄権　八
無効　一

三、「汝殺す勿れ」という戒めを記した碑建設の可否
賛成　一八七（社民党三三、キリスト教民主・社会同盟一四三、緑の党一、自民党一〇、社会党〇）
反対　三五四（社民党二一一、キリスト教民主・社会同盟五一、緑の党三八、自民党二四、社会党三〇）
棄権　六

四、（縮小された）アイゼンマンの「石碑のフィールド」だけを建設することについての可否
賛成　一六一（社民党二一、キリスト教民主・社会同盟七二、緑の党一一、自民党三〇、社会党二七）
反対　三七三（社民党二二〇、キリスト教民主・社会同盟一二二、緑の党二七、自民党四、社会党〇）
棄権　一〇

五、（縮小された）アイゼンマンの「石碑のフィールド」と資料館の併合の可否
賛成　三一二（社民党二二五、キリスト教民主・社会同盟一三、緑の党三八、自民党六、社会党三〇）
反対　二〇七（社民党一一、キリスト教民主・社会同盟一七三、緑の党一、自民党二一、社会党〇）
棄権　一三
無効　二

この票決の結果から次のことが分かる。

超党派的な形式をとってこの議決は進められてきたが、結局、社民党と緑の党の連立与党に、社会党が加わり多数を形成することによって、与党主流派の提案が可決された。

記念碑の建設の可否を問う最も根本的な最初の議案について、最大野党である保守党キリスト教民主・社会同盟では、賛否が完全に二分されている。この記念碑建設に反対票を投じた議員が、他の議案にどのような投票をしたのかを分析すると、以下のことが明らかになる。

記念碑の建設に反対したキリスト教民主・社会同盟九九人のうち、その八割弱を占める七八人は記念碑の建設決定後、次の議案で「戒めの碑」に賛成票を投じている。そして「戒めの碑」を支持したキリスト教民主・社会同盟の議員一四三人の中で、最初の議案で記念碑建設に賛成していた者、いわば純粋な「戒めの碑」の支持者は六五名にすぎない（ちなみに現首相メルケルはその中に含まれる）。残りの八八人、すなわち「戒めの碑」の支持者の六割余りは、記念碑建設に反対した人々である。また記念碑建設に反対し、「石碑のフィールド」に賛成票を入れたキリスト教民主・社会同盟の議員は一二人（記念碑だけ一一人、情報の場所附設賛成に一人）、記念碑建設に反対し、後の票決の全てに反対票を投じた記念碑完全反対論者は、先に触れた記念碑の理念に根本的に反対した議員を含め、キリスト教民主・社会同盟の議員一三名であった（社民党では記念碑建設の反対者八人のうち、「戒めの碑」を支持した者は三人であり、これは戒めの碑を支持した社民党議員三三人のうちの一割にすぎない）。

キリスト教民主・社会同盟の記念碑建設に反対の論者によって「戒めの碑」が圧倒的に「支持」されたという現実は、「戒めの碑」を支持する者はなるべく小さく「快適な」記念碑を求めているというそれまで繰り返されてきた批判の正当性をある程度、示すものといえるであろう。

この投票結果から見られるもう一つの特徴は、記念碑をユダヤ人犠牲者に限定するか否かについて、社民党とキリスト教民主・社会同盟とが対照的な投票結果を示していることである。圧倒的多数のキリスト教民主・社会同盟の議員は、全ての犠牲者の碑に賛成している。また社民党はその逆である。

しかしこの議案は実際には、この記念碑建設が最後になるのか、それとも一連の犠牲者グループの最初の記念碑になるのかという問いに換言できる。従って、記念碑建設反対者を多く抱える保守党が全ての犠牲者のための碑を圧倒的に支持したのは、その実際的な理由が根底にある。

この投票結果からそれ以上に多くのことを読み取ることはできない。連邦議会が記念碑問題に最終決議を下したという事実そのものが、その決議内容より重要な意味を持つものであったといえよう。記念碑についての内容的議論は、この議決に至るまでにすでに議会の外で根本的に論じられてきた。議会ではその論争に表われたさまざまな論点や論拠が、それぞれの立場に応じて取捨選択され、強調されている。そういう意味では議会の外での論争は、確かに議会に「反映」されている。

いずれにせよ、この記念碑建設の議決によって、今までの論争に形式的に決着がつけられた。そして膠着した状況は決定的に打ち破られ、記念碑の実現に向かって新たな一歩が踏み出されることになった。しかしそれは同時に、第Ⅲ部で詳述する、記念碑の実現過程で次々と浮上する問題についての激しい論争の新たな出発点でもある。

第Ⅰ部の最後に、連邦議会の連邦議会議長ティールゼ（社民党）の演説を紹介する。これはこの議会で行なわれた最初の演説であり、また議決を導いた政府与党主流派の基本的見解を表わしているからである。ティールゼは連邦議会議長として、後に記念碑財団の理事長になる。

【資料29】（1999,6,25）

ヴォルフガンク・ティールゼ

連邦議会での演説

＊ヴォルフガンク・ティールゼ（一九四三年～）壁の崩壊後、自由選挙で選ばれた東独人民議会議員、東独社会民主党議長。統一後、連邦議会議員となり、一九九九年～二〇〇五年まで連邦議会議長を務める。

我々は今日、「虐殺されたヨーロッパのユダヤ人のための記念碑」を建設するかどうかという十年余り議論が続けられてきた問題について決定を下さなければならない。

論議は、すべて尽くされた。我々ドイツ人、我々ドイツ連邦議会議員はもう自由に決断することはできない。世論や国際的圧力によってすでに仮決定は下されている。そんな言葉を我々は繰り返し聞く。しかし私は言う。これは我々による、我々自身の決定である。我々が、我々の歴史と歴史の想起を見据えて、我々の責任で下す決断である。

（社民党の拍手、緑の党の拍手、自民党、社会党の一部の議員の拍手）

我々が、今日の議論をも含めて、どのように決断を下し、またどのようにこのテーマに尊厳をもって関わるのかということ自体が、このおぞましい今世紀に我々ドイツ人が礼節を持って別れを告げるかどうかを表わすものである。ドイツ史のこの暗黒の一章に終止符を打ちたいという声がある。しかし我々は真剣に情熱を持って、それを拒絶しなければならないと私は思う。

（社民党、緑の党の拍手、自民党、社会党の一部の議員の拍手）

しかしまた、この記念碑に対して根本的に疑念を持つ人々の間には、尊重すべき論議がある。ハノ・レヴィーが適切に表現したように、ホロコーストは「我々の理解の限界」に触れるものである。何度かのコンペの経緯は、ホロコーストの理解不可能性やナチスの暴力犯罪の巨大さ、またヨーロッパのユダヤ人の虐殺を芸術的に表現することがいかに困難であるかということを証明した。しかしそれは記念碑の建設を諦めることを意味するであろうか。私はそれに対して断固として、否と答える。

（社民党、緑の党、社会党の拍手、キリスト教民主・社会同盟と社会党、自民党の一部の議員の拍手）

ドイツ系ユダヤ人、イグナッツ・ブービスが、そんな記念碑は全く必要ないと言うならば、もちろんそれは正しい。本当の記念碑はブービスの心の中にあるからである。しかし加害者の子孫である我々に、ユダヤ人と同じことは妥当し得ない。我々はこの記念碑を、(ドイツ系であろうがなかろうが)ユダヤ人のために建てるのではなく、我々自身の政治的自己理解をはっきりと表明するものとして建てるのである。

「その自己理解には、ナチスによって犯され容認された人類に対する犯罪とその犠牲者に対してなされた表現を絶する恐るべきことが絶え間ない不安や警告として刻み込まれている」。【資料33参照】

ユルゲン・ハーバーマスはこのように言った。この記念碑から目をそらし、あるいは無関心を保つということは許されない。

(社民党、緑の党、社会党の拍手、キリスト教民主・社会同盟と社会党、自民党の一部の議員の拍手)

我々は今日、この記念碑をヨーロッパの虐殺されたユダヤ人に捧げるのか、それともナチスによって迫害され、殺されたすべての犠牲者に対して捧げるのかということについても、決定しなければならない。この決定は私にとっては決して容易ではない。ラインハルト・コゼレックは切迫性を持って訴える。加害者としての我々が犠牲者の階級化を決定することは不遜であると。さらにコゼレックは次のように鋭く付け加える。

「それをする者は、ナチスの親衛隊が犠牲者を絶滅するために定義したあのカテゴリーをなお用いているのである」。【資料38参照】

しかしそれにもかかわらず、私が虐殺されたヨーロッパのユダヤ人にこの記念碑を限定することに賛成するのは、ナチスの人種妄想にとって組織化されたユダヤ人の大量虐殺の持つ中心的性格を前提にしている。アウシュヴィッツは「何千年も続いたユダヤ人憎悪の頂点」を象徴するものである。これを踏まえた上で、我々はシンティー・ロマや政治的迫害者、同性愛者、精神障害者など他の犠牲者をいかなる意味においても貶めることにならない決定を、今日下さなければならない。我々には、それら犠牲者、一人一人の運命を想起する義務がある。

(社民党、緑の党、社会党の拍手、自民党、キリスト教民主・社会同盟と一部の議員の拍手)

我々は今日、ピーター・アイゼンマン設計の「石碑のフィールド」と、「汝殺す勿れ」という聖書の戒めという二つの提案のうち、どちらを記念碑として形にするのかということについて、決定しなければならない。「汝殺す勿れ」はかつて、コンペで提案されたものであったが、リヒャルト・シュレーダーがそれを再び取り上げた。それは人を魅きつける素朴で啓発的なものである。シュレーダーは、記念碑をユダヤ・キリスト教の精神的伝統に関連づけ、人間の普遍的義務という根源的な思想を我々に思い起させる。さらにシュレーダーの提案は、巨大さと理解を拒絶する沈黙というアイゼンマンの記念碑に対して今まで幾度も指摘されてきた問題を回避する。我々が決定に際して直面している問題の一つは、そのことであるからである。多くの者は、犯罪の巨大さに想起の場所の巨大さを対応させているのではないかという疑いを抱いている。

しかし、私がそれでもリヒャルト・シュレーダーに賛成しないのは、ユダヤ系アメリカ人でホロコーストの研究者、ラウル・ヒルバークが言った驚くほど単純な次の言葉の故である。

「『汝殺す勿れ』はドイツの過去に対していうべき言葉である。今日、ドイツが再び民族を虐殺するなどと恐れる者は一人もいない。従ってその戒めはよけいなものである。もし私が計画されているその記念碑に言葉を与えるとするならば、それは『汝傍観する勿れ』である」。

これは正しいと思う。実際に大多数のドイツ人は殺人を犯したのではない。多くの者は不安や無関心から、あるいは密かな、またはあからさまな共感から、近くのユダヤ人が連れ去られ、死の行進や死に向かって駆り立てられていった時、それを傍観していたのである。

しかしたとえシュレーダーのこの提案に反対する充分な根拠があるとしても、それではピーター・アイゼンマンの構想する「石碑のフィールド」は、我々にとって想像不可能なものを芸術的に表現するという課題を満たしているのであろうか。それについてはなお疑問の余地はある。その問題が今日まで私を悩ませてきた。なぜならばそのような記念碑は、抽象的志向性を持つ熱情の形式であってはならないからである。それは情緒的でまた知的な想起の仕事を引き出すものでなければならない。ハリー・ブロッス［社会学者］は正しく次のように書いている。

「それは見る者を恐れさせるのか、それとも想起させるのか。そのことは、これを見る者に全てかかっている。想起することを人に指示することはできないし、また人に目をそらすよう指示することもできない」。

これを設計したアイゼンマンが非常に鮮烈に表現し、また望んでいるように、記念碑が「孤独のテロ」を展開するということに、私は賭けたいと思う。

石碑の間を誰かと一緒に通り抜けることはできない。そこには入り口も出口も、そして中心もない。

矛盾するように聞こえるかもしれないが、このような方法で、この記念碑は見る者に想像不可能なことを理解させるであろう。ユルゲン・ハーバーマスは妥協なき芸術としてその記念碑を「適切な言葉」と名づけ、「押しつけがましくない否定的なものの情熱」という言葉で表現したが、その言葉はこのことと非常に近い。

我々は今日また、何も付属施設を持たない記念碑か、それとも「情報の場所」によって補完された記念碑かということについて、決定を下さなければならない。

私は、次の世代を考える時、果たして記念碑という形式言語だけで充分なのかどうかということについては長い間、疑問を抱いてきたことを認めなければならない。想起と記念は、非常に複雑で異なる二つのプロセスである。歴史的啓蒙は政治的意識を生み出し、起こったことを想起へともたらす。しかし死者の追悼や犠牲者への共感が自ずとしてそこから生まれてくるというわけではない。記念の場はそれらの人々に対する共感を目指している。それはうまくいけば、概念なき表現力、すなわち激しい感覚的力を発展させる。洞察は学習経験によってではなく、そのような方法で喚起によって生まれる。

私は付属施設を持たない記念碑だけを求める人々に問う。ここで前提となっている、喚起されるべき、そして喚起され得るその歴史の想起が、後の世代にとっても確実であるという自信があるのか。もしそれに対して少しでも疑念があるならば、我々は一つの答に必然的に至り着くであろう。細心の注意を払った形式で、想起と記念とを結びつけることが求められるべきである。それはある議員が最近意識的に先鋭化させて表現したような、「記念碑と市民大学の合併」の提案ではない。それは歴史的に規定された想起を、常に新たに記念へと促すものに関わらせるための試みなのである。

このことには必然的理由がまた別にある。それは、繊細さは備蓄しておいて、いつでも利用できるようなものではないということである。直視することで痛みを感じるならば、人は目をそらす。積極的な意味で感情にぶつかってくる記念碑、痛みを感じさせる記念碑は、言葉によるガイドやそれと取り組む機会を必要とする。

我々はまた今日、今後具体的な美学的芸術的問題について、また情報の場所の造形について決定するために、それが依託される財団を新たに設立するか、それとも連邦がそれをするのかということについても、決定を下さなければならない。ヨーロッパの虐殺されたユダヤ人のための国立記念碑建設運動は言葉の最善の意味で市民社会の主導によって成立したものである。私はここで、虐殺されたヨーロッパのユダヤ人のための記念碑設立の活動グループとその代表者、レア・ロース氏とエバーハルト・イェッケル氏に私から、願わくはここにいるすべての人々の名において心から感謝を表したい。

（社民党、九〇年同盟と緑の党、自民党、社会党の拍手、キリスト教民主・社会同盟一部の議員の拍手）

そのたゆまぬ活動がなければ、我々は今日、この決定を下すには至っていなかったであろう。そうであるが故に、私は財団の設立は必然であると考えている。

我々が今日決定を下す記念碑によって、将来の世代に対して次のメッセージが向けられている。恥は我々人間の尊厳を構成する一つの要素である。

この理解不可能な不正義と結びついた歴史を、政治的実践的に想起することから、現代への道義的義務と未来を創造する能力が生まれる。ここで核心的な問題になっているのはそのことなのである。

（社民党、九〇年同盟と緑の党、社会党の拍手、キリスト教民主・社会同盟、自民党一部の議員の拍手）

（1）Art. „Diepgen: Mahnmal der Stadt nicht aufzwingen", in: Tsp vom 21.1.1999, in: DS, S. 1207.
（2）マルティン・ホーマンは二〇〇三年、ユダヤ人をロシア革命やスターリニズムと関連づけ、加害者の民族と称した一連の発言（ホーマン・スキャンダル）によって、キリスト教民主同盟から除名され、その後、政界から引退する。
（3）Vgl. Martin Hohmann, in: Protokolle des Deutschen Bundestages, 14. Wahlperiode, 48. Sitzung, Bonn, Freitag, den 25. Juni, 1999, S. 4121 f.
（4）Vgl. Wolfgang Thierse, in: Ibid., S. 4086.
（5）Vgl. Heinrich Fink, in: Ibid., S. 4109.
（6）Eberhard Diepgen, in: Ibid., S. 4196.
（7）Vgl. Gregor Gysi, in: Ibid., S. 4094.
（8）Vgl. ibid., S. 4123–4138.

Ⅱ．記念碑の根本的問題
――想起の本質とその機能

▼…ウンター・デン・リンデンにあるアンチ・モニュメントの代表作「空の書棚」（295 頁参照）。

ここで紹介する文献は全て第Ⅰ部で経緯を紹介した記念碑論争の始まりから記念碑建設決議までの期間に発表されたものである。それらを四つの大きなテーマに分け、それぞれの章の中で発表の時系列に従って並べている。

各章の表題として掲げたテーマはいずれも記念碑の本質に深く関わり、それぞれ互いに密接に結びついている。従ってこの記念碑について論じるということは、これらのテーマ全てに何らかの形で触れることを避けられない。ここで取り上げた論文もテーマ的に分けられてはいるが、どの論文もその問題のみを集中的に扱っているわけではない。これらの文献を分類する際、一応基準としたのは、そのテーマがその文献の中心であるか、あるいは中心ではなくとも、それを扱う視点に独自性があるかということである。しかしこうした分類は多分に便宜的なものであり、個々の論文に付した解題と共に、文献を選択的に読む場合、読者にとって何らかの参考になり得る程度のものにすぎない。

また第Ⅰ部で扱った資料の中にも記念碑の本質的問題を深く掘り下げた文献は多数、含まれている。しかしそれらは論争の経緯を理解する上で重要な資料でもあることから、第Ⅰ部で取り上げた。

1 想起の主体――共同想起と国家アイデンティティー

この論争の焦点となっている記念碑は、他のナチスに関わる多くの記念碑や記念館に並列的に付け加えられる一つの記念碑というのではなく、統一ドイツの首都、そしてナチスの時代の首都ベルリンに建てられる、事実上、唯一の、国立・中央・記念碑という特別に意味づけられるものである。

このことから、この記念碑を建てる主体は誰かという問題が、既存の他の多くの記念碑や記念館とは異なり、根本的な問題として論じられることになった。これは「国家」とは何か、「我々」とは何かを本質的に問う記念碑論争の最も重要な論点の一つであった。

「我々ドイツ人」のほとんどが、その犯罪に直接的に関わる「加害者」やまた「傍観者」ではない時代において、この主体の問いは、現在の「我々ドイツ人」が、かつての「我々ドイツ人」の行為にどのように主体的、責任的に関わり得るのか、その根拠は何か、世代の異なる「我々ドイツ人」の間を繋ぐものは何であり得るのかという問いと必然的に結びつく。それは、記念碑の意味や本質を問う問いに他ならない。

こうした問題連関の中でナショナリズムや国家アイデンティティーは、多くの論者によって新たな視点の下で論じられた。それは、肯定的閉鎖的「我々」の規定やまたその裏返しとしての「否定的アイデンティティー」ではなく、さまざまな断絶を内包した連続性や共同性としての「我々」という可能性への問いを射程に入れる議論でもあった。

【資料30】(*1996,3,20*)

アライダ・アスマン

義務とアリバイの間で

＊アライダ・アスマン(一九四七年〜) 英文学。コンスタンツ大学教授。ヤン・アスマンと並ぶ想起理論の第一人者。この論文では国家アイデンティティーを共同想起との関連において新たな視点から捉え直し、非閉鎖的、非固定的アイデンティティー形成の可能性と重要性を論じる。

何のための国立記念碑か。中央ホロコースト記念碑をめぐる論争は、ドイツ人が新しい記憶を探究する途上にいることを示している。論争は外交や歴史学、そして想起政治の問題に関わっている。私は最初に明白なことを指摘しておきたい。それは我々が今、ホロコーストを生き延びた証人やその時代を直接知る世代が次々去っていく世代交代の時期に直面しているということである。我々の子供たちは、ナチスの大量虐殺の歴史と生きた接触を持つ者が一人もいない世界を生きるのである。

我々は世代交代を経験している

しかしそれにもかかわらず、ホロコーストの出来事は時間的距離によって色褪せていくことはない。むしろ逆に、それはより身近に感じられるようになり、より具体的になっていく。「アウシュヴィッツから離れれば離れるほど、この出来事を強く思い出す」という言葉を我々はしばしば聞く。時間的隔たりによって、その出来事は「政治的、実存的関係」を失うのではなく、ますます戦慄すべきものとなる。年代記家や歴史記録家の論理は、そこには適切にあてはまらない。時間的直線性による計量ではなく、横切られ、また離れているものが予期せぬ近さに押し出されてくる、そういう論理をここで把握することができよう。つまり記憶の跳躍力である。

我々は今日、自己保存ではなく記憶の鮮明化という問題に関わっている。これは世代交代の問題と直接的に関連している。生きた証言が不可能になるという時間的切迫性のみならず、後に生まれた世代が将来ホロコーストを想起することができるのかどうか、あるいは、それがいったいどのようにして可能であるのか。そのことが今、大きな問題として、明らかに意識されている。

個人的記憶から集団記憶へ

我々は、未来に対する記憶の転轍機を切り換える状況に現在、置かれている。政治家の言葉や新聞には、ホロコーストについての典型的フレーズが頻繁に登場する。「ホロコーストは決して忘れられてはならない。決して歴史的に相対化されてはならない」。

しかし実際にそれがどのように実現されるのかということについては、何も明らかではない。ラインハルト・コゼレックが言ったように、将来ホロコーストの記憶の保存が、歴史家に独占的に委ねられるのではないことは確かである。自伝的歴史や学問的歴史研究と並んで、第三のものがあることを見落としてはならない。それは集団記憶である。

集団記憶(Gruppengedächtnis)は他の二つの歴史想起とは次の二つの点で区別される。一つは、集団記憶は、何かを訴えるという性格を持ち、世代を超えるということである。つまりそれは想起を意識的課題とし、個人的想起の死滅という決定的な断絶を、後に生まれた世代が教育によって結びつけられ、共同想起への参与に義務づけられることによって、架橋する。集団記憶の差し迫った課題は、政治的実存的問題を継承させることなのである。

この目的のためには、その記憶の内容を強固なものとし、その記憶との結合性をより明確にしていく必要がある。より具体的に言えば、文化記憶の多様なメディアを総動員することである。いかなる集団記憶も、行為や語りや事物や場所やシンボルを、コード化、儀式化、物質化、正典化、あるいはタブー化することなしに維持することは不可能である。集団記憶とは自分で獲得した経験ではなく、それら全てのものから生まれるさまざまな媒体による記憶である。

フリードリッヒ・ゲオルグ・ユンガー[作家・詩人]はこの意味で記憶(Gedächtnis)と想起(Erinnerungen)を区別した。ユンガーによれば記憶は知識に基づいている。そして知識は「それをどのように自分で獲得することができるかということを、自分自身に伝えることができる。しかし想起を自分で自分にもたらすことはできず、それをどのように自分が獲得し得るのかを自分に伝えることも不可能である」。ユンガーはその際、記憶を第一に一般的知識の器官の一つとして考えている。この一般化された知識には、多様な種類がある。私はここで、それを事柄知(Sachwissen)とアイデンティティー知

(Identitätswissen) の二つに区別したい。ホロコーストについてのアイデンティティー知があるのと同様に、ホロコーストについての事柄知がある。そしてこの二つは相互に補完し合うことが可能であり、また補完されるべきであり、どちらか一方に解消することはできない。

アイデンティティー知は、事柄知に価値の次元を補足的に付け加える。アイデンティティー知はある特定の集団の成員としての自分にとって何が重要であるのか、その特定のアイデンティティーを維持するためには何が不可欠か、そしてなぜそうであるのかということを明確にする。事柄知とアイデンティティー知は対立する。しかしだからといって我々は、アイデンティティー知を過去の事柄の守り手としての歴史学の重大なライバルと考え、それを集団記憶の守り手であった、かつての想起の政治とみなす必要はない。この問題との関わりで差し迫って問われなければならないことは、ピエール・ノラ「フランスの歴史家」が「永遠の現在」や「聖」や「結合」というキーワードで表わした時代的、文化的、社会政治的選択肢である集団記憶が、ここでいう集団記憶と関係があるかどうかという問題である。

つまり義務的な集団記憶は、リベラルで世俗的、個人主義的と特徴づけられる市民社会に根を持つことがそもそも可能であるのかという問いである。また、我々が集団記憶を求めるとしても、「まず経済的観点、それから初めて社会的、政治的、文化的観点によって規定される」(ジークフリート・J・シュミット) メディアに媒介されたコミュニケーションのシステムにおいて、それは果たして貫徹し得るのかという問題である。

十九世紀のヨーロッパにおいて、国家の成立には二つの現象が附随した。学問的に発展した歴史学と、他方には根源と起源に関する神話の生産である。国家的シンボルが集中した領域で、それらは中心的な場を占めていた。歴史博物館や記念碑は十九世紀の発明であり、それは直接的には国民国家の発展に結びついている。このことが意味しているのは、国家はその成立以来、それ自身を歴史の意味に根拠づけるということである。国家という「世俗的宗教」の枠組みにおいて、集合記憶には新しい意味がつけ加えられた。国家と歴史的アイデンティティーの根拠とを結合させることが、統一以降のドイツにおいて急務の課題となったことは明らかである。歴史博物館の設立とその国家的支援は、新しい記念日の導入や中央記念碑についての議論と同様に、ドイツという国家が新たな記憶をつくる真只中にあることを示している。

もし国家と歴史と記憶が、構造的に互いに帰属し合うのであれば、この関係が新たにどのように構築されるのかということが問われなければならない。

この考察に基づいて、次のことがまず問題になるであろう。ドイツはそもそも国家記憶をつくることが可能であるのか。確かに現在、国家の持続性の解釈に古い模範や君主的偉人を求める傾向があることは見紛うことのできない事実である。例えば東にあったスターリンの銅像は撤去され、その代わりに西には皇帝ヴィルヘルム一世が再びドイツ・エック（ドイツの角）*注の台座に据えられた。そして（左派の）知識人サークルにおいては「国家アイデンティティー」というテーマはタブーになっている。国民国家によって破局的な終わりがもたらされて以来、国家アイデンティティーなるものは政治的には二度と再生され得ず、またされてはならないと考えられているのである。

この理由から市民社会では、民主主義的手続きの規定以外には、いかなる文化的アイデンティティー知にも特権が与えられてはならず、それらは全く個人の裁量に任されることが規範となった。ドイツの戦後世代を考える時に、我々は分裂した国家意識について語ることができる。そしてそれに結びついた危険性は、無論、明白である。すなわちその空隙に別のものが入り込んでくるということである。それ故、我々は逆に次のことを問わねばならない。それは、ドイツ人は果たして国家記憶を持たないでやっていくことができるのかという問いである。

国［Nation］、歴史、語り伝える共同体［Erzählgemeinschaft］

どのような国家記憶かということが、もちろん中心的問題である。国民は想起し、自分たちの歴史を知る。しかし求められているのは、誇りを動員する社会的力としての肯定的な国家感情［Nationalgefühl］ではなく、またドイツ人の集団責任や恥との取り組みにのみ固定化される否定的国家感情でもない。そうした基盤から始められるアイデンティティーについての議論は実際には何も生み出さない。この理由から、コゼレックはあるインタヴューで宣言している。「自分はアイデンティティーについての議論には加わらない。それは間違った問題設定である」。

しかし、コゼレックは「歴史的真実を認知するということは、我々の自己定義の一部であらねばならない」と強調することを憚らない。アイデンティティーの議論にとって問題になっているのは、まさにこのことなのである。つまり歴史的真実を我々の自己定義の一部として認知することである。

国家の共同想起とは、それに時効があろうがなかろうが、ドイツ人が行なった、そしてドイツ人の名に結びついた犯罪について、世代を超えて維持されなければならない知識を意味する。国家意識はそれ故、新しく定義されなければならない。国家意識とは、この知識をドイツ人の一般的教養を構成する一部として具体化し、それを広め根づかせることによって獲得される、歴史とアイデンティティーについての反省的意識である。この「反省的」という言葉は、あらゆる方向へとその国境を拡大し、隣国に壊滅的打撃を与えた国家が、その国家意識を自分たちだけでは決して自由に処理することができないということを明確に表わしている。それは市民社会の平和的秩序という文脈において、他国の想起や特に犠牲者の想起を同時に顧みるものでなければならない。そしてセンセーショナルな対照的記憶（犠牲者側の想起の鋭さと加害者側の想起への無関心）もまた取り除かれなければならない。自国の名によって行なわれた犯罪を正確に想起すればするほど、その国はより多くの信頼を獲得することができるであろう。それ故に国家意識は、もはや密閉された集合自意識ではなく、他の国々と互いに認知し合う、相互的行為における関係的な自己意識を意味するのである。

文化的テキストとしての記念碑

今までの考察は、何のための国家記憶であるのかという問いをめぐるものであった。そしてこの記憶がどのような内容のものであるのかという問題には、まだいくつかの論点を付加しなければならない。一九九四年の夏から一九九六年の始めまでのホロコースト記念碑についての議論は、それについて知りたいと思うならば新聞の記事を集めるだけで十分である。その論争は内容的には抽象的であった。曖昧な象徴的記号のもとで経験は具体化されることなく、むしろ希薄化され、些細な問題へと拡散していく。「真実は［ノイエ・ヴァッへの］コルヴィッツのメッセージよりも酷いもの」（ラインハルト・コゼレック）、改竄のメッセージよりも酷いものである。アイデンティティーの転換によって、加害者は犠牲者へと様式化され、犠牲者による想起や、犠牲者についての想起は、加害者を覆い隠すものとして機能する。そこには真実が欠けている。「陰鬱なるものをそのように処理し受け入れる者にとっては、それと並んで行なわれる他の全ての表現はもはや直接的ではない」（グスタフ・ザイプト［文芸評論家］）。

またそこには具象化の問題もある。あたかも二万五〇〇〇トンのコンクリート製のプレートによって、ドイツ人の罪責の重さが量られるかのようである。犠牲者の名前をそこに彫り込むことについては、「免罪符の販売」(イグナッツ・ブービス)という批判もなされている。

この記念碑が過去のアリバイや幕引きになることが一般に恐れられている。想起の課題は記念碑へと継承される。そして永続的に存在する唯一の中央の徴を建設することは、能動的、持続的、意思伝達的な想起の営みからその重荷を軽減する。さらにはモーセの十戒の第二戒、偶像崇拝の禁止についての議論もそれに加えられる。想起を精神的に内面化していく代わりに、感覚的に外化された像を置き、「異教的な」想起の力がそこから作用する。

記念碑にできることと記念碑にできないこととをはっきりさせることが必要である。記念碑は文化的テキストであり、極端に規制されたコードにおいて把握されるポスターのようなシンボルである。内容的に豊かで細分化された表現はこのコードでは不可能である。記念碑の課題はもっと別の次元にある。記念碑はアイデンティティーを確認するものであり、はっきりとしたメッセージを担うものなのである。

意味を付与するレトリックが疑問視されるようになってから、記念碑というものには「汝忘れる勿れ」というパフォーマンス的なメタテキストはまだ残っている。この絶対的命令が記念碑というものを具体化する。記念碑はただ文化的自己コミュニケーションであるばかりではなく、自己規定とまた自己についての外からの規定の輪郭でもある。その輪郭は国際的外交という文脈においてその機能を果たす。記念碑は想起の演出のための場所として、政治的表出の形式の集積場に属している。それらは自国のテーマ化と国際的シンボルによるコミュニケーションの一部なのである。それが記念碑というものの役割の本質であり、またそれに尽きる。今計画されている記念碑に、開かれた学習の場や想起を促すための継続的な刺激や歴史の演出、歴史的想起文化の興隆が繰り返し望まれている。しかしそれは他の方法で実現されなければならないものである。中央ホロコースト記念碑は加害者の国においては、政治的シンボルをはっきりと公に示すという次元に属するものであり、世代を超える集団想起を根づかせるためには、全く別の記憶媒体が必要なのである。

そのような集団記憶は、芸術家やその印象深い作品によって保証されるようなものでは決してない。それは共同的に継続する努力に属する事柄である。聞き取り史の研究者、ルッ・ニートハマーは言う。「歴史的根本的経験が意識に持続的に根づくということは、三つの次元の結合においてのみ可能である。個人的経験、学問的啓発、そして媒体による表現である」。

我々は価値づける想起を必要としている。

この三つの次元は、記念碑とそれに組み合わされる資料保存と研究施設、人々の交流の場、そして博物館などが一緒になった政治的教育の場に結びつけられ、保証される。ナチスの時代についてベルリンの歴史博物館やボンの歴史館で、始めか終わりのところでただ軽く触れられているだけである。そこには大きな穴がある。犯罪の現場を歩くことができる加害者の国においては、そのような博物館が擬似的、体験的歴史に集中する必要はない。むしろ展示物と並んで、国際的研究や会議、討論を行なう資料センターとして、その特徴を発揮することができよう。特別展覧会で、ユダヤ人の迫害の段階的経緯を地域的な広がりにおいて明瞭に示し、破壊されたユダヤ教会の記録を展示する。また奨励賞や奨学金によって研究を促進させ、歴史を加害者の観点からも理解するために、地方にある重要な記憶の場所を把握し、保存のための連絡調整を行なう中心的拠点にする、というようなことも可能であろう。知識の獲得や研究連繋や語り伝える共同体といった想起の能動的側面を支える他の記憶媒体が、記念碑の硬直した物質性やそこに具現化された固定的英雄的身ぶりをよけいなものにするであろう。想起というものは、記憶についての専門家が保証しているように、更新するという行為としてのみ可能になるからである。

ゲーテはかつての構築主義的観点の代表者であった。

「我々には振り返ることの許されるいかなる過去もない。ただ過去の拡大された要素から構成された永遠に新しいものがあるだけである」。

想起の行為は固定的なものと流動的なものとの間にある。人間の想起は、コンペで一等に選ばれた記念碑の企画のように手入れに手間のかからない巨大なコンクリートとは違い、いつもしなやかで持続的に再構成されていく。しかしまた価値づける想起は、世界規模の知のネット（World-Wide-Web-Wissen）のように永遠に変容し続ける強大な記号の流れとも違って、自己に対する義務や方向付けやアイデンティティーの輪郭を描き続けるのである。

注　コブレンツのモーゼル川とライン川が交わるところにある細長く突き出た所は「ドイツの角」と呼ばれている。十九世紀の末、皇帝ヴィルヘルム一世（一八七一年のドイツ統一によって成立したドイツ皇帝の初代皇帝）の死後、馬に乗った騎士像がここに建てられた。戦後、台座だけ残っていたが、一九五八年にはドイツ統一記念碑となった。一九九三年には元の騎馬像が復元され、再び台座に据えられた。

【資料31】(*1997,7,17*)

ザロモン・コーン

連邦議会堂(帝国議会堂)を貫く亀裂

——計画されているベルリンのホロコースト記念碑と国家アイデンティティー

*ザロモン・コーン(一九四一年〜) フランクフルト・ユダヤ教会議長(一九九九年〜)、ユダヤ人協議会副議長(二〇〇三年〜)、建築学者。フランクフルトのユダヤ教会を設計。第一回コンペでは審査委員を務めるが、その後立場を転換させた。この論争の主要な論者の一人で、論争の中で多くの論文を発表した。ここで取り上げた論文は、第二回コンペの開催が発表された数週間後に書かれたものである。「否定的」アイデンティティーを表わすホロコースト記念碑の可能性を問う。この論文はいくつかの外国語に翻訳されている。

十九世紀の国家的記念碑は、支配者や大きな決戦や英雄を讃えるものであった。それは一般の意識の中で記念碑についてのイメージを今日まで規定している。記念碑は石に刻まれ、あるいはブロンズに鋳られ、国家の偉大さと国家の意義を賞賛し、それを集合的記憶の中に持続的に保存する。しかし十九世紀のドイツの国家アイデンティティーは明確に形成されず、脅かされていたために、それらのモニュメントは同時に石となった不安の証言でもあり、国家の統一や自信という感情を表わすことに失敗している。しかし社会的現実と理想化されたイメージが分離していたとしても、シュトゥルム・ウント・ドランク(疾風怒濤)によってロマンティックに美化された国家統一への希望が挫折することはなかった。

国家的記念碑における理想化された表現は、それを見る者を、支配者や民族、祖国に肯定的に同一化させることを目標としていた。

ドイツのホロコースト記念碑はとりわけそのような国家的意味を持ちながら、しかし古典的記念碑に通常見られる同一化という原型を転倒させている。その記念碑は、それを見る者が加害者の子孫である限り「否定的」アイデンティティーという複雑な行為を引き出すのである。自分たちの民族の行なった犯罪というその「反感を持たせる」対象に感情的に接近すると同時に、蛮行を芸術へ美学的に変容させることに対して批判的距離を持つ。

これらの労苦に満ちた過程を、自分自身をナチスの犠牲者とみなす非ユダヤ系ドイツ人の全ては回避した。それらの人々から見れば、記念碑のメッセージの宛先は本当の加害者の子孫であり、それは他人である。彼らにとってホロコースト記念碑は自己のアイデンティティーを脅かすものである。なぜならば記念碑によって、自分たちの共同体の暗い面と対峙させられるからである。ナチスの犯罪を正しく想起するという覚悟は、加害者の子孫が国家アイデンティティーを歴史的屈折の中において受け入れる覚悟があるかどうかにかかっている。それは表面的には治癒した国家のアイデンティティーや、また犠牲者という回避的役割に逃避することではない。それらは結局、ナチスの大量虐殺への想起を自分たちの欲求に基づいて恣意的に相対化し、それを改竄することに帰結する。国立ホロコースト記念碑は、批判的距離における「否定的」アイデンティティーという困難な行為によってのみ成功し得るであろう。

ホロコースト記念碑が古典的記念碑の美学的伝統に接近すればするほど、「否定的」アイデンティティーからますます遠ざかる。断絶したアイデンティティーの問題が中心になるところで、すなわち同一化を求めるドイツの諸シンボルとの直接的対決においてのみ、ホロコースト記念碑は信憑性を持つことができるのである。

ホルスト・ホーアイゼルはベルリンの中央ホロコースト記念碑のコンペで次のことを提案した。それはブランデンブルク門を破壊し、その粉塵を建設場所となっている敷地に撒くというものである。コンペの審査委員のほとんどは、この提案の思想的射程の萌芽さえも全く認識せず、その提案があまりにもラディカルであるが故に嫌悪した。しかしそのことは審査委員の正しさではなく、その企画の正しさを示すものである。なぜならばホーアイゼルの提案は、多くのドイツ人にとって痛みを感じさせるものであったからである。それは、適切な記念碑との「否定的」アイデンティティーのために必要な、習慣的日課のような想起に対する有刺鉄線を含んでいる。

ホーアイゼルの提案はコンペの条件を満たしていなかったので、それを拒絶することは審査委員にとって容易であった。ナチによって遂行された人間や民族の完全絶滅の原理を、別のものの完全絶滅によって芸術的に象徴化し得るという希望をもって、鏡像のように物体に映し出すことは不可能である。重要な歴史的証言をそのように消し去ってしまうことは常に蛮行であり、より高次の目的のためにそれが役立つように見えるかどうかは、全く関係のないことである。もしホーアイゼルが、ブランデンブルク門を完全に破壊する代わりに、そこから何本かの支柱をとり外し、木や金属でできた仮のものに取り代えることを提案していたとすれば、まだ将来性はあったかもしれない。もちろん、そのように軽減された提案も、実現される見込みはほとんどなかったであろうが。

重要な国家的業績を指し示し、ナチスの犯罪をまるでそれがドイツ人によるものではなかったかのようにドイツの歴史から別にしておきたいという加害者の子孫の欲求は今なお強い。しかし国家的シンボルとそれに結びついた痛ましい感覚に疑問を抱くことなく、それを異他化することなしに、いったいどうやってこの比類ない犯罪を一つの記念碑によって正しく想起するというのか。

適切なホロコースト記念碑に至る王道はない。先に触れたブランデンブルク門の仮設の柱は、中央ホロコースト記念碑について暗礁に乗り上げた議論を再び活発にするために刺激を与えるにすぎない。また他にも記念碑の因習的コンセプトを避け「否定的」アイデンティティーの手がかりとなる記念碑をイメージすることはできよう。例えば国立中央記念碑ノイエ・ヴァッへの前に、ナチスの強制収容所と絶滅収容所の名前をエッチングした高い不透明なガラスの壁を立てる。「戦争と暴力支配の犠牲者のため」に造られた中央ドイツ記念碑の中に入るためには、この透明な壁の後ろに廻り込まねばならず、訪問者はナチスの強制収容所や絶滅収容所の名前を見ることを余儀なくさせられる。このようにして能動的犠牲者（「より高い」目的のために死んだ者）と受動的犠牲者（「より高い」目的のために殺された者）の概念を対立させ、他に類を見ないナチスの犯罪をドイツの歴史の構成要素として、ガラスでできた嘆きの壁のようにドイツ中央記念碑の前に建てるのである。

またドイツ連邦議会堂の入り口のすぐ前に深く掘った溝をつくり、議会堂に出入りする誰もがそこを渡らなければならないようにする。国会議員も国賓も来館者も、ドイツの歴史がどのような深みを越え、ドイツの再統一がどのような深淵を超えてなされたのかをそこで目の当たりにする。人権の侵害がどういう結果をもたらすのかということについての色褪せることのない戒めとして。

国家のどのシンボルが汚されているかなど、どうでもいいことである。血の海のようなドイツの現代史において、破壊されていない国家意識の残余物であり得る汚されていない同一化の島を保守しようとする要求はなお支配的である。アウシュヴィッツの後、見せかけ上回復した国家アイデンティティーに対する拒絶は不可避であり、それは同一化を提供する従来の記念碑に対立するものとして中央ホロコースト記念碑を受容するための前提である。そのような記念碑は、見る者をドイツ史との「積極的」同一化を誘う象徴的建造物との間で、肉体に刺さった刺《とげ》のようにあらねばならない。これは国家的諸象徴に有効に作用し得る。ホロコースト記念碑は、そのようなものでないならば、因習的な記念碑の図像学に捕われたままであり、その芸術的自律的作用の要求によって、ドイツのアイデンティティーのイコンとの必然的対決は不可能であろう。

そのような一歩は恐らく今まで試みられてはこなかった。なぜならばホロコーストの後、最初の十年間はドイツ人の自己理解が深いトラウマを負い、脅かされ、不確かであったからであり、この弱さの意識から自己は表現され得なかった。しかしそこから時間的距離をおいた今こそ、チャンスがある。歴史的に条件づけられたすべての屈折における国家アイデンティティーの明確な表明が、「否定的」アイデンティティーを要求されるホロコースト記念碑に映し出されるならば、ホロコースト記念碑は変容を被った自己評価や自らの歴史に対するドイツ人の新しい態度の何ものかを表現するであろう。真っ当なアイデンティティー形成へのドイツ人の第一歩は、ドイツ人によって行なわれたナチスの生き地獄に対する(僅かな)代償として、多様な面によって構成されている国家意識を受容することによって踏み出されるであろう。

こうした全ての問題は、「ヨーロッパの虐殺されたユダヤ人」をテーマにしたベルリンのコロキウムでも聞かれたような、中央ホロコースト記念碑のテーマを建設場所や造形にのみ固定して論じる今までの議論を前進させる。記念碑は公共の場における芸術作品であるという従来の理解では、加害者の国におけるホロコースト国立記念碑にとってはあまりにも不十分である。なぜならば、記念碑に結びつく「否定的」アイデンティティーの問題は、全く芸術美学的ではなく、何よりも政治的道義的問題であるからである。そしてそれ自体は、私的団体である「記念碑建設を支援する会」の課題ではない。もちろんこの団体が、この問題に大きな貢献を果たしたことは明らかであるが、これはドイツ連邦共和国の問題なのである。国立ホロコースト記念碑の問題における最終決定は、国家によって下されなければならない。

ドイツ連邦議会の議員はこの責任を果たし、これを自分の問題として宣言するであろうか。彼らは将来の中央ホロコースト記念碑との「否定的」アイデンティティーという困難な道を進む勇気と偉大さを所有しているのであろうか。十九世紀の記念碑が、実際には危険に陥りながらも、理想化された国家アイデンティティーの証言を石にしたものであったように、ホロコースト記念碑がもしそのような伝統の延長線上に作られるのであれば、それは犠牲者を犠牲にして獲得された国家意識を証言することになる。ホロコースト記念碑にとって適切なことは、ただ二律背反においてあることだけである。それはドイツの歴史に対峙し、またその歴史を貫いて立つものでなければならない。自分たちの民族が行なった犯罪と、また見かけ上一貫した国家アイデンティティーに抗して、非妥協的で不快な国立ホロコースト記念碑を建てることを求めるドイツ人の誠実さと信頼性は、今危機に瀕している。

(『フランクフルター・アルゲマイネ新聞』)

【資料32】(1998,2,20)

ペーター・アンブロス
適切な観点——ベルリンのホロコースト記念碑をめぐる議論

＊ペーター・アンブロス(一九四八年〜)　歴史学、ユダヤ学者。ケムニッツ・ユダヤ教会副議長(二〇〇一年〜)。ホロコーストの主体である「我々ドイツ人」とは何かを批判的に問い直す。主体を曖昧にしたまま建設されようとしている記念碑に対する痛烈な批判として、加害者の碑としてのホロコースト記念碑について独自のイメージを述べる。

どのような建設計画でも、次の三つの問題が重要であるということについては、全く疑いの余地はない。誰が、誰のために、そして何を目的として建てるのかという問いである。奇妙なことに、およそ十年にも及ぶベルリンのホロコースト記念碑建設をめぐる論争においてこの問題に対する答はほとんど真剣に求められてこなかった。

この記念碑を建てるのは誰か。それは連邦政府によって代表されるドイツ連邦共和国、ベルリン市政府によって代表されるベルリン、そしてそのような記念碑を建てたいという意志を持つ人々からなる市民運動グループである。では誰のために記念碑は建てられるのか。数年前、再び首都となったベルリンの市民とまたドイツ国民のためである。そしてその記念碑はどういう機能を果たすのか。それは、ホロコースト、すなわちナチス国家による工場のような方法で行なった大量虐殺とユダヤ人を想起させる。その際、「想起」という言葉は「説明する」や「報告する」という言葉とは対照的であり、想起の対象は何か新しいものや未知のものを表現するのではなく、多くの記憶の中で、その忘却が妨げられるべき一つの記憶を表わしている。

しかしドイツ連邦共和国は統一的「集合記憶」を果たして持っているのだろうか。いや、そもそもホロコーストの統一的想起などあるのであろうか。

ホロコーストを考えるとき、我々は殺人の現場に足を踏み入れるが、大量虐殺がその核心であるという事実は、その現場を悲劇性からも犯罪性からも解放しない。その現場を考察するとき、必然的に三つの視点の選択が求められる。そしてそれ以外の視点はない。それは加害者、犠牲者、そして多かれ少なかれそれに参与した傍観者の三つである。ある程度普通に社会化された人間は、通常、犯罪者の視点を本能的に拒否する。それは同一化するのに非共感的であるからである。参与せざる傍観者という視点もそれとほとんど同様である。行動しない観察者は、何もしなかったことによって少なくとも道義的には共犯者である。ドイツ連邦共和国とベルリンには、自分たちの集合記憶に大量虐殺の犠牲者の視点を絡ませる権利が果たしてあるのか。

奇妙な態度

我々がヴァンゼー会議からアウシュヴィッツ解放までの間に起こった出来事から時間的に離れれば離れるほど、ドイツではその出来事に対する人々の理解には、より一層奇妙な特徴が表われているように私には思われる。私はこの国で、そしてかつての、また新しい首都ベルリンで、ユダヤ人として二十五年間生きてきた。私は常に国家的な考え方を拒否し、ヨーロッパ的に感じてきた。私は啓蒙主義の諸原理に従って行動する知人たちによく会うが、バルカン半島の国家の自己定義に何の理解も示さないその人々は、歴史家論争やゴールドハーゲンの本やベルリンのホロコースト記念碑がテーマになるや否や、世代を越えてドイツの「我々」意識が構成される。そのような「我々」に、私は一九九八年、困難を感じている。

私にとって、ホロコーストの理解は、明瞭に、また第一に、この時代の私の両親と私の祖父母の運命から成り立っている。私にとっては、ホロコーストが全体として意味していることはそれとはまた別の、非常に複雑で困難なテーマである。犠牲者の役割という足枷は、一見その逆の役割より共感されやすいように見えるだけである。しかしこの点において重要なことは、このテーマに関して私には自明の個人的立場があり、それに対応する視点があるということである。私の回りの非ユダヤ系市民は自分たちの立場を直視することを決して望まず、また直視することができない。私にはこのことが、いわゆるドイツの思想構造を理解するための手がかりであるように思われる。

我々は誰でも、国家社会主義ドイツ労働者党、すなわちナチ党は自由選挙において多数をまとめることができたのではなく、「権力掌握」を手続的に操作しなければならなかったことを知っている。多数の、あるいは全てのドイツ人が「第三帝国」の始まりにおいて、ナチであったという憶測は全く事実に反した神話である。しかし残念ながらその時代に、ヨーロッパをほとんど歴史上最大の瓦礫の山に変えてしまうのに充分な数のドイツ人はすでに存在した。しかしナチスに抵抗する尊敬されるべきグループもまたあった。いったいどのような論理の名によって、その子孫が今日、あのおぞましい「犯罪者民族」に属しているなどとみなされなければならないのであろうか。

「共同責任」の概念は、後には「集合的恥」へと緩和させられた。私の考えではそれは本質的に三本の支柱を持つ。第一の、そして最も重要なものは、戦時中「ドイツ人」の敵であった連合軍が作ったイメージである。占領された国において、連合軍にとっては、疑わしい者はとりあえず誰でもヒトラーの支持者であった。第二の支柱は、ドイツ連邦共和国のボンを首都とする政治、すなわちすべての民主的政党が最初の何年間かの間に確立した政治であったと私は考えている。その代表者は活動を停止した国を再び機能させるために、実際的な行動をとるより他に道はなかった。彼らにとっては将来に信用が失墜しないようにすることが何より大きな問題であり、過去のやましさは重要ではなかった。なぜならばドイツの戦後政治は、全体主義的で時代錯誤的な政権が崩壊した瓦礫の上に機能し得る民主主義を構築し、遂には成功の歴史へと導くという巨大な課題と直面していたからである。そのような動機から、全国民に対して正確に「責任の再分配」を行なうことを回避したことを私は安易に批判しようとは思わない。

第三の、そして最も問題ある支柱とはその具体的な罪責を、一般的に「国民の集合的恥」という汚水溜に進んで消滅させていった変遷自在のやましさである。

かくて私は当時どのようにしてホロコーストの主体である「我々」が成立したのかをある程度、跡づけることができる。しかしそれを今、いったい誰が必要としているのであろうか。

すでに言及したドイツの啓蒙された反国家的ヨーロッパ人との経験の中で私は、自分の家族がどれほど広くその歴史に巻き込まれていたのかについて、彼らがほとんど何も知らないことに非常に当惑した。純粋に統計学的に見れば、少なくとも彼らの家族の約二〇％は我々と同じ側に属していた。あの政府は周知のようにユダヤ人だけを犠牲にしたのではないからである。明らかに神経症的なものが、おそらく破局的発見への不安に対する最後の防御が、彼らが正確さを追究することを妨げているのであろう。今日では誰にとっても何の役にも立たないこの不確かさから、よくわからないまま奇妙な自己純化に奉仕する儀式を彼らは自らに課している。この儀式と建設計画中の記念碑が突出して目立ち、それがドイツのホロコーストの「我々」に全く対応しない非常に問題のある犠牲者という役割の悪趣味な借用に何の役にも立たないのであれば、これに関わっていない者にとっては、それはせいぜい同情的に、または滑稽に思えるだけであろう。

借りてきた喪の作業

私は記念碑論争の枠組みの中で何度も発言してきた。私はユダヤ人として、統一ドイツの連邦政府が、多くの小さな影響のない記念碑に、一つの大きな影響のない中央記念碑を、敢えて付け加えるか否かについて全く関心が持てないということを表明してきた。そしてそこから結論づけて、私は記念碑の造形に内容的に関わるということはユダヤ人の課題であってはならないと考えていた。ドイツのホロコーストの「我々」の中に、我々は全く場所を持たないからである。それは自明のことであり、また正しいことでもある。

記念碑コンペの暫定的最終選考に残ったほとんどの作品はユダヤ人芸術家のものであるが、最初に提起した三つの問いの観点から見れば、このことは実に馬鹿げている。犠牲者の子孫が、加害者と共犯者の子孫が行なう喪の作業に芸術的表現を与えるということに、私はなお疑念を抱き続けているが、しかしそれにもかかわらず、上品ぶった遠慮をこの際放棄することにする。どのようにすればドイツのホロコーストの「我々」が、自分たちの立場に誠実でありつつ、なおホロコースト記念碑を首都に建てることができるのか、私は自分のイメージを述べようと思う。

私は記念碑建設予定地にそれを関係づける。その敷地の広さは正しい視点を持てば、むしろ有効である。私はその敷地に草を生えさせ、その草を常に短く保っておく。その端から中心の記念碑まで悪天候に備えてコンクリートの小道を作る。敷地中心の芝生の上には、コンクリート製の比較的小さなハーケンクロイツを造る。その四つの辺は独立したコンクリートの四つの小部屋ができるような大きさにする。部屋は内側も外側も素っ気なく漂泊されたコンクリートで造られ、別々の入り口をもつ。そして入り口には鋼鉄製のドアがつけられる。部屋に窓はなく人工照明灯がある。そしてそこに一対の机と椅子を置く。机の上にはナチスに関する資料が可能な限り多く保存されているコンピュータを備えつける。そのコンピュータには実際の加害者であるナチスの支持者、ナチスの親衛隊に所属していた者、強制収容所で働いていた者、ゲシュタポに勤務していた者などの名前と生年月日といった資料、そして国防軍の動向や野外での死刑執行についての正確なデータが入っている。

利用者は自分たちの身内に関する資料を携えていき、そのコンピュータで「検査」することができる。そして「陽性の結果」が出た場合には、利用者にはコンピュータのプログラムによってその親族の階級やそれに有していた権限や実際に行なった、もしくは行なった可能性の高い活動についての情報が与えられる。実際にホロコーストとその現場に本当に取り組みたい者はそこでほとんど自由に、個人的に過去へ目を向けることができる。空き地を通ってみすぼらしいハーケンクロイツの建物へ向う道は、純粋に空間的には快適な道ではないが、しかしホロコーストにとっては適切な道であり得るのではないであろうか。

その建物を出た後、訪問者は歴史の犠牲者に対して、敬虔に歩み行くことができるであろう。墓を訪れた後、小さい石を墓石に積むというのが古くから伝わるユダヤ人の習慣である。多くのホロコーストの犠牲者には墓さえもない。それ故、来館者が自分たちの家族の歴史に視線を投げかけた後、小石を置くことのできる象徴的場所を「記念碑」の傍らの草地に造ればよい。石は間もなく丘に、丘はいつしか山になるであろう。そして時がたつといつしか醜いハーケンクロイツではなく、その傍にある想起の山が草地を圧倒するであろう。それが実際に、実りある想起の徴《しるし》であると私は思う。

（『ベルリン新聞』）

【資料33】（1999,3,31）

ユルゲン・ハーバーマス

人差し指——ドイツ人とその記念碑

*ユルゲン・ハーバーマス　略歴は資料19を参照。論争において一貫して論じられた重要な争点を掘り下げ、この記念碑についての自らの見解を明らかにしている。国立ホロコースト記念碑建設の論拠として、この論文は連邦議会での議決を含め、多くの者に引用された。

壁が崩壊してから十年がたった。記念碑論争はドイツ人の政治的自己理解をめぐる闘いである。ベルリン共和国は過ちの影を前方に投げかけ、テレビ映りのよい首相［シュレーダー］の登場が過去を片づける。議論の状況はこうである。

一九八九年、ベルリンの壁は崩壊した。そして同時に、「虐殺されたヨーロッパのユダヤ人のための記念碑建設を支援する会」は法人として登録された。この運動は長くためらっていた議会をとうとう動かした。それからほぼ十年がたち、二回のコンペと多くの議論とそして休戦期間の後、昨年の秋に連邦議会の委員会によって、「なぜ」と、「どこに」、そして「どのように」というホロコースト中央記念碑についての問いをめぐる公聴会が始められた。

ヴァルザーを契機に始まった議論が、状況を転回させた。そしてそれは裏目に出た。ドイツ連邦共和国の腹から定期的に発生する大きな不安を与える過去の消化不良のおくびから、今回は一人の著名なユダヤ人［イグナッツ・ブービス］の勇気のおかげで、政治的公共性はそこから解放された。

夏期休暇の前に連邦議会はその計画について遂に決定を下す。我々は思い違いをしているわけではない。これは、五十年間のドイツ連邦共和国の歴史において議会の票決が、見通すことのできない将来に突き刺さるドイツ人の浄化された集合的アイデンティティーの徴を可能性の領域へと押し出す最初の機会なのである。そしてそれがまだ可能である最後の機会であるように思われる。誤った巨大な(monumental) 過去に捧げられるベルリン共和国は、その影を前方に落としている。

賢明な観察者は、ミヒャエル・ナウマン［文化大臣、社民党］、ヴォルフ・ヨプスト・ジードラー［ジャーナリスト］、アンチェ・フェルマー［緑の党、連邦議会議員］、ハナ・レナーテ・ラウリン［キリスト教民主同盟・ベルリン議会議員］、フェルディナント・フュルスト・ビスマルク［キリスト教民主同盟、オットー・ビスマルク財団理事］、そしてヴォルフガング・ティールゼなどの「国家的象徴の需要を満たしたい」(『フランクフルター・ルンドゥシャウ』、一九九九年三月三日付) 者たちの大連立について論じている。［アーヌルフ・］バーリンク［政治学者］だけではなく、［エゴン・］バー［社会民主党政治家］までもそうである。ヴィリー・ブラントのサークルに属する左派ナショナリズムは、引退したオスカー・ラフォンテーヌ*注1の もたらした欲求不満に反応している。決定的な選択肢を他には持たずに、行政的手続に基いて市場命令への適応を越えた変更を遂行することは不可能である。失望した左派は今や、誰も自信の持つことのできない社会的両極化の代わりに、国民を結束させるものを求めている。公共的な論拠が求められ、テレビのトーク・ショーというような近道では乗り超えられないのであれば規範的なことなどはどうでもいい首相は、このような感傷に満ちた状況の中で動いている。コールがビットブルクでの派手な歴史的方法で失敗した過去の廃棄を、シュレーダーはテレビ映りのよい大衆的手法で、あまり注目を集めることなく巧く進めている。

シュレーダーは将来、連邦議会が開かれることになっているベルリンのかつての帝国議会堂を引き続き「帝国議会堂 Reichstag」と呼び続けることを求めていたのであるが、他の者が「検閲(Diskurspolizei)」について論じているとき、［知識人が］「国民に人差し指を向ける無作法」を批判している。［テオドア・］ホイス［元大統領］や［グスタフ・］

ハイネマンから［ローマン・］ヘルツォークや［ヨハネス・］ラウに至るまで世論や公の場での言い回し、儀礼的演説と国民の健全な偏見や仲間内の世間話との間には、言語レベルの相違が存在していただけではなく、その間の言語フィルターに亀裂あったのは本当である。哀れなイェニンガー[*注2]や不実な者は時折、その犠牲になっていった。

しかしそのフィルターは内政の深い淵を越え次第に闘いとられ、できあがってきたリベラルな政治文化の一つの本質的前提であった。かくして、これからは巷の人々のみならず、制度が建物に、すなわち「連邦議会」は「帝国議会」に同化し、ドイツ皇帝の帝国の一つの制度から、連想されるであろう。ドイツが、幸いにも傲慢にならず、まだ学びの途上にあった時代の後に、シュレーダー首相の怠慢は歴史に残るであろう。シュレーダーは、刺として留まり続けるあの記念碑よりも、あらゆる相違の消滅のための情熱的な舞台裏として、印象のよいベルリン宮殿［の再建］〔第Ⅲ部5・3・1〕を優先させている。

現在、計画されている記念碑については、何年にもわたって情熱的な議論が真剣にまた高い水準で行なわれてきた。そこでは方法の問題や事柄の本質が論じられた。記念碑の意味と機能については今日では一致した見解に達している。美学的造形的問題についての議論は充分な理由をもって、なおも続けられている。また記念碑が虐殺されたユダヤ人だけに捧げられるべきか否かという重要な問題は未解決のままである。

我々は次の問いから始めたい。まずこの記念碑で、誰が何を表現するのかという記念碑の意味について、次に記念碑がいったい何の役に立つのか、誰に対してそのメッセージが向けられているのかという記念碑の目的についての問いである。

記念碑の意味

二十世紀の破局の歴史はほとんど至るところで人々に国の伝統に対して疑問を抱かせた。市民国家の集合アイデンティティーもまた別のところで溶解していった。スキャンダルや裁判沙汰や法律制定に関わる際どい問題や歴史的叙述や映画やテレビの連続ドラマなど、多かれ少なかれ偶発的な機会から、政治的自己理解の問題について公共の議論は行なわれてきた。そして、市民が自分の国にどのようなイメージを持つのか、市民がいったい何者であり、またどのようにありたいのかが論じられた。このような機会はドイツ連邦共和国の初期には数多くあった。例えばドイツの再武装をめぐる議論、グロプケ事件[*注3]、ファイト・ハーラン監督作品の上映問題[*注4]、憲法擁護局総裁［オットー・］ヨーンの誘拐事件[*注5]、ナチス時代の犯罪についての時効をめぐる議論、第三帝国の勲章の問題、連邦軍の核武装の議論や、そして、ペーター・ヴァイスが「捜査」［ドキュメンタリー演劇］のテーマにしたが、何よりもフランクフルトにおける最初で最大のアウシュヴィッツ裁判がそれである。これらの機会は、最近の国防軍展覧会論争［一九頁の注参照］やゴールドハーゲン論争［同］、また大企業や銀行のナチスの絶滅政策との癒着問題まで、現在まで幾重にも重なっている。そしてそれらの議論はいつも、一つの問いへと収斂する。危険を孕みつつも、決定的な精神形成力を始めから持っていたその問いは次のことである。「加害者の世代」の国家と社会を、政治的、法的に、文化的に継承する我々は、ドイツ連邦共和国の市民として、彼らのしたことの結果に対して、その歴史的責任を引き受けるのか。「アウシュヴィッツ」への自己批判的想起、すなわちこの名前に結びついた出来事に対する目覚めた省察を政治的自己理解の確固とした構成要素にするのか。ドイツ人によって行なわれ、また支持され、容認された文明の破壊行為に対して、その後に生まれてきた世代にも、彼らを不安にさせるこの政治的責任は生じるのか。我々はそのことを、断絶した国家アイデンティティーの要素として受け入れるのか。その政治的責任が、我々の伝承における誤った考え方は決して継承しないという意志を意味する限り、それは「断絶」と言わざるを得ない。我々は後に生まれた者として、そのことに共に責任を負い、自分自身に向かって「二度と再び」と言う。我々の伝統の継承におけるこの断絶が、再び獲得された自己尊重の条件である。

もし計画されている記念碑がこの問いに対する答えであるならば、我々が加害者の国において、イスラエルやアメリカで犠牲者の子孫が、また世界中で思慮深い人々がしているように、ユダヤ人犠牲者を記念するということがこの記念碑の中心的な意味ではあり得ない。「ユダヤ人が我々ドイツ人からホロコースト記念碑を貰う」ことが問題なのではない。我々の政治的文化的コンテキストにおいては、それは別の意味を持たなければならない。中心的問題はすなわち、その記念碑によって今生きている加害者子孫の世代が、政治的自己理解を公にはっきり表明するということである。その自己理解には、ナチズムにおいて行なわれ、また容認された人類に対する犯罪とその犠牲者に対して行なわれた表現を絶する恐るべきことが、持続的な不安や警告として刻み込まれている。記念碑建設についての公聴会では、記念碑が「その犯罪と加害者に集中する」ということの意味がテーマとして取り上げられた。

誰が記念碑を建てるのか

記念碑を建てるのは記念碑を求め得る一連の人々である。大事なことは、市民社会から始まり、それ故多様な考えを持つ参加者が受け入れられる市民運動の非国家主義的な理解ではない。またユダヤ系ドイツ人ではなく、ここで生活しているシンティー・ロマや第二次大戦後に市民権を獲得した移住者は、この記念碑が何を表現すべきかということについて何も言うことはできない。この記念碑を建てるのは、その犯罪がかつて可能となった文化の直接的継承者であり、加害者世代と共有している伝統との関連の中にある市民である。その市民がこの記念碑によって自分たちを、加害者と犠牲者、そして犠牲者の子孫に関係づける。

我々は自分たちがどのような態度をとっていいのか解らないので、両親や祖父母の過ちを道徳的に判断することに対してある種の遠慮がある。しかしそれはただ同胞に対する気おくれというような心理的なものからでは説明され得ない。この国の市民として我々は、この歴史の最も暗い部分、つまり加害者の犯罪行為、そして加害者世代の誤った行為とまたその行為の容認に、とりわけ我々の政治的アイデンティティーの批判的意識化との間連において、特に関心を持つ。その際、歴史をふりかえり罪責と共謀の本当の総量を評価し、認知する覚悟は、現代の自由についての理解によって、つまり自分自身を責任ある人格としてどのように評価し、どの程度政治的行為者であろうとするのかによってさまざまに変容する。過去をふりかえる時、罪責と無実を我々がどのように配分して見るかということはゴールドハーゲン論争の政治的倫理的核心でもあったのだが、この国の市民として互いに尊重しあう基準となる規範をそれは反映している。

しかし一方、犠牲者の想起は、決して単純に他者とは異なる「我々」という関連性からのみ、単純に機能化されてはならない。大量虐殺を想起するということは、確かに今の世代の政治的自己理解に関わっている。しかし犯罪や加害者、また我々にとっての意味ということだけに排他的に集中することは、犠牲者への共感の道義的核を蝕むことになる。想起への無条件的、道徳的命令は自己の意識化というコンテキストによって、決して相対化されてはならない。真剣に、ただ犠牲者を犠牲者のためだけに思い起こすことだけが正しい。たとえ不完全なものであったとしても、それはもともと「記念碑建設を支援する会」の運動を導いていた正しい直感であった。

もし想起が自己だけに関連づけられ、それが自己陶酔的に独立するならば、そして記念碑が「恥の碑」となるならば、弱くもろい、想起の連帯性の力はその価値を失う。アウシュヴィッツを「我々の恥」とみなす者は、他者が我々について抱いているイメージに関心があるのであって、自己自身を見つめ、互いを尊重し合うことが可能になるため、ドイツ市民があの文明破壊をふりかえって形成する自分自身についてのイメージに関心があるのではない。虐殺されたユダヤ人の記念碑によって、我々は我々自身を明らかにすることを試みるのである。記念碑は、国内であれ国外であれ、他者の期待を充たすものではない。その過去は、加害者と犠牲者の子孫とを分離する。一方が他方にとって共に生きることが可能な、あるいは我慢できるような関係になることに対して、充分信頼に足る責任を担うならば、この分離された過去は現在の市民による共同的行為を阻害しないであろう。ホロコースト記念碑は犠牲者の子孫に対する市民の思慮を表現する。

ユダヤ系市民はこの微妙な役割分担に注目して、この論争に生産的に加わった。また戦後ドイツの市民権を獲得し、どちらの側にも属していない移住してきた市民はこの問題に直接的には関わっていない。もちろん、彼らは市民権を獲得するという決断によって、その歴史的負債を知っている一つの政治的文化に関わった。彼らは他の事柄を重要と考えるかもしれないし、またある日、この国の文化記憶に自分の痕跡を残すかもしれない。しかし現在は、今置かれているコンテキストにおいてのみ自分たちの声を届かせることができる。民主的立憲国家においては、公共的議論のパラメーターは合法的な方法でその内側からのみ変えることが可能であるからである。

目的と宛先

現在この国の市民として生きるドイツ人は、アウシュヴィッツとの歴史的関わりによって本質的に特徴づけられた政治的自己理解のための象徴的表現を探求している。そのことによって市民権に義務づけられた国のアイデンティティーを、我々の歴史にとって適切な解釈（Lesart）において強化することを求めている。しかし記念碑のこの表現の意味は、記念碑が何に対して、また誰に対して規定されているのか、またそれはどこに建てられ、どのような形を持つのかということについて、明確な情報を与えることはできない。ホロコーストを「連邦共和国の建国神話」のために動員することは記念碑の目的ではあり得ない。

確かにドイツ人の文化国家は、アウシュヴィッツ以降、またアウシュヴィッツによって、そしてナチスの体制が最終的に到り着いた段階についてのかなり遅れて行なわれた公共の省察によって、初めて信念に根ざした普遍的憲法原理との結合を形成した。ナチス支配の最初の日々から、ユダヤ人と共産主義者、よそ者、弱い者、思想の違う者、別様に生きている者などを国家の「内側の敵」と規定することによって、差別や市民権の剥奪はすでに明らかではあったのではあるが。

この悲しい事実は「強迫観念」ではなく、一つの事実である。そしてその事実は文化記憶を封じ込め、ナチスの時代のより前には遡らせないような仕方で、我々をアウシュヴィッツという舞台に固定するといわれている。この疑いは長い間、[フランツ・ヨセフ・]シュトラウス［連邦大臣、キリスト教社会同盟議長、バイエルン州首相を歴任］や［アルフレート・］ドレッガー［キリスト教民主同盟］は、ドイツの一千年の歴史をあの「千年王国［ナチス支配の時代］」のたった十二年間に縮減してはならないという言葉で温存した。

ヴァルザー論争を契機にしてカール・ハインツ・ボーラー（一九九八年十二月十二、十三日付『新チューリッヒ新聞』）はこの暗い情熱を充分な論拠によって明らかにすることを試みた。「多くのことについて、一つの記憶が存在するとき、初めて記憶が成立する」。誰もそのことは否定しない。しかしアウシュヴィッツを歴史的にふりかえるということは、市民の眼差しを（そしてここでもまた政治的自己理解が問題なのであって歴史研究が問題なのではない）、「その一つのもの」にだけに固定化し、他のすべてのことは消し去るべきであるということを意味するのではない。またそうすることは不可能である。個々の伝統をある程度理性的に習得することは、豊富な視点から歴史を知ることを前提とする。アイデンティティーを形成する「多くのもの」の編集加工に際して、「アウシュヴィッツ」の想起は精査のためのモニターとして機能する。アウシュヴィッツの後、我々は国民の自己意識を我々の良い伝統から吟味せずに獲得することはできず、批判的に習得した歴史からそれを獲得し得るからである。

そのような自己理解を公共的に強固にすることは、それを恒常的に確立したいという願望を内包しているにもかかわらず、現代の世代は自分たちのためだけに最終妥当的な決定を要求している。現代の世代が将来の世代を縛ることは不可能であり、それを求めるべきでもない。確かに記念碑に象徴的に凝縮されている自己意識化の行為は、将来のドイツ人たちに向けられている。それはベルリン共和国の始まりを決して偶然に徴しづけているのではない。記念碑は、将来の世代に態度表明を促すという目的を持っているのである。彼らはその記念碑が表現しているものに対して、すなわちアウシュヴィッツがドイツ人のアイデンティティーに五十年間意味してきたものに対して、自分たちの態度を表明すべきである。それがどのようなものであろうとも、その態度表明を無視や無関心によって回避することはできない。この観点において「記念碑」は一つの「戒めの碑」となる。記念碑が「モニュメント」と近い意味を持つようになったのは十七世紀になってからであった。

どのような形の記念碑であるべきか

この目的から、その記念碑がなぜ、過去の出来事を記録する史跡や記念の現場や啓蒙的内容を持つ博物館や記録の収集や資料保存によっては、代替され得ないのかということが明らかになる。記念碑だけがそれを建てた者の意志やメッセージを証しすることができるからである。そして妥協のない芸術のみが、それに適切な言語を提供する。もっと快適で、もっと論証的なものを持ちたいと望むのであれば、この計画の意味も目的も理解していないということになる。博物館や歴史館の教育的意味という人差し指は、マティアス・グリューネヴァルトの「イーゼンハイム」祭壇画の「十字架上のイエスを指さす」ヨハネの人差し指とは少し違う。もちろんラディカルに世俗化された政治は、宗教に関わるものに支えを求めない。近代後期においては、伝承された象徴的表現形式や儀式的な実践の基礎づけなしに集合的拘束性を生み出し得る一般的に共有可能なコンテキストはもはや存在しない。美学的に成功している記念碑は、その設立へと導いた累積した不安定な理由の備蓄によって、なお作用している。他方、個人的記憶と混同されてはならない国の文化記憶は、歴史叙述や文学やまた学校の授業などの媒体によってのみ伝えられていくのではない。文化記憶は依然として象徴的表現や儀式化を求める。たとえ、そのような計画を触発する形式や考えが自然発生したかのようなみせかけは、情け容赦もなく公共の議論の中で剥ぎ取られるとしても。

芸術という手段によって、文明破壊を表現することは困難である。あるいは不可能であるかもしれない。しかし象徴的表現を求める行為にとって、造形芸術の他に、そして痛々しさや無害性を最も効果的に阻止できる現代芸術の抽象的形式言語の素っ気ない閉鎖性の他に適切な媒体はない。何らかの具体的なものをさらに付け加えるならば、それは間違った抽象の事例に堕すことになる。例えば一般的な言葉

「汝殺す勿れ」の戒めも、それがヘブライ語と他の虐殺された国の言葉で記されるならば、この言葉の背後にある想像を絶する事柄についての堪え難い特殊な意味は消え去るであろう。我々は遠い昔から第五戒の違反と共に生きてきた。しかし我々はホロコーストとは、人の一生に精々僅かな長さをつけ加えた時間と共に生きたにすぎない。確かに私も、セラとアイゼンマンの石碑の立ち並ぶフィールドではなく、もっと別の形や、別の建設場所を望まないわけではない。例えばザロモン・コーンが提案したベルリンの連邦議会堂入り口の前に造られる「深遠の亀裂」である。議会堂を出入りする者は誰もが、必ずその亀裂を渡らなければならない。この企画はフランクフルトにある「コーンが設計した」ユダヤ人会堂の正面玄関に造られたあの亀裂の反映としてそのアイデアを借りたものであろう。

美学的な議論において「唯一の正しい答え」を期待することはできない。今、政治的議論が一致に至ろうとしている「アイゼンマンの」企画に対抗するよい選択肢が見出せないという前提に立つならば、我々はそれで満足しなければならない。企画の選択についてではなく、アメリカのユダヤ系建築家を選んだことに関しては、審査員は意識していないかもしれないが、ドイツ人だけが負わなければならない事柄から責任を回避しているのではないかという一抹の疑念は残る。

この記念碑が将来の世代に対して態度表明を促すものであり、それは決して見すごされるものであってはならない。しかし、はっきりと見えるものであるためには、それが巨大モニュメントでなければならないということを意味しているのではない。「モニュメント主義」は支配の芸術の輝かしい勝利が石になったものという印象がある。しかしいずれにせよこの非難は、押しつけがましくない否定の情熱をもつ「アイゼンマン（二）」［修正されたアイゼンマンの企画］が無効にした。一列に並べられ、やや苛立たせる彎曲を持つ剥き出しのまま無言で聳えた柱は、恐らく訪れる者を孤立させるであろう。しかし私が正しく理解しているとすれば、それは決して高ぶった仕方ではなく人を不安にさせる。

無理な要求

真剣に考えるべきことは、この挑戦の厳しさに対する国民のルサンチマンという反応が、この企画の善意の立案者に対してではなく、むしろユダヤ人に対して返ってくるのではないかというジェルジ・コンラートが表明した危惧【資料41】である。この意見は聞き流されているが、スキンヘッドなどの野蛮な破壊行為を、臆病に、また賢明に予期するのと同様に、これは陳腐な考えである。そしてその臆病さは、記念碑が対抗している者と同じメンタリティーを甘んじて受け入れている。もし我々がそのような記念碑を求めるならば、我々がその主人であろうと欲する世論のバロメーターとして記念碑を持つということである。そうでないならば、その計画自体を否定することになる。記念碑の完全性が、二十四時間体制での警官の大量動員なしに守られ得ないとするならば、我々の国はここでは唯一の可能性である二重底の正常性にまだ到達していないのである。

また一方の無理な要求という批判に対して、我々ははっきりさせるべきである。「自分たちの恥に対して記念碑を建てるべきではない」というヘルマン・リュッベ［ドイツの哲学者］やルードルフ・アウグシュタイン【資料13】やマルティン・ヴァルザーは、多くの者が共有している感情を表わしている。彼らは、犠牲者カルトや、私の若い頃にはまだあった英雄的死について語っている。それは、より高いと思い込まされた自分の属している集合の目的のために調整された見せかけの自由意志による犠牲の死のことである。啓蒙主義において犠牲がなぜ廃止されなければならならないのかが理解された。そしてヨーロッパのナショナリズムの時代に、初めて自己主張する国家のための主体的犠牲が、輝かしい勝利を記念する戦勝記念碑によって縁どられた。比類ない唯一の巨大な犯罪の加害者の子孫が、他国やドイツのあの犠牲者のために記念碑を建てるならば、そういう考え方は変えられなければならない。ここでもドイツ人の自己理解が依然として問題なのである。この記念碑を見る者は、自分たちの死者へ敬意ある眼差しを向けることをしないであろう。もはや輝かしい勝利を表わしてはいないワシントンのベトナム記念碑も、またそうであろう。公共の眼差しは、自分たちの両親や祖父母の犯罪行為や黙認によってよそ者として、敵として排除され、人間以下のものへ貶められ、人間ではないものとして虐待され、絶滅させられたあの犠牲者に向けられなければならない。多かれ少なかれ私物化された自国の戦死者に対して、当然の当惑から良心の呵責を持つ国民に対して、この自己批判的な限界の超越が要求されているのである。戦死した兄弟に対する生き残った者の罪責の気持ちについては、ドイツ連邦共和国の自己理解に関する徹底的な議論において今までのところは取り上げられていないが、重要なテーマであった。

かくてその無理な要求は、すでに西の社会の内側での交流においては、所属性の基準によって選択的に用いられることのない市民の平等の規範に長く法的に根ざしている道義的観点に存している。ホロコーストは、自国の死者のカルトについての因習的形式に一致しない民主的市民社会における道徳的責任の空間的時間的限界の撤廃を、ドイツ人に促す。それをもまた、すでに多くの者が考える「否定的ナショナリズム」として表現されることであろうか。

ヘルムート・ドゥビエルとベルント・ギーゼンは、どちらも歴史家ではないが、傷つけられた相手をも関係づける、非中心化された集合的自己理解への一般的傾向を、他の国の実例を挙げて明らかにしている。例えばスペインや南アフリカやアメリカなどにおいては植民地の歴史の裏面について、我々の「歴史家論争」と、テーマではなく構造において類似性をもつ論争が行なわれた。フランス人、イタリア人、オランダ人、さらにはスイス人、スウェーデン人は戦争中のナチスとの協力関係の時代にそれを獲得した。「現在の状態の肯定的意識化に対して現代では、自国の過去は素材を提供しない」ということは、これらすべてに通じることである。それはむしろ現在の方向づけとコントラストをつくる見せかけのメッキとなる。公共の想起には、罪責と不正義に満ちた歴史の神秘的繰り返しの強制を打ち破るという課題が与えられている（H・ドゥビエル『誰も歴史から自由になることはできない』ハンザー、一九九九年、二九二頁）。この集合的自己理解の変遷と共に、民主的立憲国家の普遍主義は国家意識の構造を内側から変革することによって、国家意識に深く結びついている個別主義を獲得した。国（Nation）というものはポスト・ネーションという状況においてもこのような方法でなお痕跡を残すのである。

未解決の問題　誰に対して

個々人を等しく尊重する道徳的普遍主義は、市民が自らを再認識する歴史的関わりについての民族的個別主義［ethnischer Partikularismus］と何の緊張もなく、常に一致していたわけではない。加害者に集中する理解と犠牲者に集中する理解との間の緊張は、懸案のこの記念碑が「虐殺されたユダヤ人」か、それともすべての犠牲者グループに対して捧げられるべきかという問題についての論争を引き起こした。ラインハルト・コゼレック**【資料38】**とクリスティアン・マイアー**【資料36】**は「犠牲者グループのヒエラルキー」に抵抗する我々の普遍的直感に繰り返し問いかけた。我々は権力の手先によって選別され段階づけられた苦しみに対して、その観点に従って再び犠牲者を想起の中で分離してはならない。「戦争と暴力支配の犠牲者」に捧げるというノイエ・ヴァッヘの献辞が、加害者と犠牲者を雑然と寄せ集めた堪え難い抽象をあからさまに企てた後、虐殺されたユダヤ人という特定の限られた観点を持つことは、いずれにせよ他のグループの犠牲者をその同じ場所で無視するという個別主義に従うことである。少なくともその個別主義は、シンティ・ロマや政治的犠牲者、精神障害者、同性愛者、エホバの証人や兵役拒否者に対して、補償が求められるような不正を密かに行なうことである。その結果としてディープゲン［ベルリン市長］の、デリカシーに欠ける言葉ではあるが「犠牲者通り」が成立する。その雑で皮肉な表現は、平等の扱いという正しい要求から結果的に生じる展望のない問題に注意を向けさせる。

またヘルマン・コーエン［ドイツのユダヤ人哲学者］のような者ならば、普遍的な論拠に賛成するであろう。ザロモン・コーンやミカ・ブルームリクらのドイツで暮らすユダヤ人の幾人もが、コゼレックやマイアーの意見に賛成している。しかし我々は、なぜ我々にとって「アウシュヴィッツ」が今日、圧倒的な仕方でヨーロッパのユダヤ人のホロコーストと絡まりあっているのかということを説明する理由があるということも、また見逃してはならない。普遍主義を正しく訴える道義的直感は別のもの、すなわち我々が自分たちの集合を関連づける、もし望むのであれば民族的直感といってもよいものと交差する。もし我々がドイツ人の社会的、あるいは文化的生にとって、ユダヤ人の持つ特別な重要性を考慮しないとするならば、そして歴史的に重大な結果をもたらした両極をなす両者の特別な近さとまた遠さとを度外視するならば、我々は再び間違った抽象化という罪を犯すのではないか。

すべてが同じ運命を分かちあった犠牲者に対する異なった扱いは、道義的には正当化されない。しかし道義性とは少し異なる重要性がある。直接的加害者や共犯者、同調者や心を動かすことなくただ傍観していた者が、ある日突然表わしたユダヤ人と非ユダヤ人に対する段階づけられた残虐さは、ザウル・フリードレンガー［チェコ出身のユダヤ人歴史学者］が言ったように、ドイツ人とそのエリートたちが「反ユダヤ主義の解決」に向かっていったその動機の程度を反映している。ユダヤ人の周りのドイツ人は、よくもまた悪くも、ユダヤ人に帰される特別な重要性を知っていた。そう見なければ、最終的には犯罪と犯罪を支持した動機を間違って理解することになるであろう。そのことは例えばかつてゲットーがあった頃の文化的相互行為においても表われている。［ゲルショム・］ショーレム［ドイツ生まれのユダヤ人宗教学者］が言ったように、魂の親近性を持つドイツ人とユダヤ人が始めの頃、非対称的で緊張に満ち、しかし生産的に共生していたことは、ある裏面を持っていた。特に高い教育を受けた層や知識人（ヴァイマール共和国の時代にはまだ「聖職者」と呼ばれていたが）の間では、ある文化的反ユダヤ主義が習慣となっていたのである。この精神性なしには、教育を受けた市民階級の無抵抗という、スキャンダルともいえる順応や今までの伝承的道徳の崩壊を説明することは不可能であろう。

我々ドイツ人に対するユダヤ人の際立った社会的文化的意味に対して鋭敏な感覚を持つことは、すべての犠牲者を思いの中で全く等しく尊重するという、誰にも攻撃され得ない道徳的戒めを中立化することであってはならない。「加害者に集中した」記念碑の意味は、「犠牲者に集中した」想起の意味を吸収するのではない。他方、我々がもしその特別な重要性を軽視するならば、文化的批判的自己叙述の中に受け入れられるべきである反ユダヤ主義的境界づけや排除の宿命を抽象化するであろう。我々が、自分自身に対する誠実という理由から、記念碑には誰も排除することのない献辞の中で、ユダヤ人の重要性の違いをはっきりさせることが望まれる。「アウシュヴィッツ記念碑」がそのどちらをもなし得るかどうかについて私に確信はない。記念碑自体は名前も碑文も持たないか、そうでないならば強制収容所の名前をどこかに刻み込むべきであろう。しかしまた同時に行政上の理由から、また地図上の標しとして、そして何より公共の意識にとって、一つの名前が必要となる。最初に市民権が与えられた集合名詞は現代では「アウシュヴィッツ」であり、それは後に受け入れられた言葉「ホロコースト」と同じように用いられている。そして実際にアウシュヴィッツはユダヤ人の運命だけに尽きるのではない。全体のための部分として、アウシュヴィッツという言葉は複合的強制収容所全体を意味している。

（『ツァイト』一九九九年三月三十一日）

注1　元社民党党首（一九九五～一九九九年）。一九九八年、シュレーダー政権で党首兼財務大臣を務め、五ヵ月足らずで首相との軋轢から辞任、一時政界を離れる。その後復帰し、二〇〇七年、新しく創設された左派党（die Linke）の党首となる。連邦議会議員。

注2　一九八八年、連邦議会議長として行なった「水晶の夜」五十周年記念の演説で、ナチスの功績を称える表現を用い、それが問題となり辞任に追い込まれる。

注3　ハンス・グロプケは一九三五年に制定されたニュールンベルク人種法の制定に深く関わり、

ナチスの高官であった。戦後アデナウアー首相の下で首相府次官となる。そのことで大きな議論が起こる。

注4　ナチスの時代、ゲッベルスの下で多くのプロパガンダ映画を製作。一九五〇年、ハーランが新しく製作した映画のボイコット運動が起こり、それをめぐって長く裁判で争われる。

注5　一九五四年、西ドイツの憲法擁護局最初の総裁、オットー・ヨーンが東ベルリンに「誘拐」され、東で西独を批判するプロパガンダ的発言を行なった。一九五五年、再び西に戻るが国家反逆罪で四年の刑に服す。事件の詳細については現在も不明である。

2 想起の客体――犠牲者と加害者

この記念碑が、ホロコーストの犠牲者の中でなぜユダヤ人だけを対象にするのかという問題は、記念碑建設運動の始まりから、一貫して批判的に論じられてきた。特にユダヤ人と同じ民族虐殺の犠牲者であるシンティー・ロマがこの記念碑から排除されることに対しては、その正当性をめぐる論争がホロコーストの本質を問う議論としても展開された。その論争の経緯やそれに関する重要な文献は、すでに第Ⅰ部で紹介した通りである【資料2～4】。

この章では、そうした民族虐殺の犠牲者だけではなく、思想や信条、精神障害や性的指向性など、その他さまざまな「理由」によって虐殺された多様なホロコーストの犠牲者の想起を中心的な論点にした文献を取り上げた。そこでは、それらの犠牲者をただ犠牲者という名のもとで一括し、抽象化するのではなく、それぞれの異なる歴史的社会的背景を踏まえ、個別に想い起こすことの重要性が論じられた。しかし一方では、そうした犠牲者の区別はナチスのつくったカテゴリーを無自覚的に継承するものであり、また犠牲者グループ個別の記念碑建設は社会的力関係から生じる「犠牲者のヒエラルキー」を生み出すことに帰結するという批判が繰り返しなされた。

これらの議論は第Ⅰ部で詳しく取りあげたノイエ・ヴァッヘをめぐる激しい論争が記念碑論争に受け継がれ、更に深められていったものである。そして「犠牲者」という言葉を恣意的に拡大し「加害者」との区別を限りなく曖昧する危険性が、多くの論者によって指摘され、犠牲者という概念における区別の必要性が訴えられた。

またドイツ人兵士をどのように想起するのかという問題も、中心的論点とはならなかったが、重要な課題として提起された。

【資料34】(*1994,11,18*)

ヴァルター・グラスカンプ

想起の心地よさ

――ノイエ・ヴァッヘか、それともナチスによるユダヤ人犠牲者だけの分離した記念碑か。死者の「正しい」想起はあるのか

＊ヴァルター・グラスカンプ（一九五一年〜）芸術評論家、芸術史教授（ミュンヘン造形アカデミー）。記念碑における犠牲者の分離主義を批判し、記念碑そのものの限界とその両義性について鋭く抉る。記念碑芸術の流れやドイツのアンチ・モニュメント、特にその代表者ゲルツが造った記念碑が詳しく紹介されている。

一、一九七〇年代初めに、フルクサス派［前衛芸術家のグループ］の芸術家［ロバート・］フェリューは、今から戦争を始めようと考える国々はその前に、あるいはその代わりに、戦争記念碑を交換してはどうかという興味深い提案をした。戦死者と戦争の遂行者との対比を視野へ入れるその奇抜な提案は、今まで一度も受け入れられたことはないが、非常に示唆深い。常に自国の戦死者だけが想起されるという悪習をそれは風刺している。もしブリュッセルの記念碑がケルンに、ハンブルクの記念碑がパリに、あるいはアメリカの記念碑がハノイに、ベトナムの記念碑がワシントンに建てられたとすれば、それらの記念碑が想起させる戦争は、それによって本当に終わっていたであろう。自国の犠牲者のみに記念碑が捧げられている限り、戦争記念碑というものは常に死者の国のフロントを明示するものである。

かつては想起においては普通であったそのような排除は、世界大戦で緩和された。異国の領内で戦死

した義勇軍の兵士は戦争が終わった後、尊厳をもってそこで葬られた。あたかも赤十字の中立性が病傷者から死者に拡大されたかのように、ロシアにあるドイツ人兵士の墓やドイツのイギリス人兵士の墓に休息する白い十字架の軍隊は、終わりのない直立不動の行軍隊列で、幾何学的正確さを描いて果てしなく並んでいる。不統一を意味するこの死者の合同において、ヨーロッパの統一が生きている者のために準備された。

想起におけるこの非ナショナリズム化への圧力が今、計画されているドイツの記念碑にはかかっている。戦争を引き起した国が、その戦争での自国の死者を自己陶酔的にではなく思い起こすことができれば、それは意志強固なものとみなされる。ドイツのために死んだのではなく、人権を剥奪され、迫害され、虐待され、虐殺された犠牲者をドイツで想起するということは、かつて想像することも困難であった敵対した側の死者たちを自分たちの記憶に結びつけるという寛大さより、さらに特異なことである。ナチスによる犠牲者の記念碑は歴史においてまだ新しい。通常、罪責のために記念碑を建てるということは行なわれてこなかった。かつての植民地宗主国の大都市、例えばマドリッドやロンドン、アムステルダムやリスボンには、その国によって行なわれた帝国主義の残虐行為に対する記念碑は一つもない。アルメニア人の民族虐殺は、それが行なわれた領地では今でもその行為自体が否定されている。アメリカ先住民族に対するほぼ完成した絶滅行為は、それを正当化することが不可能となれば、今度はそれを言い繕う映画が作られる。

戦慄すべき歴史的時代が終わった後で、その犠牲になった国の人々を思い起すことはこの国で始められた。西ドイツではテロ行為が行なわれた強制収容所のあった辺鄙な場所以外には、人種的、政治的、宗教的、身体的理由で、また性的指向の故にナチス国家によって権利を剥奪され、テロの対象となり、虐殺された人々のための記念碑は、長い間ほとんど存在しなかった。一方、東ドイツでは想起は早くから広まっていた。その想起は、間隙はあるが、東ドイツの建国神話へと変換することが可能であったためである。ドイツの再統一という衝撃が初めてこの戦慄すべき時代を終結させた。それ以来、記念碑の建設も、またそれをめぐる論争も盛んに行なわれるようになった。しかしそもそも記念碑とは、いったいどのような意味を持つものなのであろうか。

二、記念碑は、社会によって行なわれる大晦日の誓いのようなものである。習慣になってしまっている恥ずべき行為を、誓うことによって二度と再び繰り返さないことを宣言する。歴史においても、常に途方もない多くの死者が生じてから初めて大晦日はやってくる。相対化できるような死者の数ならば、それは日常的なこととして通りすぎられていく。他の歴史的数字と同じく、記念碑の建設を挑発するために必要な犠牲者の数はますます大きくなっている。そして大晦日の誓いと同様に、記念碑の信憑性もまた疑わしいものである。悪習を完全に断ち切ることなしに、ただ誓うという善意だけが祝われる。しかし主唱者とそれを実行する者とが同じである大晦日の誓いとは逆に、想起は実存的な作業分担というはっきりとした特徴を持っている。死者が前提になってはいるが、服装に至るまで自分自身には全く注意を向けていないことをはっきりと表わしながら、しかし実はそのことによって関心を集める生き残りが、想起の主体なのである。

では死者はいったい何を思っているのであろうか。彼らは自分たちの名において行なわれる演説の言葉や、彼らのためになされる当惑の表情や彼らのために石に刻まれた言葉を信じているのだろうか。それともそれらに対して疑念を抱いているのか。生き残った者は彼らをだしにして、ただもったいぶりたいだけなのか、それとも彼らは、想起される人々のような悲惨な死に対して不安に怯えているだけではないのか。驚くほど多くの人々が、死者の名において語ることができると思っているのに、誰もこれらの問いに答えることができない。

記念碑設立のために、生き残りはもちろんなくてはならぬ存在である。ただしその優位性について取りたてて騒ぎたてないことは、雰囲気を壊さないために不可欠である。むしろ生き残ってしまったことを心苦しく感じているかのように、あるいは呆然自失という仮面の下でのみ勝利を祝うことが許されるかのように、そしてまだ死んでいないことに対して、理解しがたいことであるが、責任を感じているかのように彼らはふるまわなければならない。抗議のために焼身自殺をすることが想像できるように、想起の重荷のために自ら生命を断った者もすでにいる。だが誰もそれを記念することをしない。

人はただ死んだふりをしている。仕事をやめ、交通を止める黙禱の時は、花環をおいた後の敬虔の硬直のように死の象徴的模倣である。記念碑に花環を供えるすべての者に、その儀式は想起を思うことへの憧れを認識させ、まるでソファーにクッションを置くように茫然自失の花環が供えられ、整えられる。

啓蒙されたヨーロッパ人はアジアの宗教の回転祈禱器や祈禱旗を嘲笑する。そこでは回転器や旗を動かす風が祈りを神々へと運ぶと信じられているからである。しかしまるで借金の返済のように記念碑に倦むことのなく供えられる花環は、松明行進は、そして演説はいったい何であるのだろうか。無意味でグロテスクな身ぶりや死者のための名刺や歴史的罪意識による寄付はいったい何であるのか。エリアス・カネッティ［ブルガリア出身のユダヤ人作家。ノーベル文学賞受賞］はその著書『大衆と権力』の中の「生き残った者」というエッセイで、生き残った者の儀式的自己卑下を批判している。このエッセイを読めば、記念碑というものを、ある限界の中でしか信用することができなくなるであろう。

記念碑を魅力的にするのは、自らそう認めるものはいないであろうが、記念碑が心の重荷を軽くしてくれるからである。自分たちが犠牲者を歴史的に遠く離れて知っており、最善の意志を表明し、未来のために徴《しるし》をつくることができる生き残った者に属しているということでほっとするのである。記念碑は魔除けの呪文の性格を持っている。それは、不幸が再び戻ってくる可能性は幸福が戻ってくる可能性よりも遥かに大きいという恐怖にかられて作られる予防のための徴なのである。犠牲者を想起するということは、彼らが生きていた時に助けるよりも、ずっと快適であるという認識が式典によって生まれ、記念碑の両義性はそこにおいて頂点を極める。そもそも誰がいったい、犠牲者を好むだろうか。彼らは嘆き、血を流している。そして汚れている。悪臭を可能な限り放ち、要求をし、ただ厄介なだけである。

三、記念碑の意味は、そのような両義性によって侵害されることなく、むしろそれを周知のものとして前提にしている。記念碑の機能は結局のところ、純粋に象徴的なものであると説明される。そして政治がそのような象徴を必要とするということが正しいとしても、記念碑の意味がそれで尽きてしまうとは、繰り返し阻止されなければならない。いずれにせよ記念碑がほとんどの場合、間違って位置づけられ、どうしようもない作用を及ぼすということに対して、記念碑にはなす術がない。記念碑というものは、修正不可能な欠陥を補完するべきものであるからである。その欠陥とは、そもそも公共の想起というものは、あり得ないということである。もともと存在しない［記憶のための］器官を前提にして、つくられた想起や強制的な記憶が存在する。それ故、記念碑には何かを予防する力がないのと同様に、表現能力も原則的にほとんどない。社会における想起という営みは、経験的に、そのような可視的に作られた徴に結晶化されることは決してない。そのことは記念碑というものが（公共的空間にある芸術一般のように）、ただそれについて議論されている間だけ、知覚されるものであるという見解を支持する。しかし論争の効果も、すでに過大評価されている。公共的想起がないのであれば、ただ模倣されなければならない。それができるのはメディア、特に映画である。映画は、犠牲者に表情を与え、歴史的な出来事に重苦しい語りの持続や悪夢の魔法のような説得力を与えることによって、思い出から想起の行為を創り出す。死者は、フィクションにおいてのみ生きている者を捉え、力強く揺さぶり、彼らにその映画の原作を読ませ、あるいは映画館から逃げ出させ、また号泣させたりする。もちろん、フィクションは想起をでっちあげるので、常に美学的批判にさらされている。『シンドラーのリスト』の評価をめぐる論争はそれに対する賛否の全ての論拠を集めても、最終的には美学的正統主義なしに決定を下すことは不可能である。『シンドラーのリスト』についての論争が非常に激しく行なわれたのは、その批判者たちが映画は記念碑とは違って、議論されなくなってさらに効果的なものになることをよく知っていたからである。しかし『シンドラーのリスト』のように興味深い映画であっても、そしてその映画がその想起の関わる事柄を強調しているにもかかわらず、想起というものは常に歴史的なものの休止の徴であり、日常の幕間劇であるということを決してごまかすことはできない。それは人生を享受することとのいかがわしい相関関係にある。それは人生の楽しみのためのスパイスであり、歴史の日常は常に生き残った者の日常であり続けるという単純な認識を強化するのである。

そして生き残った者は好んで正しい想起について議論する。一九九四年の七月二十日、ベルリンでのヒトラー暗殺計画五十周年の記念式典をめぐる論争は、ノイエ・ヴァッヘやナチスによるユダヤ人の犠牲者の分離した記念碑をめぐる議論と同じようにそのことを証明している。想起とはこのように決して単純なことではない。ドイツのいわゆる近年の歴史［ナチスの時代］の犠牲者の記念碑も、それが一般に受け入れられるのであれば、決して信用してはならない。それが誰にとっても煩わしいものでないのであれば、全く何の役にも立たない。しかしだからといって、たとえそれが抵抗に遭うとしても、そのことが記念碑の機能の適性を表わす指標であるというわけでもない。すべての論争に正当性があるなどということは、なお一層言うことはできない。

虐待され、撲殺され、銃殺され、そしてガス室で殺されたユダヤ人が独立した記念碑を獲得し、他のナチスによるテロの「対象者グループ」の子孫が自分たちの記念碑獲得のために苦労しなければならないということに対して、賛成か反対かを決定することは、戦後の無理な要求の中での最大のものの一つということができるであろう。この問題が理性的に議論されていないのは、それを問いかけた者に責任があるのではなく、その答えが実はとうの昔にすでに決定されているからである。この問題についての決断は今モラルの完璧な袋小路にある。そのような記念碑に反対する者は、そのことによって想起される者に対して反対しているのだという疑念を抱かれる。その際、分離した記念碑がユダヤ人に対するものか、あるいはツィゴイネルかという問題が先鋭化されていく中に、快適な過去の克服を妨げるさらなる陽動作戦が垣間見える。なぜならば、ナチスが死へと排除した同性愛者やツィゴイネル、エホバの証人、共産主義者、障害者など、それらの独特のスペクトル全体をはっきりと想起に関連づける勇気を持つ街が現われない限り、犠牲者の差別の悲惨は、戦争記念碑における戦争と同じようにさらに継続されていくからである。これらの論争は、フルクサス派のフェリユーのアイデアのようなリベラルな冷静さと寛容さから何かを学ぶべきであったであろう。

四、ノイエ・ヴァッへはケーテ・コルヴィッツの遺作を徴用することによって、想起において起こり得る厄介な事態を示したが、それを回避することを約束する方法は唯一つだけである。それは芸術である。芸術は永遠的価値をその本性に即してもたらすものであるので、強制的想起はメディアよりも芸術に委託される。たとえメディアが具体化や現在化のための効果的媒体であるとしても、芸術はより高い評価を享受する。メディアは思い出させるだけであるが、芸術は忘れずにいさせるのである。

想起を形成するための教育的手段として信頼される写真やドキュメンタリー映画や本と、情熱という形式にとって適切な芸術との間にある評価の落差はすでに時代遅れであるように思われる。ナチスの犯罪を幅広くテーマとして取り上げている学校の教科書や専門的文献や写真集、またテレビの連続ドラマや映画などがなければ、具体的描写のない記念碑は、いやたとえそれがあったとしても、解読不可能であろう。我々はそれ故に死者との関わりが、記念碑だけに、あるいは特別に記念碑に依存しているかのように思う必要はない。

記念碑は、想起のいかがわしい神聖化や見せかけの敬虔な調子や身ぶりを要求する。そこでは記念碑が想起させる歴史的出来事の現実から、どれほどにでも遠くに離れることができるわざとらしいドラマ化が見てとれる。悲惨を否定的ヒーローにするのがその核心なのである。形式においてだけではなく、想起の言語の中にもそれは表われている。ナチスの犠牲者についての語り口は、それ故、欺瞞的であることが許される。なぜならばナチスはある朝突然現われたのではなく、また彼らは何人かのユダヤ人を殴り殺すことに決めたのではなく、ナチスはあなたや私のような人々であったからである。とりわけ犠牲者についての演説は堪え難い婉曲である。似非神聖化という形式は、古代人の人身御供よりはるかに身の毛のよだつナチスの犯罪という現代の「悪の凡俗性」（ハナ・アレント）を緩和させている。

言語的形式的想起に使われる決まり文句の寄せ集めに抵抗するために、芸術はほとんど何の役にも立たない。なぜならば芸術には、負担を軽減させる情熱を支えるという暗黙の課題が属しているからである。芸術かメディアかという二者択一の逃げ道として、博物館的展示や視聴覚メディアと芸術的建築の情熱の形式を組み合わせた記念碑を考慮に入れることになったのは決して偶然ではない。反対者は芸術的記念碑の公募やその計画に疑いを持っている。善意が空間に満ちあふれているところで、芸術が作意的に作られるからである。

長い間この懐疑を真剣に受け止める美学的反省はなかった。現代の芸術家は最初に、病的なほど具象的なものを排除する抽象的記号に出口を求めた。例えばグロピウスとミース・ヴァン・デル・ローエは革命と世界大戦を、またロバート・マザーウェルはスペインの市民戦争による犠牲者をそのような方法で想起することを試みた。ユダヤ人の芸術家、マーク・ロトコやアド・ラインハルトやバーネット・ニューマンはホロコーストに対して解釈学的色彩空間によって対応した。またカート・ヴォネガットは、一人の冷笑的で醒めた芸術家をテーマにした小説『青ひげ』においてジェノサイドというテーマの過大な要求に対して逃げ道のない芸術的困惑を表わした。

ヨヘン・ゲルッが二度続けてはっきり証明して見せるまで、誰も、記念碑自体の言語においてその懐疑を表現することができるとは思っていなかった。ゲルッは一九八四年、ハンブルク＝ハーブルクで「ファシズムと戦争と暴力に抗し平和と人権を求める」記念碑の建設の求めに応じて、エスター・シャーレフ＝ゲルッと共に、鉛に覆われた一本の板状の墓碑を完成させた。その柱には通行人は自分たちの名を署名として書き連ねることができる。しかし人種差別的な言葉も、また無意味なあるいは俗悪な落書きもそこには書かれるので、それは社会の現状を反映した記念碑となった。記念碑というものは、通常、社会的現実を美化するのに対して、その記念碑は現実をありのままに呈示した。そのようにしてハンブルク＝ハーブルクにあるこの記念碑は、その記念碑を建てた社会以上によいものであろうとはしなかった、歴史上、初めての記念碑である（ハーブルク区の行政の記念碑建設というむやみな善意の厄介さはそれによって均衡が保たれ、善と悪は把握可能な完全な輪郭で描かれた。それは雑誌『ヴェルト・イン・シュピーゲル』の忘れ難い風刺、「善に賛成、悪に反対」という選挙のスローガンに見られたものでもある）。

この記念碑はさらに別の芸術的操作によって、それが称揚されることを妨げた。文字の書かれた鉛の墓碑の柱は、歩行者から見られる範囲で少しずつ地面に沈んでいく。ヨヘン・ゲルツとエスター・ゲルツはそのようにして「不正に反対するその柱は、持続的には何ものをも掲げることはできないということを強調した」。最終的にこの柱が完全に地中に没してしまった後、一冊の本だけがこの記念碑の地上での短い生命を証ししている。

二番目の記念碑は、ヨヘン・ゲルツが学生たちとザールブリュッケのシュロス広場に造った見ることの全く不可能なものである。彼らは広場の無数の鋪石の中から二〇〇〇を超える石を選び出し、その裏側にドイツにあるユダヤ人墓地の名前を書いた。初めはそのことは伏せられ、後に公表された。シュロス広場は、市や祭りで、人々が踊ったり、値切ったり、平日も祝日も賑わう場所である。歩行者はその勤勉な敬虔さで、どの石をいったい避けるべきなのか、どれがその石であるのかが分からないために、この記念碑は堪え難いものとなる。この隠匿性によって、この不可視的記念碑は、他のあらゆる記念碑が日常と想起を一対として結合させるのとは反対に、それらをスキャンダラスに結びつける。そして野蛮な噂からはこの記念碑は全く安全でありながら、歩行者の靴の下で燃え続けることができるのである。

（『ツァイト』）

【資料35】（1997,1,10）

アンドレアス・クラウゼ・ラント

死においては一致し記念碑においては分けられる
——犠牲者の無垢の死は政治的生命の資源として利用されるのか

＊アンドレアス・クラウゼ・ラント（一九六三年〜）　ジャーナリスト、評論家。ホロコーストの犠牲者グループ個別の記念碑獲得の争いが現代の利害闘争のために利用される危険性を指摘する。また過去を否定した国家の反国家的国家主義、「否定的」アイデンティティーの理解は興味深い。

虐殺されたヨーロッパのユダヤ人の記念碑が、もし実現されるならば、その後いかなるホロコースト記念碑も本来の意味では設立され得ない。なぜならば一九九二年、まだボンにあったドイツの内務省は、レア・ロースが主導する「記念碑建設を支援する会」とドイツ・ユダヤ人協議会との圧力によって、ユダヤ人とシンティー・ロマ共同の記念碑を設立しないことを決定したからである。連邦政府とベルリンは、「犠牲者のヒエラルキー」に対する強い批判を全く顧みることなく、ユダヤ人が最大の犠牲者グループであり、他の犠牲者グループとの一致を強制することはできないとしてその決定を根拠づけた。

ドイツの大量虐殺を「ホロコースト」という言葉で表わすならば、ホロコーストの犠牲者はユダヤ人だけに限定され得ず、「記念碑建設を支援する会」はホロコーストという言葉を今後用いるべきではない。ユダヤ人犠牲者だけを強調するということは、ただ言葉だけの問題に終わるわけではない。記念碑設立のプロジェクトの歴史は、一方では政治的ロビー主義やメディアによってつくられた公共性との間の複雑な状況を、他方では政治を示している。一つの市民運動が成功を収める活動をしていることを非難するのは難しい。しかし、あらゆる批判を無視した連邦議会とベルリン議会の妥協と、また一対となった「記念碑建設を支援する会」とユダヤ人協議会の無思慮には極めて重大な問題がある。これから、記念碑の建設予定地とコンペの結果については変更の余地がないことを前提にした上で公聴会が開かれるが、それは全くこのことにふさわしい。

犠牲者の代理人

犠牲者の記念碑を別々に建てるという決断は、妥協として理解することもできる。とくにシンティー・ロマの記念碑はブランデンブルク門と連邦議会堂との間に建てられることが確約された。しかし何よりもそれは犠牲者の分離主義の決断と見るべきである。同性愛者の記念碑を求める市民運動の会議で、レア・ロースはナチスの犠牲者である同性愛者の記念碑建設を支持すると簡潔に述べた。それは驚くことではない。しかしロースの分離主義を、独自の記念碑を求める同性愛者のグループは歓迎した。犠牲者に関する問題においてはいかなる議論にも重要性が与えられるが、現代の「犠牲者」は、過去の本当の犠牲者の代理人なのである。それ故、自分たちの要求を強調するためには、現在にはない迫害が続いている状況を、たとえそれが「ホロコーストの他に例のない特殊性」に一致しないとしても強く思い描く。一九八九年から一九九二年までのドイツのユダヤ人協議会とツィゴイネルとの間の厳しい対立はそのような社会的利害の競合が、いったいどこへ向かうのかということを重苦しく予見させた。しかしそこで、「記念碑建設を支援する会」によって主張され計画された、記念碑の国家的位置づけという問題やその計画そのものの信憑性について疑問が呈せられることは全くなかった。

そこでは犠牲者に関わる多くの問題が広く一般に議論された。例えばそもそも想起文化は、ナチスの大量殺人の特徴に従うべきなのかどうかという問題である。ユダヤ人のための記念碑を支持する者は、ナチスの反ユダヤ主義的イデオロギーの攻撃性が他のすべての犠牲者グループよりも、ユダヤ人に対して特別に激しく向けられたということが考慮されねばならないという。しかし同時にナチスは多様な犠牲者のグループを強制収容所にまとめて押し込んだが故に、記念碑はそのような強制を決して繰り返してはならないともいう。ドイツ・シンティー・ロマ中央協会議長ローマーニ・ローゼは「四分の一ユダヤ人」がまだ比較的安全であったときに「八分一ツィゴイネル」はすでに迫害されていたとして、全く別の見解を表明している。ナチスはかくも選択次第で、肯定的にも否定的にも利用される。過去への逆行によって、対立するさまざまな決定は何の苦もなく正当化される。そして虐殺されたユダヤ人のための特別な記念碑は、過去の想起に関する現代の社会的グループの利害を代表するものとなっている。ローマーニ・ローゼはそれ故、一九八九年の始めから繰り返し「記念碑建設を支援する会」の代表に、ナチスによる民族虐殺の犠牲者全てのための共同記念の設立を強く訴えてきた。ローゼは「ここで求められている記念碑はユダヤ人やシンティー・ロマのためのものではなく、ドイツ人の名によって行なわれた特殊な犯罪を想起するためのものである」と言う。ユダヤ人協議会は元々この計画を静観するつもりであった。犯罪者の子孫が主導することこそが、そこでは重要であるからである。「記念碑建設を支援する会がユダヤ人に記念碑を贈る」というのは嘲笑的に響く。ユダヤ人協議会議長イグナッツ・ブービスは、記念碑についての議論に一九九二年以来、耳を貸そうとはしなかった。一九八八年から一九八九年までには、いくつかの記念碑を同じ場所に建てるということが論議されていたが、ブービスは一九九三年に連邦首相府に宛てた手紙で、記念碑建設予定地がただユダヤ人の記念碑のためだけに利用されることを求めている。そこでブービスは書いている。「もしシンティー・ロマの記念碑を建てるために適当な場所がその近くに見つかったとしても、両方の記念碑を関係づけることは排除されなければなりません。せいぜい対称をなす庭園の建造程度が可能です」。

国家的需要

我々を悩ませている問題は二十世紀における煽動された大衆による暴力行使である。この経験は政治的な死のカルトを変えた。現代の記念碑は、王朝的支配者のように支配者の要求を記録し、後の世界にその功績が伝えられるべき英雄たちを記録するようなものではない。記念碑的に尊厳を持って想起されるべき者は死者自身である。世界大戦での何百万人の死者によって、ワシントンのベトナム戦争記念碑のように、一人一人の名前を記し、名も無き苦しみに向かい合おうとする欲求が初めて生じた。しかし、ヒトラーもまたベルリンのシュプレー川畔に、第二次大戦でのドイツ人犠牲者一人一人を記録する巨大ドームの建設を計画していた。それら非業の死の背後にあった希望の本質は、国民全ての将来の救済を保証する政治を支えたという正当性である。犠牲者の記念碑は、戦勝記念碑を建設する動機と同じように、一方では国家的需要が中心的問題となっている。崇められるべき死者の記念において共同体の統一が形成され、維持されるのである。

運命が自然的個人に対して完全に勝利したという点では、絶滅収容所と戦闘での死は共通性を持つ。しかし英雄はその運命を自分自身の行為とし、自分が守ろうとする共同体のために自らの命を捧げる。英雄は模範になり、より高い観念や共同体や正義のために絶対的な自己犠牲が可能であることを証明する。しかし犠牲者の苦しみは戦慄すべきものであり、それはいかなる意味においても功績ではない。計画されている同性愛者の記念碑に対して、ベルリン政府による碑文に「男性同性愛者と女性同性愛者の存在の認知」と記すのであれば、それは過去の犠牲者を現在の解放運動の保証のために利用することを意味している。本来、意味のない犠牲者に対して、そこでは意味が付与される。現代の利益のために犠牲者が道具にされるという非難は必ずしも故なきことではない。犠牲者グループの間の競合は、過去をめぐる象徴的意味における市民戦争である。ドイツには過去の「正しい」扱い方というものがあり得ないという事実がこのことから推論される。しかし犠牲者の記念碑は加害者を覆い隠し、加害者の記念碑は犠牲者を覆い隠すという理由から、過去全体に対していかなる記念碑も建てるべきではないというのであれば、それは赤子を産湯と一緒に捨てる愚を犯すことである。

はかりしれない罪責

これらに、測り得ないその罪責の重さという問題がさらに加わる。第二次世界大戦の何百万の死者に対して、その死に責任を負う何百万人の人々が対応する。その責任を重要なものとみなすか、あるいはそれを軽減させるか、さまざまなことを試みることは可能である。しかしいったんその罪を知れば、二度と安らぎはない。罪の重さは、その根底にある犠牲者の多くの苦しみと同様にあまりにもはかりしれず、その罪責は克服され得ず、またその抽象的巨大さにおいては、それは政治的日常や一縷の希望を内包する将来に方向づけられた人生にとって何の役にも立たない。我々は、あたかもホロコーストによって政治的行為から起こり得る最も嫌悪すべきことが決定的に証明され、最終妥当的に真っ当な人生のイメージを描くためには、この絶対悪の否定性から撤退することが必要であるかのような印象をしばしば持つ。一九四六年、ハナ・アレントはカール・ヤスパースに宛てた手紙で次のことを書いた。「ガス焼却炉の前の人々は全く無実でした。(最悪の高利貸でさえもちろん、そのような罰に価するような犯罪を行なってはいないのですから、新生児と同じように無垢といえるでしょう)。それほどに罪のない人間はいません。我々は、この犯罪の彼岸にある罪と、善や徳の彼岸にある無実を扱うことは、人間的にも政治的にも全く不可能です」。

記念碑の建設はこれとは全く逆のことを表わしている。記念碑の企画は「想起か忘却か」という選択肢によっては、十分に語られるものではない。ただ幸運な場合にのみ記念碑は、あくまで例外的に、その場で個人的想起を表わすが、一般に記念碑とは集合的意志のために個人の想起が黙殺される場所である。従って記念碑は「真実」ではなく、また「感性的」でもあり得ない。感性は記念碑の形に求められるのであって、歴史的出来事において求められるのではない。

記念碑は儀式の場所である。そして儀式は、過去の自伝的、記録的、あるいは学問的再構成の代用という課題を担うものではない。政治的儀式の脈絡において記念碑は、たんなる花環置き場以上のものである。ドイツを表敬訪問する者には、図書館や研究施設でホロコーストについての根本的研究を見て回るだけの時間も気力もないという理由からだけでも、記念碑には意味がある。そして記念碑もまた、すべての制度がそうであるように、負担の持続的軽減という機能によって、それが充たすべき需要を低下させる。しかしナチスの問題との関わりにおける、誇りと抑圧の入り交じった傲慢さを前にしては、そのことを決して最悪のものということはできない。我々は何十年もの長きにわたって、アドルノと共にその戦慄すべきことの凄まじさについて説教し、「記念碑建設を支援する会」に感嘆し続けることは不可能であるからである。記念碑の設立は政治哲学の伝統の中では啓蒙的なものではなく、ロマンティックな企てである。それ故に、最近ミヒャエル・ヴォルフゾーンが提案したような「テロの地勢学」と記念碑とを結びつけるという企画には問題がある。ゴールドハーゲンが書いた本もそうであるが、学問的な要求は美学的吸引力や道義的驚愕と対立するものであるからである。

反国家的意志

ホロコースト記念碑の設立は、ハナ・アレントの懐疑に反して、犠牲者の無実を政治的生命の資源として解釈しようとする試みである。それ故に分配をめぐる闘争が生じる。もし普遍的意志が優先されていれば、それは回避され得たことであろう。一致を形成する契機として犠牲者の立場を選ぶことを決定し、全ての犠牲者グループに犠牲者という見出しに従うことを求めることができたであろう。ノイエ・ヴァッヘは公共心を代表し、従って他の全ての差異はそれに従属することを求めねばならず、そして求め得る、そのような記念碑である。たとえ「犠牲者の中に加害者」がいるとしても、共同の意思を鑑みれば、それらの差異はより耐えやすくなるからである。市民戦争の犠牲者に対して記念碑を建設する国は、構造的に似たような問題を持っている。犠牲者に関連づけられる者が、しばしば敵対者として排除されなければならない。しかしノイエ・ヴァッヘに対する批判はそれとは別に、そもそもドイツにおいては公共心がいかなる根拠も持ち得ないということを表わしている。特に知識人の間ではそうである。

現代の国家の両義的地位という問題がさらにそれに付加される。第三帝国は見かけ上は評判を落したが（国家的なものの強大化こそが問題であったのだが、それは問われないという意味で見かけ上の否定といわざるを得ないのであるが）、それは我々が共に生きなければならない政治的な現実性である。「中央記念碑」は、我々が当然の報いとして過去を失った後、自己を拒絶しなければならない国家の統一を表わしている。ドイツにおいて国家がとりわけ信用を失墜し、またそれが他に結びつくものを持たなかったが故に、結局、反国家的意志それ自体が国家となり、それは帝国主義的ともなる。

そして反国家的意思が国家的シンボルを自由に用いる。自国の過去の否定と同様に、否定的アイデンティティーとしての記念碑という企ては歴史においては新しい。しかし、否定的アイデンティティーもまた一つのアイデンティティーであり、そこから何か新しいものが生じるか否かについては、まだ何も予測できない。

戦慄と罪責の間に日常性を持たない第三帝国のイメージは、その十二年間のすべての瞬間を絶対的決定的瞬間に様式化する。善や悪についての明瞭性はしばしば、後に全知の神のような目をもった時、初めて明らかになり、かつては適切であったことがしばしば傲慢に断罪される。一九八九年に、ヤン・フィリップ・レームツマ［文学者・評論家］が資金を出して実現しようとした記念碑の一つの企画は「歩くことができる地図」で構成されていた。強制収容所に標しがつけられたその地図は、後に生まれた者の持つ超越した視点を見る者に対して許すものであった。

誘惑としての重荷

すでに克服され、しかしなおどこかで機会を狙っているかもしれないナチスとの積極的同一化を、辛うじてといえるかもしれないが、抑圧するために、望ましい集合的アイデンティティーが遅ればせながら形成されようとしているように見える。それは「ホロコーストは人間の頭と心の中で生き続けなければならない」、「ホロコーストは決して忘れられてはならない、それは常に現在である」というような標語を生み出している。これらの悔恨を表わす言葉は、全く別のことを意図しているにもかかわらず、ユダヤ人の大量虐殺は「二度と書かれ得ない我々の輝かしい歴史」であると言ったヒムラーの言葉に対応する。一九九四年のコンペに提出された記念碑の企画の中で二つのものが、この混乱を非常によく表わしていた。一つは地面を覆うハーケンクロイツで、もう一つは同じく巨大なダビデの星を表わすものである。

　我々のもう一つの問題は、どのようにして犠牲者の「純粋無実」と政治的取り組みを持続的に行なっていくのかということである。この純粋無実は、ナチスの過去をたんに重荷にするだけではなく、また誘惑にもする。犠牲者との同一化によって純粋なモラルが引き出されるという危険性が、そこにはある。その同一化から新たな政治的傲慢が生じるが故に危険である。それが将来、一般の意識を決定するのか、あるいは記念碑が「自己陶酔的な当事者のカルト」を抑制することを促すのか、それは記念碑の造形にかかっているのであろう。しかしそのための処方箋があるわけではない。

　もしノイエ・ヴァッヘに反対して、第二次大戦の「能動的」犠牲者を排除する中央記念碑に賛成するならば、「受動的」犠牲者ということが決定的基準となる。それだけを考慮して、他の全ての区別は排除されなければならない。他の犠牲者のために補完的に尊厳を探すという痛々しさは、決してドイツの歴史の不可避的帰結ではない。「記念碑建設を支援する会」と、特に連邦政府とベルリンには、一つの共同の記念碑を求める自由がある。

まだ一つもない

　一つのホロコースト記念碑を支持する多くの議論の中で、まだ一つもないのは恥であるという論拠ほど苛立ちを覚えるものはない。最近出版されたギアコモ・マラマオ「イタリアの政治学者」の『西の世界の世俗化』という本には、ドイツというとすぐに後進性を連想し、「遅れてきた国家」を思い出すと書かれている。イスラエルやアメリカ合州国のホロコースト記念碑との関連において、この後進性が再び現実のものとなる。マラマオによれば、ホロコースト記念碑は「解放運動についての思想における純粋な理論的抽象的哲学的性格」に基づいている。そしてその性格は一方では政治的行動の障害となり、他方ではドイツ的イデオロギーの実践的ラディカリズムの根源であるという。確かにこの両者は虐殺されたユダヤ人の記念碑をめぐる今までの歴史を特徴づけるものであろう。

（『ベルリン新聞』）

【資料36】（1997,7,25）

クリスティアン・マイアー

分離された想起の徹底的無意味さ――もし犠牲者の一般化が機能しないとすれば

＊クリスティアン・マイアー（一九二九年～）　歴史学者。
ボンの「国立顕彰碑」をめぐる一九六〇年代の議論を批判的に紹介し、ノイエ・ヴァッヘへの論争に触れつつ、犠牲者の区別の根本的な重要さを指摘する。また自国の戦死者の問題にも言及している。これは犠牲者ヒエラルキーについて論じられた最も重要な論文の一つである。

現在ベルリンで続けられている「ホロコースト記念碑」論争の経緯について、「専門家による集中討議の場であるコロキウムで」アメリカの記念碑の専門家ジェームス・ヤングは祝福するような調子で詳細に解説したが、それは緊張を緩和する役割を果たした。ヤングによれば、記念碑の建設に関して何年もの間、対立が続くというのは普通どこにでも見られることであり、重要なことは論争によって計画を停滞させないことである。そのためには論争に加わっている者が、論点に対して常に開かれた態度で臨むことが不可欠である、とヤングは述べた。ベルリンの中心に建設が計画されているこの記念碑には多くの問題が累積している。ドイツ人が自分たちの犯した他に例のない特殊な犯罪を、記念碑で思い起こそうとするならば、それは同時に恥の碑でもなければならないからである。しかし今、ドイツ人はそのような記念碑を建てようとしている。そこから耐え難く、また表現不可能なほどの緊張が生じている。ただ犠牲者を想起するだけでは十分ではなく、たんに加害者を暗示するだけではすまないからである。

ベルリンで行なわれたコロキウムの背景には次のような問題があった。虐殺されたヨーロッパのユダヤ人の記念碑をもはや単純に一九八〇年代のプロジェクトに継続するものではなく、もっと大きな拡がりを視野に入れて考えなければならないということである。コロキウムでも付随的にテーマとして論じられたことであるが、それはユダヤ人の記念碑を設立することが他の犠牲者に対してどのような帰結をもたらすのかという問題である。またドイツ人の戦死者は、どのように想起されねばないのかという問いも新たに投げかけられた。

一九八〇年代、レア・ロースとエバーハルト・イェッケルを中心にして、ホロコースト記念碑建設のための市民運動グループが設立された。しかし当時このプロジェクトは単独で進められていた。ベルリンの中心はその頃いわば孤児同然であったため、それに適した土地を探し出せば、それで問題は解決した。しかしベルリンの壁が崩壊し、ベルリンは再び首都となった。首都の中心に記念碑を設立するということは、ドイツ史との政治的取り組みという枠内で考えられ、実現されるべき課題となった。

レア・ロースと市民グループは、かつては次のように言い得たし、今もまたそう言うことが可能であり、それは正当でもある。すなわち、自分たちは虐殺されたユダヤ人の記念碑を建てたいだけであり、ドイツの絶滅政治による他の犠牲者グループ、例えばシンティー・ロマや精神障害者やその他の者はそれぞれ自分たちの記念碑を求めればよい。しかしそれは自分たちの課題ではない。

連邦を代表している政治家は、決してそのように言うことはできない。土地と資金をユダヤ人のための記念碑に提供するならば、当然他の犠牲者グループに対しても同じことをしなければならない。財政的なことはほとんど問題にはならないであろう。問題は次のことである。他の犠牲者はどこで想起されるべきか。それらの記念碑は、例えば(第一次大戦の兵士や)ドイツ国防軍の戦死者、空襲の犠牲者やドイツ領から追放された犠牲者などの記念碑といったい、どのような関係におかれるべきであるのか。そういった問題は、否応なくそこから新たに生じてくる。今、ベルリンでは首都移転に伴って、連邦各省庁やその他行政機関、連邦議院会館などの土地の割り振りが進められているが、重要な記念碑についてもそれと同じことがこれから行なわれなければならないのである。

連邦の責任

ドイツ統一の後、首相コールは一九九三年から一九四五年まで(また一九一四年から一九一八年まで)の犠牲者を想起するという問題を簡単に考えていたようである。コールは一九九三年、国立中央記念碑をボンからベルリンのノイエ・ヴァッヘに移転させた。そのことから生じた問題は、今なお未解決のまま残っている。その一つはドイツの歴史政治とそれに附随するドイツの当惑に直接、関わっている。つまりかつての絶滅政治と暴力支配が生み出した犠牲者を慮りつつ、どのようにして自国の戦死者を想起すべきであるのかという問題である。

ボンの連邦議会堂の中庭には一九六〇年代半ばに「国立顕彰碑」が建てられた。そこには「諸戦争と暴力支配の犠牲者のために（Den Opfern der Kriege und der Gewaltherrschaft）」という碑文が刻まれている。一九六四年の六月十六日、すなわち六月十七日の前夜、連邦大統領リュプケによってその除幕式は行なわれた。その時、最初に捧げられた花環は［一九五三年］六月十七日の東ドイツの共産主義暴力支配による犠牲者に対するものでもあった。確かにこの犠牲者については「暴力支配」という言葉はあてはまる。しかしナチス時代の犠牲者を、たんに暴力支配によるものなどと言うことはとうてい不可能であろう。彼らは、手の届く限り広い範囲で一つの大きな集団を完全に根絶させることを目標にした政治体制の犠牲になった人々である。

この記念碑は一九八〇年にボンの北墓地に移された。反ファシズムという、我々も簡単に盾にすることのできる自明性の枠組みの中にこの記念碑はあった。当時は戦後の東ドイツにおける犠牲者も含めて、二つの世界大戦の時代に多様な犠牲者がいたことは認識されていたが、それら全ての人々を犠牲者という言葉で一括して想起することが可能であると考えられていた。一九八〇年代の記念碑についての議論もなおその考えと共鳴している。当時は、設立されるべき国立記念碑は「戦没者と犠牲者は和解という考えにおいて統一される」べきであるといわれていた。それに対して、社民党は一九八六年四月二十五日の連邦議会で次のことを訴えた。責任と罪の問題は隠蔽されてはならない。そして記念碑はドイツ人の戦没者だけに限定されてはならない。他方、連立与党のキリスト教民主・社会同盟と自民党は、国立中央記念碑は「戦争と暴力支配の犠牲者、特にドイツ人の死者に対して捧げられるべきである」と主張した。

しかし兵士が自国に捧げる犠牲（Opfer）は、普通に考えれば自由意志による能動的な死である。しかし暴力支配による犠牲者たちはそれとは全く異なり、受動的でのみあり、決して意志的ということはできない。犠牲という言葉に含まれる犠牲的行為と犠牲者というこの区別の重要性は全く顧みられることがなかった。この言葉を、「動詞の受動態である」「犠牲にされたもの（geopfert）」と区別しようとすれば、非常にグロテスクなことになる。加害者と犠牲者は、いったい誰に犠牲を捧げたのか、ということが問われるからである。

戦争犠牲者のドイツ人の一部、すなわち、空襲や故郷を追放され殺された者は、確かに受動的であったといえよう。当時、犠牲（者）という語の受動的な意味を全ての者に拡大すること（今の言葉を用いれば犠牲者との同一化の視点と表わすことができるであろう）が、どれほど強く求められていたか。これ以上説明する必要はないであろう。

一九六四年にすでにその国立記念碑において意図されていたことは、「特に我々ドイツ人の死者に捧げられるべき」であるという連立与党の表明によって、改めて明らかになった。しかし犠牲者という一般化された表現の背後には、非ドイツ人の犠牲者、とりわけその大部分を占める六〇〇万人のユダヤ人はせいぜい付随的に関連づけられているにすぎないということが隠されていた。そして戦没者と絶滅政治の犠牲者が、根本的にどのように関係づけられるのかという問題は、なお回避されたままであった。

ベルリンの国立記念碑（ノイエ・ヴァッヘ）の碑文はボンのそれを模範とし、それにわずかの変更が加えられたにすぎない。それは「戦争と暴力支配の犠牲者のために」（Den Opfern von Krieg und Gewaltherrschaft）というものである。まるで一般に戦争というものが問題であり、一九一四年から一八年、一九三九年から一九四五年までのあの戦争こそが問題になっているのではないかのごとくである。また一方には戦没者、他方にはたんなる暴力支配の犠牲者である（これもまたドイツ人だけなのか）。この暴力支配という無味乾燥な言葉に、ここでなお固執することがどれほど無思慮なことであるか、一九九三年には知っておかなければならなかったはずである（東ドイツはもっと徹底して、その同じ場所にあった国立記念碑を軍国主義とファシズムの犠牲者のために捧げた。そこでは少なくとも加害者の側には明確な差異がつけられている。「軍国主義」とその犠牲者の間と同様に）。

さらに重大なことは犠牲者の多様なカテゴリーが、ここでは統一されているということである。一九九〇年代に、多様なカテゴリーに分けられるべき犠牲者を一つの場所で一緒に思い起すという、一九六四年に考えられていたようなことが、なお可能であるというのか。戦争の犠牲者には、例えばナチスの民族裁判所長官ローラント・フレイスラーも、ユダヤ人射殺に関与していたと考えられる無数の兵士も含まれている。

このことは一九九三年にはすでに、広く知られていた。ベルリンのユダヤ教教会の議長は、この問題の故にノイエ・ヴァッヘへの除幕式出席を拒絶した。（そしてその代わりに、かつてのナチス政府とその絶滅政治の指令を発した本部へ向かう抗議デモに参加した)。ドイツ・ユダヤ人協議会議長イグナッツ・ブービスは除幕式には参加したが、次のことがその条件であった。第一に記念碑の碑文に脚注をつけることである。リヒャルト・フォン・ヴァイツゼッカーが一九八五年五月八日に行なったドイツ終戦四十周年の演説の一節、多様な犠牲者グループ一つ一つの印象深い名指しが、碑文には補足的に加えられた。そしてもう一つの条件は虐殺されたヨーロッパのユダヤ人の記念碑に、連邦が二万平方メートルの土地を提供するということである。

ノイエ・ヴァッへのコンセプトにおけるこの思考欠如は、記念館の内部中央に、反ユダヤ主義的含みを避けることのできないキリスト教のシンボル、ピエタの彫刻を置いたことや、六〇〇万人のユダヤ人については全く沈黙していることにまで至るが、記念碑建設予定地の巨大な土地はここから生まれたのである。この巨大さが第一回記念碑コンペの挫折を導いた原因の一つであった。そしてこのこととも結びついて、すでに示唆したように、以下のような問題が生じた。

ノイエ・ヴァッへは根本的にはすべての犠牲者に捧げられたものであるから、ユダヤ人もまたその中に含まれている。それではいったいユダヤ人のためだけの記念碑を建てるということは何を意味しているのか。ユダヤ人が独自の記念碑を獲得して、犠牲者共同体から脱け出すことと引き換えに、ノイエ・ヴァッへは犠牲者共同体の中にユダヤ人を引き入れた。それはいったい、何のためであったのか。もし別の記念碑を建てるべきであるというならば、それはなぜ、(絶滅政治のすべての犠牲者の中で)ユダヤ人に対してだけであるのか。それとも、絶滅政治の犠牲者全てに一つの記念碑を別に建てるのか。あるいは個々の犠牲者グループに、別々の記念碑を建てるのか。そうであるならばそれは、どこに、そしてどのようにして建設されるべきであるかが、さらに問われなければならない。またこれらはすべて同時に計画されなくともよいのか。

そして、全ての犠牲者の共同想起という馬鹿げたことはそれでもなお、ノイエ・ヴァッへで維持することができるのか。問題が起こってから解決を求めることが強いられるというのではなく、この機会にこそ本当に意味のある改築のために、ノイエ・ヴァッへの根本的誤りを取り除くことは可能である。否、むしろ取り除かねばなければならない。

ノイエ・ヴァッへの矛盾に満ちた犠牲者共同体が分けられなければならないことは、確かであると私は考える。その矛盾をよく考えてみれば、それを受け入れることは全く不可能である。記念碑などというものが、今日、まだあり得るのかということは問われてよい。しかし、もしその問いに然りと答えるならば（そして今の時点ではそう答える者の方が圧倒的に多数であろうが）、ドイツ人のその中央記念碑は、今日なお危険な影響力を実際に持っているドイツ史のその部分に、特別に関連づけられなければならない。我々は他の非常に多くの者と共に、その歴史を決して放置しておくことはできない。過ぎ去っていくことのない過去の軋みは、それが長く続けば続くほど、ますます激しく、集中的になる。他に例を見ない犯罪の加害者は（個別的に見ればそこにいかにさまざまな差異があったにしても）、その犠牲者と明確に区別されなければならない。もし一方の子孫がこの歴史的区別をごまかそうとするならば、それは誤りである。和解や連帯を求め、実際に幾度も驚くべき仕方でそれは起こってきたのであるが、努力しなければならないのは自明のことである。しかしいったい何が本当に起こったのか、そして誰がそれに責任があり、またとりわけ誰が共犯者であるのかをあくまでも明らかにし、それが我々の側であるということを明確に認識するところから和解は生まれ、また一部では実際に実現している友情の力を獲得しうる。

歴史による分離

上記の問題は、今計画されているホロコースト記念碑についても考えられなければならない。我々ドイツ人が和解を督促することは、決してできない。我々ユダヤ人に対して我々の戦争犠牲者を一緒に想起することを求めることはできない。我々の祖父母や両親を、彼らと同じ犠牲者として想起することは不可能である。ドイツの若者もまたこの歴史に同じように関わっている。ゴールドハーゲン論争やまた国防軍の展覧会について現在行なわれている論争が何を意味しているのかということを、彼らは見守っている。しかし彼らの祖父母はこれらの問題に対して、比較的容易に距離をおいている。

あの国防軍や、（ゴールドハーゲンと一緒になって）「あのドイツ人たち」がそれをやったのだ。我々はそんなことにはほとんど関わりがないし、君らと同じく、今のように道徳的だった、というような決まり文句はさらに悪い。このことが、ドイツ人の戦闘員の死を想起することを困難にしている。

しかしそれにもかかわらず、私はドイツ人戦死者を想起するということには十分な根拠があると思う。よく言われるように、我々は、ドイツ人の戦死者全体を想起しなければならない。そして、これも普通言われることであるが、たとえそれに値しない多くの者がその中に含まれているとしても。さらに、通常決して言われることはないが、多くの戦死者が重大な犯罪に関与していたとしても、我々は彼らを想起しなければならない。彼らがそれほどに多くの者を犠牲にしたことと、彼らがそのために自らを捧げたものとの間に存する恐るべきことを、記念碑的に表現することは不可能である。しかしドイツ人兵士を想起することの中には、多くのことが含まれている。我々がドイツ人兵士を、絶滅政治の犠牲者や暴力支配の犠牲者と同等に扱うことは決して許されない。さらに付け加えるならば、東ドイツの犠牲者はこの記念碑ではなく、今計画されている一九五三年六月十七日の東ドイツ労働者蜂起の記念碑で想起されるべきであろう。

そしてなお残るのは、絶滅政治の犠牲者に対して一つの共同記念碑を建てるべきか、それとも犠牲者グループに対して、カテゴリーに従って別々の記念碑を建てるべきかという問題である。ここで単純な命題を立てることはしないが、明白なことがある。それは多様な犠牲者グループの中で、ユダヤ人が特別に際立っているということである。虐殺された人々の数においてではなく、当時の列強の中でドイツ帝国がユダヤ人を最悪の敵と表明し、他に類のない虐殺を目標にしたということによってである。このことは他の犠牲者グループの場合と異なっている。その限り、この「壊滅的出来事（カタストロフィー）」におけるユダヤ人犠牲者の部分、つまりショアは、絶滅政治の中でも突出している。

しかしここからどのような結論が引き出されるべきかであるかは、仔細にまた慎重に問われなければならない。記念碑は決して重要な想起のための唯一の手段ではなく、また最重要の部分でもない。今計画されている記念碑をめぐる論争で繰り返し言われているのは、記念碑だけではなく、情報の補足や啓蒙が必要であるということである。しかし私は、知識や考えやイメージの伝達やそのための努力においてではなく、写真や資料に基づいて、理解とまた同様に理解の限界という困難な経験を伝えることが本来の課題ではないかということを問いとして提起したい。

ドイツそれ自体が犯罪の場所であるから、イスラエルとは異なって、ショアの中央記念碑は必要ではないといわれる。絶滅収容所がポーランドにあり、大量虐殺がポーランドとまたソ連の領内で行なわれたものである限り、これは正しくない。従って強制収容所に並んで「アウシュヴィッツ博物館」をドイツの首都に建てるという意見には十分な理由がある。それは反ユダヤ主義の根に対して方向づけられるべきであって、絶滅政治に対してではない。絶滅政治はただナチスが権力を掌握したことで可能になったわけではなく、各省、行政、軍隊の中枢によって遂行され、またそこに動員された集団以外にもさまざまな組織、警察や軍隊の多様な階級のものが自発的に行なったのである。そして最終的には、加害者と犠牲者、直接的、また間接的な支持者、傍観者、そしてそこから身を引いた者や積極的に助けようとした僅かな勇気ある者、それら全ての複雑な絡まり合いの中で、この犯罪がいったいどのようにして展開していったのかというプロセスが分かりやすくそこで展示されなければならない。

そのためにもし、ベルリンで通常行なわれるように完璧で高価な方法を探すとすれば、財政的な面から批判が向けられるであろう。しかし暫定的な施設、例えばどこかの工場を改築するということだけでも、それは十分実現可能である。ベルリンの真中にある必要もない。ユダヤ人虐殺の特別な意味は、この展示の中でも絶滅政治全体の関連の中でもはっきりと示されることになる。

そしてこのことは、個別的に建てられる「虐殺されたヨーロッパのユダヤ人女性とまたユダヤ人男性のための記念碑」(最近ではそのように言うようになった)によっては不可能である。それは他の犠牲者グループのための記念碑建設に必然的に帰結する。なぜならば、多くの他の犠牲者を、ただ非ユダヤ人として一括りにすることはできないからである。その結果、ツィゴイネル、エホバの証人、同性愛者、精神障害者、ポーランドの知識人、ソビエトの戦争捕虜、抵抗運動活動家、そして少なくとも部分的にはドイツの兵役拒否者のための記念碑が建てられなければならないことになる。それらがすべて別々の記念碑を持つのか、それとも大きなグループには、個別の記念碑を建て、残りのグループは「その他」としてまとめるのか。無名兵士に、無名犠牲者を対応させるのであろうか。このことを考えていけば、実に馬鹿馬鹿しい結果になるのは明らかである。しかし何がここで本当に問題になっているのかを明らかにするために、一度本気で想像してみるべきであろう。

すべての犠牲者のための一つの記念碑

ベルリンの中心にある記念碑の全体状況と結びついているこれらの過ちとその耐え難さに直面して、一つの単純明瞭な解決だけが多数の支持を得ることができる。それは絶滅政治によるすべての犠牲者のための一つの記念碑である。絶滅政治それ自体の否定としての記念碑を建設することである。そしてその記念碑は、ノイエ・ヴァッへの前の歩道に建てられるのが最もふさわしい。道路の縁に直接、挑発的に建てるのである。大きいものである必要はないが、しかし高い方がよい。そうすれば、それはどこからでも見え、誰の目にも突き刺さり、躓きの石となる。多くの者がそれにぶつかり、多くの者にとってそれは煩わしいものとなるに違いない。そこから先に行きたい者は、それを迂回しなければならない。それは東から西への幹線道路の脇であり、車だけではなく、歩行者もまた通る道である。その記念碑を見に行くつもりのない者も、そこに立ち止まるであろう。

その場所でないとすれば、連邦議会堂の前かシュプレー川の畔、シュプレーボーゲンに建設することも考えられてよい。そしてその碑文に、ノイエ・ヴァッへのように戦死者と並んで犠牲者が記されるなどということは、決して許されない。犠牲者の傍らで、加害者を消し去ってはならない。

絶滅政治によるすべての犠牲者のための記念碑は、それに対して説得力のある論拠に基づく反対がない限り、建てることができる。これはドイツ人によって建てられるドイツ人の記念碑でなければならないからである。しかしそれによって、ユダヤ人を初めとして、いかなる犠牲者グループも傷つけてはならない。絶滅政治の犠牲者を一つに括ることに対しては、今なお強い批判がある。しかしユダヤ人も含めて多くの支持者もいる。議論はまだ尽くされてはいない。この問題全体を視野に入れる議論はまだほとんど始まったばかりである。

いずれにせよ、今とは全く異なる状況において立てられた計画をそのまま実行しても、目標に到達することはできない。たとえどれほど厄介なことであろうとも、議論をもう一度やり直さなければならない。その記念碑だけを切り離して考えるのではなく、全体の大きな連関の中で、その帰結をも視野にいれて論じなければならない。そうでなければ、過ちがさらにまた新しい過ちと困難を生み出すだけである。

戦死者と虐殺された者、すなわち戦争の犠牲者と暴力支配と絶滅政治による犠牲者を想起する象徴的形式についてのこれらの議論は、あの歴史の後、そして、あの歴史との積極的な対決の中で、またその対決の後で、我々がいったい何者であり、我々は再統一されたドイツ、ベルリン共和国をどのようにしたいのか、それを意識化することの一部でもあり得るであろう。我々はいずれにせよやってみるべきなのである。

(『フランクフルター・アルゲマイネ』)

【資料37】(1997,11,1)

ミヒャエル・ボーデマン

不快さの核心——虐殺されたヨーロッパのユダヤ人の、国立記念碑は果たしてドイツで建てられうるのか

＊ミヒャエル・ボーデマン　社会学、ユダヤ学者。トロント大学社会学部教授。ドイツのユダヤ人。論争の中で初めから自明のものとしてみなされてきた「虐殺されたヨーロッパのユダヤ人」という概念に、根本的な疑義を呈した重要な論文。ボーデマンはこの言葉に、ユダヤ人の定義と虐殺されたユダヤ人というカテゴリーの二つにおいて、大きな問題があることを鋭く指摘する。

虐殺されたヨーロッパのユダヤ人のための記念碑建設に向けての模索は、遂に決定的な局面を迎えた。コンペに招待された約二〇名の芸術家はそれぞれの作品を提出した。第一回のコンペで提出された何百もの作品の中から共感を得られるものが一つとして見出されなかったということについて今、激しい論争の中で考え抜くべきである。そもそも作品に要求されているもの自体が表現不可能であるという事実は、新しいコンペでも何一つ変わってはいない。ではいったい、どこに誤りがあるのか。ベルリン政府は無思慮と迎合主義によって、記念碑のコンセプトや建設場所に対する重大な批判に耳を傾けなかった。

私は今までまだ議論されたことのない二つの問題点について論じたい。なぜならばそれこそが、この記念碑にまつわる不快さの核心に触れるからである。第一回コンペで一位に選ばれたクリスティーネ・ヤコプ＝マークスを中心とするベルリンの芸術家グループの作品は、たんに大きな論争を引き起こしただけではなく、その作品の意図「虐殺されたユダヤ人の名前を呼び戻す」(『ターゲスシュピーゲル』、十月二十九日付)ということに、全ての問題が明らかに表われていた。

すでに激しい批判にさらされた四五〇万人のユダヤ人の名前を石に刻むという途方もない企画を、今ここで問題にしたいのではない。そのことだけならば、代案も考えられるかもしれない。しかし問題はそもそも、「虐殺されたヨーロッパのユダヤ人」とはいったい誰であるのかということである。それが意

味することとは、ユダヤ人の定義に従うというのではないであろう。例えばゲシュタポが戸口に立った時、初めて自分が「ユダヤ人」であることを知った者も、ここでいうユダヤ人の中に加えるのか。あるいはユダヤ人としてのアイデンティティーを否定した者はどうであろうか。エディス・シュタイン［一八九一年～一九四二年。大学で哲学、心理学専攻、フッサールの下で哲学の学位論文を書き、助手となる。その後カトリックに改宗し、修道女となる。オランダでゲシュタポに逮捕され、アウシュヴィッツのガス室で虐殺される」やその他多くのユダヤ教を捨てた人々も、また「虐殺されたユダヤ人」に加えるのか。ナチスのつくり出した「混血」や「ユダヤ人相当」の者はどうなるのか。あるいはユダヤ人であった妻と一緒に自ら死に赴いたヨヘン・クレッパー［一九〇三年～一九四二年。ジャーナリスト、作家、賛美歌作詞家。ユダヤ人の妻と子供の強制移送を前にして、一九四二年、遺書を残し、自宅で家族全員で自死を遂げる］の名前は、この石には一緒に刻まれないのか。もしそうであるならば、その理由はいったい何であるのか。彼らは「ユダヤ人」として殺されたのか、それとも社会民主主義者や共産主義者として、あるいは同性愛者かヨーロッパで何らかの地下活動を行なったために殺されたのか、それとも収容所で死んだのか。我々はそれについて詳しく知っているのか。

「虐殺されたヨーロッパのユダヤ人」におけるユダヤ人の概念は、ユダヤ教徒を表わすのか、それともナチスが定義した人種としてのユダヤ人なのか。そのどちらであったとしても、受け入れ難い。前者であれば、虐殺された多くの者は排除されるであろうし、後者であるならばナチスの人種定義を妥当なものとみなすことになるからである。

「虐殺されたヨーロッパのユダヤ人」の構成概念こそが、ナチスの核心的要素なのである。人種の観念としての「ユダヤ人という害虫」が一方にあり、他方にはゲルマンの権力志向的人間がある。それ故、一九五〇、六〇年代に西では「ユダヤ人」やその他の「ユダヤ人として迫害された人々」を、他のすべての犠牲者との関わりにおいて「人種、政治的、宗教的に迫害された人々」と呼び、東ではそれを「ファシズムの犠牲者」と言った。近年問題となっている他の犠牲者との区別は、我々の時代精神に対応しているのである。一九五〇年代の終わりまではナチスの犠牲者を想起する場合、それはすべての犠牲者の想起であって、虐殺された者の一つのグループだけに記念碑を建てるということは、その頃、全く考えられてはいなかった。当時、ユダヤ教会によって、迫害された全ての者の共同想起の呼びかけが行なわれたが、それは自明のこととみなされていた。そのことを我々は今再び思い起こすべきである。想起におけるこの普遍主義は、すでに失われてしまった。それにはもちろん、さまざまな理由がある。その一つはエルサレムにあるホロコースト記念碑、ヤド・ヴァシェムを模範にした誤りである。ヤド・ヴァシェムは、自分たちの民族の犠牲者に対する記念館である。したがって、そこでは犠牲者の間にいかなるヒエラルキーも存在しない。自分たちの戦没者を想起するのはドイツであれ、他の国々であれ当然のことである。またヤド・ヴァシェムと同じように、ワシントンにあるホロコースト博物館や地域的に複雑な議論が行なわれた北アメリカの各記念碑の場合には、民族的なグループの内部でそれぞれに固有の想起の場所がつくられたようである。これらもまたドイツが模範にすることはできない。記念碑を建てるドイツの中に虐殺の場所があり、その命令を発した中央本部が記念碑の建設場所、ベルリンであるからである。

「記念碑建設を支援する会」の考えの中に、ユダヤ人の非常に狭い宗教的、民族的定義が密かに受け入れられているが故に、それはとうてい認められない。人種というものが殺人者の明白な原理であるならば、必然的にツィゴイネルや「人種的価値の低いもの」であった安楽死の犠牲者もまたそこに含まれなければならない。またゲルマンの権力志向が他方では中心にあったために、スラヴや他のグループもまた人種的原理から迫害されたのである。その際、「ユダヤ人という人種」が、殺人者の妄想の中心にあったことはもちろん言うまでもない。

この記念碑を建設することが不可能であることを示す不快さは、個々の名前を刻むという誤りからドイツにおいて広がった。第一回コンペに提出された五〇〇を超える作品の中で適切なものを一つも見出すことができなかったのは、そのためである。そして多くの批判の中で、たとえユダヤ人の犠牲者であろうとも、一つの犠牲者グループにのみ記念碑を建てることは、犠牲者のヒエラルキーをもたらすという批判は何よりも重要である。我々はまずヨーロッパの虐殺されたユダヤ人のための巨大な記念碑を、次にそれよりもずっと小さいツィゴイネルの記念碑を、さらには安楽死の犠牲者、同性愛者、ソビエトの捕虜、そしてさらに細かい区分を必要とする政治的犠牲者まで、個々の小さな記念碑が全て揃っている「ナチスの犯罪パーク」をコンペで選ぶのであろうか。そして将来、いったいどのようにして想起が行なわれるべきであるのか。ナチスによる全ての犠牲者のための一月二十七日の「アウシュヴィッツ解放」記念日に「虐殺されたヨーロッパのユダヤ人のための記念碑」には花環が置かれるのか。そしてそこでは、非ユダヤ人の犠牲者も共に想起することが強調されなければならないのか。たとえそれらはそれほど重要ではなくとも。それとも残りすべての犠牲者のために、一つの記念碑をすぐに建てる必要があるのか。

非ユダヤ人によってこのプロジェクトが提案され主導されたにもかかわらず、ドイツではなぜ、こうした問題が起こっているのであろうか。リーベスキントの設計したユダヤ博物館をドイツ歴史博物館から独立させるという提案に反対しているベルリン市政府が、この独立した墓石を喜んで受け入れるというのは皮肉なことである。記念碑とユダヤ博物館について の、すなわちユダヤ人の生活と死の場所についての論争はドイツ人とユダヤ人の関係について多くのことを物語っている。「死んだユダヤ人は間違いなくよいユダヤ人である」というナハマの言葉は、この二つの論争を特徴づけた。犯罪の想起ではなく、一つの文化的、経済的、人的資源の喪失が悲しまれているのではないかという疑いを拭い去ることはできない。この批判はドイツのユダヤ人が、ユダヤ人犠牲者すべての中ではほんの僅かを占めるにすぎないということにも合致する。しかし犠牲者グループとしてユダヤ人は、その社会的使用価値という観点から見れば、中心的である。しかしこの喪失のために実際に記念碑をつくることは困難である。

不快さの二つめの理由は、殺人者であった国家が虐殺された者のために記念碑を建てるということ、そして自国の死者よりも、犠牲者にさらに大きな公共的悲しみを獲得しようとする努力からも生じている。それはドイツで広められた特別な死者のカルトである。ジェルジ・コンラートは最近になって、この意味においても、記念碑に対して明確に反対を表明した。もし殺人者の身内が、その埋め合わせのために自分の家に記念碑を建てるとすれば、そこには皮肉めいたものが残る。しかしもし殺人者の家で「そんなことが、どうして起こり得たのか」ということを思い起すならば、理解を得ることができるであろう。

それ故「テロの地勢学」をユダヤ人の歴史の場所として、リーベスキント設計のユダヤ博物館とを結合させて想起の中心的場所にするという提案には説得力があるように思われる。

またヘンリク・ブローダーが一九九七年八月二十二日の『ターゲスシュピーゲル』で提案したように、記念碑建設をやめて、その予算で迫害された者の想起を生存している犠牲者の支援に結びつけ、そのための財団を設立することも考えられる。

「記念碑建設を支援する会」の功績は十分に認められるべきであるが、しかし我々はなお次のことを問わねばならない。ユダヤ人の犠牲者のためだけに建てられたホロコースト記念碑を、今の政治的状況の彼方にいる将来の世代は、いったいどのように維持していくことができるのか。今のコンセプトではそれを長く続けていくことは不可能であろう。我々は、保留されているこれらの問題が、新しい独創的な企画によって克服されることをただ望むだけである。

（『ターゲスシュピーゲル』）

【資料38】（*1998,3,19*）

ラインハルト・コゼレック

間違った焦り——ホロコースト記念碑は犠牲者のヒエラルキーをつくる

＊ラインハルト・コゼレック（一九二三〜二〇〇六年）　歴史学者。犠牲者ヒエラルキーについて論じた最も重要な論文の一つである。ノイエ・ヴァッヘに対する批判を、ピエタの美学的問題にも触れ、掘り下げている。

もう充分、語り尽くされた。今こそ決定するべき時だ。もう遅い。後は交渉が残されているだけだ。

「ホロコースト記念碑」を建てるために、そんなことがまるで合い言葉のように言われている。計画中の記念碑に対して新たに沸き上がってきた批判を何とか食い止めるために、突然始まったこのような無理のある論調は、すべての中途半端な真理と同じように非常に危険である。確かに決定は下されなければならない。しかしそれは充分語り尽くされたからではない。記念碑に反対を唱えるすべての論拠が、今や記念碑の実現を脅かすように表現されてきたからである。しかしそれらの議論は、コンペ主催者によって無視されている。記念碑財団を構成する国家と私的団体の混合、すなわち首相（コール）、ベルリン市政府（ラドゥンスキー）、そして市民運動グループ（ロース）の三者は、かつては相互に反目しあっていたが、今は、そして恐らくこれからも、その計画に対して批判があるということをただ認知するだけであろう。あらゆる批判は黙殺された。そしてコンペ主催者の見えざる執行委員会は勝利した。建設場所、財源、完成期限の問題、そして記念碑のテーマも、それに関する批判などまるで一度も聞いたことがないかのように、揺るぎなく固定されている。今のコンセプトに疑問を呈したすべての対案は呑み込まれてしまった。批判的な議論はもう聞き飽きたということで誤りとみなされた。そして、今、それらのあらゆる批判よりも注目すべきことは、その結果生じる重荷である。

我々は、すでにノイエ・ヴァッへの芸術が、ただ聞き流すということによって成立したことを思い出す。（コルヴィッツは素朴な社会主義者であったため）社民党の沈黙による同意によって、首相は巨大に拡大されたコルヴィッツのピエタを、二つの大戦とナチスの犠牲者の国立記念碑としてそこに建てることを一人で決定した。そしてそれは確かにそこに設置されたが、しかし事は思惑通りには進んでいない。ケーテ・コルヴィッツはその作品について一九一四年に「若い志願兵の犠牲的死」と記しているが、記念碑が訴えるのは、そのようなものであるはずであった。しかし一九三九年、コルヴィッツはその言葉を、「人間性は息子の犠牲を受け入れなかった」と改訂した。これが我々の国の連邦首相に不当なことを要求されたピエタに託されたケーテ・コルヴィッツの重大なメッセージなのである。コールは明確な意図をもって、ヴァイマール共和国の帝国芸術監視人の役割を自ら引き受けた。その際、コールは政治的合法性がまるで美学的判断を形成する質的証明であるかのような無理を犯している。そのピエタは政治的、美学的、そして図像学的に二流の記念碑にすぎない。はるかに印象深いコルヴィッツの記念碑は、永遠に失なわれた息子をその両親が追想するヴラドゥスロ［ベルギーにある第一次大戦で戦死したドイツ人兵士の墓地］にある。

ピエタはそれに反して、「戦争と暴力支配の犠牲者」を悼んでいると、それに付された碑文が我々に伝える。それは「軍国主義とファシズムの犠牲者に」という［東ドイツ時代この場所にあった記念館の］スターリン主義的碑文のレプリカである。

「戦争と暴力支配の犠牲者」という碑文の書き換えによって、第一次大戦の志願兵の主体的な、しかし虚しい犠牲は、ただ苦しめられただけであった第二次大戦の受動的犠牲者へと密かに変容させられた。それはまさに世俗的変容である。まるで第二次大戦で戦死したすべてのドイツ人が、我々によって殺された罪無き何百万人の人間と同じく、ナチスの受動的犠牲者であったかのようである。しかし虐殺された約六〇〇万人のユダヤ人は、戦死したほぼ同数の兵士と相対している。しかし彼らはすべて、犠牲者として一つに括られ、いわゆる暴力支配の犠牲者と全く同様に犠牲者という見出しが付けられる。そして加害者は（誰かがユダヤ人を虐殺したのに違いないのであるから）、受動的犠牲者としてのみ理解される犠牲者と同じものになる。

問題は次のことである。いったい、ここでは誰が誰を犠牲にしたのか、あるいは自分自身をいったい何のために犠牲にしたのか。あるいは誰が、なぜ、そして誰のために犠牲にされたのかということである。それらの問題が、ここでは全く答えられないままである。いやその問いは立てられてさえいない。

この決定の最初の過ちから、第二の過ちが生じた。ノイエ・ヴァッヘには、この碑文に留まらず、記念碑としてピエタがそこにある限り、撤回できない問題がある。それはピエタが、第二次大戦で罪なく殺された者、死んだ者の最も大きなグループであるユダヤ人と女性を共に排除していることである。この像は反ユダヤ的である。キリストの亡骸を抱く悲嘆の背後には、中世後期以来、悪意を持って描かれてきた神の子殺しのユダヤ人というイメージが潜んでいる。そして生き残ったその可視的な母の背後には、虐殺され、絶滅させられ、ガス室で殺され、消えていった何百万人もの女性が、「それでは誰がいったい我々を想起するのか」と叫んでいる。このように、ピエタは一つの過ちが美学的に二流の解決を必然的に生じさせたという意味で、二重の失敗である。最初の間違った考えが、美学的に間違った造型を選んだのである。

ピエタがノイエ・ヴァッヘに置かれる前に、犠牲者共同体の中で加害者と一緒にされることを望まなかった人々から、ただちに憤激の嵐が巻き起こり、持続した。ユダヤ人、シンティー・ロマ、同性愛者、そして「安楽死」を生き残った者、避妊手術を強制された者も含む障害者、反社会的と定義された者、さまざまな政治的抵抗活動家や宗教的に迫害された者、あるいは遺伝的理由で排除された者など、全部で約一五〇〇万人を超える罪のない人々である。しかしこの数はいったい何を物語っているであろうか。

コールは譲歩してノイエ・ヴァッヘへの他に、それらの犠牲者、より正確にいうと受動的犠牲者のための記念碑を建てることを、一九九二年以降、一人で急いで決定した。しかしその記念碑は、ユダヤ人のためだけのものである。このようにしてピエタの間違った決断が、次の過ちを生み出したのである。罪のない人々の中でただユダヤ人だけを想起し、同じように虐殺された他の何百万人の罪なき人々を想起しないという妥協は、それを解決することに政治的真っ当さが問われるような結果をうずたかく積み上げた。

三つの実現可能な選択肢がある。それぞれは他の選択肢を必然的に指し示しており、どれ一つとして他を無視、あるいは排除することはできない。それゆえ、ナチスの犯罪の記念碑を、犠牲者を視野に入れて構想するという今突きつけられている課題にとって、どの答えが最も適切であるかということが問われなければならない。

第一の可能性は、コールが最も好み、ユダヤ人協会議長ブービスと確約したらしいものである。それは虐殺されたユダヤ人のためだけの記念碑を建て、他のすべての犠牲者グループをそこから厳格に排除するというものである。ブービスとレア・ロースがとてつもない不寛容をもって要求し続けてきたように、他の国々と同じようなホロコースト記念碑、つまり虐殺されたユダヤ人のみを想起する記念碑を建てるべきか否かが、ここでは問われる。

そのようなことは確かに可能であろう。そしてもしそれをするならば、ユダヤ人もまたその計画に制度的に組み込まなければならない。なぜならばその際、ユダヤ人の追悼の儀式とまた特別な想起の形式を適切に考慮することが重要になるからである。そのホロコースト記念碑は、ドイツの、そしてヨーロッパのまたその他、世界中に散り散りになったユダヤ人の責任ある協力なくして建設することは不可能である。しかし「ドイツ人の」建てるホロコースト記念碑に対する、亡命した、あるいは脱出したユダヤ人やまたイスラエルの皮肉の入り混じった懐疑的な遠慮を見れば、そのような協力がそもそも可能なのかどうかは非常に疑わしい。

昨年の初めに開かれたコロキウムでユダヤ人がそのような問題を提起した時、コンペ主催者の執行委員会はその問いを沈黙によって回避した。その結果、彼らは何も反論せずにその会議を立ち去った。このことは少なくともドイツ人によって建てられるホロコースト記念碑が厄介で、疑わしいものであるということを証明している。結局ブービス氏は合法性はないが、事実上、ドイツ人によるユダヤ人だけのホロコースト記念碑を要求する道義的拒否権を行使している。しかしこれは両義的である。ドイツ人によって精神病者としてガス室に送られたユダヤ人を、ブービスはホロコースト犠牲者として想起しないのであろうか。そのような議論の背後にはまだ誰も最後まで考えたことのない他の可能性が潜んでいる。

我々はユダヤ人と共に、そしてユダヤ人のために、虐殺されたユダヤ人を想起する碑をつくるのか。そうであるならば、我々は空間的、図像学的にも、また時間的、財政的にも、ユダヤ人の希望に沿わなければならない。それは犠牲者の碑である。

それとも我々は一義的には、ユダヤ人を殴り殺し、撃ち殺し、ガスで殺し、処理し、その灰を空気や水に溶解させた行為と共に、加害者を想起する記念碑、恥の碑を建てるのか。それは加害者の碑である。この二つの碑は、外見的に同じように見えるだけである。我々ドイツ人の非道な行為を想起する記念碑を建てるならば、加害者としての我々によって、ユダヤ人と同じように虐殺された他の犠牲者グループ、何百万人の死者を無視することはできない。

それとも我々は加害者の遺産として、ガスで虐殺された者の間に境界線を引いて、ゾネンシュタインの収容所の犠牲者と「ユダヤ人だけの強制収容所としてつくられた」ヘウムノやソビブルの犠牲者とを区別するのか。絶滅カテゴリーはナチス親衛隊の人種のイデオロギーによって発展し、さまざまに分類され、そして執行されたのである。人間はそれぞれ固別で多様であるにもかかわらず、死は全く同じであった。罪なきまま彼らはこの殺人機械の中に送り込まれた。

虐殺されたユダヤ人のためだけの記念碑か、それともその犯罪を想起し、加害者ドイツ人を告発する記念碑かという二者択一は、多くの者に指摘され、いつも脇へとよけられた問題を生じさせる。それはユダヤ人のためだけの記念碑を建てるならば、我々は必然的に他のすべての犠牲者グループにそれぞれにふさわしい記念碑を建てなければならないということである。それが今、実現を求められている第二の可能性である。しかし記念碑をいくつも造ればそれで全ての問題が解決すると考えるのは誤りである。今までは、それはただの口先だけの寛容にすぎなかった。なぜならば他の犠牲者グループには、国家が主導権を執ることもなければ、私的圧力団体があるわけでもないからである。まるでそれらの死者は、忘却に委ねられてもよい下位ランクに位置づけられているかのようである。この第二の解決のおぞましい皮肉は、強制収容所において、あれやこれやに定義されたすべてのグループを互いに争わせることで利を得たナチス親衛隊のつくった収容者カテゴリーに、我々が固執しているということである。我々がユダヤ人だけの記念碑を受け容れるならば不可避的に、すでにしばしば指摘されてきたように、記念碑のヒエラルキーが生じる。虐殺された者の数や、生き残ったものの影響力に従ってナチスの殺人カテゴリーが記録され、異なる大きさの石になるのである。問題は我々が、加害者の国としてそのような重荷を伴う結果を承認できるかどうかということである。

これまで指摘したことは、犠牲者のヒエラルキー化と数量という基準がそのために絶対化されるという問題であった。しかし美学的帰結についてはまだこれで終わったわけではない。その場を埋め尽くすように緊密に立ち並ぶアイゼンマンとセラの柱の森は、与えられた四角い土地で可能な限り、最大の量を視覚的に表わそうするものである。この暗喩的な努力によってそのプロジェクトはトレブリンカの収容所跡を模範にするものとなっている。そこには、ハウプトとドゥツェンコによってつくられた一万六〇〇〇の黒御影の墓石が並んでいる。その大きさは人間が把握可能な規模であるが、それらは明確な目標をもって配列されている。それらの墓石はそれぞれ異なる間隔で並べられ、一目ですべての石を同時に見わたすことは不可能である。悲しみの果てしなさと、八〇万人の死者を取り戻すことはできないということを、それは重苦しく呼びかけている。それに比べれば、今最も好まれている企画は二流である。すでにノイエ・ヴァッヘが示しているように、一つの過ちが次の過ちを生み出す。美学的にそれは自らの正体を暴露している。コンクリートに固められた兵隊のようにきっちりと並ぶその柱の途轍もなく長い行進は、見る者を打ちのめす。そこでは悲しみが求められているはずであるのだが、それは見る者を窒息させる。

すべての犠牲者グループは同じシステムによって絶滅させられた。

ナチス親衛隊のカテゴリーに従って区別された犠牲者グループが、それぞれの記念碑を建てるならば、人間以下とみなされて殺されたスラヴの人々を、忘れていい理由はない。純粋に数の上ではそれはユダヤ人と他のグループを上回っている。ほとんど三〇〇万人の非ユダヤ系ポーランド人が残虐に殺された。

また第一次大戦でドイツ人を好意的に扱ったことを覚えていて降伏した三五〇万人のロシア人も想起から全く抜け落ちている。国防軍が彼らを餓死させた。生き延びた者は収容者全体の中で四〇パーセントである。(ロシアの収容所にいたドイツ人の生存率は六〇パーセントであった)。そしてその中で生き残った者や、また兵役拒否者は祖国の裏切り者として、また資本主義の目撃者として最下位にランクづけられ、シベリアに送られた。そしてそれを生き延びた人々はその後もタブーにされてきた。その彼らを、我々は忘れるべきであるのか。

射殺された多数の捕虜もまた忘れられてはならない。ヨーロッパのあちこちで、女や子供をも含んでそれぞれの場所で、絶滅に向かって虐殺が行なわれた。道義的理由でも政治的理由でもなく、ユダヤ人と同様に同じテロのシステムによって犠牲になったこれら何百万人の人々の死を、我々は記念碑から排除する理由があるのか。

ここから第三の可能性が生まれる。それは我々には、ただ一つの記念碑を建てることだけが許されているということである。虐殺されたすべての者、処理されたすべての者を共同で想起する唯一の記念碑である。我々によって虐殺された罪なき人々のうち、誰一人としてその記念碑、加害者の碑から排除されてはならない。このことが、ドイツ人として我々が担うべき歴史的結果の重荷なのである。

ドイツ連邦共和国の正当性は人間の尊厳と人権を守ることに存している。これはナチスの時代のテロのシステムの結果から生じた義務である。我々はそのために責任を負わなければならない。和解を実現させることは、まだ生存している者がそれを待っている限り、財政的には可能である。宗教的な意味において赦しを見出すことは、世俗国家においては不可能である。しかし我々の知識や行動に、その犯罪の想起を関連づけることは、我々の共同体の一つの課題である。それには勇気が必要である。今まで記念碑論争から身を引いていた連邦議会には、それ故に義務がある。ナチスの犯罪についての時効をめぐる激しくまた公正な議論は、すでにあまりにも忘れ去られてしまい、その犯罪に対して適切な記念碑を建設するという政治的帰結が議会の主権的決定から脱落しているのであろうか。

もしベルリンの中心に我々の過去のテロのシステムによって虐殺されたすべての者の記念碑を建てるという課題を、主権的立法府が引き受けるという決定を下すならば、そのために適切な場所や時期、財源などの問題が解決可能であることは明らかになるであろう。問題は正しい問いを立てることである。そしてその問いに対して、正しい答えを出すことに、遅すぎるということはない。

(『ツァイト』)

3 想起の方法——記念碑の限界

記念碑というものが、ナチスの大量虐殺を共同想起に留めるための適切な形式であり得るのかという問題は、いくつかの観点において捉えられる。

その一つは、象徴としての記念碑を、歴史的現場の保存や歴史的事実に中心におく現場の記念館と対比的に捉え、それらの意味と機能の相違を問うという方向である。これは第Ⅰ部で取り上げた記念碑と記念館の併合というナウマンの提案を契機として、集中的に論じられた問題である。

また他方、ホロコーストの想起に関わる記念碑にとって芸術という方法が適切であるのか否かという論点がある。特にこの問題はコンペの挫折の後、次第に大きなテーマとして論じられることになった。それは芸術の表現可能性をめぐる美学的問題と記念碑芸術がそもそも芸術たり得るのかという記念碑と芸術との関係を問う議論との二つに、大きく分けられる。その問題を扱った論文は次章で取り上げている。

本章では、芸術に代わって全く別の形式を記念碑として具体的に提案したものと、現代の想起文化そのものに対して根本的な批判を展開した文献を紹介する。

【資料39】（*1995,1,16*）

ラファエル・ゼーリッヒマン

同情はもうたくさんだ――ドイツホロコースト記念碑に反対して

*ラファエル・ゼーリッヒマン（一九四七年〜）　ユダヤ人評論家、作家。
この記念碑はユダヤ人をホロコーストの犠牲者としてのみ印象づけるものであるとして批判し、最初からその建設に徹底的に反対する。

ベルリンでは戦争の傷がまだ癒えていないということは、私には慰めであった。それが私を再びベルリンへと連れ戻した。壁の崩壊後、レア・ロースはこの慰めを私から奪った。その代価である窮屈さや［東ドイツ人］一七〇〇万人に関連する道徳的腐敗の問題をジャーナリスト、ロースはほとんど意に介さなかった。

慰めがないままロースは次の運動を組織し始めた。一九八九年の初めにロースはヴィリー・ブラントやギュンター・グラス、また、ヴァルター・ヤン、ウドー・リンデンベルク［ロックシンガー］、そして最近、ヴォルフ・ビアーマン［一九七〇年代東独を追放されたユダヤ系フォークシンガー］にニュールンベルク法がつきつけられればよいのにと脅した*注アルフレート・フルドリカ［ウィーンの芸術家］など一連の著名人と共に、連邦政府、ベルリン、そして他のドイツの州に、「我々が歴史の重荷を受け入れ、歴史に新しいページを開くことを記録するため虐殺された何百万人のユダヤ人の記念碑をベルリンに設立」することを呼びかけた。

ヘルムート・コールとの表現上の親近性は、決して偶然のことではない。首相はドイツの統一が実現してかなりたってから、ベルリンの「ヒトラー総統防空壕」とシュペアー［ナチスの建設大臣］が設計した総統官邸との間の土地を、ホロコースト記念碑のために使わせることを自ら決定した。それはいったい、なぜなのか。［早期］統一を実現させた保守的首相が、ドイツの［早急な］再統一に反対した社民党の支持者ロースに共感をしているとは思われない。また「虐殺されたヨーロッパのユダヤ人のための記念碑建設を支援する会」の新しいメンバー、例えば社民党の牧師で道徳主義者フリードリッヒ・ショーレマーや古い共産主義者ハンス・モドローなどに対しても同様である。

ヘルムート・コールはそれにもかかわらず、自分が何をしているかを知っている。コールは一九八五年、アメリカ大統領ロナルド・レーガンをナチスの兵士も葬られているビットブルクの兵士の墓地に連れていった。そのことによって当然ながら至るところで受けることになった激しい非難を、コールは決して忘れてはいない。コールは国の内外のショア（ホロコースト）についてのプロの郷愁家たちの情熱を知っている。例えばワシントンのホロコースト記念館を創設した館長ジェスハジャフ・ヴァインベルクは、ドイツには他の国よりも多くのホロコースト博物館が必要であると言う。ハイデルベルクの教育学者ミヒャ・ブルームリクは「ドイツにおいてはホロコーストを公共的、儀式的に記念することを求める者は今日、エルサレムやオスヴィチム［アウシュヴィッツ］、またはワシントンへ行かなければならない」と言い、それを補完する。

何という馬鹿げたことであろうか。ダッハウ、ベルゲン＝ベルゼン、フロッセンビュルク、その他多くの強制収容所やその外郭施設はエルサレムやワシントンにあるのではなく、まさに我々の戸口の前にある。ドイツには、ユダヤ人が強制移送され、逮捕され死へ送られたことのない、またユダヤ教の会堂が破壊され冒瀆されたことのない町や都市は一つも存在しない。この歴史はイスラエルやアメリカにはないものである。

そこで「公に、儀式的に」ユダヤ人の民族虐殺の記念式典を執り行なえば、実際に見せ場を提供することができるであろう。

ドイツ人は東方からの恵みなしで、やっていかなければならない。ドイツ人は、犠牲者、犯罪者、そして何より傍観者や共犯者に属する者として想起や不安と、また逃げ延びてきた者は、その子供たちに対する非難（そんなことのために我々は生き延びたのではない）や加害者の世代の子孫からの糾弾（なぜ抵抗しなかったのか）という言葉と共に生きていくことが運命づけられている。ある者は殺人者の民族に帰属することに、またある者はそこで生きているということに良心の呵責を感じている。

そしてドイツ人は犯罪者の良心の呵責から、金や厚顔無恥によってその罪責から自らを自由にしようとしている。例えばヘンリク・M・ブローダーの混乱した遺伝説、「汝らはその親の子である」とは、おまえたちドイツ人は「永遠に反ユダヤ主義」に定められているという意味である。

この（名称についてはなお激しく議論されているが）「虐殺されたヨーロッパのユダヤ人の記念碑」はドイツ人、すなわちユダヤ人と非ユダヤ人が、過去と共に生きていくことにとって、何かの助けになるのであろうか。答えは否である。それは全くよけいなものである。

記念碑建設の主唱者が支持した「テロの地勢学」が、ベルリンにはすでにある。ドイツのナチス時代の役人やナチス親衛隊の幹部ライハルト・ハイドリッヒの指揮下でヨーロッパのユダヤ人を体系的に抹殺することを決定し、組織したヴァンゼーの別荘は、すでに博物館や教育研究施設として使われている。「反ユダヤ主義研究センター」ではユダヤ人排外の問題を少なくとも理論的に掘り下げている。そしてザクセンハウゼンの強制収容所記念館はベルリンの郊外、オラニエンブルクにある。

またベルリンの多くの区では強制移送や虐殺されたユダヤ人を記念する記念碑が建てられ、またこれからも建てられようとしている。しかし多くの市民や政治的代表者の情熱には偏狭な限界が顕著に見られる。シュテークリッツの区議会ではキリスト教民主党と自民党と右翼の共和党が奇妙な連立を組み、「強制移送されたシュテークリッツのユダヤ人」の記念碑［鏡の壁、二九九頁］の設立を妨害した。ベルリンの建設大臣ヴォルフガング・ナーゲル（社民党）はそれを「恥じて」、その記念碑の建設を支持したとき、自民党の報道官は「全体主義」的やり方であるとして激しく批判した。モアビット区では連邦財務省は、その敷地内の中央税関局にあった記念板を撤去した。そこには、その建物が「ナチス親衛隊（SS）の手先で、ユダヤ人市民を虐殺収容所に移送する重要な支部」であったことが書かれていた。このことがメディアに報じられると、それはただちに元に戻された。

これらの厄介な問題に対して、効果的な処理を思いついた者がいる。それは例えばベルリンのキリスト教民主同盟幹事長クラウス・ラドフスキーである。ラドフスキーにとっては急速に増えていく記念碑や記念板は非常に迷惑なものである。「ベルリンはある種の人気がある」と言ったラドフスキーは「少なければ少ないほどよい」というモットーに従って、多くの記念碑や記念板をベルリンから追放しようとしている。その結果が一つの中央「ホロコースト記念碑」を承認することである。

同じような打算を伴って、それと似たような歴史意識をもつ全ての区の政治家は、自分たちの家の前で起こったことを表示したいと考える市民や芸術家や歴史家に向かって、間もなく呼びかけるであろう。「ベルリンへ行け」と。そうやって、それぞれの場所は守られ、金が節約される。歴史はベルリンの中心で、「克服される」べきなのである。記念碑の作品コンペの審査会が決定を下す前に、犠牲者グループの代表者によって激しい論争が繰り広げられている。虐殺されたユダヤ人だけの分離した記念碑を、とりわけシンティー・ロマは差別として受け止めている。シンティー・ロマ協議会はユダヤ人の記念碑と「空間的にも造型的にも結びつきを持った」シンティー・ロマのための記念碑を求めている。ユダヤ人協議会議長イグナッツ・ブービスは、記念碑を死者のために祈る墓地の代用と理解し、それを拒絶した。シンティー・ロマの代表者ローマーニ・ローゼはそれを「アパルトヘイト」と言い、ブービスはそれを侮辱であると非難した。シンティー・ロマもまたそれによって傷つけられた。

同性愛者、共産主義者、障害者の家族もまた同等の権利をもって、それぞれの記念碑を求めている。ユダヤ人が自分たちだけの記念館を求めているアウシュヴィッツと同様に、その論争は見すごすことのできないものになっている。

しかし最も激しい対立はユダヤ人内部で起こっているものである。ユダヤ人の犠牲者アイデンティティーの危険性に注意を向けようとするユダヤ人の学者や芸術家、知識人は「故国を侮辱する者」、「提灯持ち」、「ドイツの見習い防衛補助員」、「恥知らず」、そして挙げ句の果てに「ヒトラーと同じ」と罵倒されている。

これらの問題は全て、すでによく知られている。しかしそれにもかかわらず記念碑プロジェクトの主唱者レア・ロースとエバーハルト・イェッケル、そして他の論者はただ馬車馬のように、闇雲にその計画を進めようとしている。その際、その自己中心主義はたんに従属的な役割を果たしているにすぎない。むしろ善意と個人的感情、犠牲者への同情と犠牲者との一体化が、優位を占めている。

もう充分侮辱され、一体化され、そして犠牲にされた。ユダヤ人をただ犠牲者としてだけ理解しようとする、蝶々のコレクターのような愛はもうたくさんである。

死者を想起するのはユダヤ教の倫理的戒めである。しかしユダヤ教とその歴史の基本は、キリスト教やイスラム教とは異なって無条件の此岸性である。生命と健康を守るということが他の形式的戒めの何よりも優先する。ユダヤ人は再び生け贄の仔羊のように烙印を押されることを決して許さない。贖罪の意志も悪意もいらない。

犠牲者は想起されるべきである。彼らが生き、そして苦しんだ場所で。自分たちの家の前で。そして、もしどうしてもというのであれば、中央ホロコースト記念碑で。しかしそれより遥かに重要なことは、キリスト教徒であれ、ユダヤ人であれ、イスラム教徒であれ、生きている人間を受け入れることである。もし首相や外務大臣が何千人ものチェコ人がロシアの内戦で殺されたということを軽く扱うのであれば、ナチスの過去から何も学んでいないことの証左である。エルサレムやベルリンの花環はそのために何の役にも立ちはしない。
(『シュピーゲル』)

注　かつて東独から追放されたビアーマンは、一九九四年、東独社会主義統一党を後継するドイツ民主社会党、及びその党首を激しく非難し、それらの人々が議員として制定する法の下で暮らしたくないと述べた。これに対して、オーストリアの社会派芸術家フルドリカは民主社会党系の新聞に載せた公開書簡の中で、ビアーマンにナチスのニュールンベルク法が突きつけられればいいと反駁した。これは大きなスキャンダルとなった。ビアーマンの父は、ユダヤ人でまた共産党員としてナチス抵抗運動に加わり、アウシュヴィッツで虐殺されている。

【資料40】(1996,4,1)

ハインツ・ディーター・キットシュタイナー

過去に対する現代の攻撃——「虐殺されたヨーロッパのユダヤ人のための記念碑」を建てる権利について

＊ハインツ・ディーター・キットシュタイナー(一九四二年〜)　歴史学・哲学者。歴史的残存物とは異なり、記念碑というものは常に現代による過去の変形であることを批判する。そして想起にとって歴史的現場が何より重要であることを訴える。

建設が予定されている虐殺されたユダヤ人のための記念碑をめぐって展開されているドイツの論争は(本紙ですでに何度も取り上げてきたが)、記念碑の途方もない規模と八方ふさがりの状況をその特徴として表わすことができる。公募によるコンペは嘆くべき結果となった。文化歴史学者ハインツ・ディーター・キットシュタイナー（フランクルト・オーダーにあるヨーロッパ大学ビアドゥリア比較ヨーロッパ史学教授）は、現代がこの記念碑を建てる権利をそもそも所有しているのかどうかについて根本的な異議を唱える。［新聞社のコメント］

「ベルリンにコンクリートのプレートはいらない」という見出しの記事が、一九九六年二月十九日付『フランクフルター・アルゲマイネ』紙に掲載された。そこには安堵と困惑の思いが透けて見られる。ではこれからいったい、どうするのか。コンペは一九九五年三月に終わり、審査委員会は一位の作品を決定した。しかし「財団法人　虐殺されたヨーロッパのユダヤ人の記念碑建設を支援する会」はそれ以来、逆風に向かって立っている。本来はそれを計画する前に論議されるべきであったのだが、怒濤の如く押し寄せるさまざまな意見の中で提出された芸術的作品をまのあたりにして、初めて現実に即した議論が可能になった。

これからどうすればよいのか、誰にもよくわからない。選ばれた上位七位までの作品が修正され、すみやかに合意をめざすことにはなっている。しかしいったいどのようにして、また誰と誰が合意するのか。連邦議会が決断するのであろうか。ドイツ連邦議会は決断を下すことを恐れないとレア・ロースは確信をもって保証するが、一方では犠牲者全ての名前が刻まれるという巨大コンクリート製の墓石も未だ処理済みの要件ではないという。芸術家クリスティーネ・ヤコプ＝マークスを中心とするベルリンのグループが提案したこの墓石の企画は、最も激しい非難を集めたものであった。その批判はイェンス・イェッセンの「克服のプロ」と題する重要な論文（一九九五年三月二十日付『フランクフルター・アルゲマイネ』紙）から始まった。ドイツ・ユダヤ人協議会議長イグナッツ・ブービスはプレートに犠牲者の名前を彫り込み続けることに金を費やすことを「免罪符の販売」と称して批判したが、この論考もまたこの見解に与しつつ書かれたものである。犠牲者の名前が過去に後悔の念を持つ大多数のドイツ人によって買い取られるのである。親族の名前がこの傾いたプレートの上に刻まれていないと、虐殺された者の子孫から裁判で訴えられるということも恐れなければならない。

記念碑、しかしこれではなく

当時、記念碑コンペの審査委員会の一員であったザロモン・コーン（ドイツ・ユダヤ人協議会・建築と記念館委員会委員）は、昨年十二月の演説で自らの立場を根本的に転換した。一九九六年二月九日付『フランクフルター・アルゲマイネ』紙にこの演説の短縮版が掲載されたが、この記事は論争全体の中で今まで書かれたもののうち、熟慮を促す最も重要なものである。

コーンは加害者の国においてホロコーストを想起するための記念碑は、そもそも可能なのかを問う。そしてミケランジェロのクラスの芸術家がホロコースト記念碑を造ることを想定し、その記念碑がそれを見る者すべての魂の深みに到達し、「それを認識する恐ろしさ」を呼び起こすことを敢えて想像する。この場合、その記念碑は結局「ナチスの負の遺産から受肉された魂の潜在能力の一部を自己自身に結合し得る偶像と同じではないのか」と問う。記念碑の危険性とは、想起に石の終止符を打つことだけではないのではないか。

コーンはさらに議論を進め、唯一の決定的なホロコースト記念碑などというものはあり得ないと言う。もしそれを求めるならば、その要求があまりにも過大であるために結局、その記念碑は建てられない。しかし唯一、決定的というのではなく、一つの記念碑ということならばそれを明確に支持するとコーンは表明する。そしてすべての記念碑は時代に結びついているのであるから「もし絶対的なホロコースト記念碑というものが全く望み得ないものであるならば、我々の時代において建てられる記念碑とはいったい何であり得るのかを問うことは容易にできる」。そしてフリードリッヒ・ニーチェの言葉を引用して、次のように書き換える。「痛みを与え続けるものだけが記憶に残る」。しかし、いかなる痛みも永遠に苦しみを与え続けることはない。時間がたてば、痛みは次第に消えていく。歴史から教訓を引き出すならば、「すべての記念碑は最終的にはそれ自体のはかなさを表わす記念碑になる」という避け難い事実は耐えやすくなるであろう。

記念碑と犯罪の現場との関係についてコーンは、強制収容所や絶滅収容所のような場所は、その歴史をそれ自体からは語らないと簡潔に指摘する。何よりもまずそれらをして「語ら」しめなければならない。記録によってであれ、あるいは「芸術」によってであれ。

記念碑の時代拘束性についてのコーンの理解は、「残存物」と「記念碑」という歴史学で通常区別されている二つの概念に近い。残存物とは、意図的にではなく我々に残された過去のある時代についての証しである。「記念碑」は広い意味において、それとは全く別のものである。記念碑とは、その記念碑がもともと由来する、すでに過去になってしまった現在を想起させるために意識的に生み出された証言や記録や碑文、そしてまさに記念的建造物や芸術である。そして記念碑において中心になっているのは未来の世代に対する過去からのメッセージなのである。

今、計画されている「虐殺されたヨーロッパのユダヤ人のための記念碑」も、それが意識に刻み込まれることをいかに力強く誓ったとしても、それは何よりもまず、我々の時代から将来の世代に対して向けられたものである。それはナチスの絶滅政治による犠牲者の苦しみを直接的に証言するものではなく、望もうが望むまいが、我々の時代が犠牲者の想起とどのように関わるのかということについての記録なのである。さらに狭く理解するならば、それは「財団法人　虐殺されたユダヤ人の記念碑建設を支援する会」によってホロコーストとの正しい政治的関わり方とみなされたことの記念碑である。

残存物が想起を可能とする

「残存物」はそういう意味では、現在に固定されたものではない。なぜならばそれは、過去の時代が無意識に残したものであるからである。強制収容所や絶滅収容所は残存物である。それは戦争の最終的局面で消滅させることに失敗したという特別なありかたにおける残存物でもある。それらは絶滅工場の犯罪の痕跡を抹消しようとした証拠である。その限りにおいては、それはまさに「記念碑」と正反対のものである。

残存物はまた、それらが過去と現在との関係を転倒させるという意味でも、記念碑と対極をなすものである。すべての記念碑において、不可避的に現在は過去の中で自己を拡大する。そして記念碑は結局、それが想起しようとする出来事以上に、記念碑自身をより重要なものにする。この「記念碑的」歴史理解の理論を強調したのは他ならぬニーチェである。記念碑は結局現在の生に仕えるものであるから、過去はその中で損傷を被る。

記念碑においては現在が過去を支配し、残存物においては過去が現在を支配する。強制収容所は残存物として現代に入り込み、高く聳えている。

ほとんどのものは確かに残存物として残らない。戦後、さまざまな理由からナチスのつくったものはそのまま残された。一方で収容所バラックは消滅させられ、他方ではその敷地は独自の意味を示す象徴によって、過剰な重荷を負わせることに苦心が払われた。ダッハウは教会の建物のある慰めと和解の場所に変容した。

ダッハウと対照的であるのは、旧東ドイツのブーヘンヴァルトである。そこではナチスの収容所がソビエトの「特別収容所二番」となった。エタースベルクは、伝説として美化された共産主義者の抵抗運動のモニュメントとなった。あたかも残存物はそれが耐え得るものになるためには、常に支配的イデオロギーに適合させられねばならないかのようである。そして残存物と同じ敷地で、記念碑の助けによって現代から過去への攻撃が遂行される。

決定的な問いは次のことである。ヨーロッパのユダヤ人虐殺という問題に際して、その後の時代である現代が、それに意味を付与し自己を関係づけるという、その出来事とは全く関わりのないことを敢えてすることに、我々は関わっているのか。その犯罪の唯一性や特異性が市民権を得たその場所に、もし意味があり得るとするならば、それはただその場所で、歴史の一部が歴史の連続性の流れから、破壊され取り出されたということにおいてだけである。いかなる現在も、自ら進んで、そのような出来事を自己に関係づけることを要求することはできない。カール・ヤスパースは一九四五年から一九四六年までのハイデルベルク大学の講義で「形而上学の罪責」という概念でその考えを明解に説明した。「ここでは歴史において断絶と記されなければならないことが起こった」。ヤスパースがこの言葉で意味したことは人間と神の関係であった。しかしそれに留まらず、通常の悔い改めの儀式によっては決して埋め合わせることのできないことが、ここで起こったと解釈することもできよう。このことは、その後のいかなる時代であっても、たとえ五十年たった現代がそれを求めているとしても、ここに単純に記念碑を建てる権限がないということを意味している。しかしもし過去における現代の自己拡大ではなく、過去が、救済不可能なその苦しみを現代において主張するというのであれば、残存物との謙虚な関わりこそが唯一、我々のなし得ることである。その謙虚さとは、我々が解釈的にではなく、むしろ受容的にそれに対してふるまうということである。その謙虚さは、我々の誰もが一度は見たことのある、我々の思考能力を「歴史的な映像記憶」のシンボルへと圧縮したあの「写真や映像」を、我々の中に浮かび上がらせることができるかどうかによって測られ得る。

それらの像が何に由来するのかを調査することは批判的歴史研究の課題である。そこでは他の歴史的資料と全く同様に、正確に扱われなければならない歴史的知識の一部が重要な問題になる。

しかしこれらの像は、そこにおいて過去自身が我々の概念に直観を与える唯一の媒体である。そして過去自身が我々に送り届ける過去の像に能う限り受容的、かつ受動的に我々が没頭するならば、過去との能動的な関係が我々の概念において表われる。もし我々がこのような方法で想起しようとするならば（たとえそれがどれほど困難であろうとも）、我々は現場に赴かなければならない。どの場所も、記念碑という形で我々に現われてくるなどということを期待することはできない。それらの場所は、記念碑以前に一つのことが前提とされている。それは「ここがその現場である」という感情を呼び起こすということである。「本物の」痕跡を追究する者にとっては、それが条件付きの満足しか与えないものであるとしても。

数週間前、プロテスタント教会アカデミーロックムでデトレフ・ホフマンの（オルデンブルク）主催によって「現在から過去への攻撃」というテーマの会議が開かれたが、そこではこうした問題が論じられた。

その中でアウシュヴィッツ記念館の副館長クリスティーナ・オレクシィーが講演を行なった。オレクシーはアウシュヴィッツとビルケナウの収容所の敷地には、現在、七〇の写真や説明のパネルが掲げられ、そこに示されていることが起こった場所を明確に表示していると述べた。それらの写真はフランスの哲学者アンリ・ベルグソンがかつて「純粋記憶」と表現したことに対応するように思われる。ベルグソンの「純粋記憶」とは、現在の実用的、実際的欲求から求められるものではなく、非実用的で、ただ想起にのみ役立つ記憶像を意味する概念である。

間違った場所での間違った感情

こうした問題を深く考えた者にとっては、ベルリンのコンペに提出された記念碑の企画は、間違った場所で、間違った感情を呼び起こそうとするたんなる代用品以外の何ものでもないという意識を持つ。敷地があまりにも広いために、体験社会における体験パークを造るという企画がうずたかく積み重なった。それらは伝説に凝縮された克服の形式と課せられた政治的アレゴリーの課題とのちょうど真ん中にある、かつて発見された図像的比喩的言葉を利用している。そこでは第一に想起にではなく、「芸術」の自己表現にすべて奉仕している。

第三位になった作品の作者は、自らの作品の意図を「組織化されて行なわれた絶滅行為による人間の実存の極限的喪失を造形的手段によって描き、見る者にそれを感じさせる」ことであると述べている。

審査委員の間で、それが成功しているかどうかについては意見が分かれた。「何人かの審査委員は、設計された記念碑全体の中央にある、［作者が「破壊された生命の防壁」と称する抽象的物体の積み重なった細長く低い壁のような］ものを「『効果を高められた石棺』と感じた。（略）それについてはさらに論議された。線路と遺体のように見えるよく知られたメタファーを付加することは、記念碑に求められているものを『快適』な仕方で満たすことにはなるのか。あるいはその記念碑は反省や省察を促すものになるのか」。

一位に選ばれた二つの作品の一つ、ジーモン・ウンガーの作品はさらに高く評価された。感受性豊かな審査委員会は一致して次のように賞賛している。「この作品が、公式の機会や個人的出会いにその空間をそのまま提示し、説明や案内や解釈に依存しないということは、これがよい記念碑であることを保証している」。

しかし芸術家クリスティーネ・ヤコプ＝マークスを中心とするベルリンの芸術家グループの代用品はさらにすばらしい。「一方ではそのプレートは『天才的な』」思いつきとみなすことが可能で、それはほとんどの者を感動させる。そして人を惹きつける方法で重苦しさを媒介する。六〇〇万人という数全体とまた一人一人を伝達し、名前は順次書き加えられていく。このテーマにとってそれは正しい形式である」。

いったい、ほとんどの者が何に感動させられるというのか。人を惹きつける方法で、どのように重苦しさが媒介されているというのか。これこそ、体験パーク「ホロコースト記念碑」の問題なのである。ここで想起と言われているものは、たんに現在の何かを顕示する機会であるだけである。すなわち、ドイツ人が人を惹きつける方法で重苦しくあることを求め、呆然自失というべき出来事を将来に対して一つのモニュメントに固定しなければならないということである。さらに明白なことは、現在による過去の変形は、現在によっては決して語られ得ないということである。その出来事は一つの形になる。いまや墓のプレートが秩序を支配する。マックス・ホルクハイマーは、かつて辛辣に次のように言った。「現在が過去を支配する権利を持っている。墓が死体を支配するように」。

一人の審査委員が第三位の作品について、記念碑の中心にあるものが「効果を高められた石棺」のように作用し、図像的メタファーである死体と線路は「快適」すぎると評したとき、それは内情を少し解き明かしている。彼らは自分たちが判断を下すべき芸術について、いまだ何の評価も下してはいないのである。しかしそれを驚くべきことと言うことはほとんど不可能である。

失敗したコンペの結果について、ほぼすべてのコメントには皮肉な基調が貫かれている。「虐殺されたヨーロッパのユダヤ人の記念碑建設を支援する会」は、ユダヤ人の虐殺について語る代わりに、虐殺された者の記念碑について語る状況を必然的に生み出した。この小さな、しかし決定的変化が新しい言葉を解き放った。いまやこの業界でありふれた芸術論議を、公然とあるいは舞台裏で漫然と続けることが可能になったのである。こうしたことに対する批判は決して偏狭ではなく、また充分でもない。多数の批判の中から一つの例を挙げる。それはヤコプ＝マークスの「免罪符の販売」という非難と関連してエルケ・シュミッタが『南ドイツ新聞』（一九九五年四月十二日付）で、当然の怒りと興奮した語調で次のように書いたものである（残りの部分も一読に値いする）。

「もし我々が記念碑として「ヤコプ＝マークスの名前のプレートではなく」ウンガースの作品を建てることができるならば、ドイツの記念碑は一つの墓石であり、残念ながら財政的理由によって裸のままであるというとんでもないお笑い草になる気まずさは回避できるであろう」。

「お笑い草」という言葉が、ヨーロッパのユダヤ人の虐殺との関連で用いられるなどということは、たとえそれが記念碑に対して言われたものであるとしても、この記念碑論争が行なわれる前にはとても考えられないことであった。こんな言葉が出てきたのは、記念碑がすでに皮肉な、何の信憑性もないものとして見られているからである。この種の記念碑はただ信憑性欠如のものとしてのみ存在し得る。その記念碑が由来する出来事自体の想起が傷つけられることを防ぐことが試みられなければならない。

（『新チューリッヒ新聞』）

【資料41】（1998,11,28）

ジェルジ・コンラート

すべての人のための庭園を——恥と悲しみは派手なものではない。ベルリンの中心に平和的想起の場を

＊ジェルジ・コンラート（一九三三年〜）　ハンガリー出身ユダヤ人作家。ベルリン・ブランデンブルク・芸術アカデミー総裁（一九九七〜二〇〇三年）。記念碑によってユダヤ人を虐殺にのみ関連づけることを批判し、ユダヤ人の生と文化を想起させる方がはるかに重要であると言う。また記念碑に代わって、ユダヤ人公園を造ることを提案する。

勝利のアーチや凱旋塔は普通、勝者によって建てられるものである。敗者は敗北を喫した戦いの現場に巨大モニュメントを建てはしない。敗者は自らの敗北を誇らない。悲しみや決して癒えることのない痛みを敗者は自慢したりはしない。忘れることはできなくとも、またその出来事を密かに思い起したり、心や頭の中に留めておくことはしても、その思い出を決して公共の場所で保存したりはしない。

銅像や馬上の戦士像や将来を正しく指し示し民衆に演説する者の立像、また人に畏敬の念を抱かせる頭を垂れた思想家の彫像、そして人間以外のさまざまな立体造型物について私は考える。それらは過度に情熱的でグロテスクであり、それぞれの時代の趣味を身に帯びている。そして極端に大きくないことに対する弁明として、それらは美しく造られ、あるいは町の見苦しい動産の一つに付け加えられ、また目立って攻撃的ではないものは時代の青錆と共に愛すべき特徴を身につけ、偉大な銅像の頭の上を歩く鳩もそれが跡に落としていったものと共に我々の畏敬の対象になる。

闘争的な、あるいは少なくとも躍動的な集合的観念という特徴を担う大きな彫像が建てられるためには、そこに通常充分な資金と共同の意志が存在する。モニュメントというものは支配という野心を反映し、それが記念するものよりも、それを建てさせた者を表現する。国家と象徴的テーマとのこの大がかりな結合が、芸術を必要とするのかどうか、私は知らない。ベルリンのショアのモニュメントに関して言うならば、私はしばしばホロコーストの真の目的とはこの記念碑ではなかったかという感慨さえ抱いている。しかしホロコーストの出来事はこのメガ・モニュメントによって、決して終わりにすることはできない。

ヒトラーのユダヤ人に対する戦争は、その軍事的敗北全体のうちでは巨大な勝利であった。最終的に、三分の二のヨーロッパのユダヤ人が絶滅させられた。戦争を遂行した人々の子供や孫の世代が、いったい誰のために、そして何のために回顧的に恥と兄弟愛の感情に満たされて、この記念碑を設立すべきであるのか。かつてここで暮らしていたユダヤ人のためか、それともユダヤ人大量虐殺のためか。また一般の議論において、これが中央記念碑として扱われているということはいったい何を意味しているのだろうか。その記念碑が対象にしているものにふさわしい恭順の代わりに、百周年の祭りの如きナルチシズム、つまりほんのわずかな想起と多くの反復、そして観念と物質と空間の浪費なのであろうか。儀式性や敬虔さや集合的式典という目的のために、町の中心から巨大な素っ気ない平面が切り取られる。このモニュメントがもしドイツの悔恨のために建てられるのであれば、この粗野な物質の固まりは、そのために何の説得力を持ちはしない。ただ人を驚かせることができるだけである。ここにある考え方には、すでにナチスの偉大なゲルマニアというヴィジョンと同じく、思い上がりによる途方もなさとでもいうものが作用しているのではないのか。いずれにせよ記念碑は、殺された犠牲者がアリバイ的機能として適切であるとみなされるような、何らかの政治的意図に従う。そのとてつもなく巨大な建築計画に対して、かつて私が背信的といわれるような批判をした時、記念碑の支持者の一人は、「しかし六〇〇万人もの人間が問題なのですよ」と言った。巨大な犯罪には巨大な記念碑をということなのか。しかし六〇〇万人の人々を一つの全体として理解することなどできるはずがない。我々はタルムード［ユダヤ教の律法書］の言葉を知っている。

「たった一人の人間を救う者は全人類を救ったのである」。

勝者は祝い、敗者は祝わない。アウシュヴィッツにはいかなる記念碑も必要ではない。

ザクセンハウゼンやアウシュヴィッツは決してユダヤ人の作品ではない。ユダヤ人にはガス室や死体焼却炉にいかなる追悼文も必要ではない。そのような想起はユダヤ人に何一つよいものをもたらさないであろう。殺人の現場の跡はもちろんそのまま残されるべきである。しかし後に生まれた世代に、ユダヤ人とは殺される人々であるとか、またユダヤ人についてはそのことが最も興味深いこと、少なくともユダヤ人の最も可視的な属性であるというような印象を決して与えてはならない。

世界全体に向けられて建つモニュメントの中に、ユダヤ人が絶滅の出来事を永遠化させることを望んでいるなどと考えるのは奇妙なことである。墓地やユダヤ教会堂や、また誰が葬られているのかが問われることもないところで、ユダヤ教会は仰々しくなく、それにふさわしい方法ですべきことをしてきた。私の知る限り、ドイツ系、非ドイツ系を問わずユダヤ人は誰一人として、計画されているそのようなメガ記念碑など求めてはいない。その場所に何の憧憬も持っていない。

私がある政治家と話していた時、このことが議論の最後のテーマとなった。その政治家は「しかしこの記念碑については、我々は期待されているのですよ」と言うので、「いったい誰が期待しているのですか」と私は問い返した。するとその政治家は意味ありげに両手を上に挙げて言った。「誰がですって。確かにいったい誰なんだろう」。そして途方に暮れて回りを見回した。それを期待しているのはユダヤ人ではない。ではベルリンの町のキリスト教徒か。私の印象ではその人々の大多数はディープゲン市長の立場を正確に反映しているように思われる。ドイツ人が、あるいはまた他の誰が期待しようとも、一つの中央記念碑によってヨーロッパの虐殺されたユダヤ人三分の二を想起するなどということを、私は基本的に信じない。

中央記念碑という概念自体に、すでに国家統制的響きがはっきりと聞き取られる。なぜならばこの巨大な作品は市民のものではないからである。これは国家の記念碑である。この記念碑の発注者と芸術家双方の節度のなさが、記念碑において出会ったのである。私はコンペの参加者の中でただの一人として、与えられた敷地のわずかな部分だけで課題を満たすことに満足し、後に残った大きな敷地を市民にとって有効的な目的のために提供することを提案しなかったことは、注目に値すると考えている。これを後援するロビイストの誇大なエゴとコンペに参加している芸術家のエゴがそこで合致しているのである。その企画の途方もない大きさは、芸術家に過ちを犯すことを誘発し、作品をいたずらに膨張させた。一人の芸術家を賞賛するために、そのような巨大なものを造形する権限を我々は与える必要はない。

その企画を実現させるならば、普通のベルリンの住民は、虐殺されたユダヤ人の想起そのものに反対することになるであろう。なぜならばその場所は彼らの日常生活において全く不要であり、あるいは不快であるからである。そして彼らはいったい、誰を非難するのであろうか。ジャーナリストか。あるいは政治家か。それともこの運動の提唱者か。違う、彼らが罵ることになるのは、十中八九、このモンスターのようなものに、彼らに対する愛のために場所が与えられたことになっている人々である。すなわち理解力を持ってこの関連を見通していたユダヤ人に対してである。そしてユダヤ人自身が呪うその物を、他の人々もまた呪うであろう。もしそれをしない者がいるとすれば、ただ極右とみなされることを恐れるためであろう。このような十字架を誰が誰の名によって担うのか。賞をとったどの作品が実現されることになろうとも、ユダヤ人はそこでは忘れ去られている。そのような芸術的造型物などユダヤ人は贈ってもらいたくないのである。

この巨大なコンクリート像が、私の故郷の小さな町のユダヤ人の歴史といったいどのような関わりがあるのか。そこにはかつて何千人ものユダヤ人が生活していたが、今は一人もいない。虐殺された者が、記念碑に立ち寄った者たちを咎め立てたり、叱りつけたりしたいのだとなぜ考えられているのかが、私には分からない。私は、同級生であったヴェラ・クラインやババ・ブラウ、イスノス・バウメールやミキ・フォイアーシュタインに対して、もっとよいイメージを持ってほしいと願っている。私が自分の子供たちやまたベルリンの子供たちに対して望むことは、虐殺された人々を安らかにしておくこと、彼らをこのような世俗の歴史に引きずり込まないことではないのか。短く断ち切られた彼らの人生を、それとは全く関わりのないことのために利用するならば、彼らを忘れ去る方が、間違いなくそれより、まだましである。

私は以前、ワルシャワ・ゲットーの写真が載った本を途中で閉じてしまったことがある。その写真の子供たちはすべてを知っている恐ろしい眼で我々を見ていた。彼らはパン一切れのために、よくそんな目をしていたのであろう。彼らは何が行なわれているのかをよく知っている。他の者がすでに死んでいることを、そしていつか自分たちが殺されることを。その写真には良家の出身と思われる少女が写っていた。ぼろぼろに擦り切れてしまった、かつてのしゃれたコートを着て、行き届いた教育を受けていることが見て取れるその少女は、おとなしく死んでいった。その眼差しに耐えることを試みよ。

私はドイツの一般の人々にあまりにも多くを期待しすぎているのであろうか。しかし私は次のことを望んでいる。すなわち、ヨーロッパのすべてのユダヤ人を、新しくできるベルリンのユダヤ博物館のためのテーマにそった資料収集に関わらせること、博物館を訪れる者がガス室で殺された私の同級生の眼差しに耐えること、そして子供の眼で彼らと出会うことである。それはあまりにも過剰な期待なのであろうか。私は現代のヨーロッパ人が、ガス室で殺されたユダヤ人の子供の写真を自分たちの子供や孫の写真と重ね合わせて見ることを求める。もし彼らがその戦慄すべきことを想像できるのであれば、初めて彼らはその出来事がいったい何であったのかを少しは理解するであろう。もしかしたら、そこに自分たちの祖父が、どのようにして殺しを行なったのかを、そして殺人の後、食堂に行って強い酒を注文する姿を見るかもしれない。もともとは素直な若者であった彼らは、あの子供たちの顔を見ていなかったのであろうか。

加害者は国家的厳格さであった。ユダヤ人を絶滅させるという命令を受けた彼らは、神を、また人をも知らなかったが故に、その命令に従いユダヤ人を虐殺した。この記念碑が実現されることになるならば、それもまた国家的厳格さのおかげであり、その国家的厳格さがそこで威光を放つであろう。

建設計画は、町の意志に反して実現されてはならない。これを見にくる者に、不安や脅威や迷宮に誘い込む魅力などの心理的圧力を加えてはならない。

虐殺されたユダヤ人を思うならば、そのために町に公園が作られるべきである。ユダヤ人も喜んでそこに行ってベンチに座り、その子供たちが喜んで遊ぶことができるような、そういう場所が作られるべきである。犠牲者の想起のために、その中の一角に静かな並木道があればそれでよい。

ベルリンのユダヤ博物館は孤立して並んだ二つの塔から成り立っているが、それらは消えてしまった者たちを示唆している。訪れる者がそこに何かを捧げたいと思うのであれば、博物館の前の庭から離れて立っている背後の塔の傍に小石を置けばよいであろう。

そこに座ってその出来事について深く考えることのできるベンチのある庭を、私は思い浮かべる。静かな感動をもって小石を置くことはそれにふさわしい行為であり、またそれ以上のことをする必要はない。恥は叫ばない。純粋な恥は誇らない。また評判高い仰々しいものは、悔いよりもむしろ罪にふさわしい。敗者は静かである。後悔の念を引き起こさせる恥という手段によってのみ、欠如は想起され得る。虐殺されたユダヤ人の際立った特徴とは、彼らがもうそこにはいないというその欠如の中にこそある。

求められている記念碑は実はすでに存在している。それは、反ナチス的とみなされた書物が燃やされた場所に作られたミヒェル・ウルマンの記念碑*注「空の書棚」である。それは燃やされた書物の喪失を表わしている。その記念碑の書棚の中には何も置かれてはいない。本は尊厳ある、聖なる人間の比喩である。ハイネはそのことを適切に表わしている。「本が焼かれるところでは、ついには人間が焼かれる」［一八二三年の言葉］。このおぞましい歴史は実際にこの場所で始まった。この場所で本を燃やすことから始まったのである。

▲…「空の書棚」。

贖罪の取税人に期限を定められるような厳格さは、虐殺された者にはあてはまらない。前面に立っているのは我々の同時代人、世論を導いているキリスト者とユダヤ人の関係者である。我々には、死者の名において要求し、訴え、赦す権限は、決して与えられていない。すでに純粋な悲しみの瞬間を耐え抜いた者、愛していた者を虐殺された者は、いったい何がふさわしいことで、また何がふさわしくないことであるのかを知っている。

もしこの大きな敷地が、実際に殺されたユダヤ人の想起に捧げられたものであるならば、ここにベルリンの人々を決して怒らせることのないものが、そしてユダヤ人犠牲者のイメージを何か美しいものに関連づけられるものが建てられるべきである。この広い場所に子供たちのパラダイスが作られるならば、子供だけではなく、親もまた喜ぶであろう。そして造園家と遊び場の設計者はこの空き地で才能を発揮することができるであろう。観照のための庭にはベルリンの気候が許す限り、世界中の植物を植えればよい。子供のパラダイスはこの町にとってありがたいものである。そしてこの公園を子供の世界、またユダヤ人の庭と呼ぶことができるであろう。イギリス庭園がイギリス人だけのものではないのと同じように。

「なされなければならない」というのは、サタンの隠喩ではなくむしろ喜びの隠喩でもある。我々の中でほとんどの者は子供を喜ばせることができる。子供たちによってその喜びは測られるのである。

「人々の善意がこの場所にホロコースト記念碑を建てようとした。しかしそれは子供の公園になった」。その言葉が、いつの日か歴史に刻まれるとするならば、その意志は充分に表わされる。もしドイツの人々が虐殺されたユダヤ人への想起を目覚めさせておくために、どうしても犠牲を捧げたいというのであれば、ヨーロッパのユダヤ博物館の建設を援助すべきである。もしスピルバーグ氏がホロコースト体験者の口頭の証言や資料や手紙、写真など、想起を促す物の収集に何かを寄付する意志があるならば、そのことで氏は自らの課題である仕事の一部を充たし、またそれは博物館の支援にもなるであろう。私は記念碑が問題であるならばそれは寛大であると思うが、もし想起の保存が問題であるならば、それは偏狭であると思う。屈辱と絶滅の永遠化が、どうして生の永遠化よりも価値ある目標でありえようか。

(芸術アカデミーにおける「東西対立の終わった後の記念碑と文化的記憶」と題する会議での開会講演)

(『ベルリン新聞』)

注　一九三三年五月、反ナチスの書籍が積み上げられて燃やされたウンター・デン・リンデンのバーベルス広場に一九九三年に造られたアンチ・モニュメントの代表作として評価の高い記念碑。広場の地面にある透明プラスチック板から下を見ると空になった書棚が見える。広場でこれを覗き込む人々が、本当の記念碑であるともいわれている。

【資料42】(1999,1,21)

リヒャルト・シュレーダー

それではだめだ――記念碑についての怠惰な妥協が始まる

＊リヒャルト・シュレーダー　略歴は資料26参照。記念碑ではなく、言葉による「戒めの碑」を提案する。この論文ではその主旨を詳述し、またこの提案に向けられたさまざまな批判に対して反論を展開している。

外科医ザウアーブルッフは、その肖像画を描くために何度も面会を求める画家のリーバーマンに苦情を言った。するとその画家は答えた。「もしあなたが間違いを犯したとしても三日もすれば地中に埋められてしまうでしょう。しかし私の過ちは何百年も博物館に展示されるのです」。

民主主義ではすべてのことに少し長く時間がかかる。ワシントンのルーズベルトの記念碑は二十年もの間、有意義に議論された。しかしベルリンの「ホロコースト記念碑」はまだ十年間、論じられたにすぎない。特別に急がなければならない理由はどこにもない。記念碑建設の意図が時の経過と共に雲散霧消してしまうということでなければ。いや議論をすることこそが、むしろそれを妨げる最善の方法である。

まず初めに言っておこう。私は記念碑の建設に賛成である。しかし今の選択肢に満足しているわけではない。ピーター・アイゼンマンによる記念碑の最初の企画は、もともと連邦大臣ナウマンの提案に対立していた。将来起こり得る民族虐殺についての研究施設を記念碑に付設するというのがナウマンの提案であるが、ナウマンによれば「博物館はまた記念館でもあり得る」からである。そしてエルサレムのヤド・ヴァシェムの記念館とワシントンにあるホロコースト博物館がその模範であり、ナウマンの企画とは協力関係にあるという。今、ナウマンはアイゼンマンと共に一つの妥協案を公にした。アイゼンマンはそれに基づいて、元の企画にナウマンの希望する建物を加えて拡張する。

ブランデンブルク門の南側の巨大な敷地に二七〇〇本の柱を、一人がやっと通り抜けることのできる間隔で建てるというアイゼンマンの企画は、人を惹きつけるものであり、現代の美学的コンセプトに従っている。しかし、言葉ではなく体験を求め、自己経験のために空間を提供するという現代美学のコンセプトは、まさにそういうものであるが故に、記念碑にはなり得ない。またこの企画のアイデアはすでにリーベスキントが設計したベルリンのユダヤ博物館の建物で実現されている。そこでは自己経験のために二つの空間が結びつけられている。

アイゼンマンは人が柱の間を通る際、一人ずつになることで強制収容所での体験の何かを経験的に可能にすることを目論んでいるのは明らかであろう。それは共感パークといえるかもしれないが、しかしこの意図を私は不遜であると思う。そこで経験されるものと強制収容所での経験との比較可能性を要求することは不可能である。またその企画が実現されれば、悪質で野蛮な行為をも考慮する必要がある。もしそこでビール缶と出会い、自己の代わりに犬の糞と出喰わしたら、あるいはそこがスプレーの落書きパラダイスになるとしたらいったいどうするのか。

この柱のパークに入っていく者は自己自身の内に入っていく、などということは決してできない。またコンクリートの柱の中に「さあ感じろ」という命令を流し込むことは不可能であり、それは過剰な要求である。感情は決して命令できるものではないからである。また感情は変わりやすい。なぜならば感情というものは常に、その反対の感情と共に包み込まれているからである。しかし公共の記念はそのように包まれることを求めてはならず、熟慮を促す距離を保つものでなければならない。それは言葉を持たない感情であってはならず、悟性の明確な言葉で語られるべきものである。我々は自由に、また誠実に記念碑の前に一歩を踏み出すのであり、それに対して屈服する必要はない。

柱の並ぶフィールドというアイゼンマンの企画は、以前論争を引き起こした、虐殺された者の名が刻み込まれた巨大なプレートの企画と同じように、墓地や墓を連想させる。それは町の中心にふさわしくない。しかし何よりも、虐殺された者には葬られた場所がないことを我々は知っている。それ故、我々は墓地を決して連想するべきではない。彼らは焼かれた。さらに激しい言葉を使うならば廃棄物として処分されたのである。

第三の私の批判は、この企画が犠牲者のみに排他的に方向づけられているということである。それがなぜ、批判になるのか。今までの論争では、記念碑を意味する言葉として記念碑（Denkmal）と戒めの碑（Mahnmal）の二つが混同して用いられてきた。しかし厳密に考えれば、それは正しくない。例えば記念碑は言う。「アベルは殺された。彼のことを思い起せ」と。しかし戒めの碑ではこうである。「カインはその兄弟アベルを殺した。そのことを忘れるな」。

ワシントンのホロコースト博物館やエルサレムのヤド・ヴァシェムの記念館にとって適切であることは、我々のところでもそうであると始めから決まっているかのように、言葉や考えがあまりにも安易に輸入されている。アメリカやイスラエルのユダヤ人の想起とドイツの想起とは異なるものであるということが、見すごされている。犠牲者への共感は表わし得るものであるが、しかし自己と他者との区別を無視した共感は、たんなる無思慮である。逃げ延びてきた者や生き残った者の国と、犠牲者と加害者が共にいる国では異なる思いが表わされる。このような位置づけの間違った輸入は「ホロコースト」という言葉にすでに表われている。

ホロコーストという言葉はユダヤ教のギリシャ語訳聖典（セプトゥアギンタ）に由来する。それはエルサレムの神殿で当時特別な機会に供えられた完全に焼かれた、あるいは丸ごとの捧げ物という意味であった。供えられる動物は完全に焼かれたのである。もしユダヤ人が、工場のようなやり方で殺された自分たちの民族虐殺をこの言葉で比喩的に言っているならば、一方は宗教的であり、他方は非宗教的な意味ではあるが、我々がそれに口を差し挟む必要はない。少なくとも彼らがその言葉で意味しているのはショア、つまりドイツ語でいう絶滅（Vernichtung）ということである。しかし加害者がその中から生まれた我々ドイツ人がこの言葉を比喩的に用いることは適切ではない。

虐殺された者の想起は誰をも救済しない

ヤド・ヴァシェムの記念館に源を持つ記念碑についての議論で、しばしば引用される「想起の中に救済の秘密がある」という言葉もまた軽々しい輸入である。これは東ユダヤの信仰復興運動カシディスムの創始者バール・シェム・トーブ（一七〇〇～一七六〇年）の言葉であり、今までよく言われてきたようにタルムードの中にある言葉ではない。そしてこの句を完全に引用すると次のようになる。「忘却は亡命を長引かせる。想起に救済の秘密がある」。この言葉が意味しているのは、宗教的な聖地、破壊された神殿の想起である。宗教的な言葉をこのように半分だけ切り離すと似非宗教的な言葉になる。このように歪められた引用がベルリンの記念碑とは何の関係もないことに、誰もが気づかなければならない。犠牲者の想起は誰も救済しない。何が建てられるにせよ、救済や赦しや和解を記念碑と関係づけることは不可能であり、また関係づけてはならない。公共の記念碑には、似非宗教的論拠ではなく、深い意味を持った政治的論拠のみが必要なのである。

記念碑が排他的に犠牲者のみに方向づけられているのは善意によるものであろうが、それは決して正しくない。我々がまるで加害者とは何の関わりもないかのように犠牲者の側に与するならば、我々は密かに歴史から逃げ出している。全く同じというわけではないが、このことを私は東ドイツでの経験から知っている。東ドイツでは自国の歴史を勝利者ソビエトの側から説明し、それによって過去の問題が処理されたのである。

ドイツではショアに対して、記念碑ではなく戒めの碑が建てられなければならない。では戒めの碑はどのようにあるべきなのか。今までそのことについては全く議論されてはこなかった。

今まで述べたことはナウマンの提案に対する私の反論である。ヤド・ヴァシェムはその場所に、そしてホロコースト博物館はワシントンという場所において適切なものである。しかし輸入や折衷ではベルリンにふさわしいものにはなり得ない。つまり博物館もまた戒めの碑であり得るというのは誤りである。

博物館は博物館であり、戒めの碑は戒めの碑である。

ショアにふさわしい想起の課題は三つの次元をもつ

第一の次元は、その恐るべきことがどのようにして起こったのか、どのように遂行されたのかについての歴史的想起である。そのために適切な場所はその歴史的現場である。例えばユダヤ人の絶滅が決定されたヴァンゼーの別荘であり、ゲシュタポ本部があった現在の「テロの地勢学」の場であり、またベルリン郊外にあるザクセンハウゼンの強制収容所である。そして人種的欠陥とみなされたドイツ人たちが追放され強制移送されていったベルリンのさまざまな場所である。それらはすべて間接的に我々を戒めている。

▲…「鏡の壁」。その区から移送されたユダヤ人の名前と生年月日が記されている。駅の広場に建てられた。

第二は、犠牲者の運命への共感的想起である。それは典型的な例としてのみありうる。犠牲者それぞれに個性を取り戻すことは誰にもできない。この種の想起はそれに適切な場所がある。たとえば犠牲者が住んでいた町である。その想起に成功した例として、ベルリンのシュテークリッツ区にある記念碑「鏡の壁」が挙げられる。そこには虐殺された区民の名が記され、一方では自分たちの歴史を映している。またアンネ・フランクの日記のように、映画や本によっても犠牲者の運命をまざまざと思い浮かべることができる。生き残った者のビデオ記録を収集しているスピルバーグのショア財団もこの課題を遂行している。ベルリンのユダヤ博物館もドイツにおけるユダヤ人の生活を記録するものになるであろう。

しかし戒めの碑はそういうことをするものではなく、またそれができるわけでもない。個人的な運命を想起するということは、言葉の最もよい意味で私的なものである。公共的記念は、さまざまな相違はあっても我々を結びつけるものであり、ドイツ国籍を持つ全ての者に関係のある事柄に関わっている。経験社会ではこれらの相違を充分理解することは困難であろう。

ベルリンにはすでに多くの記念館があるので、戒めの碑はもういらないという者もいる。二重に持つ必要がないというのは正しいが、しかし公共的に戒めを表わす碑は一つもない。

戒めの碑は、かつてドイツ国民がドイツ国民に対して、また戦争で支配し占領した領域において膨大な数の外国人に対して行なったことを、戦後に生まれた我々ドイツ人に対して戒めるのである。彼らはドイツ国家によって権利を剥奪され、遂には有害な人種といわれ、害虫の如く絶滅させられた。ユダヤ人はドイツ国民として同等の権利を獲得してから百年もたってはいなかったが、彼らは統合への特別に強い意志をもって、たいていそれに応えた。それ故に多くのユダヤ人は法治国家に対する信頼から、自分たちに迫っている脅威を長い間、信じようとしなかったのである。彼らは決してよそ者ではなく（もちろん、もしそうであったとしても迫害の理由にはならないが）、またそうであることも欲しなかったが、彼らはよそ者にされた。迫害によって初めて自分がユダヤ人であることを知った人々もいた。今でもドイツのユダヤ人を悪意によってではなく、外国人として見ることがある。そのためにこのことを強調しておきたい。イスラエルの大統領が来独した際、イグナッツ・ブービスは、「あなた方の大統領の演説についてどう思いますか」と聞かれたという。しかしブービスの大統領はドイツの大統領である。

ショアの記念碑に、これから起こる危険性のある民族虐殺の研究施設を統合するというのもよい提案とは思われない。それではまるで我々が民族虐殺の専門家として、その問題における世界の良心を自任しているかのように誤解されるからである。戒めの碑はそのようなもの知り顔そのものを戒めるものである。その事柄を、それがそうである通り、不快なものにすべきである。

不快なことを想起させる戒めの碑は、誰もそんなものを好まないが故にほとんど建てられたことはない。ドイツに数多く存在する第一次大戦犠牲者の想起の碑の大半は英雄記念碑である。意識的に不快なことを想起させる戒めの碑は、実際に建てられることはなかったのであるが、私は唯一つの例を知っている。かつてアルプレヒト・デューラーは自分の指示による測量の際、農民戦争の戒めの碑を密かにそこに建てようとした。家畜に囲まれたその台座には、農家の庭からの一本の柱が立ちその上には背中から刃に貫き刺された一人の農夫がしゃがんでいる。その碑文にはただ「西暦一五二一」と記されているだけである。これは紛れもなく戒めの言葉である。その近くが農民戦争の大戦場であったからである。この戒めの碑は建てられることはなく、この戒めも何世紀もの間、聞かれることがなかった。

我々の中に今、アルプレヒト・デューラーのような者はいない。しかしデューラーでも具象的な戒めの碑をユダヤ人の虐殺に対して建てることはできなかったであろう。アウシュヴィッツを表現することは不可能である。では戒めの碑を建てることはそもそも可能なのであろうか。

私の提案はこうである。戒めの碑は「汝殺す勿れ（nicht morden!）」という言葉を大きくヘブライ語で書き、ナチスによって虐殺されたユダヤ人が話した言葉全てにそれを翻訳し、併記する。犠牲者が、それぞれの言葉で我々に向かってそれを言う。しかし圧倒的に大きく記されるのはヘブライ語であるべきである。その言葉が十戒の一つ（キリスト教の数え方では第五戒）であり、ユダヤ教の聖典であると共に聖書の初めの部分である旧訳聖書に由来するからである。

この提案の論拠は次の通りである。ヨーロッパ文化はエルサレムとアテネとローマの三つの源流を持つ。ヘブライ語の引用はイスラエル民族が我々ヨーロッパの文化の根本的土台となる貢献を果たしたことを表わしている。ユダヤ教徒とキリスト教徒にとって「汝殺す勿れ」は神の戒めである。しかし神を信じない者にとっても、それは理性の戒めである。加害者の誰一人としてこの戒めを一度も聞いたことがないと主張することはできないであろう。

ヘブライ語で書かれたものとドイツ語で書かれたものとが、加害者と被害者とを区別する。この言葉は通常「汝死に至らしめる勿れ（Du solltest nicht töten!）」と訳されているが、これは正確ではない。マルティン・ブーバーは「汝殺す勿れ（nicht morden!）」と翻訳したが、それがより正確である［「死に至らしめる勿れ」と訳出したテーテン（töten）は、殺すという意味だけではなく、事故や災害での死に対しても用いられる言葉である。ここでは、殺すという意味にのみ用いられるモルデン（morden）との違いを明確にするため、殺すという意味が弱められる感はあるが、敢えてこのように訳出した］。

この戒めではあまりにも平凡であるという批判を聞く。その批判は平凡であることと基本的であることとを混同している。ナチスは実際に基本的なことを踏みつけにしたのである。彼らは他の人々を無価値な生命、害虫と宣言した。

またその戒めは、特別なものではないという批判がある。しかしそれに対しても反論の根拠は充分ある。自分自身がユダヤ人であることをナチスの迫害によって初めて知らされたハナ・アレントは言っている。ヒトラーとスターリンは道徳的な基本的戒めを体系的に無効にした。スターリンは「汝偽証する勿れ」という戒めである。プロパガンダの公開裁判でスターリンは一連の無実の者に自らを有罪にするような証言をさせた。そしてヒトラーが無効にしたのは「汝殺す勿れ」という戒めである。

また「汝殺す勿れ」の戒めでは、ユダヤ人に対して行なわれたそれ以外のさまざまな犯罪を容認することになるのではないかという批判もある。しかしよく考えてみるべきである。そもそも殺人とは何であるのか。それは例えば交通事故のように不注意によって人を死に至らしめることではなく、また喧嘩の殴打による死でもない。殺人者は人間を人間ではないものとし、邪魔であるという理由で取り除くことができるものと同様に扱う。同じ人間であり、同じ市民である者を人間ではないものとして権利の埒外に置いたのである。しかもこのことが国家によって行なわれた。ユダヤ人に対する公園のベンチの利用禁止は社会的殺人と同じことである。

ユダヤ人の死者を強調し、他の死者を決して排除しない

ヘブライ語で書かれた「汝殺す勿れ」は「虐殺されたユダヤ人の記念碑」の議論の中で、特に大きな争点になった問題を解決する。すなわち犠牲者のヒエラルキー化の問題である。ユダヤ人のための記念碑が建てられれば、シンティー・ロマや迫害された同性愛者やその他の者の記念碑もまた建てられなければならない。そしてそれに対しては、「しかし見えないところで」という反対が表明された。それぞれの記念碑を求める途上で、多様な犠牲者グループ間の認知をめぐる争いは決してあってはならない。

私の提案はユダヤ人の犠牲者を正当に強調することである。しかしそのことで他のいかなる犠牲者も排除しない。

戒めの碑がどのような形になるのかということについては、私は何も言うことができない。柱か大きな花崗岩か、地面に建つブロンズ製のヘブライ語の文字か。まだ明確な提案がそれに対してないのであれば、芸術家が解決してくれるであろう。「虐殺されたヨーロッパのユダヤ人のための記念碑」が造られるのではなく、ヘブライ語の「汝殺す勿れ」という戒めの文字が造形されるのである。具象的な戒めの碑は成功しないであろう。抽象的で言葉のない戒め

の碑もまたうまくいかないであろう。むしろ文字の要素によってそれは成功する。

そのような戒めの碑は場所をとらない。それは巨大な敷地を必要としない。連邦議会堂の前でも、ウンター・デン・リンデンでもよい。その見慣れぬ文字を見て、その意味やそれがなぜそこにあるのかを聞く者があれば、歴史的想起や共感的想起を媒介するベルリンの記念の場所を伝えればよい。戒めの碑自体は極めて単純なことを言っているにすぎない。誰も、それに対して感情のアクロバットを無理強いするものとは主張しないであろう。また戒めの碑がよけいなものや時代遅れになるということもまた誰にもできないであろう。

(『ツァイト』)

4 想起と芸術——ホロコーストの表現（不）可能性

記念碑と芸術との関係において中心的論点となったのは大きく分けると、次の三点である。

第一は、そもそもホロコーストを芸術的に表現することは可能かという問題である。人間の理性や感性の限界を越えるホロコーストの圧倒的な現実性は、芸術の表現能力の限界を越えているのか、それとも逆にそこにおいてこそ芸術が力を発揮し得るのか。芸術の可能性への信頼が根本に問われた。

第二は、芸術の本質に帰属する作品の解釈多様性は、この記念碑にとって適切であるといえるのか、換言すれば記念碑というものはその意味が誰にでも容易に、また明瞭に理解されるものであるべきか、という問題である。

そして第三は、二度のコンペが露呈したさまざまな問題を契機にして、あらかじめ「上から」規定された目的に芸術が単なる手段として仕えることは、芸術の自律性や自由を損なうのではないかという記念碑芸術というものに対する懐疑である。この問題は、記念碑と芸術は両立するのか、また、そもそも公共芸術とは何かという議論として展開した。こうした議論がこの記念碑において特に集中的に行なわれたのは、言うまでもなく、この記念碑の「国家的」性格に由来するものである。

このような記念碑芸術に対する懐疑の中からは、ドイツにおいて戦後独自の発展を遂げてきたアンチ・モニュメントの試みが高く評価され、この記念碑に対してもそういう方向での提案が、多くの論者によって論争の中で繰り返しなされた。

【資料43】（1995,4,1）

ミヒャ・ブルームリク

すべての美学のパラドックス——全ての記念碑はホロコーストの表現不可能性によって必然的に挫折する

＊ミヒャ・ブルームリク（一九四七年〜）　教育学者。フランクフルト大学教授。

記念碑というものは、最善の場合においてさえも、それが表わすものと、見るものとの間に必然的に断絶をもたらすことを抉る。

カトリックの神学者ヨハン・バプティスト・メッツが求めた想起文化は、表面的にはすでに古くから存在している。それにもかかわらず、何らかの種類の支配的意志なしには、歴史的不正義の犠牲者、すなわち撲殺され、あるいはガス室に送られた犠牲者と連帯的に向かい合うことは不可能であるように思われる。この国にはそのような伝統が全くない。むしろ逆である。かつてコールが、ナチスの親衛隊と、またそれとさして変わらない国防軍に栄誉を捧げている墓地ビットブルクに、レーガンを連れて行ったことや、コルヴィッツの残した恭順の作品をプロイセンの改革将軍シャルンホルストとビューロフの立像に置き換えて、それにすべてを押しつけた中央追悼記念碑ノイエ・ヴァッへの喜劇もそれを証明している［両者ともプロイセンの軍隊を改革、強化し、またナポレオン戦争で大きな功績を果たしたプロイセンの同時期の将軍である。この二人の銅像が一九五一年までノイエ・ヴァッへを挟んで、その両側に立っていた。統一後、これを再びその場所に戻すことが予定されていたが、ケーテ・コルヴィッツの遺族の反対を受け中止された］。

再統一されたドイツ連邦共和国は、虐殺されたユダヤ人の中央記念碑を将来の首都に必要とするのか。レア・ロースによって進められた無謀な企てを中止させるため、コンペが終わってから、議論はますます激しくなってきた。著名なユダヤ系知識人は、多かれ少なかれ記念碑に対して反対の意思を表明している。その記念碑が既存の記念館や記念碑の価値を貶め、ユダヤ人を死の典型として表現するというのがその論拠である。

「中央」記念館という考え方そのものが、一方では無意識にナチスの国家イデオロギーを継承しており、また他方でその巨大さはある種の凱旋記念碑を意味している。計画されているベルリンの記念碑は、結局過去の幕引きのための儀礼的ポーズにすぎないという疑いは依然として残っている。記念碑を批判する者はそれぞれ正しく、しかしそれ故にまた正しくはない。なぜならば、社会学、美学、歴史学、政治学、そして神学などの諸学すべての観点がほとんど区別不可能に絡み合っているその企ての根本的パラドックスに、彼らもまた取り組んでいないからである。

第一に社会学的観点から見て、文化的に形成されたあらゆる種類の過去との関わりは、現代における現代の現代自身とのコミュニケーション以外の何ものをも表現しない。死者は死んだままであり、我々の伝えたいことは彼らにはもはや届かない。それに反して新たな伝統を創造しようとする我々のこの試みが、将来どのように扱われるのかということについて、現在、誰も知りえないのである。

第二に、量的に規模を絶し、道義的に全く理解不能なその犯罪を形にして、そこに焦点をあてることが美学的に全く不可能であることはすでに一般に理解されている。しかしこのことは、芸術家がそれに対応する挫折した芸術作品の創作に取り組むことを妨げはしない。否、むしろ逆である。

そして何よりも想起文化という観点から見るならば、もしそれを真剣に受け止めるとすれば、記念碑は虐殺された人間を道義的宇宙に受け入れるという課題を担うものである。彼らを何らかの目的のために手段にするのではなく、また彼らの代わりにそこに文化を置くのでもない。彼らの尊厳を彼ら自身のために正当に評価するということである。

結局記念碑というものは、あるものが消滅し、他のものが受け入れられるそういう特別な歴史像の中に埋まっている。コンテキストに位置づけられた記念碑は、決して普遍的歴史的要求を満たすことはない。

さらに、現代の現代自身とのコミュニケーションにおける過去との関わりというものは、多かれ少なかれ、意識された特別な目的に従っているということが付け加えられる。換言すると、そこには常に政治が介在しているということである。

計画されているベルリンの記念碑に対するこれらの批判論拠を盾にして行なわれる反論は、点在する、歴史的現場の傍らにある、歴史的情報のみを呈示する、地域の個々の記念館が活用されるべきであるということを指し示している。しかし中心的記念碑に対する批判のすべては、必要な変更さえ加えられれば、分散してある記念碑についてもそのまま当てはまる。ハダマーやダッハウ、そしてナイエンガムの記念館や記念碑では消防団が吹奏楽やビールで、そこで虐殺された者を嘲笑した。その行為は特定の文化的、政治的関心を持つ者たちのコミュニケーションに対応していたといえるであろう。

それらの記念碑は結局、多様な意味での表現不可能性というものに挫折し、想起の連帯性のパラドックスに充分対応しうるものではなかったということを表わしているのである（それにしても死者と連帯的にあるとはいったいどういうことであるのか）。

記念碑というものはすべて、特定の歴史理解に義務づけられている。例えばそれは、犠牲者の中で、どのグループが忘れられてはならないか、というような問題である。また記念碑は一つの、あるいはいくつかの正当な政治的利害に応じなければならない。例えば記念碑の建設が、外国や友好関係にある共同体にどのような影響を及ぼし得るのか、またはそれは有権者を怒らせることにならないか、といった問題である。

大量虐殺や道義的にあまりにも恐るべき犯罪、そして理解不可能ともいえる慰めのない苦しみというこの記念碑の対象の特殊性は、いかなる形も、いかなる道義的目的設定も、そしていかなる善意も、それに対しては決して充分ではあり得ないということである。そしてそのことを謙虚に理解し、批判することで、さまざまな批判を免れる形を見出すことができるなどという幻想を抱かなければ、その時初めて、その計画やプロジェクトやそのコンセプトは必然的に挫折せざるを得ないという問題が、意識に上るであろう。

観念哲学はこの問題に「崇高さ」という概念を見出した。その言葉は大量虐殺にとってありえないほど不適切に聞こえるであろう。例えばカントによれば、何かが崇高であるというのは、それが関心に対して抵抗することによって、感覚が直接的にそれを享受することである。この崇高の概念を、今問題にしていることとの関連で応用するのはただちに不適切であるように見える。カントは『判断力批判』において、自然について次のように論じている。「自然の崇高さを享受するということは、ただ否定的でのみあり得る。それはすなわち略奪されるという感情である。構成力自体によって構成力が奪われるような感情なのである」。この理解に従うならば、崇高とはその対象自身ではなく、むしろその対象の見方である。自然に崇高さを見るというとき、それは自然を恐れるということではなく、むしろ自然を恐るべきものとみなすということがその核心なのである。「我々がその対象を崇高であると判断するのは、その対象に抵抗を試みることを仮定し、あらゆる抵抗が無意味であると想像するためである」。自分の安全が保証されている中で自然の脅威に身を晒すことを仮定すると、そのような見方はある独特の結論に達する。

「しかしもし我々が安全なところからそれを見ると、それが恐ろしいものであればあるほど、それはますます魅力的なものになっていく」。

記念碑の反対論者は、記念碑を見るときに、虐殺された者に対する非連帯的で冒瀆的な効果、すなわちそこから自分が逃れているという人間的に貧しい感情が生じることを、恐れているようである。記念碑は、限りのない、しかし残酷ではない自然ではなく、人間によってなされた限りなく残酷な行為の形ではあるが。

エリアス・カネッティは埋葬という社会的契機をこの考えによって適切に特徴づけた。どれほどそれにふさわしく造型された記念碑であっても、その作品が示しているものとそれが実際にそうであるところのもの、そしてそれを見る者との間には架橋し得ない美学的相違が支配しているという事態に直面すると、その説はほとんど反論され得ない。

この観点からすればベルリンで選ばれた企画は、レナータ・シュティーとフリーダー・シュノックの「バス停車場」以外の全ての作品は、崇高の美学、すなわち圧倒する作用を演出し、死者の名前を呼ぶというユダヤ人の考えに従うものである。シグムント・フロイトがすでに書いているように、墓石はいわゆる原始社会において、また現代人のそれに対応する魂の層においては、よく知られているように、悪魔の再来から身を守るために墓に蓋をするという機能を果たしている。部族社会では死者の名前を呼ぶことは厳格なタブーとなっている。

そのように解釈された意味での崇高で巨大な墓石、すなわちユダヤ教とキリスト教の伝統における悪魔に対する恐れに抵抗して名前を呼ぶというヤコプ＝マークスの作品は、想起させる力が財政的欠乏という条件の下にあるということでは、崇高性においては挫折している。すでに知られているように、虐殺された者すべての名前を彫り込むのはあまりにも高くつきすぎる。そのために計画が滞り、造形について政治的に語られることになり、それは「時間のレール」の上に乗せられ、ミュージカルの上演のように後援者は苦労している。

これ以上にひどい連帯的想起の表現は、ほとんど他に想像することさえ困難である。とりわけ次のことは非常に重要である。そこで想起されるべき者のすべてが、ベルリンで虐殺され、葬られたのではない。彼らの多くの者は灰としてビルケナウ［アウシュビッツ第二収容所］の野外に終の住処を見出した。彼らは墓によって保護されてはいないのである。その彼らが、どうしてよりによってこの社会の道義的宇宙の中に統合されることを望むというのであろうか。そしてどうすれば彼らに求められている尊厳が、彼らに伝えられるのか。

それは彼らに対して行なわれた不正についてなされる証言によってのみ可能である。ヨーロッパで虐殺されたユダヤ人のための記念碑とは、ドイツで考えられ、遂行された大量虐殺という出来事をここで想起させるものでのみありうる。そうであるならばその犯罪を想起させるジーモン・ウンガースの企画はその目的に対応する。しかしこの作品は、その犯罪の恐ろしさとそれが過ぎ去ったものであるということの間の弁証法に溺れている。ここで芸術は終わる。では神学にはそれ以上のことが可能であるのか。

（『ターゲスツァイトゥンク』）

【資料44】（1997,1,9）

ヨアヒム・リードル

歴史――石のためのレクイエム――象徴的政治の精神から記念碑を建てることはできない

＊ヨアヒム・リードル（一九五三年～）　ユダヤ人作家。

ホロコーストやその犠牲者を記念碑によって想起することは、全く不可能であることを強調する。そして現代のありあまる「想起」を批判する。

「なぜ、我々はベルリン共和国にホロコースト記念碑を必要としているのか」という問題がベルリンで明日と二月十四日、四月十一日に、多くの優れた専門家が参加する集中討論会（コロキウム）で論じられることになっている。それを前にして記念碑や想起の碑の必然性についての根本的な考察をここで展開したい。

石は嘘をつかない。石は墓の素材である。石は証言し、死の使命を伝える。石は人類が生命や生きるものと向かい合い、恭順を告白する物質である。それ故、死者の墓石は、生きている者と同一に見られるとき、繰り返し冒瀆される。石という死亡証明書から歴史は積み重ねられてきた。霊廟やピラミッドや寺院や、またたんなる目立たない小石が死を徴《しるし》づける。石は想起の物質である。

しかしドイツ史のこの巨大な一章の背後にいったいどのような要石を置くことができるというのか。遺体が人間絶滅機械の廃棄物となったその場所で、死の後に残ったものが死体焼却炉の天に向う煙突から漂い、空気に溶け、数日後に灰となって地面に降ってきたその場所で。これらの死者には石がない。彼らを忘却から引き上げ、想起の恐ろしいイメージの中へ入れる墓が欠けている。どれほど重くまた巨大で圧倒されるような石であっても、何百万人の死者の煙をその下に埋めるのに充分なものではありえない。

一九三三年四月一日、成立したばかりのナチス政権が、大衆に最初の反ユダヤ主義の訴えを演出する前、フランクフルトのユダヤ人教会の新聞には次の言葉が載せられた。「もし我々に対して声を上げる者が誰もいないならば、この町の石が我々のために証《あか》しするであろう」。その半年後、ナチスの運動は「勝利者の帝国党大会」をニュールンベルクで開いた。その「文化演説」で当時アドルフ・ヒトラーは予言している。「たとえ人間が沈黙しても、石が叫ぶであろう」。たとえ一つの民族が消滅しても、そして

記念碑は、すでにさんざん言われてきたであろうが、ほとんど何も証言しない。それらは死者のために建てられるが、生きている者に奉仕する。それは象徴的政治のいかがわしい行為である。あるいは、それはせいぜい集合的想起の避難所となる社会的な場をつくろうとする無駄な試みであろう。何の成果ももたらさない。ショアを想起することは、必然的に避難所を持たないで留まり続けることである。生き延びた者と後に残された者、殺人者や当時何も知ろうとはしなかった者、そして後に生まれた者、それらすべての者の間にいかなる共同性もない。彼らは集合を持たず、共同に想起できるものを何一つ持ってはいない。なぜならば加害者と犠牲者が共に共同の運命を分ち、共同の歴史で結びついているなどと敢えて主張するほど思い上がった者は一人もいないからである。

それに対してドイツには象徴によって培われている公式の想起政治がある。それはある厳密な式次第に則り、狭い稜線上での一致に基づいている。ギュンター・グラスが「習得した反ユダヤ主義から、習得した親ユダヤ主義への転換」と名づけたものである。それは国民の一つの戦後要件である。それ故、記念碑は遠くからでも目に見える洗練のモニュメントでなければならない。

さまざまな記念碑や記念館の設立者の個人的動機や信念がどれほど多様で正しいものであろうとも、求められている公共的要求の前で彼らの努力は挫折せざるを得ない。求められているのはドイツの歴史を二つの時代に、紛れもなく区別する要石をおくことである。ドイツの歴史を、その本質から二つの領域に、ただ想起の橋によってのみ相互に結びつけられる、こちら側とあちら側とに分ける要石である。

ホロコースト記念碑のプロジェクトは、想起の形式や場所について激しい論争を巻き起こした。象徴的政治の行為は終始、形式によって測られ、内容的基準によって測られることはほとんどなかった。造形についての議論は多様な意志や利害を背後に隠蔽する役割を明らかに果した。注目すべきことは、想起の紋章の問題に関して一致する困難さは、その出来事と想起の間に時間的距離が開くに従って、ますます大きくなることである。このことは、記念碑を設立しようとする意図が基づいている歴史的土台にどれほどの欠陥があるのかを証明している。

イーリンク・フェッチャー［政治学者］は次のように言っている。ドイツにおいてナチスは「官僚主義的にまた法的に、歴史編纂的、また財政的に取り組まれ、政治的にではなく、情緒的に克服された」。ベルシェバ大学で教鞭をとる歴史学教授フランク・シュテルンはさらに次のように補完した。「過去の克服とはドイツにとって安易な忘却を意味するのではなく、本当の結論に導く保存のみを意味する」「その際、和解のない対立が現実化し、それが政治的目的の合法性に仕えることは避け難い」。

この状況において政治は奉仕可能な彫刻の精神に助言を求め、それ自身では遂行不可能な仕事を芸術に依託する。一九五七年、殺人工場アウシュヴィッツの記念館が整備される際に行なわれた、最初の非常に重要な記念碑のコンペで審査委員長ヘンリー・ムーア［イギリスの彫刻家］は、ミケランジェロのような天才であってもこのような課題を解決することは不可能であろうと述べ、諦念を表わした。社会が決して伝えてはいない内容を、芸術ならば記念碑に吹き込むことができるなどと期待するのは実際に間違っている。

歴史理解は、想起と忘却との間の弁証法的対話によって成立する。それは共同体の自己理解に道標として役立ち得る出来事を英雄化する。そしてこれからの道程の障害となる可能性のあるものは抑圧し、更新されていくアイデンティティーのモデルと共存することが困難であっても、否定することの決してできないものは抽象化する。社会は、この歴史的過程を記念碑によって徴しづける。どの記念碑にも英雄的契機が内在する。それは直接的契機を越えた価値である。記念碑は、方向性を表わす目印という助けによってのみ、初めて自己を正当化することができる。

またどの記念碑も、それが想起させようとしているものの信憑性をどれほど表わしているかによって評価される。記念碑には意味がなければならない。記念碑の機能は、集合的記憶を一つの中心的な場所に束ね、想起の結晶点へと変容させることである。「痛みを与え続けるもののみが記憶に留まる」とは、フリードリッヒ・ニーチェの言葉である。

ニューヨークの文学研究者アンドレアス・ヒュッセンは、我々はフランツ・カフカが文学に求めたものをショアの記念碑に求めなければならないと言う。「本というものは我々の内の凍った海を打ち砕く斧でなければならない」とカフカは書いた。ウィーンで議論されていたような歴史的次元に適切で、また比較的質素な鋼鉄とコンクリート製の固まりはそれで充分であるのか。それともベルリンのかつての帝国大臣庭園跡［記念碑の建設予定地］で計画されているような、少なくともサッカー場の大きさを持つ鋼鉄の枠組みという大秩序が考えられなければならないのか。もしかしたら我々は犠牲者すべての名前を巨大な壁に彫り込むべきであるのかもしれない。想起の迷宮を地下に埋めるか、あるいはさらによいのは塔を建てることかもしれない。

しかしいずれにせよ、それは死者が安息を得ることのできる場所ではあり得ない。虐殺された者の象徴的な墓さえ、今なおつくることができないのであれば、我々は公共の場に道義的で、また歓迎されるべき、しかし結局のところ全く不充分な象徴を建てることを放棄するべきであるのかもしれない。

民族虐殺、特にショアの犠牲者を想起する記念碑は、一般に後に残った者の良心を宥めるのには役立つ。記念碑は、アリバイや、起こったこととの距離や免罪を保証する。しかしジェノサイドに導いた心情を石棺に閉じ込めることは不可能である。

このモニュメントが加害者の国に立つならば、それは二重の意味で問題がある。いったいそこでは誰が誰を想起するのか。犯罪に対応する記念碑であるならば、それは加害者の恥辱と卑劣さを映し出し、その近くのいる者にとって堪え難いものになるに違いない。しかしそれは公共的想起のための場所には決して担うことのできない課題であろう。それ故、その決定的問いは、犯罪現場の剥き出しの大地さえ応答できず、そのまま留まっている。

ショアとの公共の取り組みにおける問題は忘却の危険にあるのではなく、むしろあまりにも多すぎる想起にある。想起が特別人気のある時代においては、そのことによって想起自身が恣意的なものとされる危険性に脅かされている。想起文化の形式が、付属的ジェスチャーとして記念碑を必要とした。それはドイツ全体にあるアイデンティティーを創出する象徴の装飾の一部になるであろう。

ショアを博物館で想起するというのは比較的単純である。博物館は、記録し、想起の断片を保存する。しかし、それに対して記念碑は象徴し、想起の全体を代表的に表現しなければならない。記念碑は、表現し得ないものを表現しなければならないのである。

想起は常に記念の空間において起こる。しかしドイツにおいてはこの想起は消失、空虚を意味している。かくしてそれに対応する唯一のモニュメントは、消え去る、目には見えないものであるのであろう。なぜならば、それはただ人間の頭の中にしか存在しないからである。

一年前、アメリカのレポーター、ジェイン・クレーマーはベルリンの記念碑論争におけるこの珍しい変遷を報告するためにドイツの首都にやってきた。そして、そのレポーターは次のように締めくくった。「ドイツ人は想起の義務を果たしたいと思っている。そしてまた忘れることに憧れている」「あたかも義務と憧れがその運命の弁証法のテーゼとアンチ・テーゼであるように」。ベルリン・ユダヤ教会の一人の会員が言ったことも、あるいはそれと同じことを表わしているのかもしれない。「町全体が一つの記念碑である」。たとえ我々が口を噤みたいと思っても、石は証言する。石は嘘をつかない。

(『南ドイツ新聞』)

【資料45】(1997,4,6)

ベルンハルト・シュルツ

分かりにくい記念碑

＊ベルンハルト・シュルツ(一九五三年〜) ジャーナリスト、『ターゲスシュピーゲル』編集部。
歴史的現場の保存と芸術の課題を区別し、理解不可能なものを表現する芸術の可能性を論じる。またユダヤ博物館を、展示という内容を伴う建築芸術として記念碑にするという可能性を示唆する。

芸術と記念碑造形は長い間別々の道をきた。計画中のホロコースト記念碑に要求されている表現力には、この時代の芸術の「表現能力」の限界が表われている。[新聞社が付けたリード]

芸術はすでに長い間、いかなる目的に仕える必要もない。それは、かつてアカデミーに反対して闘い、いにしえの巨匠が夢見たことさえなかった不可侵の自由空間を芸術に与えた近代のパラドックスの一つである。他方、近代の始まりから芸術の「注釈必要性」は増大した。

そしてその代わりに芸術家は「言いたい」ことをそのまま臆することなく言うことが求められ、間もなく芸術は「美術館の展示室」を去った。公共空間における芸術がしばしば陥っている厄介な状況は、社会的に求められ認可された目的の放棄を含め、芸術が目的から自由になり、無防備になったことに由来する。そしてこの現代芸術の「表現不能性」が公共空間において、そこに見るつもりで来たわけではない鑑賞者に出会う。彼らは芸術のルールには全く従わず、自分たちの芸術への無理解について唖然とする。それは聞こえよがしに意見を言っているのと変わらない。ほとんど蛮行である。

このことは特に記念碑について当てはまる。記念碑というものはとうの昔に時代遅れになった。しかしそれが近年、変遷した。記念碑は再び認知された芸術の課題となったのである。ドイツでは特に多くのことが求められる課題がその中心であり、多くの記念碑は過去の歴史を想起させ、ありありと現前化させなければならない。この種のものの中で最大の課題を負っているのが、今計画されているベルリンのホロコースト記念碑である。

多くのホロコースト記念碑と共に、芸術は全く予期せず、十九世紀、近代の初めに芸術が解放される以前の状況に再び陥った。それは、芸術作品が生まれる「前」にすでに審議され決定された明確な内容を、芸術が分りやすく伝えることである。例えば、その「表現」にまだ解釈の余地が残っており、芸術家がそれを高圧的に支配することのできた戦争直後に造られた無数の記念碑とは異なり、ホロコースト記念碑はたんにその建設が許されるというだけではなく、それ以上に、それを注視している一般の人々を内容的に満足させるものでなければならない。

ベルリンのホロコースト記念碑のコンペは一致した結論に到達することができなかった。今度の金曜日に開かれる記念碑の造形の問題について論じられるコロキウムも、このことから見て解決に至る見込みはほとんどないといってよい。

それは多くのものを要求されている選ばれた作品が不十分であるからではない。現代芸術というものは、実際に全体において困惑している。コンペの結果についての議論は、提出された記念碑の企画が芸術的転換を充分行なっていないことを表わしている。なぜならば美学的側面を度外視しても、ここで求められている明瞭性と分かりやすさ、政治的、イデオロギー的反論不可能性のすべてを同等に充たすことは不可能であるからである。ノイエ・ヴァッヘを訪れる者はいずれにせよ満足している。ノイエ・ヴァッヘに対する批判者は、それが記念碑として実現された後にはあらかじめ準備された充分な非難以上には、いかなる批判的論拠ももはや見出すことはなかった。訪れる者がそれを受容したということが、それに対する美学的、政治的、そしていうまでもなく道義的批判の重要性を軽減させるわけではない。しかしそのような打算が政治にあったことは認識される。記念碑ノイエ・ヴァッヘは「機能している」のであり、記念碑はその目的を満たしている。そして、そのこと以上に芸術が「内容に満ちた表現」を、たとえそれがどのように評価されようとも可能であることを証明している。

今日芸術の「記念碑能力」という問題を照らし出している第三のプロジェクトは［旧東西国境の］ベルナウアー通りにあるベルリンの壁の記念館である。提出されたさまざまな企画と比較して、その歴史的出来事、すなわち壁と東ドイツの国境防衛の一部、［壁と壁の間の］死の地帯が本来の「記念碑」であるということが、その記念碑コンペの過程の中から明らかになってきた。そのことによって芸術記念碑の

▲…ベルナウアー通りに保存されたベルリンの壁。

美学的問題は、歴史的遺物の信憑性が中心的問題になる記念的建造物の保存という倫理的道義的問題へと移行していったのである。その際の支配的法則は再構成の禁止である。しかし本来芸術はそこで力を獲得する。なぜならば芸術はそこで、物質的証明としての信憑性ではなく、真理を要求しなければならないからであり、芸術はそこにおいて失われていった歴史的資料に代わることができる。物理的遺物が歴史を具体的に見せるためには充分ではないところで、芸術のみが意味を媒介し得るのである。まさにこの課題がホロコースト記念碑に課せられている。ナチスの民族虐殺があらゆる想像力を越えるものであるならば、そしてそうであればこそ、芸術だけがその対象をそれに適切な方法で、すなわち感覚的で、経験可能な芸術独自の方法で表現することができる。歴史的記念碑の「正確性」をめぐる議論は芸術のこの独自性をないがしろにするものである。それは「内容主義」を問題にする方向へと向かっている。それに反してノイエ・ヴァッヘが受容されたということは感覚的接近を経て、たとえいかに混乱しようとも、内容が媒介され得ることを示している。

　ピューリタン的精神は、歴史的遺物のみが間違った解釈を防ぐことができると信じる。かくて歴史的現場をそのまま保存し、同時にそれを自然発生的な記念碑として扱うことが重要になる。そしてそのことによって、その対象には物神化の危険性が伴う。つまりたんに限定された量としての歴史的な場所を、われわれが意識をもって理解するならば、その限り、その場所は「我々に語りかける」のである。今日「想起する者」がその時代の証人ではなく、その後に生まれたものであるが故に、想起はあらゆる非難を禁じる、客観性の帰属する物体に固着する。歴史的現場に訪れる者によって、しばしば述べられる「言葉にならない」という表現は、対象と歴史的予備知識との不一致を暴露している。他のあらゆる歴史的破局とは違う、ホロコーストの比較不能性が、それらの対象から滲み出る。意識が再構成し得るその事柄全体に直面して、それを「理解」することができないならば、それは見る者に沈黙を強いる。しかし芸術の潜在性は、まさにそこにこそある。芸術はその事柄を分りやすい「イメージ」に凝縮する。その典型的な例は、戦争を訴えたピカソの「ゲルニカ」である。

公共空間にある芸術は、博物館の中のそれよりも、解釈の多様性に対してさらに無防備である。記念碑によって「想起の仕事」、つまり国民教育の変種を求める者はそのことを恐れている。ベルリンのホロコースト記念碑の主唱者が、初めは「教育的空間」を伴う施設を地階にイメージしていたということは、驚くに値しない。求められている表現の明瞭性とすべての芸術作品のもつ不可避的多義性との間にあるディレンマから生じる帰結が、建築への第一歩である。そのような建築の印象的な例は、ほとんど完成したリーベスキント設計のベルリンのユダヤ博物館である。それは利用可能な建物が建築的彫刻と一つになったものであり、内容と形式を合わせた全体として記念碑を形成する。そのリーベスキントの建物は、実現不可能となる「中央ホロコースト記念碑」の代わりとなり得る。それによって、博物館の中であれ、公共空間であれ、芸術は芸術そのものになる。

芸術を記念碑という目的に利用するためには限界がある。芸術を外から与えられた目的から解放するということは、すなわち芸術が「自分自身に」対して解放されるということである。現代芸術の記念碑能力の限界を視野に入れたとき、初めて政治的打算の遂行以上の、そして美学的不十分さを具現化する以上のものとして、記念碑を造ることが可能になるであろう。芸術の多義性は残り、それによって批評の必要性も残るであろう。

(『ターゲスシュピーゲル』)

【資料46】(*1997,8,13*)

エドワルド・ボーカン

罠にかかった芸術——ホロコースト記念碑と芸術家の挫折

＊エドワルド・ボーカン（一九三七年〜） 美術評論家。元『フランクフルター・アルゲマイネ新聞』文化欄担当記者。
芸術の公共性と自律性について根本的な問題を提起した。筆者は自律性を損なうことなく、委託された社会的課題を担う公共芸術の可能性を原理的には肯定する。しかし時間的制約の中で決定を急ぐ現在の記念碑建設の中止を訴える。

現代芸術は常に危機の中にある。とりわけホロコースト記念碑の実現可能性をめぐる議論と記念碑のコンペが我々を陥れた危機は苦悩に満ちている。「虐殺されたヨーロッパのユダヤ人のための記念碑」を皆が求めている。それは首都の中心にある広大な場所を支配することになっている。記念碑の可能性について合意に達する前に、記念碑はその場所に押しつけられた。そして社会の希望は、「芸術」が記念碑を造るべきであり、それが可能であるという根拠のない信頼に結びついている。その確信は記念碑というものの持つ長い歴史に支えられてはいるが、現代において成功した記念碑の例は根本的に僅かにしか引き合いに出すことはできない。百年も前から美学が拒否し、解体し続けた記念碑の思想は、すでに美学から奪い取られてしまっている。今日では記念碑の美学は、そこに留まっている最後の者が可視的なものの限界や、不可視的なものの向こう側で、記念碑となお取り組み、また同時に記念碑の神格化の思想をも否定している。

そのようなアンチ・モニュメントの思想やまた記念碑そのものの反省的考察と内容はベルリンの記念碑論争において支持された。しかしその提案は可視的な記念碑が明確に望まれ、それは変更不可能であるが故に、論争から離れてしまっている。コミュニケーション社会は日々過剰に想起と省察への精神的契機を提供している。現代では想起にとって、道義的な訴えや記録保存という形での芸術の消費や芸術による迂回はもはや必要とされてはいない。

間違ったコンペ

強い印象を与える公共的記念碑においては、一つの考えが、すなわちこの場合はホロコーストの想起が、社会に対して具象化され、またモニュメント化されなければならない。しかし芸術というものが現代どれほど多様化しているとしても、そんなことをする意志がそもそも芸術にあるのか、そしてそれは可能であるのか。最初のコンペに提出された何百もの欲求不満の答えはそれに対する否を表わしている。主催者は芸術への信頼に満ちたプロジェクトを広く公募し、幅広い参加者を獲得し、大衆化を経て、さらに審査委員会での議論や民主的投票や判断を通して、過ちのない結果に導くことができると、単純に考えた。しかし参加者は、最後の最後に、主催者のその計画に否を突きつけたのである。

主催者は今なお、方法に誤りはなく、最後には動かし得ない結果に至るものと信じている。彼らは「権威者」によって提案された幾人かの著名な芸術家をさらに加えて、二回目のコンペを始めた。失望し、忍耐を失った者たちは、作品の差異化の努力をその間、放棄した。彼らはすべての犠牲者グループを包括する記念碑を望んだ。例えばそれはベルリンの目抜き通りのどこかに建てられ、可能な限り人目を引き、戦慄をもたらすものでなければならない。もし芸術をそこでなお考えるのであれば、それは喜んですばやく望まれる企画に適応するであろう。

歴史家と道徳家は、助言によって流れに基本的方向を与えた。また一連の芸術家は、テーマを明確に示し、すぐに変えられる舞台装置のような方法で、センセーショナルで、人を仰天させる比喩的、象徴的な「インスタレーション」の企画を提案した。そこでは舞台演出家が自分たちを売り込んだ。

記念碑の思想に矛盾するものはもはや何一つなく、その真剣さやそこで求められている持続性の要求、舞台裏の大道具係や束の間の時代精神によるアレンジを否定する者はいない。

かくして次のことを確定することができよう。記念碑は芸術なしには、すなわち持続性を持つ物質化への意志、明示的あるいは示唆的表現への意志、そして形式や拘束的象徴表現への意志なしには成立し得ない。芸術と公共性はホロコースト記念碑の場合、強いられた形で互いに指示しあっている。どちらも他のものなしには獲得され得ない。

合意はなくなった

芸術家たちはいとも簡単にやってのけた。しかしコンペを放棄し、新しい要求には従わなかった芸術家がいたことを我々は理解する。そもそもコンペの前提が間違っている。芸術家に課題を押しつけ、全く反論の余地なく受容させるというプロジェクトの前提が間違っているのである。その課題は非常に特殊なものであり、そのような課題の依託はこの国の歴史において初めてものである。ホロコースト記念碑は、決まりきった任意の練習問題ではなく、新生ベルリン共和国の礎石のようなものである。そしてその国の歴史における誇るべき頂点ではなく、最大の災い、すなわち残りの歴史についての見方を変え、その意味に影を落とす過ちを戒めとして想起する中央記念碑というものは、他に例を見ない。この重苦しい罪責の想起に形式や言語や何らかの表現や象徴を見出すことは、途方もなく困難である。

芸術と公共性が根本的に別々の道を歩んできたということも問題をさらに難しくしている。かつては、民主主義が始まった初期の頃でさえ、記念碑の領域において驚くほど無邪気であったドイツ社会は、周辺の世界や「国家」やさらには「人類」とさえ一体感を持ち得る芸術家をあてにすることができた。しかし現代では美学的合意は、社会の部分的領域で、例えば芸術の営みにおいて、あるいはさまざまな方向性を持つ芸術サークルで、また博物館や展示会などで形成される。さらに困難なことは芸術とすべての歴史との関係は破壊され、断絶しているということである。現代芸術もまたその犠牲者と言ってもよい今世紀のこの犯罪的歴史は、芸術家に対して長い間、過去に責任を感じなくてもよい権利を与えてきた。

「歴史」は何十年間もの間、未来や形而上学に方向づけられた現代のテーマにはならなかった。しかし一九六〇年代、絵画においてとりわけインスタレーションの芸術家によって歴史への新しい参与と歴史論争が切り開かれた。そこでは知識人の抗議や批判的分析、また周辺からの啓蒙が中心的問題となった。また記念碑の課題には触れようともしない、また触れることもできない芸術的努力についても僅かに論じられた。芸術的危機や物怖じ、苛立ちや無関心は、歴史の想起を中心的目標にする計画においては痛みを伴って意識されなければならない。

芸術が民主主義的社会において何を意味し、また何をなし得るのかということがしばしば問われる。しかしそれは、ほとんどいつも決まり文句によって答えられてきた。最もよく言われる、また一般的な答は次のことである。芸術の目的と意味は、自由な可能性を代表する個人としての芸術家の発展と、自由の可能性とをはっきりと示すことである。ホロコースト記念碑の課題にとって、そのような答はあまりにも狭すぎる。そして公共芸術の役割は、もしそれが維持されるべきであるとするならば、さらに拡大されなければならないということが、それまで以上に明確に示されてきた。ホロコースト記念碑の課題は、伝統的な手段によっても特別な方法によっても、また現代の規範的形式によっても解決され得ないからである。依託芸術の場合には普通であるように、芸術家が自分の主題や自分の属する派閥の主題を解釈し、その規範的作品のバリエーションを提出するということは、ここでは不可能である。この根本的な課題においては、芸術の可能性や美学的戦略や芸術的言語が新しく考え抜かれなければならないからである。

また特にベルリンのコンペでは、芸術の不可侵的自律、そして芸術の権威や主権、主体性への深い信頼に基づく尊重を主張する助言者や審査員たちがいる。彼らは芸術の自律のこの歴史的、またイデオロギー的性格を見誤っている。それが今日芸術を金の檻に閉じ込めているのである。凝り固まった規範的美学からの解放を求める途上において、芸術が現代の独裁者の介入に対して自己を主張する時、自律こそが決定的に重要なものであったのである。今日、芸術はすべての面において解放されている。もし芸術がその独自の慣習や規範や自己嫌悪から解放され、新しい結合や媒介を試みるならば、そしてこの課題と依託を内容的にも拒絶しないならば、芸術は勝利し、成長することができるであろう。

想起もまた挫折する

自由な社会において芸術家が公共的な依託を受け入れ、それでもなお頑なさと作品の絶対的不可侵性を主張するということは奇妙に聞こえるであろう。公共芸術を、もし公共の場における美学的な調度や「建物の傍らの美術」の悲惨な歴史と見るならば、それは間違っている。

ホロコースト記念碑の途方もない課題は、思想に転換をもたらし得る。芸術と社会の両方から、繊細でまた恐らく長くかかる絶望的な対話が進められなければならない。我々を失意に陥れたコンペの経験は、そのような記念碑が、政治家や歴史家や道徳家によって決定され、発注され、手はずが整えられ、付随的に論じられ、スケジュールによって決定され、建設されるというような、そういうものではないということを明瞭に示した。コンペの結果は、発注者の官僚主義的でわざとらしい態度や尊大な自尊心、その規模や資金の大きさや審査員の顔ぶれの自慢、また適当な期待や機能的な思考、そしてコンペの素朴な信憑性に適合したものであった。

このようにして最悪のことが起こった。当事者によって選ばれた一位の作品をまのあたりにして、その企画はそれが想起する犯罪の巨大さによって誇大妄想へと誘惑されたという他はなかった。繊細で柔軟性をもつ独立した審査委員会が、推薦された芸術家との対話を受け入れ、さらに芸術家を招聘することを考えるべきである。そしてあらゆる時間的拘束から自由になるべきである。適切な記念碑は長い苦しみに満ちた公共的熟考の果てに建てられ得るであろう。もし早まって、間違った、不誠実ではやりの記念碑が建てられるならばそれは悪夢であり、「虚偽意識」と偽善的な悲しみが、そこでモニュメントとなり永遠化されることになる。

あの巨大な犯罪から五十年以上を経て、ドイツではその想起のために適切な可視的形式を一つも見出し得なかったということは、はっきりと言うことができよう。芸術は罠にかかっている。すでに失敗が予測される今、我々はそのプロジェクトを、時機をあやまたずに中断すべきである。そして一つの統合された芸術的解決というものを諦めて、他の方向でさらに探すべきである。たとえば犯罪の現場にある記録保存の博物館の場に戻るべきである。幸いにもこのディレンマからの素晴らしい逃げ道がある。それはダニエル・リーベスキントが設計した破壊されたダビデの星の彫刻的、象徴的形式を持つ輝かしいユダヤ博物館である。それは、記念碑と研究施設との結合によって、課題の困難さや不可避的複雑性、差異化を正当に克服し得るであろう。

(『フランクフルター・アルゲマイネ新聞』)

【資料47】(1997,10,13)

ヴェルナー・シュマーレンバッハ

偉大な芸術だけが心を動かす——ベルリンのホロコースト記念碑について

＊ヴェルナー・シュマーレンバッハ(一九二〇年〜) 美術批評家。

芸術をホロコースト記念碑の手段とするのではなく、全ての目的から解放された最高の芸術こそがホロコーストの記念碑になり得るという。

ベルリンのホロコースト記念碑について、多くのことが語られ、また考えられた。繰り返し、語られ、また繰り返し考えられた。芸術家もそこから多くの刺激を受け、また多くを語っている。彼らは記念碑に全く反対してはいない。しかし芸術家は、あまりにも考えすぎてはいないであろうか。彼らの芸術は、考えることから生まれるのか。我々は確かにその記念碑に今日、関わっている。最近カッセルでは、それについての歌まで作られた。

しかし問題はこの記念碑である。これは政治家の望みによるものである。多くの人々は記念碑というものに嫌悪の念を抱いている。私もそうである。それでも記念碑がどうしても一つ必要だというのならば、そうすべきであろう。そうすればそれはうまくいくに違いない。記念碑について語ることや考えることはそれで終わるだろう。そして記念碑はそれ自身によってのみ正当化されるであろう。

我々は、根本的に芸術の理解とは異なる質を期待され、それを基準に選ばれた政治家たちに記念碑の問題を任せてはならない。では専門家に任せればよいのか。あるいは、それは「審査」されればよいのか。それとも芸術家に任せればいいのか。いやむしろ我々は久しく芸術というものを芸術家から守らなければならないのではないか。私はこれらのことを好意的に言っているのでも、また問うているのでもない。しかしこれは真実からそれほど逸脱してはいない。

いずれにせよそのとてつもない課題を芸術的に克服できるほど、才能ある者など「我々の時代」において、ほとんどいない。それには二つの理由がある。記念碑というものがすでに全く「時代遅れ」であるからである。そして今日では「公共の場所にある芸術」というものが歴史的に十分な理由に根拠づけられ、失敗と判断されているからである。かつてブレヒトが用いた表現であるが、「機能する」記念碑というものはまず存在しない。従って忍耐が必要なのである。

ここまで言及してきたことは、芸術が自己自身から絶望的に逃走しているということである。再び繰り返すが、それは理由のないことではない。問題はなぜ芸術家とその擁護者たちは、そんなに多くのことを考え、また語らなければならないのかということである。芸術に対する我々の信頼が、このようにして失われてしまったということは、もはや全く驚くべきことではない。いや「我々の」信頼であるかどうかは別にして、少なくとも私はそうである。しかし私一人ではないはずである。芸術は今、栄光の時代を生きているのではない。

それにもかかわらずこの記念碑は建設されることになっている。記念碑はそれが想起させるものによって、評価されるものであるならば、ただ最高のランクのもののみが記念碑であることが可能であり、またそういうものだけが記念碑であることを許される。それが何も想起させないのであれば、全く評価することもできない。ただ芸術的に通常ではない者だけが、その通常ではない課題に対応し得る。ただそのクラスの芸術作品だけが、そもそも「適切」にそんなことがなし得るのかという深い懐疑を克服することができる。しかしそれがいかに困難であるのかということは、悲嘆や集合的悲しみを的確に表わすケーテ・コルヴィッツの古い遺作の彫刻が中位に拡大されてノイエ・ヴァッへの記念碑が作り出されたことを見れば明らかである。

すでに四十年以上も前、今日もなお記憶されている「政治的囚人の記念碑」のための国際的コンペが開かれたとき、すでにそのことは明らかになっていた。芸術への信頼がまだそれほど揺らいではいなかった時代に、それは起こったのである。彫刻家は絶望し、芸術によって歴史的犯罪に希望なく取り組むという試みに苦悶した。そして全員が挫折した。

ここで問題になっているようなある極端な課題に対して、その内容が芸術的手段によって満たされるなどという期待は捨てなければならない。恐ろしいことを非常に恐ろしく、茫然とした思いを茫然と、歴史的な責任をより重く。芸術家というものは、このような重責の下で身をよじり、圧倒されるような体験によって気を滅入らされてはならない。そうあってはならない。芸術が多くのことを語る能力を失ってしまった時代において、たとえ幾人かの芸術家がそれを可能だと言い張ったとしても（その名を挙げる必要はないだろうが）、それは全く不可能なことである。いずれせよそういっておくことは長々と演説するより、はるかに重要である。

芸術作品は多くを語るかもしれない。しかしいったいそれらは何を語るのか。今問題になっているこの極端な例においては、芸術作品は何も叙述はしない。何も分かりやすく描くことはできない。また何も解釈できない。何も象徴しない。なぜならば、我々の時代においてはすべての象徴が社会的合意とそれが基づく基盤を失っているからである。かつてのその可能性は全て芸術から奪われてしまった。それ故、その一つの依託に直面して芸術は途方に暮れている。確かに考えられるかぎりの課題に芸術が希望を持って挫折することもできるであろう。しかしここでは挫折は許されないのである。

もしあるとすれば、それはただ一つの道である。想起において我々を押し潰すところのものから、我々が自由になることである。それが半世紀も前に起こったことであるからではなく、それが決して忘れ得ぬものであるからである。従って「我々は再び我々である」からでない。アウシュヴィッツを思い出す時、我々はいったい何者であるのか。また新しい世代が生まれてきたからでもない。それらの世代も、彼らの日常的な営みや楽しみを損ねるものではないにせよ、その歴史的重責から逃れることはできない。

もし一つの芸術作品を、想起の場所や沈黙の場所に作ることがテーマであるというのならば、これらすべてのことは何の意味も持たないであろう。しかし課題は唯一、次のことである。一つの芸術作品である。叙述不可能で表現し得ない、指し示し得ない、象徴化し得ないものを、すなわちこの世界のいかなる芸術作品にも不可能なことを想起するという、その依託を満たさなければならない一つの芸術作品なのである。

最大の自己理解、最大の自己意識を持つ一つの芸術作品。自律的芸術作品、真剣さと持続力を伴い自己以外の何ものとも関わり合いを持たない一つの彫刻。すなわち一つの非常に重要な芸術作品であり、それ以上でもそれ以下でもないもの（それ以上とはそもそも何であるのか）。そんな作品をその場所に建てることに決めるというのならば、この課題はただ受容することができるのみで、決して「克服」されることはない。そして、一人の芸術家だけがその一つの課題にふさわしい。

そういう一人を探すことには意義がある。しかし見出すために探すことは間違っている。いやそもそもそんな芸術家はいるのだろうか。私はいると思う。それはバスクの偉大な彫刻家エドゥアルド・チリダである。私の知らない芸術家が他にもいるかもしれない。しかし誰であろうとも、そのように突出した課題を担うコンペは、あってはならない。決定が下されるべきなのである。語ることと考えることはそれで終わる。人々に同一化を許し、人々を喜ばせる一つの素晴らしい作品、それがそのような場所にあるべきであろう。忘却に抗う作品、しかしまた生き延びた者にその生を肯定する作品である。

そのような彫刻が計画されている場所に建つことによって、欠くことのできない象徴力がそれに加わるであろう。私は繰り返す。決して何かを象徴することを試みてはならない。逆である。その記念碑が立てられる場所によって、その場所の「使用によって」、恣意的にではなく、いかなる象徴によっても到達不可能であったものの象徴として、初めてそれは人間に深く入り込むのである。それ以上のことはできない。私はそれでも多いと思う。さらにもう一度言うが、それで充分なのである。

(『フランクフルター・アルゲマイネ新聞』)

【資料48】(1999,1,28)

バーバラ・クオン

流砂の中の精神状態――中央の記念碑と文化

＊バーバラ・クオン　(一九七〇年〜)　芸術学、メディア学者。アイゼンマンの「石碑のフィールド」を評価し、芸術と博物館の併合案をハイカルチャーと大衆文化の癒着と捉え、批判する。

ドイツの文化政治的議論は長い間、「ヴァルザー――ブービス論争」という例外を除けば、他を寄せつけることなく一つの論争によって支配されている。今、何重にも累積した議論はついに決着がついたように見える。建築コンペの勝利者、ピーター・アイゼンマンと文化大臣ミヒァエル・ナウマンが一つの妥協案において一致に至ったからである。それはアイゼンマンの作品を芸術作品として残しつつ許容可能な規模に縮小し、そのことでできた空間に「想起の家」を建てるというものである。「想起の家」には巨大なガラス製の本棚が置かれ、その並びには研究施設や展示ホールが造られ、おそらくはスティーヴン・スピルバーグのショア財団の一部もそこに入ることになるであろう。研究、教育、マルチメディアと双方向的行為の結合である。

記念碑の時代はもう過ぎ去ったのか

しかしなぜ、記念碑が計画されていたその場所に突如、想起センターが建てられることになったのか。なぜ、記念碑の時代は終わったと考えられているのか。

アイゼンマンによって企画されたコンクリートの柱からなるフィールドに対する批判は、第一にそれが巨大モニュメントであり、あまりにも象徴力に欠けているということであった。しかし記念碑やモニュメントに対して、モニュメントのようであるべきではないというのは馬鹿げたことである。アイゼンマンのモニュメントは明らかにミニマリズムの芸術的伝統の流れにある。ミニマリズムの美学は、モニュメントから言葉の厳密な意味で、モニュメントではないもの（やモニュメントとしばしば混同されているもの）のすべてを消去する。つまり装飾的なもの、豪華なもの、流動的なもの、気分的なもの、特別な嗜好性、気まぐれといったもののすべてである。それを消去した結果残るのは、縮減された形、最小限のコンセンサス、可能な限り多くの想起が入る空の器である。

アイゼンマンのこの作品のミニマリズムは、しかも棺や墓石として理解される直方体であり、柱や平面をもつ墓石芸術の伝統の中に明確に立つものであろう。

このアイゼンマンの記念碑の象徴力に対する批判は、ホロコーストは表現不可能なもの、言語を絶する想像不可能なものであり、それを何かによって象徴することは決してできないという主張に基づいている。しかし、そのことを情熱的に語る者は、そこで意味されているものが、ドイツのナチスによる事務的に工業的方法で組織されたヨーロッパのユダヤ人虐殺であるということをはっきりと知っている。それは表現できないことであろうか。そしてその裸石（あるいはコンクリート）以上に、我々にそのことを想起させることのできるものが他にあるであろうか。その石は剥き出しの歴史的身体や沈黙する資料を表わしている。それは、我々がこの資料の物質性に委ねられており、歴史と交渉することは決してできないということを示している。歴史が、修正も縮減も不可能な、まさに石のように固まった次元を持っているからである。

人間のすべての企ての中で、芸術と墓はエジプトのピラミッドから始まり、現代の美術館に展示されている洗練された芸術作品に至るまで、最も長く続いてきたものである。もし芸術作品が、しかもミニマリズムのそれがだめだとすれば、いったい想起の永続性を保証するものは何であり得るのか。

記念碑を批判する者は明らかにたんなる想起以上のものを求めている。彼らは繰り返し、それぞれが「個人的に感動」し、歴史を追体験することを要求している。そして石の記念碑ではそれが不可能であると主張する。事実、記念碑は人間を一人一人感動させるためにあるのではない。記念碑というものは、まさにプライベートなそのような心理状態や個人的な気分から距離を持たねばならず、個人的追体験を可能にするようなものではない。記念碑は共同想起の徴、共同記憶の一部である。個人の心理状態はそれに対して何の役割も果たさない。今日はそれを見るが、明日はそこから目を背けたいというような心理状態は、いかなる記憶も生み出すことはない。

記念碑をより小さくし、それと並んで「想起の家」を建てようとしている人々の議論は、まさにこのようなプライベートな心理状態や気分という方向へと向かっている。彼らは大衆に受け容れられることを求めている。そして現代芸術によってはそれが可能ではないということを知りすぎている。歴史はすべての者に理解され得るもの、つまり大衆的に消費され得るものでなければならないと信じているからである。一人一人に直接的に接触し、それぞれの欲望や希望を調べそれらを満たす。コマーシャルのようにマルチメディアによって双方向的に折り合いをつけるようなことが求められているのである。教育的で学問的なすべての要求は、よく見ると純粋に装飾として現れている。ガラスでできた壁の本棚の何百冊もの書籍はその素晴らしい外観に見合うほど読まれることはない。

「想起の家」の付設によってそれは根本的にはテーマパークとなる。そしてこのようなマルチメディアのコンビネーションというアイデアを最後まで考え抜くならば、結局、最終的に現われるのはスリラーの陳列室以外の何者でもない。五感に同時に語りかけ、個々人の身体をその作用から逃れることのできないようにするヴィジュアルな強制収容所やホラーショー、そしてホロコーストという芸術作品全体である。総合美学的、大衆文化的な総合芸術に向かう傾向はここで決して見逃され得ない。確かにナウマンは解放された総合芸術を欲しているのではないが、ハイカルチャーのミニマリズムの作品を求めてはいない。その代わりナウマンが求めているのは、新しい中央の政治にできるだけ正確に対応することである。その文化政治的モットーの本質は、公然たる妥協という形式である。そこでは国家と経済の間の亀裂の橋渡しだけではなく、ハイカルチャーと大衆文化との架橋こそがなされるべきであると考えられている。そのことが意味するものを我々は日常的政治から知っている。それは、想起を矮小化し、私物化し、自由化することである。国家の自己縮小化という徴《しるし》の中で、ハイカルチャーの支えは引きずり下ろされ、歴史的記憶は縮小される。それを埋め合わせるために、プライベートで商業的な文化の提供者の入ることのできる新しい空間が造り出される。このようにしてハイカルチャーと大衆文化はベルリンの真ん中で互いに融合し合い、中央の政治に誘い寄せられる。ハイカルチャーと大衆文化との違いは（本質的に国家的に担われる）ハイカルチャーが想起の文化であり、巨大な物資的記憶や資料であるのに対して、大衆文化は（経済的な金の流れと共に商品や希望が流れていく）忘却の文化であるということである。それは、顕現と消滅、同じものの永遠の再脚色の文化である。つまり記憶なき文化、流れの中の文化である。

ハイカルチャーの知

ハイカルチャーの知とは、死体を永遠のミイラにする知識と言い換えられる。逆に大衆文化とは、死体を覚醒させ、踊らせ、再び死なせ、また復活させる知識である。大衆文化は、ハリウッド映画の多くに、決して偶然ではなく、数多く登場する生ける屍の文化である。もし歴史の身体、つまり歴史的記憶が大衆文化の演出に委ねられるならば、それは忘却の流れの中に呑み込まれ暗い場所に沈み、溶解する。大衆文化は脆く流動的であり変形可能である。そこで歴史は、次々と移り変わっていく嗜好を伴う大衆消費に合わせるために書き換えられる。

大衆文化自体を非難しているわけではない。現代の自由経済帝国はパンと遊びを必要としている。そしてハイカルチャーさえも、スティーヴン・スピルバーグの映画やその財団のプロジェクトが明らかに示しているように、印象深く、決して悪趣味とはいえない方法で、ハリウッド的手法やディズニーランドの美学によって演出される。国家は、たとえ束の間であろうとも、ハイカルチャーと大衆文化とを同じ領域で一つにまとめられるという幻想に耽っている。しかしそれらは融合するのではなく、互いに競合し始めている。ハリウッドやディズニーランド・プロダクションとの競合において、ハイカルチャーは自由競争という条件の下で、たとえ大衆文化の効果を真似ようと必死に努力したとしても負けるかもしれない。その際、全体主義的手段によるハイカルチャーと大衆文化の和解のプロジェクト以外の何者でもない、ヒトラーとスターリンの文化政治の失敗が恐れられるであろう。しかしそれは民主的手段によっても決して成功しないであろう。和解の代わりに、分裂した文化が成立するだけである。そしてその計画的非決着の文化の印象深い宣言が、ベルリンの真ん中に出現する。その土地の半分はミニマリズムの「石碑のフィールド」であり、死者はそこで最後の安息が祈られる。もう半分は「想起の家」であり、そこでは死者は繰り返し生へと目覚めさせられ、踊らされる。ここでは、歴史の身体のレジスタンスを表わし、我々の希望や熱望に反応しない石がある。あそこでは我々に触れ、我々の希望に反応し、歴史的身体が流動的で脆く変形可能であり、我々の希望や熱望に反応することを示唆する装置がある。ここではホロコーストの想起がモニュメンタル化され、あそこではヴィジュアル化される。ここでは死者が死に、あそこでは双方向的行為によって死者との接触という幻想が生み出される。死者と交渉できるという幻想である。ここでは我々は苦労して想起し、あそこではその後、忘却するのである。

（『フランクフルト・ルンドシャウ』）

Ⅲ．記念碑の実現

▼…「石碑のフィールド」の内部。

1 記念碑建設工事開始まで

1・1 記念碑財団の成立

一九九九年六月二十五日の連邦議会で記念碑建設が決議された後、それを具体的に実現する責任を負う主体として記念碑財団の設立が決定された。この財団の構成や活動内容を規定する財団法の制定が連邦議会の記念碑に関する次の重要な課題となった。この法案をめぐっては与野党や「記念碑建設を支援する会」との間で多くの対立があったが、最終的に社民党と緑の党の与党案が一九九九年十二月、連邦議会で可決された。「虐殺されたヨーロッパのユダヤ人のための記念碑財団法[★1]」の骨子は次の通りである[★2]。まず財団の活動は次のように規定されている。

一、アイゼンマンの「石碑のフィールド」の実現
二、尊厳ある犠牲者の情報と歴史的現場にある記念館についての情報を伝える「情報の場所」の立案と実現
三、「石碑のフィールド」と「情報の場所」の完成後の維持と管理
四、ナチスの犠牲者すべての想起とそれぞれにふさわしい方法でその尊厳を守るための活動

ここで規定された財団の目的は連邦議会での記念碑決定の議決に添うものであり、これが新たに議論の対象

になることはなかった。政府が提出した草案について最も大きな争点となったのは、財団の位置づけを規定する財団（理事会）の構成をめぐる問題であり、それはこの記念碑を建てる主体を問うものであった。

そこで争点となったのは具体的には次の二点である。

第一は、財団を独立した機関にするか、実質的には財団に対して議会が主導権を持つかという問題であり、財団と議会との関係がその争点となる。野党は、記念碑設立決定までの過程において連邦文化大臣ミヒャエル・ナウマンが最終局面で決定的役割を担うことになった経緯から、財団が文化大臣に直接的に帰属するという当初の政府案を批判した。[★3] これは財団の最高議決機関である理事会において連邦の政治的組織の代表者が占める割合の問題として論じられ、理事の配分が議論の実際の焦点となった。「記念碑建設を支援する会」は、財団が国家から独立性を保つことを主張し、草案の段階でこの会への理事一名の割当に対して強く反発した。[★4]

第二は、ユダヤ人組織の代表が財団理事会に理事として直接的に参与するか否かという、記念碑の意味に根本的に関わる問題である。記念碑財団の最高議決機関にユダヤ人組織の代表者が加わることは記念碑を建設する主体が加害者「ドイツ人」であるという記念碑の意味づけを変更することになるという論拠から、野党と「記念碑建設を支援する会」はこれに強く反対した。

与党の原案に修正が加えられた上で、最終的に可決された財団法は以下の通りである。

まず財団理事会は連邦議長を理事長とし、その他二二名の理事によって構成される。その内訳は、二度のコンペの主催者であり記念碑問題に中心的に関わった三団体から計七名、すなわち、連邦政府二名、ベルリン市政府二名、そして「記念碑建設を支援する会」から三名である。連邦議会の代表として、議席数に応じて社民党とキリスト教民主・社会同盟にはそれぞれ三人、緑の党、自民党、社会党には各一名の計九名が割り当てられた。

さらにユダヤ人の代表として、ユダヤ人協議会中央委員会から二人、ベルリン・ユダヤ教会から一名の計三名（ユダヤ人協議会代表は議長パウル・シュピーゲルとザロモン・コーン、ユダヤ教会代表はアンドレアス・ナハマ、後にアレクサンダー・ブレナー）、そして博物館関係者の代表として「テロの地勢学」、ドイツ強制収容所記念館共同グループ、ユダヤ博物館から一名ずつの計三名が理事として加わった。

また理事会はナチスの他の犠牲者に対する想起と歴史的現場にある記念館の維持保存の活動という目的のために、一二名以上からなる審議会を招集することができる。(現在、この審議会を構成しているのは以下の組織である。アウシュヴィッツ記念館国際博物館審議会、ドイツ男性・女性同性愛者同盟、ナチス政府の迫害者連合、アンチ・ファシスト連合、ナチス軍事法廷の犠牲者、国際アウシュヴィッツ委員会、「安楽死」や障害を負わされ、あるいは不妊手術を受けさせられた者の同盟、ナチス政府によって迫害されたもの連合とドイツ・アンチ・ファシスト連合、ヴァンゼー会議記念館やその他の現場の記念館など、計一五団体である)。★5

財団法によって規定されたこのような理事会の構成は、記念碑の国家的性格を明瞭に表わすものとなった。それは第一に連邦議会議長が財団理事長を兼任することによって、そして理事会を構成する二三名の理事のうち、過半数の一三名が連邦政府、連邦議会、そしてベルリン市政府という連邦の政治的代表者が占めることにおいて端的に表われている。この構造によって連邦の意思は財団に直接的に反映することになり、財団は事実上、議会に従属する機関となる。

しかしこの記念碑の国家的性格は、ユダヤ人代表が財団理事会に加わるということによって、さらに特別な意味を持って表われている。理事会にはユダヤ人協議会とベルリン・ユダヤ教会代表の計三名が、ユダヤ人代表として加わった。またユダヤ博物館代表者をユダヤ学の専門家などのユダヤ人が務めることは明らかであるから、理事会には常時四名のユダヤ人が含まれる。

第Ⅰ部で言及したように、ユダヤ人協議会の前議長イグナッツ・ブービスはその在任期間(一九九二〜一九九九年)、一貫して記念碑の問題とは距離を保ち、記念碑はあくまで「ドイツ人」の問題であって、ユダヤ人はこれに直接的に関与しないことを公式に表明していた。

「私個人にとっては、ほとんどのユダヤ人と同様に我々の心に刻まれているヤド・ヴァシェムの記念館だけで充分である。ドイツの首都に虐殺されたヨーロッパのユダヤ人の記念碑を建てるかどうかは非ユダヤ人の問題なのである。ユダヤ人協議会は『記念碑建設を支援する会』の会員ではなく、また記念碑に関わる他の委員会の審査委員でもない。私は記念碑の造形について、また提出された企画について非常に控えめに個人的な意見を述べたにすぎない。私がそうした見解を表明したのは記念碑コンペ開催の発表の席上で私が述べたことと関わるものである。私はその場で、記念碑を設立する会の活動に感謝の気持ちを表明した上で、ヨーロッパの虐殺されたユダヤ人の記念碑建設について、ユダヤ人を無視して計画を進めないことだけを要請した」[★6]。

しかしユダヤ人協議会は、記念碑問題に対して決して積極的発言を控えていたというわけではない。さまざまな場面でユダヤ人の代表者やユダヤ教会の意見は常にドイツ人から求められ、記念碑コンペにもブービスはゲストとしてこれに関わっている。この記念碑が「ユダヤ人犠牲者の記念碑」である以上、ドイツのユダヤ人代表者の意見や感想が無視し得ぬ重みを持つことはある意味では当然でもあり、望むか否かにかかわらず、ユダヤ人協議会議長が「影の最高審判者」という役割を事実上、果たすことがあったことは否定し難い。しかしまた同時に、ドイツ人がユダヤ人の意見を自らの決断の回避や主張の正当化、あるいは補強のために利用する傾きがあったこともまた看過し得ない。最初のコンペの挫折を経て、二度目のコンペに審査委員長としてユダヤ系アメリカ人ジェームス・ヤングを招聘し、また同じくユダヤ系アメリカ人アイゼンマン（とセラ）の記念碑の企画が選ばれたことに対しても（最終選考に残ったリーベスキントもまたユダヤ人である）、その領域においてそれぞれ認知された人々ではあっても、この記念碑の本質から見て疑問を呈する声はあった【資料32】。また第Ⅰ部で触れたように、二回目のコンペでまとめられた記念碑のコンセプトもほぼ全面的にヤングに依拠している。

こうした現実からすれば、ユダヤ人組織の代表者が正式に理事会の一員として記念碑に関わる決定を下す最高議決機関に加わることには、そのような現状により即した形式を整え、責任の所在を明確にするという積極的な意味が確かにある。

ユダヤ人協議会は、イグナッツ・ブービスの死去により二〇〇〇年に新たにユダヤ人協議会議長に就任したパウル・シュピーゲル（二〇〇六年四月死去するまで在任）の下で、政府与党の提案を受け入れ、ユダヤ人協議会代表が理事会の構成員となることを決定した[★7]。記念碑論争において一貫して根本的な問題を提起し続けたザロモン・コーンは、ユダヤ人が理事として加わることを積極的に受け止め、虐殺されたユダヤ人だけではなく、他のナチス犠牲者全ての想起という課題を担うことを喜びに思うと述べている。[★8]

しかしこの記念碑に対するユダヤ人協議会の立場の転換についてユダヤ人の中で充分な議論が尽くされていなかったであろうことは、次章で取り上げるこの後に生じるさまざまな問題から推測される。

記念碑設立の運動の呼びかけから連邦議会での建設決定まで、加害者の碑という記念碑の規定は論争の中で深く掘り下げられた中心的テーマの一つであった。論争の中でその規定の内容的解釈や、アイゼンマンの企画が加害者の碑という理念を形において実際に表現するものであるか否かについては、多様な意見があり、一致することはなかったが、その理念は広く合意に達していた。記念碑建設の決議を下した連邦議会でも、ティールゼの演説を始めとして、与野党の議員から加害者ドイツ人の碑は繰り返し聞かれた言葉である。そうした背景には、ユダヤ人協議会が明瞭に示してきた立場や、多くのユダヤ人知識人が記念碑に対して根本的反対を表明してきたことから、ドイツ人とユダヤ人の共同記念碑を模索するような可能性が、実際上初めから完全に閉ざされていたという事情もあった。

財団法の制定は、加害者の碑というこの記念碑の根本理念を変更するものであったが、この時点でそれについて議論が広く活発に行なわれることはなかった。記念碑の実現の問題は連邦議会での議決後、その決定事項のたんなる履行という以上には受け止められていなかったため、論争はこの段階ではいったん収束していた。

しかしいずれにせよ、記念碑はこの財団法の成立によって加害者「ドイツ人」、すなわち非ユダヤ系ドイツ人の碑から、形式上、ユダヤ系と非ユダヤ系の全ドイツ人が共同で建てるドイツ国民の記念碑となったのである。

「虐殺されたユダヤ人のための記念碑は、これによってその加害者の国民の社会的歴史的な自己省察の象徴から、政府によって公布され指令された加害者と犠牲者の和解の象徴となった[★9]」。

この「上からの和解の指令」は実際にはどのように機能するのか。この形式は分離した想起を克服へと導くものとなり得るのか。この「和解」の実態はこの後に起こるさまざまな出来事の中で図らずも露呈することになる。そこでは加害者の碑とは何かという問いも、それまでとは全く異なる形で記念碑の本質に関わる問題として再び浮上し、記念碑決定までの議論における空洞もそこで露になった。

二〇〇〇年三月、記念碑財団の設立によって、この国立記念碑の建設は決して立ち止まることの許されない、完成期日と予算の厳守が最重要課題となる国家的大事業として突き進んでいく。

1・2「記念碑建設を支援する会」による募金キャンペーン——「ホロコーストはなかった」

財団の設立後、後に詳述する「情報の場所」の設計や建設工事を請け負う企業の選定、そして特に新たに発覚した建設予定地のベルリンと連邦の間での所有権をめぐる対立やその法的問題の処理などに多くの時間が費やされた。当初の計画から大幅に遅れ、建設工事が始まったのは、建設決定からすでに四年近くを経た二〇〇三年四月であった。

記念碑の建設費が連邦とベルリンによって負担されることはすでに決定されていたが、二〇〇一年十月には「石碑のフィールド」と「情報の場所」の総工費五〇〇〇万マルク（約二五五〇万ユーロ）が予算として連邦議会で正式に可決された。

記念碑の建設工事が始まるまでの間、記念碑と本質的に関わり、一般市民をも巻き込む大きな論争に発展したのはレア・ロースを中心として「記念碑建設を支援する会」が行なった記念碑建設募金活動である。財団設立によって記念碑建設の主導権が財団、すなわち実質的には国に移った後、この記念碑が市民によって建てられるものであることを象徴的に示すという目的をもって「記念碑建設を支援する会」は、五〇〇〇万マルクを目標に、募金活動を行なうことを決定した。

二〇〇一年七月九日、ブランデンブルク門の前の広い通りにベルリン市長のクラウス・ヴォーヴェライト（社民党。市長在職期間二〇〇〇年〜）やベルリン・ユダヤ教会議長のアレクサンダー・ブレナーが立ち合い、記念

▲「ホロコーストはなかった」（©dpa）

碑への寄付を呼びかける縦一五メートル、幅二五メートルに及ぶ巨大な看板が披露された。

南ドイツの美しい山々と湖を背景にした牧歌的風景が写された写真の中央には、大きな文字が並んでいる。

「ホロコーストはなかった」。

そして写真の右隅に小さな文字で書かれているのは次の言葉である。

「ホロコーストを否定する人はまだ多くいます。二十年後にはさらに増えているかもしれません。そうならないために、『虐殺されたヨーロッパのユダヤ人のための記念碑』に寄付を」。

これと同じ写真は絵はがきなどとしても印刷され、七月二十一日以降はハンブルク、ハノーファー、デュッセルドルフ、ミュンヘンなどの大都市で、それぞれ異なる大きさの看板が掲げられ同様のキャンペーンが展開された。

「ホロコーストはなかった」というその巨大な文字は、ホロコーストとは何の関係もない南バイエルンの山と湖を背景にして、その対照をはっきりと際立たせることによって、見る者に強いショックを与え、人々の関心を一瞬にして引きつける。

このキャンペーンは開始直後から、あらゆる層からの激しい批判に晒された。第一に、実際的な問題として、ここを車で通る多くの者にとって、「ホロコーストはなかった」という看板の中央にある文字はすぐ目に飛びこんでくるが、募金を呼びかける説明文はあまりにも小さく、すぐに読み取ることができないため、誤解を招くというものである。ユダヤ協議会議長シュピーゲルは、当初その観点からこのキャンペーンに個人的見解として批判を表明した。★10

しかし、第二の、より本質的な問題は、このような手法がたとえ今日、一般に用いられる広告の常套手段の一つであっても、この記念碑にとっては全く不適切であり、「ホロコースト」という言葉は、どのような目的のためであろうとも宣伝に利用することは許されないのではないかという批判である。歴史的罪責に関わる問題を「傲慢な道義的圧力や敬虔さに欠けるマーケティング」[★11]に関連づけるものとして、またそれは批判された。

記念碑がなければ二十年後にホロコーストを否定する者は増えるという添え書きの主張に対しても批判は向けられた。記念碑建設とホロコーストの否定とは根本的に何の関係もない。また記念碑の建設、維持、運営費は連邦とベルリンが負担するのであるから、市民が寄付をしようがしまいが、この記念碑は建てられる。記念碑建設そのものが、この募金活動に依存しているわけではない。この時、財政的に実際に困窮していたのはこの記念碑ではなく他のナチス関係の諸記念館であり、何より設計の複雑さを主たる理由とする工費の高騰から一九九七年に始まった建設工事が一九九九年から休止していた「テロの地勢学」であった（「テロの地勢学」の後の展開については第Ⅲ部5・1・2参照）。

ロースは、この募金活動が「情報の場所」の展示空間の一つである、後に詳述する「名前の部屋」の展示のためであると述べている[★12]。そのためこの看板が募金活動の目的を正しく伝えていないことも批判の対象となった。それらの批判に対してロースは、このキャンペーンによって寄付が以前よりも増えたことを強調し、すでに「過去のものになっている」ホロコーストが、再び議論の焦点として、これほどにも脚光を浴び、国民の広い層にこのキャンペーンの意図が伝わったとして、それを斥けた。またこの看板の手法を支持する者は反対者と同じく多くいることを強調した[★13]。

看板が設置されてから二週間後、ドイツ、イスラエル、オーストリア、アメリカ、フランスの歴史学者、文化学者一五〇名がこれに抗議し、この看板の撤去を求めた[★14]。

八月の始め、アウシュヴィッツで家族を失ったベルリンのユダヤ人と九人のベルリン市民が、「記念碑建設を支援する会」を民衆扇動罪で告発した[★15]。当初はこのキャンペーンに対して、個人的見解として批判を表明するに留まっていたシュピーゲルは、この告発を受けて初めて事態に介入した。ホロコーストを生き延びた人々や犠牲者家族の感情をこの看板が著しく傷つける以上、即刻撤去されるべきであるとして、ロースに直接それを要請した[★16]。それによってこのキャンペーンは予定よりも早く打ち切られることになった。その後インターネット上では、パロディーとしてさまざまに加工されたこの看板の写真が流れた[★17]。

この出来事が典型的に示しているように、記念碑建設決定後、論争の中心は理念の問題から感情の問題へと移行する。特に犠牲者の感情という次元の問題に「加害者」がどのように真っ当に関わり得るのかということが、そこで中心的に議論された事柄の一つである。理念との深い関わりのもとで、犠牲者や加害者の対立を超える共感という次元がどのようにして切り開かれ得るのか、その模索や挫折がこの後に次々と起こる、スキャンダルとも言い得る一連の出来事の本質的なテーマの一つでもある。

（1）Gesetz zur Errichtung einer „Stiftung Denkmal für die ermordeten Juden Europas“ vom 17. März 2000, abgedr. in: Stiftung Denkmal für die Ermordeten Juden Europas (Hg.), Tätigkeitsbericht, 2002–2004, S. 52–58. 記念碑財団の公式サイトからダウンロードできる。http://www.holocaust-mahnmal.de/aktuelles/downloads.

（2）なお、連邦議会の議決後、「虐殺されたヨーロッパのユダヤ人のための記念碑」とは正式には、「石碑のフィールド」と「情報の場所」を併せたものを指す名称であり、アイゼンマンの「石碑のフィールド」だけを意味するものではない。しかし通常記念碑という言葉は「石碑のフィールド」を指すものとして用いられている。ここでも文脈上紛らわしくない限り、必ずしもこの公式の名称の定義に従っていない。

（3）Vgl. Volker Müller, „Törichter Stiftungs-Streich“, in: BZ vom 15.10.1999.

（4）Vgl. Art. „SPD und Grüne einig über Mahnmal-Stiftung“ in: FAZ, vom 28.10.1999.

（5）現在の審議会については記念碑財団公式サイトを参照。http://www.holocaust-mahanmal. de/dasdenkmal/stiftung/beirat/mitglieder.

（6）Ignatz Bubis, „Wer ist hier intolerant?“, in: Zeit vom 24.4.1998, in: DS, S. 1046.

（7）Vgl. Konrad Schuller, „Zeichen der dekretierten Vorsöhnung. Die Koalition und die Mahnmal-Stiftung“, in: FAZ vom 30.10.1999.

(8) Vgl. Art. „SPD und Grüne einig über Mahnmal-Stiftung“, in: FAZ, vom 28.10.1999.
(9) Konrad Schuller, „Zeichen der dekretierten Vorsöhnung. Die Koalition und die Mahnmal-Stiftung“, in: FAZ vom 30.10.1999.
(10) Vgl. Marlies Emmerich, „Holocaust-Plakat soll so bald wie möglich verschwinden“, in: BZ vom 4.8.2001.
(11) Vgl. Volker Müller, „Das Mahnmal. Wer tut wichtig?“, in: BZ, vom 2.8.2001.
(12) Vgl. Nicolaus Bernau, „Aufruf zu Spenden für das Mahnmal“, in: BZ vom 18.7.2001.
(13) Benedikt Vallendar, „Lea Rosh und Paul Spiegel einigen sich im Streit um das Holocaust Plakat“, in: Welt vom 6.8.2001.
(14) Vgl. Marlies Emmerich, „Wissenschaftler kritisieren Holocaust-Plakat“, in: BZ vom 6.8.2001.
(15) Vgl. dies, „Umstrittenes Plakat bleibt hängen“, in: BZ, vom 3.8.2001.
(16) Vgl. dies, „Zentralrat der Juden verärgert über Lea Rosh“, in: BZ vom 7.8.2001.
(17) Vgl. Claus Leggewie/Erik Meyer, „Ein Ort, an den man gerne geht“, München 2005, S. 269.

2 記念碑建設工事の中断と再開——ドイツ企業の戦争責任

2・1 概略

連邦議会の決定後、最も激しい論争に発展し、後に大きな影響を残すことになったのは、記念碑の建築工事に参入していたデグッサの問題であった。デグッサは、石碑の落書き防止と落書きを消すことを容易にするため石碑の表面加工を請け負ったドイツの化学関係の大企業である。

二〇〇三年十月十四日、スイスの新聞によって、デグッサが強制収容所のガス室で使われた毒ガス・チクロンBを生産、納入していた害虫駆除剤の会社デグシュの親会社であったことが報道された。ただちに海外のメディアもこれを伝え、ドイツでは記念碑建設の中止をめぐって激しい論争が始まった。チクロンBという言葉が与えた衝撃はあまりにも大きく、ホロコーストに直接、加担した企業が、今度はその記念碑で儲けるつもりかという感情的反発から、世論はただちにデグッサの排除を求める方向へと向かった。

また一方では連邦議会の決定からすでに四年も経て工事が始まり、開始からわずか半年後に建設の中止まで検討されるような事態が生じたことに対して、当惑が広がった。記念碑についてはすでにあらゆる問題が、あらゆる観点から論じ尽くされたはずであった。しかし実際には記念碑建設決定以降に、どのようにしてそれを建てるのか、すなわちどのような企業にそれを建てさせるのかという企業の選定の方法やその基準について広く論じられたことはなく、その問題を公に提起した者もいなかった。建設工事という記念碑の実際的実現の過程に、それまで論争に積極的に関わった論者も、またメディアも大きな関心を払ってはいなかった。

他の一般的な建築物と、「機能」において本質的に異なるこの記念碑の建設に関して、参入企業を記念碑の理念に照らして検討することをせず、一般的な事業と同様に価格や製品、技術の質という観点から入札を行なった財団に対しても、批判は向けられた。しかしすでに一〇〇本以上の石碑が建てられた、この時点での問題発覚は、いずれにせよあまりにも遅すぎた。そのために論争は初期の段階からすでに結論が先取りされることになる。

最初の報道から九日経た十月二十三日、財団は問題発覚後、初めて理事会を開き、この問題について協議の場を持った。そして最終決定を下すまでの間、工事を一時中断することを発表した。

それから約三週間後、最初の報道から一ヵ月を経た十一月十三日、理事会は建設工事の続行という決断を下した。この問題をめぐる議論はこの間、情緒的な次元の問題も深く絡みつつ、時に非常に激しい対立に発展し、結局、理事会は合意に達することはできなかった。この一ヵ月の論争の経緯を以下にたどりたい。

2・2 論争の経緯

論争の初期には、記念碑工事の再開の是非についての論者の立場は、大別すれば次の五つを挙げることができる。

第一は、デグッサを排除し、すでに完成した石碑も全て撤去し、その上でナチスとの関わりを持たない企業を新たに選定し、もう一度工事をやり直すという最も非妥協的な立場である。

第二は、それとは反対に、デグッサが加わったまま工事を最後まで進めることを支持する。その論拠はさまざまである。

ドイツの企業のほとんどがナチスの犯罪に関与しているのであるから、やむを得ないこととして受け入れるという消極的、妥協的なものから、過去の歴史と直面するという意味で、デグッサの記念碑建設参加にむしろ積極的意味を見出す者、さらにまたデグッサの技術や素材の質の高さを強く推しデグッサの参入を支持する設計者アイゼンマンのような論拠もある。

第三はこの両者の中間に位置する妥協的、折衷的なものである。それはすでに完了しているデグッサが関わった部分をそのまま残し、デグッサを排除した後、別の会社がその後工事を継続することを主張する。その中には、そうすればデグッサと別の会社の加工した石碑表面はその色彩から判別されるので、デグッサの石碑が「記念碑の中の記念碑」になるという指摘もあった[★1]。

第四はデグッサを排除するが、しかし新たな入札は行なわず、落書き予防の加工をやめるという意見である。落書きがたとえ反ユダヤ主義的、差別的なものであっても、それは現実の社会を反映するものであり、それを隠蔽するべきではないという、今までも論じられてきた問題がここでまた取り上げられた。

そして最後に、これを契機に記念碑の建設そのものを中止するという立場が挙げられる。これを代表したのはヘンリック・ブローダー**【資料49】**やゼーリッヒマンら[★2]の、記念碑建設に対して根本的批判を行なってきた人々である。

しかしこの問題は、当初考えられていたほど単純ではないことが、ほどなく明らかになる。

まずデグッサがたんに石碑の表面加工を請け負っていただけではなく、柱の土台のコンクリート加工にもその製品がすでに用いられたことが判明した。

さらにデグッサだけではなく、柱の着色を請け負った化学薬品企業バイエルもチクロンＢを製造したデグシュの親会社であったＩＧファルベンに連なっていることが明らかになった。ＩＧファルベンは一九〇四年に創立を遡り、戦時中は深くナチスに関わったことで知られている。多数の化学企業からなるこの巨大コンツェルンは、デグッサと共に四二・五％ずつの割合でデグシュを所有していた。戦後ＩＧファルベンは解体されたが、バイエルはこのコンツェルン創設当時の参加企業であり、解体後にＩＧファルベンを公式に継承した一〇の会社の一つである。ＡｇｆａやＢＡＳＦ、ヘキストなどもその中に含まれる[★3]。

それまで完了したほとんどの工事にチクロンBに関わりのある企業が関与していたという事実が明らかになり、工事のやり直しという第一の立場は現実性を失った。出来上がったもの全てを撤去し、新たに選ばれた企業が全く同じ行程を繰り返し、同じものを造ることに多くの時間と金を費すことに意味を見出すことは困難であるからである。

またIGファルベンが当時ドイツの化学工業をほとんど配下に治めていたという事実を考えれば、この巨大記念碑の建設に適切な価格や納入期限で参入し得る、チクロンBとの関わりを持たない化学関係の企業が果たしてドイツに存在するのかという問いが必然的に生じる。さらに問題はチクロンBだけではない。ユダヤ人虐殺に直接に関わった企業の排除ということをもし徹底するとすれば、ドイツの企業がこの記念碑を建設することは不可能である。

アイゼンマンのこの巨大な「石碑のフィールド」を記念碑として完成させるという前提に立つ限り、実際的な選択肢がほとんど残されていないということは、この時点ですでに明らかであった。記念碑の建設そのものを放棄する、あるいは計画を見直して大企業抜きでも建設可能な記念碑に変更するというような議論がこの段階で行なわれることはなかった。「石碑のフィールド」の建設という連邦議会の議決は動かし得ぬものとみなされており、その枠組みや前提そのものが問われることはなく、いかにしてそれを実現させるかという方法の問題が議論の焦点となっていた。第I部にその一端を示したように、記念碑の建設はすでに議会の決定直前には、さまざまな圧力の中でほとんど既定事実となっていた。今、記念碑の建設を中止すれば一番喜ぶのはネオナチであり、これを建てなければさらに悪い結果をもたらす【資料50】という建設支持の論拠が、それなりの説得力を持っていたことは否定し得ない。ヴァルザー—ブービス論争の後には、この記念碑はどうしても建てられなければならないものとして受け止められていたのである。

そして工事の再開を急がなければならなかった最大の理由として挙げられるのは、戦争終結六十周年(二〇〇五年五月)に予定されていた記念碑の竣工式が、その時点で後、一年半に迫っていたことであった。実際的な選択肢がないという認識のもとでは、完成期限の厳守というそれ自体本質的に意味があるとはいえない事柄が最重要の問題とみなされた。そしてそこから逆算される工事の一時中止に与えられた時間、すなわちこの問題をめぐって議論を続けることが許された期間はわずか一ヵ月にすぎなかった。デグッサが加わったまま工事を再開することがほとんど規定事実となったこの状況においては、この論争の実際の焦点は結局、デグッサ参入の意味づけである。

工事継続を暗黙の前提として展開されることになった議論の主要な論点は、次のようなものである。

第一は、強制収容所で多数のユダヤ人を効率よく殺すために使われたチクロンBを生産した企業が建築に加わった記念碑に、ユダヤ人犠牲者の家族やホロコーストを生き延びた人々が抱くであろう堪え難い感情をどのように受け止め、それをどのように尊重するかという犠牲者の感情の問題である。

第二は、ナチスの犯罪に関わった企業が、戦後自らの過去の歴史とどのように対決してきたかという企業の側の問題であり、過去の事実だけにとらわれるのではなく、現在のあり方を評価すべきであるという視点である。

第三は、戦前から続いているドイツの企業のほとんどがホロコーストに関わっているという現実は、ドイツ社会とドイツ史の連続性を明確に表わすものであり、デグッサの関わる記念碑を通して、その現実とむしろ積極的に対峙すべきであるという立場である。その観点からは、ナチスの犯罪との関与を全く持たない企業だけに記念碑を建設させることが、たとえ可能であったとしても、それをすればドイツの現在の社会や歴史を隠蔽することになり、この記念碑にとってむしろ不適切であるという。

第一に挙げた被害者側の感情という観点から、他の戦争犯罪との関わりはともかく、チクロンBだけは排除しなければならないと主張した人々も最後までいた。レア・ロースは、チクロンBは記念碑にとってあまりにも致命的であると主張した。また理事のユダヤ人アレクサンダー・ブレナーもデグッサ参入に最後まで反対した。

設計者アイゼンマンは、デグッサの技術の高さ、価格の安さ、製品の質の高さを一貫して強く訴え、工事の停止を批判した。そしてデグッサとチクロンBをめぐる論争全体に対して、「政治的捕囚」と題する論文では次のような批判を公にした。

「問題は我々がホロコーストから六十年もたって、もはや『政治的正しさ』（ポリティカル・コレクトネス）の虜になってはならないということである。このプロジェクトの進行を脅しているその精神においてこのプロジェクトが始まっていたのであるならば、私は決して協力しなかったであろう」[★4]。

六十年たってからデグッサの問題を論じることを「政治的正しさ」の捕囚と評したアイゼンマンの言葉は理事会で激しい反発を招いた。デグッサの排除を強硬に主張していたロースはアイゼンマンを批判し、もし自分の両親がガス室で殺されていたとしても全く同じことを言うのかと述べた[★5]。ユダヤ人であるアイゼンマンにこの言葉を向けたロースはさらに多くの非難を浴びることとなり、ロースに対して理事会の委員としての資格を問う声が上がった[★6]。

デグッサをめぐるこうしたさまざまな局面での、事柄の本質から逸脱していくかのような情緒的対立を中心とする紛糾は、この問題を真っ当に扱うべき次元の設定やその解決の方向づけが混乱していることから生じているものと思われる。

ここで問題になっているのは客観的、歴史的事実としてドイツ企業の戦争責任や戦前から今を貫く歴史の連続性ということではない。ドイツで強制労働者の補償の問題をめぐる現在も続いているその長い議論の過程で、化学薬品企業のみならず、鉄道、銀行や鉄鋼やその他、現在ドイツに存続しているあらゆる大企業がナチスと深く関わっていたことを知らないドイツ人はいない。

しかしこの問題の特殊性はナチスの犯罪一般やドイツ企業の戦争犯罪一般ではなく、ユダヤ人を大量に直接的に殺害した「チクロンB」である。強制収容所やナチスのユダヤ人虐殺が、「アウシュヴィッツ」という言葉で代用されるように「チクロンB」もまたガス室に象徴されるユダヤ人の工業的大量虐殺全体を象徴する。チクロンBのこの圧倒的な象徴力がこの問題の核心にはある。それを前にしてドイツの企業の戦争責任や過去の克服という問題をただ客観的に論じていても問題の本質には届かないであろう。

チクロンBの象徴力は、まだ見ぬこの記念碑の象徴性を圧倒的に凌駕し、それを脅かすものとして受け止められている。記念碑というものが一般的建造物とは異なり、機能を中心には測り得ない「純粋な」象徴存在である以上、デグッサの製品の質や値段をいくら論じても根本的には意味がない。この記念碑がチクロンBを圧倒するだけの象徴力を、デグッサを加えたとしても、持ち得るのか、あるいは逆にデグッサを加えることによって、この記念碑は新たな象徴力を獲得し得るのか。それが中心的な問題となる。しかしそれでも最後に残るのは犠牲者に連なる人々がこれを感性的に受け入れることができるかどうか、記念碑〔建設〕の積極的な意味を根拠に、デグッサが建設に加わった記念碑を感情的に受け入れることを求めることができるかどうかという問題である。理事会の最終的な決定では、犠牲者の感情の問題を尊重することが表明されている。しかし結果を先取りするならば〔第Ⅲ部3・3・3〕、現在のところそれが実現されているとは言い難い。

第二の、戦争責任を負う企業の戦後のあり方という観点からは、デグッサが二〇〇〇年に正式に設立された強制労働者の補償のための基金「想起・責任・未来」の創設に中心的に関わったという事実を評価し、過去の克服のために積極的取り組む企業としてデグッサの建設工事の参与を支持する声があった。その立場を代表するのは、ドイツ・プロテスタント教会連合議長のヴォルフガング・フーバー（在任期間二〇〇三年〜）である。フーバーはデグッサの現在の活動を評価し、工事に引き続き参入することを積極的に支持する。そして理事会の決議直前の十一月十二日、財団の理事長ティールゼに対して、次のような書簡を送った。

ユダヤ人の虐殺への関与という重荷を背負った企業が記念碑の建築に参与することは可能である。そして「理事会が、デグッサが建築に参加することを認める決定を下すならば、それは勇気を表す徴《しるし》であり得る。（略）デグッサが新たな出発をどのように始めたのかということは反響を呼ぶであろう。そしてそれは新しい始まりとして希望の徴であり得る」。そしてユダヤ教の伝統に由来する言葉を引用する。「引き返すための門はいつでも開かれている」。さらに、フーバーはデグッサの参与やそれをめぐる議論を「記念碑の敷地入り口に看板を建てるか、あるいは別の目立つところに記録する」★7ことを提案している。

しかし一九九九年になって初めて強制労働者の補償基金を創設したデグッサの活動が、本当に過去の克服として評価され得るものであるかどうかについては議論が分かれている。デグッサの社長は次のように述べている。

「我々は独立した歴史学者と共に自社の歴史と取り組むことによって、また経済強制労働者に対するドイツ企業による補償運動の主導者の一員としてその積極的活動を通して、自社の歴史と批判的に向かい合っていることを証明している[★8]」。

ユダヤ人歴史学者ミヒァエル・ヴォルフゾーンは、これを全く不十分なものとして批判する。ヴォルフゾーンは自らの経験から、デグッサが自社の雇用する、昔の中国皇帝に仕える「宮廷歴史家」のような研究者に社史の研究を任せ、それ以外には自社の資料の閲覧を許可せず、客観的研究を阻害していると言う。また強制労働者の補償基金設立へのデグッサの参与も、結局のところ英米のユダヤ人の批判を黙らせるためのご都合主義にすぎないと批判し、記念碑の建設にデグッサを加えることは誤った決定であると述べた[★9]。

デグッサはこれらの批判に対しては、「我々は自社の歴史にオープンに、また慎重に従事している[★10]」と答えるに留まっている。（なお、デグッサは現在インターネットの自社公式サイトの社史でチクロンBとの関わりについて触れている。当時、収容所に納入した製品がユダヤ人の殺害のために使われていることを当時責任者が知っていたかどうかについては確たる証拠はなく、一九五二年の裁判で最終的に無罪となったことが記されている）。

またザロモン・コーンも、デグッサを批判しアメリカから強い非難に迫られ設立した基金に、ただ金を出すだけでは過去の歴史の対決を証明するものにはならないと言う[★11]。しかしコーンはそれにもかかわらず、デグッサの建築工事参入を積極的に支持する。ユダヤ教協議会副議長であり、財団理事であるコーンの下記の論拠は、財団にもたびたび引用されることになる。

「ドイツの歴史が根本的に記念碑を貫いて流れなければならない。記念碑もまたこの歴史に混ざり合うべきであるからである。記念碑についての議論もデグッサについての議論も、この記念碑の一部である。それ故にすでにデグッサの素材によって加工された柱はこの議論の証言としてそのまま留まるべきである」。

しかしコーンは続けて、「チクロンBはこの問題全体の中であまりにも際立っている」。そして犠牲者やそれに連なる人々の感情の問題はこのような合理性の問題とは異なることを指摘し、今後、デグッサ抜きで工事が進むことを理事会が決定する可能性もまた示唆している。それによって記念碑は語り始めるであろう」と述べ、本質的にはそれが記念碑を損なうものではないという。またこのような立場とは全く異なる観点から、デッサの参与を求める意見もあった。それはデッサを排除するのではなく、むしろデッサのようにナチスと深い関わりのある企業にこそこれを建てさせるという提案である。

そしてそれぞれの企業に次の問いに答えさせ、その回答を記した看板を記念碑敷地に建てる。もちろん、無償で」。

デッサのみならず「ヘキスト、ダイムラー、フォルクスワーゲン、ジーメンスなどの大企業や、さらに小さい町の小さな中小企業も決して忘れず、ナチスの時代の大量虐殺に関わった企業すべてに、寄付を求めるだけではなく、この記念碑を建てさせる。

「ナチスの時代にその企業が何をしたのか、そしてそこからどういう利益を得たのか。さらにそれによって刑罰を受けたのか。またなぜ、これらの記念碑を建てるのか。なぜ、自社が行なった恐ろしいことを記憶から消そうとしないのか、なぜ、例えば『想起・責任・未来』というような財団を創って活動するのか。なぜ、それが正しい政治的行動であり、ナチスの過去との正しい関わり方であると考えるのか」[13]。

この提案が検討されることはなかったものの、大企業にだけ歴史的責任を負わせることや、またそんな金や時間や人材があるならば、それを直接的に犠牲者や強制労働者の補償に用いるべきであるという批判は当然、なされるであろう。しかしもともとこの巨大記念碑建設に反対し、その建設や運営費などの予算で基金をつくり補償にあてるべきであるという意見は、論争の中で一貫して根強くあったものでもある。

しかしこの提案が逆説的に示しているのは、記念碑建設工事への参入はどの企業にとっても純粋な経済的行為であるということである。ここで提案されているように、もし個々の企業が自社の過去をふりかえり、どういう観点からこの記念碑工事建設に加わるのかを公にすることを入札の条件にし、それを審査の対象に加えていたとすれば、建設工事への参入は、それぞれの企業にとって自社の過去との対決を必然的にもたらすことになったであろう。そして入札それ自体が、この記念碑に意味を付け加え得たであろう。

もし実際に、デグッサやバイエルが自社とチクロンBと関わりを自ら明らかにした上で、この入札に過去の歴史を克服する活動の一環として加わっていたとすれば、この建設工事に関わる資格を他のどの企業よりも持ち得たかもしれない。少なくともそのことによって、ほとんどの選択肢が現実的に閉ざされた段階で問題が発覚するような事態は避けられ、その時点で根本的にもっと実りある議論を行なうことが可能になっていた。そしてそういう形での問題提起は、結果がどうであれ、それ自体、想起の営みへの意義ある貢献として高く評価されていたであろう。

しかし自社の過去を秘して建設に加わったそれらの企業には、チクロンBの象徴性に対する認識が根本的に欠けている。しかしそれは自社の歴史との対決から本来、当然持ち得たはずのものではなかったであろうか。

この記念碑が二七〇〇余本の石碑というこれほどの巨大建造物ではなく、そして個々の柱への落書き防止のための表面加工という特殊な問題がなければ、過去の重荷を負うことのない戦後設立された小さな企業にもこの工事を請け負うことが可能であり、すでに工事が始まった後でもさらに多くの選択肢が残っていたであろう。その意味ではこの建造物の巨大性と設計の特殊性が、この記念碑に「傷」を与え、それがこの記念碑を、歴史の連続性と断絶とを不可避的に表わすものにした。

歴史や社会の否定的「連続性」を問う議論やデグッサの戦後のあり方などによって、デグッサの参入を意味づける議論の方向性が根本的に間違っているわけではない。しかしそれらの議論は全て、デグッサの参入という事態を受け入れる他はないところから出発したのであり、その「傷」の事後解釈である。もともと「傷」のある記念碑を、歴史の連続性と断絶を表現するために建てる「勇気」を、ドイツは持ち得なかったであろう。

財団理事会議長のティールゼは、入札に参加する企業は今後この課題に対してもっと繊細であるべきことを、この工事に参入している企業に対して指示したと述べている。[★14] この言葉の真意は、デグッサのような会社は初めから入札に加わるべきではないということであろうか。デグッサさえ参加していなければ、という正直な思いがそこには滲み出ているように思われる。

2・3 工事再開の決定とその反響

二〇〇三年十一月十三日、理事会はデグッサが加わったまま工事を再開するという最終決定を下した。この決定に際しては、大多数の同意があるということを論拠にして、理事会で票決は行なわれなかった。またユダヤ教協議会代表のシュピーゲルとコーンはこの会議に敢えて出席せず、この決定に加わっていない。

この決定の主旨を財団議長ティールゼは次のように述べている。

「この決定はこのテーマの道義的、歴史的、政治的観点と、しかしまた技術的認識や財政的な帰結を鑑みて下された。この決定は同時に、この決定に反対する者やこの決定によって傷つけられ得る人々の感情をも尊重するものである[★15]」。

さらにこの決定の実際的な理由として、建設工事をこのまま変更を加えず、すぐに再開しなければ、記念碑の完成の遅延を招き、さらに膨大な費用がかかることが挙げられ、そして今まで建てられたものの解体はこのプロジェクトの終わりを意味することが併せて指摘される。「ドイツの化学会社の製品を用いることなしに『傷のない』ホロコースト記念碑を建てることはこの国ではほとんど不可能である」からである。「理事会のメンバーは十一月十三日、このヨーロッパの虐殺されたユダヤ人の記念碑を、現在の社会の歴史的責任に対する明確な立場を表わすものとして建設するという意志を固めた。過去の歴史に重い責任を負いつつ、自らの過去と近年責任をもって対決しているデグッサのような会社もそれに本質的に属している。デグッサの議論やナチス時代の企業とその歴史との関わりや記念碑建築への参与も、この記念碑の成立に本質的帰属するものとして、『情報の場所』に記録される[★16]」。

建設再開決議の主旨を述べるこの文書には、それまでの議論におけるさまざまな見解や立場が矛盾においてそのまま表わされているにすぎない。ここで言う「このテーマの道義的、歴史的、政治的観点」や「技術的認識や財政的な帰結」といった多様な観点は、いったいどのように相互に絡み、対立し、そしてその中で何をどのように優先させ、何をどのように犠牲にしたのか。そうした問いや価値基準を全く曖昧にしたまま下されたこの「結論」から実際的に見えてくるのは、記念碑の完成が最優先の課題であるということだけである。だからこそ、この文書では「技術的」な問題も重要な観点として認識され、アイゼンマンがデグッサの技術を高く評価したことにも触れられている。

この決定は事前に十分予期されていたものであるが、それに対する反響はさまざまである。

シュピーゲルは次のように述べた。

「これはプラグマティックな、たとえ満足できない解決であっても我々はそれを尊重する。ショアを生き延びた一人一人の感情はかつてのチクロンBを造った会社の親会社デグッサが工事に参加したことによって傷つけられる。深い傷へ引き裂かれないとして、その傷に再び触れることになる。(略)この結論を受け容れることは我々にとっては非常に困難なことであるが、これもドイツの過去との対決というプロセスに不可避的に含まれているのであろう[★17]」。

ユダヤ教会の副議長モイシェ・ヴァックスは、これを不幸な決定であると評し「理事会にデグッサが引き続き工事に参加することに対する反対者がいたのならば、その感情を顧慮すべきであった[★18]」と言う。

外国出張のためにこの会議に出席できなかった理事の一人、「テロの地勢学」館長のライハルト・リュルプはこの決定に遺憾を表明し、財団事務局とベルリン市の建設省を批判する。リュルプは二十年前、「テロの地勢学」のコンペで全く同じことが起こったことを指摘する。当時そのコンペで一位になった企画は、その建築素材の金属盤にデグッサの製品が関わっていることが判明して挫折した。リュルプは財団事務局とベルリンの建設省が、こうした経験を踏まえて記念碑の入札の問題について早く議論を始めなかったことは、むしろ驚きに値すると言い、このようなジレンマは本来、回避され得たはずであると批判した[★19]。

アイゼンマンはこの工事再開の決定に満足し、「人は赦さなければならない。このことがこの記念碑の本質である[★20]」と言う。また同じくユダヤ系アメリカ人で理事の一人であるユダヤ博物館館長、ミヒャエル・ブルーメンタールもこの決定に賛同し、幾人かのユダヤ人がこの決定を甘受することができないのは遺憾であると述べた。★[21] しかしまた犠牲者の中にはこれでこの記念には決して足を向けないか、訪れたとしても非常に嫌な思いが残るであろうとも言う。★[22]

理事会で最後までデグッサの参加に反対を表明したロースは、「ユダヤ人犠牲者の子孫がこの記念碑に来ることを想像することは恐ろしい」★[23]、同じく反対を表明した理事ユダヤ教教会議長アレクサンダー・ブレナーはこの決定に不満を表明しつつも、この記念碑の実施がデグッサにだけかかっているとすればそれは馬鹿げたことであると述べた★[24]【資料50】。元在独イスラエル大使アヴィ・プリモアーは、もしデグッサを排除するならば、ナチス政府後継者であるドイツ政府もまた排除しなければならないことになるとして、この決定に賛同を表わした。★[25]

最後にデグッサをめぐる議論の中心的論点として以下に三点を指摘しておきたい。

第一に、この決定において理事会におけるユダヤ人が果たした役割である。すなわち、先に財団成立の章で言及した記念碑財団の最高決定機関にユダヤ人を加えた意味、あるいは破綻の問題である。

この数年前、激しい対立を生み出したヴァルザー―ブービス論争において、非ユダヤ系ドイツ人とユダヤ系ドイツ人との間の「過去の克服」をめぐる認識や感覚などの隔たりは亀裂として露になった。そしてそれはこの記念碑の建設や財団理事会へのユダヤ人の参入という形式によってもちろん埋められるようなものではない。

ユダヤ教協議会議長、副議長は、原則的には工事の再開に賛成の立場を取っていたが、この理事会の決議には加わっていない。「ドイツ人」が「ドイツ人」のために建てることを決断した記念碑に、その建設決定以降、財団理事として関わったユダヤ人が、工事の中止や続行という記念碑建設そのものに関わる問題に、積極的関与を拒んだことは理解できる。もともと建設そのものが根底から問われるような事態が建設決定以降も起こることを想定して財団が設立されたわけではなく、またユダヤ人も理事会に参与することを決定した時点で、そうした事態を全く考慮してはいなかったであろう。原理的には財団法を変更して、理事会の構成を変えることも不可能とは言えないが、実際にはそうした議論が行なわれることはなかった。そしてこの財団はこの記念碑の建設だけではなく、すでに述べたように他の犠牲者のための記念碑建設にも実際的な責任を担っている。

しかし、記念碑決定までの論争やまた連邦議会の議決において、ある程度の合意が形成されていた記念碑を建てる主体や目的は、財団法によって曖昧にされ、ユダヤ人を記念碑建設の主体の側に敢えて加えたことで（そしてユダヤ人が自ら加わったことで）、ドイツ人とユダヤ人の「想起の分離」は、むしろ工事再開の決定に際して、明白な形で表われることになった。この記念碑に対してドイツ人と同じ責任をユダヤ人に求めることは、記念碑の本質からして本来全く不可能なことである。デグッサの参与に最後まで反対を貫いたユダヤ人も、また理事会に欠席したユダヤ人もデグッサの参入を認める決定に理事として形式的には責任を担っている。しかしこの共同責任は実体を伴うものではない。そして理事会は、工事をそのまま再開するという結論を下すにあたって票決を取ることをせず、それによって、最後まで断固として反対を表明したユダヤ人と大多数の「ドイツ人」理事との対立を際立たせることを敢えて回避した。しかし工事再開の決定における対立を票決によって明らかにし、記録として残しておくことは、責任の所在を明確にするために、またその対立の克服を指向する将来の営みにとって、意義あることではなかったであろうか。

結局、デグッサの問題について充分議論を尽くすことなく、このような曖昧な形で決着を下したことによって、両者の分離はむしろ決定づけられ、デグッサ参入に最後まで反対を唱えたユダヤ人代表者にとっては、財団に理事としてなお留まることは、それが連邦議会の決定による財団法による規定であり、それを尊重するという形式的な意味しか持ち得なかった。それは次節で取り上げるこの問題に関わる新たな対立の中で露になる。こうして非ユダヤ系ドイツ人とユダヤ系ドイツ人の「国家による上からの和解」は破綻した。

この両者の間に共同性を見るならば、それはまさに記念碑の問題を論じる論争であり、それが成立している開かれた場である。論争が持続する限りその批判的対話こそが、両者を繋ぎ、何らかの共同性を形成するものであり得よう。その意味ではこのデグッサをめぐる議論を理事会内部で、また公共の場で徹底的に尽くすことの方が、少なくともユダヤ人協議会代表が決議に不参加であるまま、票決を回避し、完成期日の厳守を最重要の課題として工事を再開させるよりも、はるかに「和解」を構築する営みであり、それはこの記念碑が本来志向するものと一致する。いうまでもなく記念碑の物理的完成そのものが、この記念碑の目的ではあり得ない。

しかしもし実際にこの問題について徹底的に議論を尽くしていれば、どうなっていたであろうか。恐らくこの記念碑は完成することなく、建築途上のまま長くそこに留まり、次の世代にこの問題の「解決」は委ねられていたであろう。しかしその未完成の記念碑は、記念碑がそのために建てられた本来の目的を損なうことなく、またアイゼンマンの設計通りに完成した記念碑以上に、多くのものを象徴し得たのではないであろうか。建築途上のその記念碑は記念碑建設の決断とその挫折をそのまま表わし、ドイツ史の連続性と断絶を、そして過去との対決とその克服の困難を、ドイツにおける想起の現実そのものを一層印象深く表わし得たであろう。それは見る者に過去との主体的な対決や想起を促す優れたアンチ・モニュメントとなり得たかもしれない。記念碑の象徴力は記念碑の物理的な意味での完成とは本質的に何の関わりもない。しかしこうした方向での提案や議論が行なわれることもなく、工事は再開された。

第二は、加害者の碑とは何かという問題である。記念碑建設決議までの論争において、加害者の国に建てる加害者の碑については一貫して理念的に論じられてきたが、それは記念碑の造形において表現しうるものかという問題が深く掘り下げられたことはほとんどなかった。それに対して明確な問題提起をしたのは加害者の碑は言葉としてあり得るというR・シュレーダーの「戒めの碑」であった。

しかしデグッサとチクロンBによってこの記念碑は、それとは全く違った意味で、加害者の国に加害者が建てる「加害者の碑」となった。あれほどにも長い時間をかけた記念碑をめぐる論争の中で、記念碑を建てる実際の「主体」であるドイツ企業の問題はテーマとして完全に欠落していた。その空洞が、結局このような形での「加害者の碑」を図らずも、生み出すことになった。

第三は「チクロンB」に一切、関わりを持ちたくないという犠牲者に連なる人々の感情をどのように尊重するのかという問題である。財団はデグッサに関わる問題とその経緯を「情報の場所」に記録として残すことを工事再開と併せて決定した。それは現在、一応、実現している。しかしその記録は地下に造られた「情報の場所」の出口の片隅に置かれた一台のコンピュータの中にある。ここからデグッサについてのドイツ語の文献を検索し、読むことのできる来館者がいったいどれだけいるのであろうか。特に外国から来た観光客にとっては、時間的制約も含めて実際にはほとんど不可能であろう。

チクロンBへの激しい感情的拒絶からこの記念碑には近づきたくないというユダヤ人の声がドイツに広くあったことを思えば、フーバーが提案したように「石碑のフィールド」に足を踏み入れるその場で、すなわち、開放されたフィールドの入り口となり得る何ヵ所かに、チクロンBとこの記念碑との関わりを看板などで明確に表示すべきであろう。そしてそこにデグッサをめぐる論争の経緯と苦渋の決断が、ありのまま記されるべきである。そのことは「犠牲者」に対して果たされるべき当然の責務であろう。そして何よりも、ドイツ史の断絶と連続性がデグッサとチクロンBによって表わされるということを少なくとも工事再開の論拠の一つとするならば、それを公に示されてこそ初めて意味を持つのではないか〔第Ⅲ部3・3・2〕。

最後に理事会の決議の直後、ユダヤ人評論家ヘンリク・M・ブローダーが、理事会に出席し最後までデグッサの排除を主張したベルリン・ユダヤ教教会議長アレクサンダー・ブレナーに宛てた公開書簡とそれに対するブレナーの応答を紹介する。

【資料49】（2003.11.15）

ヘンリク・M・ブローダー

アレクサンダー・ブレナーへの公開書簡

＊ヘンリク・M・ブローダー　略歴は資料22参照。
記念碑建設に徹底的に批判的な立場から、デグッサの工事参入を決議した理事会にユダヤ人代表として加わっていたブレナーを批判する。

親愛なるアレクサンダー

君は昨日、アネ・ヴィルがキャスターを務める「今日のテーマ」［ドイツ公共放送ＡＲＤの夜の報道番組］で、まるでその気もないのに家の玄関口で雑誌の購読に無理矢理サインさせられた者のように非常に気分が悪そうに見えた。

君は記念碑の理事会で日中を過ごし、その日の終わりには、君の公用車のある地下ガレージほど君の気分は落ち込んでいた。私には君の気持ちが充分、想像できる。君たちユダヤ人協議会の代表は再びだまされて、法外な代価を払わされた。いやもっと悪い。君たちは沈黙し、ただ従順に従ったのだ。

記念碑建設は再開されることになった。デグッサが参入したまま。そして理事会では投票や議決さえも行なわれなかった。そこにはただ貫徹された曖昧な「多数派の意見」があっただけだ。レア・ロースは投票を妨害した。なぜならば、もしユダヤ人の代表者が理事会で否決されたとすれば、それは「堪え難い」ことと感じられたから。君たちは、投票することさえも許可されず、まるで保護されなければならない行儀の悪い子供のように扱われた。しかし君たちは行動に問題のある子供ではない。

非公式に、密かにオフレコで、君たちがその記念碑は芸術的な押しつけで、ユダヤ人には全く関係のないもの、連邦議会での建設決定が覆されればそれが最善であると思っている、と聞こえてくる。君は記念碑に賛成しているわけではないだろう。しかし本当にそれに反対しているわけでもない。君たちの出す声明は、まるでお前の妻は寝室ではどうかと聞かれた男が、こう言う者もいるし、ああ言う者もいる、と答えているようなものだ。

しかしもうこの問題は冗談ごとではすまされない。ますます常軌を逸してきた。ユダヤ人の殺害に本質的に参与した企業が今、ホロコーストの記念碑の建設に深く参与している。確かにそれをドイツの一貫性、連続性の表明とみなすこともできるであろうが、しかしそれをよいことと思う必要はない。理事会によれば、デグッサなしで工事を続ければ、「経費と期限」を守ることができなくなる、つまり記念碑の建設費はさらに高くつき、建設工事はさらに長くかかる。デグッサなしにすませることはできない。あの時もまた、デグッサの見積もりは他とは比較にならないほど安く、トラブルのない時間厳守の仕事が約束されていたのだ。

アレクサンダー、君はそのことを聞いて気分が悪くはならないのか。君の目の前で、デグッサをなぜ排除することができないのかが説明されるのを聞いて、背中に油汗が流れることはないのか。君は「失望している」とアネ・ヴィルに対して言った。しかしそれでは充分ではない。君は反吐が出そうなはずだ。机に嘔吐したいはずだ。君は一昨日と今日との間の類似点ではなく、大きな重要な相違を見ないだろうか。一昨日までは君たちは、ただ言いなりになって、何も言うことができなかった。今日、君たちは立ち上がって「我々なしにやってくれ」と叫んで、その場から出て行くことができただろう。退席しても、もはや事態は何も変わらなかったかもしれない。しかし少なくとも問題がより明らかになっただろう。ユダヤ人はそんな記念碑など全く必要ではない。ユダヤ人は、豚肉をユダヤ教の戒律に則った食べ物であると言って説明するつもりなどないのだ、ということが。

君たちがそのような態度を心地よいと思っていないということは、ディーター・ボーレン［その当時本を出版したドイツの音楽プロデューサー］がノーベル文学賞を貰う以上にあり得ないことだ。君たちはあまりも適応しすぎている。そしてあまりにも臆病であり、そしてあまりにも楽観的である。

しかしこれからいったい、どういうことになっていくのか。次の招待はレア・ロースのところでのパーティーか、ヴォルフガンク・ティールゼのところで円卓を囲むのか、それとも、自分のモンスターが完成するならば何でもいい建築家ピーター・アイゼンマンと一緒のハッピー・アワーか。もしハインリッヒ・ヒムラーがまだ生きていて、自分の過去と、そうデグッサのように、「対決」していたとしたら、ヒムラーも記念碑の竣工式に招かれるのか。もちろん、この必然的な残酷さが初めに起こっていたならば、もっとエレガントであっただろう。ユダヤ人はこのプロジェクトのために働かせることなど許されなかったのだ。しかしこれは乗りかかった船などということではない。一貫性とは美徳ではなく、一つの逃避である。記念碑の建築はすでにもう中止することができないほど、あまりにも遠くに進みすぎているという議論は、一駅ごとに帰り道が遠くなるといいながら、誤って乗ってしまった列車から降りようとしない男の論理と同じである。記念碑は尊厳に値する考えであったかもしれないが、次第にそれは一駅ごとにどんどんおかしなことになっていく。記念碑はデグッサが加わろうが加わるまいが、決して実現可能なことではなかったのだ。それはユダヤ人を特別扱いするだけではなく、ナチスの考えの再生産でもある。ホロコーストが中央で計画されたように、今やホロコーストの想起は中央で管理されるのだ。ピーター・アイゼンマンが、この記念碑でホロコーストについての議論が初めて始まったということを誰も笑うことはできない。
　君は緊急用のブレーキを引いて、途中でその列車から降りなければならない。君や協議会のメーバー抜きで、その列車は運転士レア、転轍機士ピーター、そして車掌のヴォルフガンクと共に終着駅に向かって走り続けていくだろう。
　シャバット・シャローム
ヘンリク
（『ターゲスシュピーゲル』）

【資料50】（2003,11,15）

アレクサンダー・ブレナー

ヘンリク・M・ブローダーへの応答

＊アレクサンダー・ブレナー（一九三〇年～）　ベルリンユダヤ教会議長（二〇〇一年～）。理事会でデグッサ参入に最後まで反対を唱えた。しかしブローダーとは異なり、記念碑建設は支持する。

親愛なるヘンリク
　君の辛辣で風刺の効いた巧みな文体に、残念ながら私が全く太刀打ちできないことを君は知っている。私は君にまた新たな発見をした。君はほとんどサディスティックな調子で私の傷口と傷ついた感情に塩を擦りつける。しかしもっと悪いのは、非常に残念なことだが、君の言っていることは、ほとんどの点で正しいということだ。それには全く反論の余地がない。
　しかし、それはほとんどであって、すべてではない。
　君は、「記念碑は尊厳に値する考えである」が「デグッサが加わろうが加わるまいが、それは実現不可能だ」という。私はそれには同意できない。デグッサがなければ、それは実現可能であったのだ。この立場を私は理事会で妥協なく主張してきた。君は考えてみたことがあるか。もしこの記念碑がベルリンの中心に建てられないとすれば、いったいどれほど多くの新旧のナチが喜ぶかということを。

君は私を臆病者と言い、また楽観的と評したが、それが全くは正しくないことを、私を充分よく知る君には、分かっているだろう。しかしもう一度言う。それ以外の点では、君の言っていることは残念ながら正しい。

ところで記念碑の理事会で、デグッサの参加に反対した者がどれほど少数派であったか。支持者は「非―神聖同盟」を形成していた。

アレクサンダー

（『ターゲスシュピーゲル』）

2・4 工事再開後になお残る財団内部の対立

デグッサの問題は理事会の工事再開の決定によって表面的には決着がついたが、これで事が終わったわけではなかった。

決定から四ヵ月経た二〇〇四年二月、ピーター・アイゼンマンは財団の理事会のある会合で、デグッサにまつわる小話を披露した。それはニューヨークでアイゼンマンが、かかりつけの歯科で歯に詰物をする治療を受けた後、医師に「これはデグッサの製品ですが、抜きましょうか」と尋ねられたというものである。この背景には、デグッサが戦争中、虐殺されたユダヤ人の遺体の歯から取られた金の加工をしていたという事実がある。デグッサが加わったまま記念碑建設工事を続行するという財団理事会の下した決定に、理事会の内部で深い亀裂が残されている状況で、それは笑い話ですむことではなかった。これに憤ったロースやユダヤ人理事など数名は抗議のためその場から退席した。★26

このアイゼンマンの「ジョーク」をベルリン・ユダヤ教会議長アルベルト・マイヤーは、「ホラー」と称し、この記念碑もまた、「死んだユダヤ人にとっても、生きているユダヤ人にとっても全く何の役にも立たないホラー」[27]であると批判した。マイヤーはさらに、記念碑がある種の観光スポットとなり、普通の観光バスのコースに入ると思うとおぞましいと述べた。同副議長ユリウス・シェップスは、この機会に、この記念碑をユダヤ人だけではなく、ナチスによるすべての犠牲者のための記念碑に変えるべきことを提案した。ロースやブレナーはアイゼンマンをこの企画から離脱させることを求めた。こうした激しい批判の声が次々噴出する中、財団議長ティールゼは記念碑を「ホラー」と呼んだマイヤーに謝罪を求める手紙を送る。

「あなたのその言葉は、私が決して甘受することができないような仕方で、理事会とその仕事の信憑性を失わせるものである。それは記念碑プロジェクト全体の公共の信憑性を葬ることになる」[28]。

そしてティールゼはユダヤ人協議会議長シュピーゲルに事態の収拾をマイヤーに働きかけることを求めたが、シュピーゲルはそれに応じなかった。その後マイヤーは、ユダヤ人がこの記念碑を必要としていないことはブービスの時代にすでにはっきりと表明していると述べ、ティールゼはこれに対して、財団理事会への参入を受け入れたのはユダヤ人協議会であると反駁した[29]。

一方、アイゼンマンは理事会に対して公に謝罪した。またベルリン・ユダヤ教会指導者に電話で和解を求め、教会はこれを受け入れた。アイゼンマンは後に、ドイツのユダヤ人の自分に対する批判の過敏さが理解できないと率直に述べ、次のことを付け加えた。

「デグッサの議論の際、私の両親がアウシュヴィッツで虐殺されていないが故に自分の意見を表明する権利をレア・ロースが私から奪った時、誰も私の個人的感情を配慮することはなかった」[30]。

後にアイゼンマンはこの出来事を振り返って、ユダヤ人として、ドイツで、「過去の克服」の問題やこの記念碑プロジェクトに関わるということが、自分にとっていかに複雑で困難な課題であったかを述懐している。

「私はニューヨークからアメリカ人建築家としてベルリンに発つが、いつもユダヤ人としてニューヨークに戻ってくる」[31]。

ユダヤ系アメリカ人とドイツのユダヤ人の意識や感覚の違いは否定できないであろうが、この歯医者のジョークが果たしてニューヨークならば受け入れられたのかということについては疑問の声がある。またこれに激高したロースは前節の「ホロコーストはなかった」と大書した看板で募金活動キャンペーンを行ない、ブレナーもまたそのキャンペーンを支持していた。このことは理念的な問題に比べて、このような感情の問題については対話の可能な共同の次元を持つことがいかに困難であるかを示すものといえよう。

この一連のスキャンダルは、結局のところ、デグッサの建設工事参入の問題について充分な議論を尽くさず、亀裂を残したまま工事を続行させたことに起因するのは明らかである。いずれにせよ記念碑の信憑性を傷つけるのは、アイゼンマンの「ジョーク」や、そしてティールゼが言うように、マイヤーの「ホラー」という言葉ではなく、記念碑の完成期日や財政問題を最重要なものとして優先して、根本的に熟慮することなく工事再開を決定した財団理事会である。

こうしたスキャンダルも含めデグッサにまつわるこれらの出来事は、理事会におけるユダヤ人とドイツ人の亀裂を深め、この記念碑に対してユダヤ人は一層距離を置くこととなった。

（1）AP/dpa, „Stelen des Anstoßes in exponierter Lage in Berlin", in: SZ vom 5.11.2003.
（2）Vgl. epd, „Degussa-Streit löst Debatte um Mahnmal aus", in: BZ vom 30.10.2003.
（3）Vgl. Nikolaus Bernau, „Die Reinheitsfalle. Heute wird entschieden, wer am Mahnmal für die ermordeten Juden Europas mitarbeiten darf", in: BZ vom 13.11.2003.
（4）Peter Eisenman, „Geisel der Geschichte", in: Zeit vom 30.10.2003, Nr. 45.
（5）Vgl. Art. „Holocaust-Mahnmal: Lea Rosh kritisiert Einsenman harsch", in: Tsp vom 31.10.2003.
（6）Vgl. Jörg Lau, „Scharfe Richterin", in: Zeit vom 6.11.2003, Nr. 46.
（7）Zit. nach Art. „Bischof Huber schlägt Kompromiß im Mahnmal-Streit", in: FAZ vom 13.11.2003.
（8）Utz-Hellmutz Felcht (Interview), in: „Holocaust-Mahnmal. Welche Rolle spielt die Degussa?", in: SZ vom 7.11.2003.
（9）Vgl. Michael Wolffsohn (Interview), „Das ist den Opfern nicht zuzumuten", in: BZ vom 14.11.2003.
（10）Zit. nach. Katrin Schoelkopf, „Kritik an die Entscheidung", in: BMp vom 15.11.2003.

(11) Vgl. ibid.
(12) Salomon Korn (Interview), „Durch das Denkmal muß Geschichte fließen", in: FR vom 13.11.2003.
(13) Arno Widmann,„Fetisch Holocaust-Mahnmal", in: BZ vom 29.10.2003.
(14) Wolfgang Thierse (Interview), in: Tsp vom 28.10.2003.
(15) Die Stiftung Denkmal für die Ermordeten Juden Europas (Hg.), Denkmalinfo, Nr. 04. (Februar 2004).
(16) Ibid.
(17) Zit. nach Katrin Schoelkopf, in: BMp vom 15.11.2003.
(18) Zit. nach ibid.
(19) Vgl. ibid.
(20) Zit. nach ibid.
(21) Vgl. Michael Blumenthal (Interview), in: Welt vom 20.11.2003. ブルーメンタールは一九二九年ベルリンの郊外に生まれ、一九三九年、アメリカに亡命した経済学者。カーター政権の財務大臣。ベルリンのユダヤ博物館の館長を創設以来、務める。
(22) Vgl. nach Jan Thomsen, „Von Montag an werden neue Betonstelen gegossen. Spiegel kritisiert Entscheidung zum Holocaust-Mahnmal", in: BZ vom 15.11.2003.
(23) Zit. nach Art, „Die Reaktionen zur Entscheidung für Degussa", in: Tsp vom 15.11.2003.
(24) Vgl. ibid.
(25) Vgl. ibid.
(26) Vgl. Christian Esch, „Alles ein Horror", in: BZ vom 9.3.2004.
(27) Zit. nach ibid.
(28) Zit. nach Marlies Emmerich, „Thierse greift erneut Chef der Jüdischen Gemeinde an", in: BZ vom 11.3.2004.
(29) Vgl. Corinna Schlag, „Mahnmalstreit", in: BMp vom 11.3.2004.
(30) Zit. nach dies., „Mahnmal-Eklat: Thierse ruft Mäßigung auf", in: Welt vom 9.3.2004.
(31) Zit. nach Art. „Vom Holzköpfen und Betonstelen", in: FAZ Sonntagszeitung vom 12.12.2004.

3 「情報の場所」の設立

3・1 「情報の場所」の課題と根本構想

「虐殺されたヨーロッパのユダヤ人のための記念碑財団」の設立後、財団がただちに取り組まなければならなかった重要な課題は、「情報の場所」の具体化に向けて、その構想をまとめることであった。一九九九年の連邦議会で、記念碑を補完する「情報の場所」の建設は決定されたが、その論拠は、抽象芸術だけでは何を意味しているのか分らないから、それについての説明が必要であるという、きわめて単純なものである。しかし議会での票決は、「石碑のフィールド」の敷地で、それを補完する情報を呈示することが必要か否かではなく、情報を伝える建物を「石碑のフィールド」と同じ敷地に建設するか否かを問うものであった。

「石碑のフィールド」が何であるかということについて最小限の情報を提供するだけであれば、それを簡潔に示す表示板を敷地に設置することでその目的を果たすことは充分可能であり、そのために特別な建物を建設する必要はない。「情報の場所」の建設に反対する立場の中にも、記念碑の敷地に必要な情報を表示することを求める声は多くあった【資料25】。また、連邦議会の議決の際にもそれを指摘した議員はいた。

「我々は、記念碑が歴史的な啓蒙や想起に代わるものではないということをよく知っている。ベルリンやその周辺には、想起の活動が行なわれている場所が実際に数多く存在する。それ故にそれらの記念館、すなわち『テロの地勢学』から『ベルゲン＝ベルゼン』の強制収容所などの所在地を明記した案内の看板をそこに立てる必要がある」[★1]（キリスト教民主同盟リタ・ジュースムント）。

しかし議会の議決案に、情報の呈示の方法についての選択肢は全く挙げられることなく、記念碑に補完される情報は建物の建設と置き換えられた。そのことによって石碑のフィールドを「補完する」情報は、記念碑を説明する必要最小限のものではなく、新たに建設される建物の容量を充たすものであることが前提とされたのである。

二〇〇〇年三月に成立した財団法によって初めて、その「情報」は「ホロコーストの尊厳ある犠牲者の情報とナチスに関連する他の記念館についての情報」と規定された。この形式的な規定が、「情報の場所」の構想を具体化するにあたって、前提となるものであった。しかし「情報の場所」と「石碑のフィールド」がいったいどのような関係にあるのか、「補完」とはそもそも何を意味しているのかということについて理念的な問題が公に論じられたことはなく、本来そのこととは切り離すことのできない「情報の場所」の設計や展示内容、規模や建設場所の決定も財団に一任された。

記念碑は、建設決定に至るまで長年の論争においてさまざまな観点から論じられたが、「情報の場所」の理念や具体的内容について集中的な議論が行なわれたのは、後述する「情報の場所」についての国際シンポジウム（二〇〇一年）だけである。しかしそれは「情報の場所」の構想が財団によってすでに固められ、ほとんどの部分で計画の変更が不可能な段階で行なわれたものであった。結局、そのシンポジウムで議論を通して明らかになったのは、「情報の場所」が既存の記念館の活動や展示と重複してはならないという消極的規定のみが、「情報の場所」の構想をまとめる際に財団が指針としたものであったということである。その結果、「情報の場所」は、既存の記念館と異なる展示内容や展示方法、すなわち既存の記念館に欠けているものを実現するものとなった。

「情報の場所」の構想がどのように具体化されていったのか、その経緯と問題点を以下にたどりたい。

財団はまず、「石碑のフィールド」の設計者アイゼンマンに「情報の場所」の設計を委託した。「情報の場所」は「石碑のフィールド」に従属するものであり、いかなる意味においても「石碑のフィールド」を損なうものであってはならないということが自明のものとして前提とされていたためである。このことも後には批判の対象となる。アイゼンマンの提出したいくつかの建設プランから理事会が選び、二〇〇〇年七月、議会で承認されたのは、次のような構想である。

「情報の場所」の建設場所は、記念碑を訪れるほとんど者がたどると考えられる道筋、すなわちブランデンブルク門を背にして「石碑のフィールド」に向かった場合に、フィールドを入って石碑の間を通り抜けていった奥、すなわち入った場所から正反対にある敷地の端である。「石碑のフィールド」を視覚的に妨害しないため、そこには全く目立たぬように階段が設けられ、それを降りた地下に「情報の場所」は建設される。その床面積は石碑のフィールドの約八分の一である。

この年の十月、建設予算として財団は約二五三〇万ユーロ（展示の経費二三〇万ユーロを含む）の見積もりを提出し、連邦議会は翌月それを可決した。★2

記念碑に関してはほとんど無条件に膨大な予算が割り当てられることや、また「情報の場所」が地下に建設されることで、よけいに建設費がかかることに対して批判は向けられた。財政的な困窮する既存の記念館とこの記念碑の扱いの相違はあまりにも際立っている。とりわけこの記念碑から数百メートルしか離れていないゲシュタポ跡にある「テロの地勢学」については、それがベルリンで、そしてドイツで最も重要な記念館であるとして論争の中でもたびたび言及されてきたものでありながら、一九九七年に始まった建設工事は建築費の高騰と複雑な設計から一九九九年以来、中断したままであった。「テロの地勢学」は創設以来、なお野外展示を中心としていた。

「情報の場所」の具体化を進める委員会に関わっていた既存の記念館を代表する歴史学者は、後述するように、既存の記念館維持のため、その存続価値を「情報の場所」によっていささかも失われることのないよう、「情報の場所」にそれらとは異なる内容や機能を持たせることに集中していくことになったのは、こうした事情が背景にあったと考えられる。

また連邦議会での記念碑建設決定以降は、特にそれまで一般に大きく取り上げられることのなかったドイツ一般市民の犠牲者、例えば戦争中の英米軍によるドレスデン空爆などに焦点をあてる議論が、次第に公の場で頻繁に行なわれるようになった。また特に戦争末期から終戦直後、ドイツ領から追放され、また命を落としたドイツ人犠牲者について、保守党を中心にして記念碑や資料センターの建設が訴えられていた〔第Ⅲ部5・2・1〕。さらに、この記念碑や「情報の場所」への莫大な支出に対する批判は、保守党を中心として、「もう一つの独裁の犠牲者」として、東ドイツの政治体制による犠牲者の記念碑建設の要求としても表われた。★3

理事会は、「情報の場所」の理念的な構想や展示内容の具体的な方向性を決めるために、エバーハルト・イェッケル、ラインハルト・リュルプ、アンドレアス・ナハマなどの理事と財団事務局長ジビュレ・クヴァックによって構成される「『情報の場所』の根本構想構築のための委員会」を設置した。二〇〇〇年七月、この委員会は「情報の場所の根本構想」を発表する。★4 そこに表わされた根本理念は次のようなものである。

財団法で規定された「情報の場所」の担う課題、「尊厳ある犠牲者の想起」はこの文書の中では、「ホロコーストがもたらした戦慄の人格化と個人化」と表現された。そして「情報の場所」は、ドイツにある他のナチスの歴史に関わる記念館を指し示すというもう一つの課題を併せ持つことで、既存の記念館とは競合することのない「独自の類型」を持つ場所になるという。また「情報の場所」は、「石碑のフィールド」との結合において想起を可能にさせるものであり、「石碑のフィールド」を通り抜けた果てに位置することによって「黙考と悲しみの場所となる」。★5

この理念に基づいて提案された「情報の場所」の展示内容や展示方法は、具体的に次のようなものである。「情報の場所」は、来館者が一定の方向で周回する四つの空間によって構成され、それぞれ「静寂の部屋」、「名前の部屋」、「運命の部屋」、「現場の部屋」と名づけられる。

最初の「静寂の部屋」では、ホロコーストについての必要最小限の情報が示され、次の「運命の部屋」では犠牲者の例として、出身地や政治的、宗教的、文化的背景の異なるヨーロッパのユダヤ人家族について、それぞれの人生や生活世界が、ホロコーストによってどのように破壊されたのかが具体的に紹介される。この最初の二つの部屋で「想起が前面に押し出される」。

三番目の「名前の部屋」では、虐殺されたユダヤ人の名前が一人一人、壁に映し出され、略歴と共に次々と読み上げられる。そして最後の「現場の部屋」では、ヨーロッパのユダヤ人虐殺の地理的拡がりやその規模が明瞭に示される。

この根本理念は理事会の承認を受け、「根本構想の構築のための委員会」は解散し、この構想に基づいて展示内容を具体的に検討するために、同じ構成員によって「内容的構想のための委員会」が設立された。[★6]二〇〇一年三月、この委員会が発表した「『情報の場所』の内容的構想についての報告」によって、「情報の場所」についての議論は始まった。財団はこの報告に対する批判をある程度受け入れ、二〇〇一年十一月、最終的構想として「『情報の場』の歴史のプレゼンテーションに対する事務局によるシナリオの草稿」[★7]を発表する。この文書は、財団主催で開かれる「情報の場」についての国際シンポジウムの基礎資料でもあった。

「情報の場所」の照明や音響など視聴覚メディアの演出効果やデザインについては、理念的構想がある程度まとまった二〇〇一年一月に、それを検討する「構造についての委員会」が特別に設置された。そこで展示デザイナーのダグマー・フォン・ヴィルケンを中心にして、アイゼンマンのパートナーの建築家リヒァルト・ロッソンやザロモン・コーンらによって、建物の設計や空間デザインを「情報の場所」の理念や具体的展示内容と密接に関連づけるため、詳細な検討が重ねられた。[★8]

3・2「情報の場所」をめぐる論争

3・2・1 根本理念

「情報の場の根本的な構想」が発表されて以来、特に後の国際シンポジウムで議論の焦点となったのは「情報の場所」の性格や位置づけであるが、そこで具体的に批判の中心となったのは、全体の理念を最も象徴的に表わす「静寂の部屋」の演出であった。「静寂の部屋」は、来館者が最初に入る展示室であるが、構想によれば、そこでは虐殺されたユダヤ人への深い思いに入っていくことが求められている。展示物は一切置かず、床と壁に虐殺されたユダヤ人の数など、最小限の情報が光で映し出される。

コンラート・シュラー（ジャーナリスト）はこの根本構想が発表された直後、「静寂の部屋」の演出を中心にして、「情報の場所」の展示内容や展示方法を宗教的象徴に依拠するものであるとして、この構想全体に対して根本的な批判を行なった。[★9] これは、「情報の場所」をめぐる論争の最も初期の段階で発表されたものであるが、ここで提起された問題は後に繰り返し論じられることになる。その批判は次のようなものである。

「来館者は地下に降りて行って、教会の地下聖堂（クリプタ）に入る。『静寂の部屋』では来館者は背を屈めて、床に照らされた光の文字を読むことで感情はさらに強化される[★10]」。この照明効果はコーンの言葉を借りて「教会の窓」と表わされる。次の「運命の部屋」では、「石碑のフィールド」と同じ形状の柱が床に並べられ、墓を象徴するものとして用いられている。照明が落とされたその空間では、写真や手紙などで紹介される一二の家族の展示は、そこだけ明るい照明で浮かび上がっている。シュラーは、こうした展示方法は「初期のカタコンベ」を象徴し、またキリスト教の復活のモチーフがそこで用いられていると指摘する。さらにこのコンセプト全体が、キリスト教会の建築設計に基づく「魂の旅」のイメージに対応するものであるという。そして実際に、財団理事長ティールゼが、来館者は地上の石碑のフィールドの階段を下り、「静寂の部屋」から次々とこれらの部屋を通っていく間に魂の内的発展を遂行すると述べたことが紹介されている。

シュラーによれば、結局「情報の場所」は宗教的形式によって国家を表現するヨーロッパの伝統に結びつくものであり、「フランスの国民会議（寺院）、イギリスの議会（聖堂）そしてレーニンの霊廟（ピラミッド）という一連の流れの中に」位置づけられる。そしてこのようなホロコーストの想起の宗教的形式への依存の傾向は、その時代を証言できる世代が消えていくにつれてますます強くなっていると指摘する。直接的な共感が消え、来るべき世代にその経験を伝達する方法が求められるようになり、この宗教形式が取り入れられる。「ヨーロッパの虐殺されたユダヤ人の記念碑はこの傾向を受け入れた。その地下の深く広がりのあるその『場所』は、その名前にもかかわらず『情報』ではなく、むしろ経験の場所なのである[★11]」。

二〇〇一年十一月一日から三日間、ベルリンで国際シンポジウムが開かれ、歴史学、建築学や芸術史など、さまざまな分野の専門家約八〇名が内外から参加して、「情報の場所」の理念や展示内容、展示方法について討議が行なわれた[★12]。

このシンポジウムでは、ここで指摘されたような問題が集中的に論じられた。そして「情報の場所」は結局、地上の「石碑のフィールド」を地下にも延長し、さらに墓やクリプタや地下納骨堂というイメージを強化するものであるということが、後述するように、多くの論者によって批判された。

こうした批判に対しては、これらは宗教的形式などというべきものではなく、今日ではどこのデパートでも利用されている人の目を引くための効果を狙った普通の方法であるにすぎないという反論もある[★13]。しかしここに見られる墓地のイメージや、「宗教性」の問題は、こうした演出方法という形式的問題に留まるだけではない。「名前の部屋」ではさらに顕著に表われているが、そこでは墓のような演出がなされているというのではなく、まさに墓の機能そのものを満たすことが直接的に目論まれている。

「名前の部屋」はイスラエルにある虐殺されたユダヤ人の記念館ヤド・ヴァシェムの協力を得て、そこにある「名前のホール」を模したものである。そこでは、ヤド・ヴァシェムが作成した名簿に基づいて、今までに判明しているユダヤ人犠牲者、約三五〇万人の名前が一人一人、暗い部屋の四方の壁に光で映し出される。名前とともに生没年月日や略歴が、英語とドイツ語で名前と共に読み上げられる。計算上、全ての名前を読み終えるのに六年七ヵ月二十七日を要するという。

この構想をまとめた委員の一人で記念碑建設運動の指導者、イェッケルは、「情報の場所」はそもそも墓として企画したということをシンポジウムの講演で明確に述べている。

「私のイメージでは、この記念碑は死者を記念する碑（zenotaph）である。虐殺された者には墓がない。石碑のフィールドが墓に対応し、名前の紹介は象徴的で視覚的な墓碑の意味がある。『記念碑建設を支援する会』は初めからこの考えを支持していた[★14]」。

そしてイェッケルは、この考えはもともとヤド・ヴァシェムに由来するという。ヤド・ヴァシェムという名前は旧約聖書イザヤ書五十六章六節に由来し、ヤド（記念碑）ヴァ（と）シェム（名前）とは、「記念と名前」という意味である。イスラエルでは一九五〇年には犠牲者の名簿を作成することが決定され、ヤド・ヴァシェムの設立後は、そこを訪れる者が、犠牲となった知り合いの名前を申告することが定められた。名前の収集は現在もなお続けられているヤド・ヴァシェムの中心課題であるという。

そして二〇〇〇年十月に財団の求めに応じて、ヤド・ヴァシェムは、犠牲者の名簿を「情報の場所」で閲覧可能にするという取り決めを財団と正式に交わした[★15]。その時点ではこの名簿は世界で、「犠牲者の国」と「加害者の国」の二つだけで閲覧できるものとなるはずであった。

「私にとって重要であるのは、これが記念碑の中心的考えであるということを強調することである。それ故に『名前の部屋』は、それに応じてしつらえなければならない。確かに名前を視覚的に、また聴覚的にもはっきりと示すことは印象深いことであろう。しかしそれだけでは充分ではない。なぜならば来館者は結局、それらにほんの僅かな時間、触れるだけであり、結局のところ匿名性に行きつくことになるからである。収集された犠牲者の名前は決して一つの付属的な部屋に押しやられてはならない。そのデータバンクが、情報の場所の中心であり、それは墓石の名前のようにはっきりと目に見える形で表わすべく整えられなければならない[★16]」。

ヤド・ヴァシェムを模範にしたというイェッケルの述べるこの構想は、もともと「記念碑建設を支援する会」による記念碑設立の最初の呼びかけに明確にあった思想である。「イスラエルには中央記念碑があるのに、なぜドイツには一つもないのか」という、その後多くの批判にさらされ、結局持ちこたえることのできなかったその呼びかけの核心に、これは明確に対応している。イスラエルでユダヤ人がユダヤ人のために建てる記念碑と「加害者」の国、ドイツで犠牲者のために建てられる記念碑との根本的な相違や、加害者の記念碑とはそもそも何であるのかといった問題は、十年を越える記念碑論争の中で根本的に論じられた。また墓の模倣という考えは最初のコンペで「記念碑建設を支援する会」が強く支持し、コンペの審査で最終的に選ばれながらも、さまざまな理由からその実現が拒絶された「名前のプレート」と同じ理念である〔第I部4・1・2〕。

また「名前の部屋」がイスラエルの記念館に遡り、それが「旧約」聖書イザヤ書にその典拠があることはさらに大きな批判を招いた。歴史学者ペーター・シュタインバッハはこの宗教的原典への明確な依拠に対して、神学をこの議論に持ち込むものであるとして次のように批判した。

「神学を借用する一切の試みを私は緊急に警告する。ホロコーストの神学化はたんに問題を引き起こすというだけではなく、責任を外に押しつけることを容易にする。『彼らに一つの永遠の絶えることのない名前を与える』（イザヤ書五十五章六節）という引用は、我々が一九五〇年代に経験した間違った反応を招くだけである。表情を持つ一人一人の人間の尊厳の感情こそが、ここで中心的な問題でなければならない。他人に対して最悪のことをなし得た人間がいたということである[★17]」。

ホロコーストは戦後、キリスト教神学において、神義論の問題として論じられたことがある。神義論とは端的にいえば、悪の存在の神学的意味づけであるが、「神はなぜホロコーストを許したのか」というのが、この場合の神義論的問いである。そこで中心的に問われるのは、「神」や「信仰」の問題であって、ホロコーストやその犠牲者ではない。

この「情報の場所」の中心構想の中に、墓のモデルやイスラエルの記念碑の（宗教的）理念がこのような形で持ち込まれることによって、それは展示物や、展示の演出、展示方法などこの場所の構成に影響を与えた。シンポジウムでは「情報の場所」のこのような「宗教化」や「神聖化」に対して批判が集中した。自然採光を避け、闇と光との対照を利用し、心理的効果を狙った照明などの独特の展示方法や演出も、それとの関連において批判の対象となった。

かつて充分な論拠を持って拒否された名前のプレート（墓石）が、なぜ再び地下で、その同じ情熱的儀式的演出で取り戻され、この限られた空間が記念碑のそんな古典的演出手法で形成されるのか★18（ハノ・レーヴィー）、「情報の場所」は、「感情を人工的に生み出★19」そうとするものであり、またそこに全く加害者やその歴史的展開がない★20（ハラルト・ヴェルツァー）。「結局『尊厳』という言葉が『神聖』として理解されている★21」（アルフ・リュドゥケ）。同じような批判が多くの論者から続出した。

またレヴィーは、こうした方法は、「犠牲者への共感ではなく、感情的同一化」を強いるものであり、「情報の場所」では「象徴的還元」が行なわれていると指摘する。「静寂の部屋」という名前や、光による文字の投射や、宗教的に根拠づけられた犠牲者三〇〇万人以上の名前の朗読が示しているように、「情報の場所」では、結局のところ「情報ではなく、儀式や演出が中心的問題になっている★22」。

そしてレヴィーは「情報の場所」のこのような理念や構想は、他の記念館との重複との回避から生じたものであると分析し、次のように述べている。

歴史的現場にある既存の記念館や博物館、展示館との競合を避けるために、「『情報の場所』は、決定的な諸要素において記念碑の地下聖堂へと、さらに言うならば地上の墓地の演出に対する納骨堂の機能へと還元された。記念碑の情緒的作用は、『情報の場所』においてなお延長された。『情報の場所』は記念碑によって受けた表現不可能な問いとの対決を促す場所ではなく、ただの黙考の場所★23」となった。

墓の演出に対しては、全く別の視点からの批判もなされた。ダイドル・ベルガーはホロコーストの犠牲者を狭く限定するのではなく、強制収容所を生き延び、しかし精神的に深い傷のためその後、死んでいった人々にも焦点を当て、ホロコーストがその後の人生に与えた大きな影響をも視野に入れなければならないと言う★24。

ノーベルト・フライは、ユダヤ人をこの迫害の客体としてだけ見るのではなく、その中でユダヤ人が主体として自分たちの尊厳を守るためにその中で常に行動し、闘ったこともそこで示されなければならないと批判した。[★25]

この関連では、この記念碑やこの「情報の場所」は虐殺されたユダヤ人だけに集中すべきものであり、そのためにはナチスが政権をとった一九三三年からではなく、ユダヤ人の体系的虐殺が行なわれた一九四一年から一九四五年までの期間に情報を可能な限り限定することが歴史的に正しく、またこの場にふさわしいという主張があった。この立場を代表するのはイェッケルである。[★26] 情報の拡大は他の記念館との重複であり、他の記念館の課題への越境になるというのがその論拠であった。それに対しては、厳密に期間を限定することは虐殺に至るまで歴史的過程、社会的広がりやさまざまな関連を絶つものであり、「歴史的厳密さ」ではなく、想起を目的とする「情報の場所」にとって適切ではないなどといった反対意見が多くを占めた。[★27]

しかし、こうした議論において、結局根本的に問われなければならないことは、そもそも、「情報の場所」の建設目的であった「石碑のフィールド」の「補完」とは、いったい、何を意味しているのかということであろう。「石碑のフィールド」はユダヤ人の体系的虐殺だけを記念するものであるから、もし補完ということを「石碑のフィールド」の説明ということに限定するのであれば、一九四一年から一九四五年の期間にその情報を限定することは正しい。

しかし一方では、虐殺されたユダヤ人だけではなく生き延びた者の運命についての紹介や、虐殺の前史、少なくともナチスが政権をとった一九三三年にまで遡って情報を提供することこそが、この記念碑に欠けているものの補完になるという理解もある。

シンポジウムでは、さらに拡大して、ユダヤ人以外の犠牲者についても「情報の場所」に関連づけるべきであるという意見[★28]もあったが、これもまた記念碑に欠如しているものの補完といえよう。

ヴィンフリート・ネーディンガーは、「情報の場所」は、過剰な演出なしに、記念碑のテーマについて事柄に即した核心的な情報を、日の光の明るさの下で合理的、啓蒙的に呈示するべきであると主張する。[★29] そして「情報の場所」をそのように記念碑と全く対照的なものにすることによって、記念碑を補完するのであり、それは決して記念碑を妨げるものではないと言う。[★30]

連邦議会の決定以来、記念碑の補完という言葉は一貫して用いられてきたが、そこで補完されるべきものが何であるのかという「情報の場所」の根本的規定について、財団理事やまた財団によって設置された委員会においても集中的に論じられたことはなく、この言葉について全く共通の理解がないことがこのシンポジウムで初めて浮き彫りになった。しかし本来、「情報の場所」の具体的展示内容や演出方法は、「石碑のフィールド」と「情報の場所」の関係を表わす補完の意味内容によって規定され、方向づけられるべきものであるから、その意味が最初に明確にされなければならなかったはずである。

補完されるべきものは、情報なのか、情緒なのか。あるいは補完とは、強調と同じような意味で使われ得るのか、欠如を補うという意味で、全く対照的なものをも表わすのか。

このシンポジウムでは「情報の場所」の構想に多くの問題があることが認識されたが、今後の具体的な方針が明確にされることはなかった。シンポジウムの後、最も批判が集中した「静寂の部屋」については、財団でさらに論議が続けられ、二〇〇二年四月十八日、理事会は「静寂の部屋」の計画変更を決定した。そして新たな構想をまとめるために、アライダ・アスマン、イェッケル、リュルプ、シュタインバッハ、シュレルック、クヴァックなど歴史学、比較文化学などの専門家による委員会が組織された。その結果、「静寂の部屋」は、最終的には「[ホロコーストの]規模（Dimensionen）の部屋」と改称され、展示にも修正が加えられた。[★31]

現在、照明が落されたその部屋では、虐殺の場所や犠牲者の数などのユダヤ人の虐殺についての根本的情報が壁に映し出され、床には犠牲者の手紙や写真などが、ガラス越しで下から照らされている。またこの部屋を始めとして「情報の場所」全体には、地上の石碑と同じ形状のものが幾つも置かれている。こうした演出は墓のイメージから離れるものではなく、「情報の場所」の最初の構想を大きく変えるものとはなっていない。

シンポジウムで初めて「情報の場所」についての根本的な議論が行なわれたものの、「議論ではなく、実現という局面」という財団の方針の下で、すでに発表された構想の変更は不可能であるとして、ほとんどの提案

は斥けられた。[★32]

3・2・2「情報の場所」の入り口の言葉──「アウシュヴィッツを二度と再び繰り返すな」

「情報の場所」の入り口に、パネルにして掲げられるアウシュヴィッツを生き延びたイタリアのユダヤ人作家プリーモ・レーヴィの言葉も、シンポジウムで議論の焦点となった。第I部でも言及した「アウシュヴィッツ」の意味をめぐる論争である。

「それは起こった。したがってそれは再び起こり得る。我々が言わなければならない事柄の核心はここにある」。

この言葉が「情報の場所」にとって適切か否かについて、意見が分かれた。争点の一つは、この言葉が事実に即しているかどうか、すなわちアウシュヴィッツ以降、大量虐殺は起こってはいないという認識が妥当か否かという問題である。ノーベルト・フライは言う。

「これはホロコーストを生き延びた者にとっては、重要な、そして正しい言葉である。しかし今日の我々にとっては、たんに通俗的であるだけではなく、ある意味で間違った言葉である。それは再び起こり得るのではなく、一九四五年以降も繰り返し起こってきた。第二次大戦以降もジェノサイドがあったことは、我々誰もが知っている。プリーモ・レーヴィの『二度と再び』という言葉を今日、用いることは、我々が避けなければならない、ほとんど空虚な情熱の形式である[★33]」。

こうした批判に対しては、この言葉は過去を現在と結びつけ、ここを訪れる現代の人間に橋を架けるものとして、まさにこの場所にこそ必要なものであるという反論もあり[★34]、賛否は分かれた。

この問題には、ドイツのある種のジレンマが表われている。ドイツにとって、アウシュヴィッツは、歴史上、他に例を見ない唯一のものであり、それを相対化することはできない。しかし他方、象徴的意味としての「アウシュヴィッツ」は、常に「二度と再び繰り返すな」という誓いと共に、将来に向かって宣言していかなければならない。過去の相対化され得ない歴史的出来事としてのアウシュヴィッツと、今後起こることを阻止しなければならない象徴的アウシュヴィッツ、すなわち「アウシュヴィッツのようなもの」はむろん同じではない。

「アウシュヴィッツのようなもの」は常に阻止されるべきものであり続け、いかなることが起ころうとも、それを「アウシュヴィッツのようなもの」として実際に同定することは、ドイツには許されない。それをすれば、歴史的アウシュヴィッツの相対化や無害化といった危険に陥るか、アウシュヴィッツを恣意的に無制限に拡大することになるからである。「アウシュヴィッツのようなもの」を安易に語れば、結局、それはアウシュヴィッツの道具化へと容易に転化するのは明らかである。

それ故に、たとえ内容的に空虚な形式であっても、こうした危険性を回避するために「二度と再び」という未来に対する誓いは、常に「空虚な形式」に留まり続ける他はないのではないか。

むしろ問題は、「情報の場所」の入り口に、なぜ、犠牲者の言葉を掲げるのかということではないであろうか。たとえ「空虚な形式」であろうとも、それはなぜ、ドイツ人の言葉で語られないのか。「犠牲者」の言葉を、「加害者」が繰り返すことによって、その意味が共有されるわけではない。

この言葉は、この場所の本質、すなわち徹頭徹尾ここでは犠牲者が中心になっているということをこの建物の入り口で端的に宣言しているということなのであろうか。

3・3 完成した「情報の場所」とその問題

「情報の場所」は、結局、「石碑のフィールド」を損なわず、既存の記念館と重複しないものの実現という消極的規定から出発したものであり、シンポジウムでその問題が明らかになった後も、根本的な変更が加えられることはなかった。完成した「情報の場所」は、地上の「芸術」をそれと同じ情緒的次元で強化し、「情報の場所」もまた「体験の場所」となった。理念の欠如が情緒によって埋められた。

「石碑のフィールド」を説明する情報ということが問題であるならば、「情報の場所」も他のナチスに関連する記念館も根本的には同じ問題に関わっているのであるから、その内容が重なるのは当然のことである。従って、結局は展示内容ではなく展示方法が中心的な問題になっていったことは、その必然的帰結であるとも言えよう。宗教的象徴や既存の記念館では排除されているような、特殊な照明の工夫といった演出が、そこではむしろ中心的なものとして重視された。「情報の場所」に反対を唱えていた既存の記念館に関わる歴史学者の一部と、記念碑建設を呼びかけ、墓のイメージに固執した人々との間の奇妙な一致がそこで成立した。

▼…「情報の場所」への入り口。

もともと「石碑のフィールド」のテーマや他の記念館を指し示すという「情報の場所」の二つの課題は、「石碑のフィールド」の敷地内にパネルを立てることによって提供することが充分、可能であった。それ以上の情報を提供するために、他の記念館やユダヤ博物館がある。

完成した「情報の場所」は、必要最小限の情報以上にそれでは実際に何を提供し得ているのか、以下に完成した「情報の場所」の問題を概観する。

3・3・1「名前の部屋」

構想委員会が考えた「情報の場所」の中心は「名前の部屋」であった。現在、記念館の開館時間中、壁にユダヤ人犠牲者の名前が一人ずつ映し出されて名前と略歴が、約一分半をかけて読み上げられている。そして「情報の場所」の中心的理念を担うとされた「ヤド・ヴァシェム」の犠牲者のデータバンクを閲覧、検索するために、情報の場所の一角には七台の端末機（そのうち一つは書き込みが可能なゲストブック）が置かれている。当初の計画ではこれが、世界で「犠牲者の国」と「加害者の国」二つだけで閲覧可能な「情報の場所」の提供する情報の核心であった。そしてそれはベルリンとイスラエルを結ぶ絆を象徴するものといわれていた。

しかしヤド・ヴァシェムはこのデータバンクを、記念碑が完成する前年の二〇〇四年、インターネット上で完全公開に踏み切った。[★35] 現在、ユダヤ人犠牲者の名前はヤド・ヴァシェムのホームページから誰でも自由に検索することができる。そしてこの「情報の場所」のこれらの端末機は、このインターネットの検索サイトに繋がれているにすぎない。こういう状況であれば、この「情報の場所」のこの一角には、このサイトがどこからでも接続可能であるという事実を明記し、そのアドレスを広く伝えるべきであろう。来館者は限られた時間をこのインターネットの検索で費やす必要はないからである。

もし「情報の場所」がその独自性を目指すのであれば、どこからでも探索可能なイスラエルの犠牲者のデータベースではなく、むしろドイツ独自の「加害者」のデータベースの作成やその閲覧や検索のための端末機でも置くことではないのか。その可能性や、あるいは不可能性について論じることは、少なくともなされてもよいことではなかったか。

3・3・2 他の記念館の指示——ポータル機能

「石碑のフィールド」の補完の他、「情報の場所」が担うもう一つの課題は、他の記念館を指し示すということであった。この機能はインターネットのポータルサイトの概念も念頭において「ポータル機能」[★36]とも表現されてきたものであるが、「情報の場所」が他のナチスに関連する記念館にとって入り口として案内の役割を果たすということである。

「情報の場所」には「記念館ポータル」と名付けられた一角が設けられている。そこにはドイツのみならず全ヨーロッパの歴史的現場とそこにある記念碑、記念館などが検索できる端末機が六台ある。「情報の場所」のこの機能は、確かに他の記念館とは異なる「情報の場所」の特徴である。

しかしベルリンやベルリン近郊にあり、この場所から電車やバスで簡単に訪れることのできるザクセンハウゼンの強制収容所やヴァンゼー会議の記念館などへの道筋の案内や地図などの表示は館内のどこにもない。これらの記念館については、観光客にも容易にわかるような地図をその場に掲示することが「ポータル」機能として果たすべき「情報の場所」の役割であろう。第I部で述べた、第一回記念碑コンペに提出され、多くの者の支持を得たあの「バス・ストップ」（第I部4・1・4）の理念は、本来ここで「ポータル機能」として生かされ得たであろう。それはコンピュータの端末機にのみ依存することではない。まして「情報の場所」を、これほどにも犠牲者だけに集中する場とするのであれば、ここから徒歩十分程度で行くことのできる「加害者の場」、ゲシュタポ跡の「テロの地勢学」への道筋は、誰にでも分かるように、この場で明示されなければならない。「情報の場所」から「テロの地勢学」への道程の要所要所に表示を設置することも当然、考えられてよい。犠牲者の場と加害者の場は本来、不可分のものであるからである。

3・3・3 記念碑論争の指示

すでに述べたように記念碑建設までの論争は記念碑の一部であり、それを記録することの重要性は記念碑建設を決議した連邦議会でも、多くの者によって指摘されたことである。

またデグッサの参入をめぐって中断した工事を再開する際、財団はデグッサの議論や記念碑建築への参与は「この記念碑の成立に本質的に帰属する」ものとして「情報の場所」に記録するということを併せて決定した。確かに「情報の場所」でそれは記録されている。しかしそれは「情報の場所」の出口の傍らにある一台のコンピュータの中である。それ以外、「石碑のフィールド」の敷地にも、この「情報の場所」の館内にも、デグッサの問題についての表示は一切ない。

この一台のコンピュータの中にはデグッサがこの工事に参入したという事実やその論争の経緯、財団の決定を伝える文書がある。検索すれば、それに関する新聞記事や財団の公式文書を引き出すことは可能である。しかしいったいどれだけの来館者が、どれほどの時間、この端末機に触れることができるのか。そしてここに保存されている五〇〇の資料の中から、デグッサの記事に突き当たる者が、いったいどのくらいいるのか。これらの資料は全てドイツ語で書かれており、翻訳はない。

インターネット上で完全に公開されているヤド・ヴァシェム作成の犠牲者名簿とは異なり、この記念碑をめぐる論争についての情報はこの記念館が独自に提供し得るものである。しかし七台の端末機が備えられているヤド・ヴァシェムの公式サイトに比べて、この記念碑論争の情報提供がいかに低い価値しか与えられていないかを、この一台のコンピュータは明瞭に示している。

記念碑をめぐる賛否両論も、「情報の場所」が成立するまでの議論も、その後の展開も全てこの一台のコンピュータの中にある。それらの情報はすでに、活字として発表されたものであり、保存されているのは五〇〇の文献にすぎない。しかしそれでもこういう形でまとめられ、検索可能なデータベースはそれなりに意味のあるものであろう。そしてこの情報は紛れもなく、この記念碑に本質的に帰属するものである。

また現在、それらの資料は、記念碑除幕式典の前日で終わっている。しかし除幕式典で起こった後述する出来事やその後の論争も、この記念碑と直接的に関係がある。そして論争はなお継続している。

さらに、他の犠牲者の記念碑建設やそれをめぐる論争も、記念碑財団がそれらの記念碑にも責任を担っている以上、そしてこの「情報の場所」がポータル機能を果たすというのであれば、ここに記録、保存し、幾つかの言語に翻訳し、そして当然、複数の端末機で、またそれ以外の方法で誰にでもすぐにわかる形で呈示するべきであろう。これらの資料は将来の世代に対して、過去との対決や克服としての共同想起の形式のさまざまな模索や、それをめぐる対立や苦闘をはっきりと示すものであり、またそれらすべては紛れもなくこの「石碑のフィールド」と密接に結びついている。それを切り離して「石碑のフィールド」にいったいどのような意味が残るのか。

最後に、実際的な問題を挙げておく。「情報の場所」は地下にあることで、常に入場制限が行なわれ、待ち時間なしで入館することはほとんどできない。当初から指摘されていたことでもあるが、「情報の場所」が地上に建てられ開放的な構造の建物であったならば、もっと多くの者が自由に出入りすることができたであろう。しかし「石碑のフィールド」という芸術作品をいささかも妨げてはならず、またすべてにおいて情報よりも「体験」に価値を置いたこの建物は、この閉鎖的構造を積極的に演出効果に生かした。しかし、本来どういう意味であれ、記念碑を補完すべく造られた「情報の場所」に、時間的に余裕のない多くの者、特に観光客が結局足を踏み入れることができないままに、「石碑のフィールド」を去っていかなければならないのであれば、本末転倒である。

（1）Rita Süssmuth, in: Protokolle des Deutschen Bundestages, 14. Wahlperiode, 48. Sitzung, Bonn, Freitag, den 25. Juni, 1999, S. 4107.
（2）Die Stiftung Denkmal für die Ermordeten Juden Europas (Hg.), Tätigkeitsbericht, 2000–2002, S. 14.
（3）Vgl. Claus Leggewie/Erik Meyer, a.a.O., S. 300 ff.
（4）Reihard Jäckel/Andreas Nachama/Sibylle Quack/Reinhard Rürup (Arbeitsgruppe des Kuratoriums der Stiftung Denkmal für die ermordeten Juden Europas), „Grundkonzeption für den ‚Ort der Information'. Vorlage für TOP 5 der Kuratoriumssitzung" am 6.7.2000, in: Auf dem Weg zur Realisierung, S. 249–252. 以下、この資料集をAWRと略称する。
（5）AWR, S. 251.
（6）Vgl. die Stiftung Denkmal für die Ermordeten Juden Europas (Hg.), Tätigkeitsbericht, 2000–2002, S. 23.
（7）„Drehbuchentwurf der Geschäftsstelle zur historischen Präsentation am ‚Ort der Information' Konferenzunterlage, November 2001", in: AWR, S. 263–273.
（8）Vgl. die Stiftung Denkmal für die Ermordeten Juden Europas (Hg.), Tätigkeitsbericht, 2000–2002, S. 23.

（9） Konrad Schuller, „Der ‚Ort der Information‘ wird zum Ort des Erlebnisses. Die Ausstellung für das Holocaust-Mahnmal“, in: FAZ vom 31.3.2001.
（10） Ibid.
（11） Ibid.
（12） このシンポジウムの講演と討論の一部は上記の三文書と共に凡例でも紹介した前掲の資料集 Auf dem Weg zur Realisierung（実現への道）に収められている。
（13） Vgl. Chistoph Stölzl, „Ein Plädoyer für das Handwerk der Information“, in: AWR, S. 66 f.
（14） Eberhard Jäckel, „Das Denkmal ist ein Kenotaph“, in: Ibid., S. 91 f.
（15） Vgl. ibid., S. 92.
（16） Ibid., S. 93.
（17） Peter Steinbach, „„Der Ort der Information‘ im Spektrum in Deutschland“, in: Ibid., S. 122. S. 93.
（18） Vgl. Hanno Loewy, in: „Aus der Diskussion“, in: Ibid., S. 103.
（19） Harald Werzer, in: „Aus der Diskussion“, in: Ibid., S. 208.
（20） Vgl. ibid., S. 98.
（21） Alf Lüdtke, in: „Aus der Diskussion“, in: Ibid., S. 103.
（22） Hanno Loewy, „Thesen zur Arbeitsgruppe ‚Rezeption und Vermittlung‘“, in: Ibid., S. 178.
（23） Ibid.
（24） Vgl. Deidre Berger, in: „Aus der Diskussion“, in: Ibid., S. 104.
（25） Vgl. Nobert Frei, „Ergebnisse und Empfehlungen“, in: Ibid., S. 242.
（26） Vgl. Eberhard Jäckel, „Das Denkmal ist ein Kenotaph“, in: Ibid., S. 91 f.
（27） Vgl. „Aus der Diskussion“, in: Ibid., S. 97–104.
（28） Vgl. Hanna Schissler, in: „Aus der Diskussion“, in: Ibid.,. S. 215.
（29） Vgl. Winfried Nerdinger, „Das Denkmal für die ermordeten Juden Europas und der Ort der Information aus architekturtheoretischer Sicht“, in: Ibid., S. 55 f.
（30） Vgl. ders. in: „Aus der Diskussion“ in: Ibd., S. 71.
（31） Vgl. die Stiftung Denkmal für die Ermordeten Juden Europas (Hg.), Tätigkeitsbericht 2000–2002, S. 22 f.
（32） Vgl. Claus Leggewie/Erik Meyer, a.a.O., S. 278.
（33） Nobert Frei, „Ergebnisse und Empfehlungen“, in: AWR, S. 243.

(34) Vgl. Hanna Schissler, in: „Aus der Diskussion", in: Ibid., S. 104.
(35) Internet: http://www.yad-vaschem.org.
(36) Drehbuchentwurf der Geschäftsstelle zur historischen Präsentation am „Ort der Information", Konferenzunterlage, November 2001, in: AWR, S. 267.

4 完成した記念碑とその問題

4・1 記念碑でのデモや集会の法的規制

二〇〇五年の記念碑公開に先立ち、その二ヵ月前、連邦議会はこの記念碑への極右グループのデモや集会を禁止するための法律を制定した。

二〇〇〇年一月、記念碑建設に反対する極右グループのデモが初めてブランデンブルク門を通り、ドイツに、またとりわけベルリン市民に大きな衝撃を与えて以来、極右のデモや集会の規制は政治的争点となっていた。しかしそれを法的に規制することは現実を隠蔽するだけであり、根本的な問題解決に結びつくものではないということを論拠にして、社民党と緑の党の連立与党はその法制化を拒んできた。実際に極右のデモがあれば、その何倍もの参加者を集める抗議デモや抗議行動が行なわれ、多くの警官が動員される。しかしその騒然とした街の光景はデモの禁止や表現の抑圧よりも、はるかに「健全な」生きた社会を映し出すものであるといえよう。

極右のデモの申請はその後も増加し続け、記念碑の公開も間近になり、政府は結局、その規制に踏み切ることになった。二〇〇五年三月十一日、連邦議会は、「ナチスの暴力と専制支配によって非人間的に扱われた犠牲者を想起するための地域的な意味を越える歴史的に特別重要な場所」でのデモと集会の禁止を可能にする法律を制定した。そしてまずこの「虐殺されたヨーロッパのユダヤ人のための記念碑」が、それにあてはまるものと規定された。この法律によって特別に保護されるその他の施設の選定は、各州議会に委ねられた。

ベルリン（社民党と社会党連立政権、二〇〇〇年～）では、それから一年間の議論を経てデモの規制を受ける場所が決定された。

ベルリンだけで五〇〇を越えるナチスに関連する記念碑の中から、この法律によって保護を受けるのは、次の一四の施設である[★1]（ブランデンブルク門は、ナチスの歴史だけに関わるのではない歴史的建造物として、議論の末、指定から外された）。

ノイエ・ヴァッヘ、テロの地勢学、ヴァンゼー会議の家、ユダヤ博物館、ドイツ抵抗博物館（かつての陸軍省。この中庭で一九四三年のヒトラー暗殺計画に中心的に関わった五人のドイツ人将校の銃殺刑が行なわれ

▲…プロッツェンゼーの、現在も用いられている刑務所の一画が区切られて記念館となっている。その入り口を入ったところにある記念碑。

▲…プロッツェンゼーの当時の処刑場。奥には、絞首刑に用いられた鉤が上からぶら下がっているのが見える。

▼…ユダヤ人が強制移送のために集められたユダヤ人老人ホーム跡の記念碑。

▲…グリューネヴァルトの十七番線。当時のまま残されたホームと線路。

▲…ホームの淵には、記念碑として、このホームからユダヤ人を移送した列車が出た日時、移送されたユダヤ人の数、そして行き先の記録が刻まれている。

た）、プロッツェンゼーの処刑場記念碑（ナチスに対する抵抗活動家など三〇〇〇人が処刑される。その約半数はドイツ人。ドイツ抵抗博物館に帰属する）、グリューネヴァルトの十七番線（ベルリン、及びその近郊のユダヤ人やシンティー・ロマなどを国内、国外の強制収容所に移送した汽車が出たホームを保存している。プラットホームの淵には移送日、行き先、移送された人数が記録されている）、強制移送者が集められたユダヤ人の老人ホーム跡の記念碑、ヴァイセンゼーのユダヤ人墓地、ファザーネン通りのユダヤ人会堂前の記念碑、シンティー・ロマが一時的に集められた収容所跡の記念碑、強制労働者の収容所記念館、「血の一週間」記念館（一九三三年六月、ベルリンのケーペニック区でナチスに反対する多くの共産主義者、社会民主党員、ユダヤ人、労働者など、約五〇〇〇人がナチス親衛隊に逮捕され拷問を受け、そのうち何十人かの人々

▲…「血の一週間」記念館。当時、連行された者の一部が収監され虐待を受けた警察本部、現在の区裁判所の一部が記念館となっている。

▲…ファザーネン通りのユダヤ人会堂前の記念碑。

▲…シンティー・ロマが一時的に集められた収容所跡記念碑。

▲…オットー・ヴァイト記念館。この工場がある入り組んだ中庭を持つ集合住宅には映画館や飲食店などさまざまな商業施設が入る。

▲…強制労働者の収容所記念館入り口。

が虐殺された。正確な数は現在も不明)、視覚障害者の工場跡オットー・ヴァイト記念館(ユダヤ人の視聴覚障害者の働いていた工場。自ら弱視であったドイツ人工場主オットー・ヴァイトがユダヤ人労働者を匿い強制移送から守った。その小さな工場跡は記念館となり、二〇〇一年にユダヤ博物館附属施設となった。二〇〇五年からはドイツ抵抗博物館に帰属している)。

4・2 記念碑除幕式

二〇〇五年五月十日、「虐殺されたヨーロッパのユダヤ人のための記念碑」の除幕式が記念碑敷地内に建てられた仮設会場で行なわれた。式典にはドイツ大統領、各州首相、党首などドイツの政治機関やさまざまな人権団体、宗教団体などの代表者が列席し、またヨーロッパ諸国、イスラエル、アメリカなど国外のユダヤ人組織の代表、ホロコーストの犠牲者家族らが招かれた。式典は予定よりも超過し、全体で二時間に及ぶものであった。ドイツのいくつかのテレビ局で式典は同時中継され、この日は記念碑に関するさまざまな報道特集番組が一日、流された。★2

式典は三部から成立し、第一部と第三部は音楽の演奏や合唱で構成されている。ドイツの国家式典ではクラシック音楽が多用されるが、この式典は、第三部がユダヤ教の宗教儀式として特徴づけられることにおいて、それらとは異なっていた。第三部ではニューヨークやポーランドのユダヤ人教会から招かれた会堂付き音楽監督や合唱団などによるベルリン出身のユダヤ人フェリクス・メンデルゾーン・バーソルディーの作品演奏が行なわれ、最後はベルリンのラビによる十戒についての説教、それに続いて、虐殺された者への祈禱(カディッシュ)で式典は締め括られた。

式典の内容的中心は第二部であり、そこでは異なる立場を代表する五人の短い演説が行なわれた。ホロコーストを生き延びた一九三〇年生まれのポーランド出身のユダヤ人、ザビーナ・ヴァアン・デアア・リンデンは、平穏な生活が破壊され、家族が次々と失われていく中で、森に隠れ、一人、生き延びた当時の自らの体験を淡々と語った。これはこの式典の中で、この記念碑についてではなく、この記念碑がそのために建てられた出来事について語られた唯一のものであった。

記念碑の設計者、アイゼンマンは、「石碑のフィールド」と「情報の場所」の併設が当初考えていたのとは違って、非常に重要な意味を持つことを後に理解したこと、そしてこの記念碑に関わることを通して自分の中のユダヤ人性に接近したことが述べられた。

財団を代表するティールゼ、シュピーゲル、ロースの三人の演説は互いに矛盾し、記念碑の目的や位置づけという根本的問題について、財団理事会内部においてなお根本的対立があることを改めて浮き彫りにした。

まず冒頭で演説を行なったのは、記念碑財団の議長、また連邦議会議長ティールゼである。この演説はこの記念碑についてのドイツの公式見解という性格を持つものとして受け止めることができる。

ティールゼは、この記念碑はドイツが自国の歴史の中で最大の犯罪を首都ベルリンの中心で公に表明するものであると言う。そのこと自体、一つの社会的共同体にとってその可能性の限界に触れるものであり、また何よりもホロコーストそのものが人間の理解の限界を超えている。この記念碑がそうしたさまざまな限界に関わるものである以上、激しい対立が生じることは避け難い。従って今後も論争が継続することをティールゼは確信する。そして記念碑がホロコーストの犠牲者のうちで、一つのグループにだけ捧げられていることについてもなお批判があることに言及される。しかし記念碑は「想起に対していかなる独占的要求を掲げるものではないが故に、それは全ての議論や反論に抗して立つ」。

「石碑のフィールド」は一つの芸術作品として「情緒的な力を発展させ、その犯罪の理解不可能性を建築的に象徴化したもの」であり、人が歩くことのできる文字通り「開かれた芸術作品」である。この記念碑とどのように関わるかということはここを訪れる者、一人一人に委ねられている。しかしこの記念碑を「集合的」に通り抜けることはできず、人は石碑の間でばらばらにされる。そのことによって、孤独や圧迫や脅威といった感覚的、情緒的想像が可能になる。そこで問いをもって、「情報の場所」を訪れ、再びこのフィールドに立つ時、人は犠牲者を想起する。その想起は決して「たんなる否定的ノスタルジーの一種ではない」。「それは現在もまた将来も、我々に義務づけられている犠牲者の想起なのである。そしてその想起は、人間としてさまざまなあり方で存在することに不安を持たないでいることのできる国や社会における人間性、互いの尊重、そして寛容の文化の形成に義務づけている」。

ティールゼの次に、演説を行なったユダヤ人協議会議長シュピーゲルは、記念碑に対する鋭い批判を展開し、それはティールゼの指摘した論争の継続をただちに証明するものとなった。

シュピーゲルの批判の中心は、この記念碑が加害者を指し示すものではないということである。歴史的現場にある記念館は歴史的事実を保存、伝達し、二度と再び同じようなことが行なわれないために、二つの問いをその活動の中心におく。「なぜ、文明化された民族がヨーロッパの真中で大量虐殺を計画し、また遂行することが可能であったのか」、そして「それはいったい、どのようにして起こったのか」という二つの問いである。これらの問いは犠牲者だけではなく、加害者の動機とその行為をも指し示す。

しかしそれに対して、「[この記念碑は]ナチスの暴力支配の犠牲者を示しているが、直接的に加害者を指し示してはいない。加害者やその共犯者や、今日なお同じような信条を持っている者がこの記念碑を訪れても、自分たちが直接的にそこで訴えられていると感じることはないであろう。記念碑自体はこの『なぜ』という問いから遠ざかっている。そして戦争の破局の原因やその背景について、またそれに対して責任がある者についても表現していない。その代わりに善意をもって、芸術的に印象深く、犠牲者の民族としてユダヤ人のイメージを二七一一本のコンクリートの柱に流し込んだ。虐殺された者のイメージは、見る者に罪や責任についての問いと直面しなくともすむようにする」。

「情報の場所」が記念碑を補完するものであるとしても、そこに足を運ぶ者はわずかであることをシュピーゲルは「経験上」、予想する。そして結局「他の国々と同じように大半のドイツ人は、ホロコーストについてはもう充分知っている、ナチスについての情報にはもう飽き飽きしたというような誤った理解を持つ」。

シュピーゲルは、この記念碑は本来、加害者をテーマとし、これを見る者が、加害者とその犯罪に直接的に向かい合うことを可能にさせるものであるべきであったと言う。そしてこの記念碑が、ユダヤ人のものではないことを改めて強調する。

「この『ヨーロッパの虐殺されたユダヤ人の記念のための記念碑』は、ドイツの公式の記念碑であり、常に誤解されてきたが、決してドイツにおけるユダヤ人の中心的記念の場ではない。我々、ユダヤ人の悲しみの場所はイスラエルにあるホロコースト記念館ヤド・ヴァシェムを除けば、七十年前から次のような所である。強制収容所、絶滅収容所、集団墓地、射殺された場所、拷問の場所、人間が家畜を運ぶ車で運ばれてきた場所であり、そしてユダヤ教の礼拝堂や会堂が焼き討ちされたドイツの多くの場所がそれである。ここで我々の家族、親戚、友人、数えきれない犠牲者がはかりしれない苦しみを与えられた。ここで我々は、我々の隣人や同胞の人々に蔑まれ、裏切られ、我々の間の何百万もの人々が最も残虐な仕方で殺された。それらの現場以外に、我々が死んだ者を近く感じ、そして直接的にナチスの残虐な犯罪に接近できるところは他にない」。

▲…ザクセンハウゼン強制収容所敷地内に何ヵ所もある集団墓地。戦後、敷地内で発見された灰が埋められたもの。

そしてこの問題との関連において、その前年の二〇〇四年の夏、ベルリン近郊、ザクセンハウゼンの強制収容所記念館で建築工事の際、厚さ一・五メートルにわたる焼かれた遺体の灰の層が発見されたことに、シュピーゲルは触れる。

土と混ざったその灰は三〇キロずつに分けられ、この式典の約ひと月半前、ザクセンハウゼン収容所解放六十周年記念日に、一五〇の骨壷に入れてその場に埋葬された。[★3]

シュピーゲルはこのことを例にして歴史的現場の重要性を強調する。

「ホロコースト記念碑の設立のためにそれらの記念館が長期間、犠牲を払わなければならなかったとすれば、それはたんに遺憾であるというだけではなく、スキャンダルである」。

「歴史的な想起や絶滅の歴史的現場なしには、この抽象的な記念碑は長期的には忘却の徴《しるし》となり、その作用を失うであろう」。

このシュピーゲルの立場は、ドイツ議会の代表者でもあるティールゼと、ほとんど何の接点も持っていない。ティールゼのいうドイツ国家の罪責の告白は、あくまで非ユダヤ系ドイツ人のものであって、ユダヤ系「ドイツ人」に直接的に関わるものではない。この両者の演説は、その乖離をはっきりと表わすものになっている。

シュピーゲルが表明したユダヤ人協議会の立場は、前任者ブービスが繰り返し強調してきた記念碑とユダヤ人との距離を再び明確にするものである。しかしもし、この立場をユダヤ人協議会が貫徹していたならば、財団理事会にユダヤ人（協議会）が参入することは決してなかったであろう。しかしここでは財団理事会の一員としてのユダヤ人協議会の立場やまた立場の変遷については全く触れられてはいない。デグッサをめぐる対立によって、ユダヤ人協議会が財団成立時よりも記念碑に一層距離をとることに至ったことは明らかであろう。

この式典の演説を最後に締めくくったのは、一九八七年以来、記念碑建設運動を主導したロースであった。そしてこの演説が、記念碑公開後の最初の大きな論争を引き起こすことになる。

ロースの演説はこの記念碑建設運動を支持した者への謝辞によってほとんどが占められていたが、しかし最後にロースは、なぜ多くの困難の中でこれほどの長きにわたりイェッケルと共に記念碑建設運動を続けてきたのかという、それまで繰り返し問われ続けてきた問いに今日、初めて答えると前置きをした後、次のことを述べた。

十七年前、ロースは公共放送のテレビ局のディレクターとして虐殺されたユダヤ人についてのテレビ・ドキュメンタリー番組制作のために、イェッケルも同行し、ポーランドにある六つの絶滅収容所跡の記念館を訪れ、非常に大きな衝撃を受けたという。そしてその中の一つベウジェッツ収容所の敷地の中にある細長い墓の脇で見つけたという一本の奥歯を右手に掲げて、ロースは言った。

「これは奥歯です。その砂の中にはまだ幾つもの奥歯が残されていました。私はその一つを持ち帰りました。私はそこでこの歯を手のひらに包み、約束、いや誓いました。我々は虐殺された人々のために記念碑を建てる、そしてこの歯をそこに収める。それから十七年後の今日、私は遂にこの約束を果たすことができます。私はすでにピーター・アイゼンマンにそれを話し、このフィールドの一本の石碑の下に、この歯を埋めるための場所をつくることを取り決めました」。

さらにロースは、アムステルダムに住むユダヤ人女性から託されたという、強制労働で死んだその母親の形見、「ダビデの星」を手にし、これもまた奥歯と共に埋めることを宣言した。そしてこの記念碑は「犠牲者のための記念碑」であり、虐殺されたユダヤ人には墓がないが故に、この記念碑があると述べた。

この犠牲者の墓という解釈は、「記念碑建設を支援する会」が一貫して主張してきた、そして論争の中で繰り返し批判された記念碑の意味づけである。しかし何よりも大きな問題となったのは、犠牲者の奥歯をこの記念碑の敷地に埋めることにしたというロースの唐突な宣言であった。これは立場や解釈の相違ということですまされる問題ではなかった。

式典はそのまま滞りなく終わったが、ただちに一般紙から大衆夕刊紙に至るまでメディアはこれを激しく批判した。世論においてもこのロースの独断を支持する声はなかった。式典終了後、ユダヤ人協議会とユダヤ教会はこれに激しく抗議した。

シュピーゲルは「この言葉に驚愕し、かつ呆然とした」と述べ、ユダヤ人の遺体のこのような扱いは敬虔さに欠けていると非難した。「ロースがなぜ、このような敬虔さに欠ける行為によって、ユダヤ人の感情を傷つけようとするのか理解に苦しむ」★4。

ベルリン・ユダヤ教会議長マイヤーは、記念碑は「墓地でもなければ聖遺物を置く場所であってはならない」、「もし実際にそういうことが行なわれるならば、ユダヤ人がそこに足を踏み入れることができるのかどうか考えなければならない」★5と述べた。

またドイツ・ラビ協議会前議長ヨエル・ベルガーは、これは遺体の扱いを定めるユダヤ教の戒律の違犯であり、また倫理的な意味においても全く許されることではないと批判する。ユダヤ法では遺体はユダヤ人墓地に埋葬されるものであり、病気や怪我で摘出された身体の部分についても墓地に葬られるという。ベルリン・ユダヤ教会ラビ、イザック・エーレンベルクは遺体の一部を十七年間にわたって埋葬しないで、またそのような形でさらしたことを死者の安息を侵すものであると批判した。★6

批判は、このようなユダヤ教の戒律違犯やユダヤ文化の侵害という観点からのみなされたわけではない。そもそも公共の場所である記念碑の敷地を、たとえ記念碑建設運動の提唱者であっても、あたかも自分の所有物であるかのように扱い、誰の許可を得ることもなく私的に手を加えることが許されるのかというのが最も一般的なものであった。

「この行為によって、ロースはたんに、あるいは第一に、ユダヤ教の慣習を挑発したのではなく、ロースの提唱なしには存在することがなかったこの記念碑そのものを攻撃している。（略）記念碑の建設を決定した議会の代表者によって記念碑が公開されるその時、ロースはこの記念碑を個人的な感情や私的動機によるカルトの対象へと矮小化した」★7。

記念碑財団は、事前に理事会に諮ることなく、そのような計画の実行を宣言したことを批判し、記念碑の変更には、記念碑を管理する財団の同意によってのみ行なわれ得ると明言した。★8

さらに、歯を無断で持ち出されたバルツェックの強制収容所記念館館長ロベルト・クヴァレックは、五月十三日、収容所の敷地内にあるものを「みやげ」として勝手に持ち出すことは厳しく禁じられていると批判し、歯をただちに返還することをロースに求めた。またアウシュヴィッツ強制収容所副館長クリスティナ・オレクシィーも同様の批判を行なった。★9

ロースは当初、事前に「ユダヤ人」アイゼンマンと、また、その知り合いの一人のラビとも話し合ったとして、この非難を退けていたが、結局、五月十三日、イェッケルと連名で奥歯をベウジェッツ強制収容所の敷地に直接出向いて戻すという声明を発表した。ロースとイェッケルはその声明で次のように述べている。

「当時記念碑にこの歯を保存するという考えは『完全に個人的な決断』であり、我々はこの小さい象徴的行為が反対にぶつかり得るなどということは全く想像だにしていなかった。我々はまた今でもなおいったい何が問題になっているのか分からない」[★10]。そしてアイゼンマンもこの計画を聞いて、「感動して」賛成したと言う。

この文書ではさらにこの計画の当初の目論みが明らかにされている。それによれば、歯が埋められている柱の場所は公にせず、記念碑の敷地のどこかにその歯を埋めたという事実だけを公表することになっていた。それは記念碑の意味を補足的に、より明確に示すためであるという。しかしナチスの犠牲者が、何らかの方法で再びドイツの地に来ることを欲するのかどうかは、誰にも分からないという意見を聞き、この計画の実現を断念したという[★11]。

イェッケルは先に触れたように「情報の場所」が墓であるべきことを、その「情報の場所」企画の段階でも一貫して主張していた。また最初のコンペで、特に記念碑建設運動が強く推した企画は、犠牲者の名前を刻んだ墓石としてのプレートであった。ロースもイェッケルも、記念碑が犠牲者の墓であるという解釈を、この十七年の間、それについていかなる議論が行なわれようとも意に介さず、このような形で貫徹させようとした。彼らが、自らの代表する、あるいは中心となっている「記念碑建設を支援する会」に対してもこの計画について事前にひと言も諮ることがなかったという事実は、この運動グループの性格を物語っているように思われる。

またこの歯が持ち去られたベウジェッツ強制収容所には、当時ユダヤ人だけではなく、シンティー・ロマも収容されていたことが判明しているのであるから[★12]、その奥歯をユダヤ人のものと断定することはできない。またたとえそうであったとしても、虐殺されたユダヤ人のほとんどがドイツ出身者ではないという事実だけを考えても、その犠牲者がなぜよりによって、ベルリンに埋められることを望むと仮定できたのであろうか。

そこには、犠牲者は誰でもこの記念碑に埋められることを拒むはずがないという前提がある。そこでは犠牲者との間の断絶があまりにも簡単に踏み越えられている。なぜ、虐殺されたユダヤ人犠牲者の問題に長く関わり、ユダヤ人だけの記念碑にあくまで固執したロースとイェッケルが、この歯の持ち主であった一人の人間やまたユダヤ人の文化や宗教をこれほどにも顧みることがなかったのか。犠牲者への共感とは、思い込みとは全く違ったものであろう。まして「記念碑の意味を、補足的に明らかにするために」、死者の歯を用いるというならば、それは犠牲者の道具化以外の何ものでもない。犠牲者は、記念碑のためにあるのではない。そして記念碑は「過去の克服」や共同想起という営みにおいて、その中心でも、至上のものでも、まして不可欠のものでもない。

この一連の出来事に明瞭に表われているのは、記念碑論争の中で常に批判され、また戒められてきた、犠牲者との同一化の問題であろう。そして次の単純な事実は、常にこの問題の根本にある。

犠牲者の声を誰も代弁することはできない。そして記念碑建設は犠牲者の声の実現ではない。

ドイツ進歩的ユダヤ人同盟の議長ヤン・ミューレンシュタインは、ロースのこの提案に対して、全く異なる視点から次のように述べている。

「［歯を埋めるという行為は］充分、支持し得る。なぜならば、ショアの犠牲者についてユダヤ教の戒律を守ることは全く不可能であるからである。ザクセンハウゼン収容所での最近の出来事にも見られるようにそもそも遺体を灰にすること自体が本来許されていない★13」。

これは、ロースの提案に対する支持というより、むしろユダヤ教の戒律遵守という観点からロースに対してなされる批判に全く別の角度から疑念を呈し、ユダヤ教の戒律以前ともいうべきホロコーストの現実を改めて呈示するものでもある。ユダヤ人協議会前副議長（在任二〇〇〇〜二〇〇三年）ミシェル・フリードマンはこれに対して次のように答えている。

「そうであるからこそ、強制収容所それ自体が墓地なのである。我々は、誰が、いつ、どのようにして、どの場所で死んだのかを知らないのだから★14」。

4・3 記念碑の一般公開

記念碑除幕式典の二日後、仮設会場は撤去され、囲いが取り除かれた記念碑は、一般の人々に、またベルリンの町に開放された。

記念碑が公開された翌日、新聞を飾ったのは石碑の上を飛び回る若者の姿であった。それは、春の明るい日差しの下、孤独や圧迫とは全く無縁の躍動感溢れる光景といってもよい。

論争が始まった。いったいこの記念碑でそのような行為は許されるのか、あるいは、公共芸術においていったい何が禁じられるべきであるのか。

記念碑を構成する二七一一本の石碑のうち、道路と直接的に接している最も低いものは高さ三〇センチ程度にすぎず、回りにはベンチとして用いられるのに適切な高さのものが数多くある。石碑は中心に向かって徐々に高くなっていき、中心部には五メートル近いものが集中する。コンクリートの地面はゆるやかな波状に設計されており、中央に向かうに従って全体的に深く沈んでいくため、石碑の高低差は外から見ればそれほど大きいものには見えない。周辺に位置する石碑から階段を登るようにして、中心に向かって一つ一つ石碑を渡っていくことは困難ではない。一人ずつしか通ることができない、個々人をばらばらにするべく設計された石碑の間隔は、人が無理なく渡っていくことのできる間隔でもある。

この「石碑のフィールド」にも施設利用の注意書きがある。しかしそれは通常どの公園の入り口にも見られるような大きな看板に掲げられているものではなく、この広大な敷地の四隅に全く目立たぬように埋め込まれた縦横五〇センチの黒いプレートに記されている。三六〇度外に向かって開かれている石碑のフィールドには、出入り口が特に設けられているわけではなく、どこからでも自由に出入りできる。つまり利用注意書きのある四隅から、ここに必ず足を踏み入れるとは限らず、またたとえそこから入ったとしても、この黒いプレートに気づき、これを読む者はほとんどいないであろう。それらはドイツ語で表記されているだけで、訳

▲…訪問者は「石碑のフィールド」で思い思いに過ごしている。

文は併記されていない。

訪れる者が「石碑のフィールド」を自由に体験し、感じ、あるいは鑑賞するため、それを少しでも妨げるものはこのフィールドから排除されている。「情報の場所」の設計に際しても、そのことが最重要の課題の一つであり、その建物の入り口さえフィールドを視覚的に邪魔するようには造られていない。すなわち「情報の場所」も、その敷地の中にそれを示す表示があるわけではなく、その近くに行かなければ場所もわからない。

「石碑のフィールドの利用規則」に表記されている禁止事項は次の通りである。

柱から柱へ飛び移ること（財団はそのような行為をあらかじめ想定していたということである）、音楽やラジオをかけること、楽器演奏などの騒音、喫煙、飲酒、犬の散歩、自転車、スケートボード、ローラースケート、大声を上げること、走ること、柱によじ上ること、野宿、柱の上での日光浴、そして柱の上でのバーベキューである。敷地内の危険性については「自分の責任で」という常套句も記されている。柱に座ることや柱の上に立つことは禁止事項に入っていない。都市の中にある記念碑の機能として、町と接している周辺の柱は旅行者や町の住民に休息のためベンチとして利用することは認められている。

この注意書きは、「石碑のフィールドの利用規則」と題されたものであるが、その末尾にこの施設の管理責任者として記された「虐殺されたヨーロッパのユダヤ人のための記念碑財団」が、この敷地の中で「石碑のフィールド」の上に冠する名称が表された唯一のものである。それ以外にこの表示はどこにも見られない。「石碑のフィールド」を本来規定している名は、ここでは徹底的に隠されている。「石碑のフィールド」の解釈は訪れる者に完全に委ねられているということである。

「石碑のフィールド」は、それを補完するという「情報の場所」によって、結局「純粋」な芸術作品として、記念碑という束縛から解き放たれたように見える。「石碑のフィールド」がいったい何であり、何を意味しているのか、誰が、何のために建てたのかということを説明するのは、地下の「情報の場所」の課題であり、このフィールドでは不明であってよいということである。その意味では、「石碑のフィールド」は、「情報の場所」という説明書を付けたことで、「虐殺されたヨーロッパのユダヤ人のための記念碑」というその存在の規定性から解放されたのかもしれない。実際に、後に示すアイゼンマンの言葉は、そのように読みとることができる。

たんに安全性という観点から見ても、上を飛び歩く行為を厳しく禁止するべきであるという声はある。中心付近で柱から落ちるようなことになれば、下を歩いている者も含めて、無傷ではすまない。実際に救急車が出動する事態も起こっている。★15 それ以来、このフィールドの警備はさらに厳しくなり、財団の雇う警備員が数名で常時敷地内を、これもまた目立たぬように見張り、「ふさわしくない行為」を発見するとただちに駆けつけ、制止する。

もちろん、そうした事故の危険性といった問題だけではなく、アイゼンマンが初めに企画したように、この柱の間の細く見通しのない通路を一人で歩き、虐殺されたヨーロッパのユダヤ人の想起に耽ろうとする者が、もし現実にいるとするならば、石碑から石碑へ飛び移る行為がその妨げになるのは明らかであろう。この二つの行為が両立することは不可能である。

さらに石碑の間の通路をその利用規則に則り、普通の歩行速度で一人で歩いたとしても、柱を通り過ぎるたび、どこからで出てくるか分からない人々との衝突を回避するため、常に注意を払わなければならない。それは孤独や圧迫とは全く無縁の緊張であり、予期せぬ出会いの広場という感さえある。いずれにせよ実現したこの記念碑は、設計者を初めとして、多くの人々が思い描いていたものとはあまりにもかけ離れていた。さまざまな人々を、さまざまな理由によって惹きつける新たな観光スポットの出現である。

このような状況に対して、反応は一様ではない。

シュピーゲルは、「訪問者は、記念碑を『イベント』として捉えている」と言う。そしてここを訪れる多くの者は「情報の場所」を訪れないであろうと、式典で示唆したことを繰り返した。しかし想起の形式についての議論を再び始めることに対しては警告し、この敷地の隅に「石碑のフィールド」の意味を説明する大きな看板を建てることが考慮され得ると述べた。[★16] 記念碑を「ホラー」と呼んだベルリンのユダヤ教教会議長マイヤーは、それとは全く逆に、この状況をむしろ好意的に受け止めている。記念碑がもともと「国民の本当の心」から生まれたものではないという危惧を長年、抱いていたが、今、その長所もまた短所も含めて「生き生きとした記念碑」がテーマになったことを認識するべきである。[★17]「この記念碑が今、非常に好まれていることが分かる」。この敷地における人々のさまざまな行動も、この記念碑の受容ということに本質的に含まれるものであり、「人々の躍動する生を制限するべきではない」と言う。[★18] アイゼンマンは一般公開から一週間たって、ニューヨークで次のことを語った。

「世界中の記念碑で、人々は座ったり、立ったり、飛び跳ねたりしている。そうしたことは、人々が喜んで記念碑にやって来ていることを示すものであり、それはよいことである[★19]」。

財団事務局長ハーファーカンプは、下を歩く者にとって石碑を飛び跳ねる行為は危険で憂慮すべきことではあるが、今は「柱と人々との対話の最初の局面」であり、また「可能な限りリベラルな姿勢」をとるという基本方針に基づいて、介入する意思がないことを表明した。[20]

財団議長ティールゼもまた、記念碑に禁止事項を書いた看板を目立つように立てるべきであるという声に対しては、否定的見解を示した。

「柱から柱へ飛び回ることは適切ではないが、だからといって看板を立て、厳しく注意するならば、それもまた適切なこととは言えない。（略）この記念碑とどのように関わるのかということは、訪れる者が学ばなければならない。（略）歴史的な知識をもってそこへ行き、その知識が行動に影響を与えるのだから、その限り、これらの行為は、かなり多様ではあるが、我々の社会の状態を映し出すものである」。そして情報の場所を訪ね、そこで犠牲者の運命を想起することが決定的に重要なことであるとした上で、「時がたてば尊厳あるふるまいが、自ずとして生まれることを確信している」[21]と述べた。

しかし根本的な問題は、そもそもこの石碑を飛び回る行為は、果たしてティールゼの言うように歴史的知識の欠如から生じているのか、またそうした行為はどういう意味で不適切であるといえるのかということである。

すでに述べたように、この敷地では「石碑のフィールド」が何であるのかは徹底的に隠され、ティールゼも式典演説で述べたように、その解釈は見る者に完全に委ねられている。そうであるならば、この「石碑のフィールド」で人々が、それぞれが体験し、鑑賞し、それに基づいて、あるいはそれに触発されてなす行為が、たとえどれほど多様で、また想定していたものとは異なっていたとしても、だからといってそれを適切ではないと断じることはできない。

「石碑のフィールド」が、そもそも虐殺されたヨーロッパのユダヤ人を象徴するものとして受け止められていないのであれば、そしてそれが全く別のものを象徴し、全く別の感情を喚起しているのであれば、それに応じてなされる人々の行為が、虐殺されたヨーロッパのユダヤ人の尊厳を傷つけているということはできない。「石碑のフィールド」が「虐殺されたヨーロッパのユダヤ人のための記念碑」という名を持つ記念碑であるということを、見落とされないよう、どこからでも分かるよう敷地内に明示すれば、「石碑のフィールド」は当然ある一定の意味や解釈に拘束され、ここを訪れる者の行動にも自ずとして「制約され」、「節度ある」態度が期待できるであろう。しかしその場合、「石碑のフィールド」は、開かれた芸術というあり方を少なくとも部分的には放棄することになる。ここで問われているのは、芸術と記念碑という関係における矛盾や対立という問題であり、開かれた自由な芸術作品と一定の目的に規定された記念碑は両立しうるのかという問題である。

またティールゼの言うように、「情報の場所」に行って、初めてこの「石碑のフィールド」の意味が明らかになり、感じるべきことを感じ、理解すべきことを理解し、そのことによって「石碑のフィールド」での「適切な行動」が促されるというのであれば、なぜ「情報の場所」を全く目立たぬよう地下に造り、常に厳しい入場制限を行なわざるを得ない設計を許したのか。「石碑のフィールド」の設計者アイゼンマンが、「情報の場所」を、自らの作品の自律性を守るためそのように設計したのは当然のことであろうが、「補完」の必要な記念碑という規定からすれば、「情報の場所」はもともと「石碑のフィールド」とは、切り離され得ぬものとして考えられていた。しかし、「情報の場所」に入館するためには、五月の公開から夏の観光シーズンまで四ヵ月近くの間、混んでいる時間帯では、待ち時間は二時間に達していた。そして「石碑のフィールド」を訪れた者のうち、「情報の場所」に入館した者は、そのうちの約一割にすぎない。[★22]観光客の最も少ない厳冬期でも、待たずに入館することはほとんど不可能である。真冬に、氷点下の完全に吹きさらしの戸外で、立ったまま待ち続け続けることのできる者がいったい、どれだけいるのか。このフィールドを訪れた多くの者は、結局何の説明や情報を得ることなく去っていく。補完されるべきであるとされる記念碑は実際には補完されず、そこに開かれた芸術作品として存在している。

このような現実を踏まえれば、禁止事項の看板を立てることの是非を問う前に、そもそもこれがいったい、何であるのか、どういう名目のもとに建てられたものであるのか。この「石碑のフィールド」が上に冠している名称を、誰にでも分かる形で、表示することは当然あり得る選択である。もしこれを、なお「虐殺されたヨーロッパのユダヤ人のための記念碑」であると規定し、そして「不適切な行為」について云々したいのであれば。

「石碑のフィールド」で、このような光景が繰り広げられる背景には、この場所の歴史的無意味さということが大きな要因として挙げられるであろう。この記念碑が歴史的現場や連邦議会堂の前など象徴的に意味のある場所に建てられるべきであることを、かつて論争の中で多くの者が主張した。強制収容所の記念館では、その場所自体が持つ象徴力によって、禁止事項の表示があろうがなかろうが、この「石碑のフィールド」に見られるような、いわば屈託のない「不適切な」行為は見られない。その場所そのものの持つ圧倒的な力がその場を支配しているからであろう。例えばアウシュヴィッツの収容所の敷地内にある記念碑も、その場所と結びつきにおいて象徴性を持つものであって、それ自体の「純粋な」芸術的価値といったものだけがそこで決定的な意味を持っているわけではない。そうした場所の象徴力が全く欠落している、たんなる空き地に建てられたこの「石碑のフィールド」が、「不適切な行為」を自ずから排除しうる象徴力を獲得するのはほとんど不可能なことではないであろうか。

「石碑のフィールド」は、その後若者が飛び回るだけではなく、子供の鬼ごっこや隠れんぼうの遊び場ともなった。日が暮れれば、柱の下には小さなあかりが灯り、通路は下から照らし出され、柱は光る。柱の影では抱き合うカップル、柱の間で座り込んで語らう若者、柱を囲んで煙草を燻らす人々など、「石碑のフィールド」は夜になればまた別の顔を持つ。

夏の間、「石碑のフィールド」は一日中、さまざまな人々によって、さまざまな用途のために用いられた。町と「石碑のフィールド」の間には境界線はなく、それは町に見事に溶け込んだように見える。

アイゼンマンは記念碑公開から五週間経た六月半ば、人々で賑わう「石碑のフィールド」を初めて一般客の一人として訪れた★23。「石碑のフィールド」が一般公開されれば、何かが失われてしまうような感覚を持っていたというアイゼンマンは、今そこに集う多くの人々を見て、「この人々がこの記念碑を完成させたのだということが初めて分かった」。そしてこのフィールドの真中に立って誰もそこにいないかと思っていたら、秘密に満ちたリズムで人が突然次々と通路から現れては、また消えていく。これがどれほど魅力に満ちた光景であるかを感嘆して語った。「それはまるで海のアザラシのようであり、餌を求める蟻のようだ」。

アイゼンマンは、「石碑のフィールドでしてはならないことは何か」という問いに対して「何もない」と端的に答えている。

「私が何かを望んでいたとすれば、それは開かれた記念碑であり、人が柱の上に座り、また子供たちの声が聞こえるそういう記念碑である[★24]」。

しかしそれは果たして記念碑なのか。それは開かれた公共芸術ではないのか。そして記念碑であることと開かれた芸術であるということは、そのどちらもが、何ものをも犠牲にすることなく両立することはあり得るのか。そして記念碑はそれを規定する意味や解釈から完全に解放されて、なお記念碑としてあり得るのか。

4・4 結語

何の躊躇もなくくつろぎ戯れることのできる、この平和すぎる「石碑のフィールド」は、何を象徴しているのか。

二回目のコンペの審査委員長でこの作品を推したヤングは、フィールドの周辺にある石碑の低さがその上を歩く行為を誘発することを危惧し、それを高くすることを提案している[★25]。しかしこの警告は全く顧みられることはなかった。連邦議会の決議の際に、アイゼンマンの「石碑のフィールド」を支持する者から、「孤独」や「空虚」「無」、そして見る者に「躓きを与える不快なもの」という言葉が繰り返し語られた。

しかし、都会の真中に造られたこの異質の空間は、昼夜を問わず、人々を惹きつけている。

完成した「石碑のフィールド」の具体的なイメージを誰も正しく思い描くことはできず、実現された「石碑のフィールド」はこれを支持していた人々の論拠とは全く対応せぬものとなった。

もともとこの記念碑を支持した者には記念碑の巨大さが、人に目をそらすことを許さず忘却を防ぐものとして作用するという論拠があった。そこでは物理的次元の問題が、想起の質的な問題に関連づけられていた。また「石碑のフィールド」の構造によってこの中に入った者の抱く方向性の喪失の感覚が、ホロコーストのさまざまな意味での想像不可能性と類比的に語られた。しかしホロコーストの体験との何らかの類比性を、記念碑に期待し、持ち込むこと自体が根本的に間違っていた。

巨大モニュメントの代わりに、虐殺された子供たちを偲び、子供の声が響く公園をここに造るというコンラートの提案【資料41】は、当時、あまりにも陳腐で調和的であるという理由で退けられたが、今となればその提案が、この調和的ではあるが、しかしあまりに危険な「公園」よりも悪いということはない。

「石碑のフィールド」でくつろぐ人々の光景は、現在のドイツの「平和」を象徴しているのか。

「強制収容所解放から六十年たって、それを望む者もいたが、しかし多くの者は恐れてきた、『あのドイツ史との関わりにおけるドイツの正常性』や『無邪気さ』が、ここで初めて可視的になるのか。もしそうであるならば、この記念碑はその無邪気さをただ可視的にしただけなのか、それともそれに焦点を当てているのか、それをただ晒しているだけけか、あるいはそれを正当なものとして認めているのか」[★26]。

「石碑のフィールド」への落書きを恐れたドイツは、これが逆に人々に好まれる観光スポットとなったことに当惑している。ネオナチやさまざまな形での破壊行為と闘うことはできるが、悪意なき無邪気さと闘うことはできない。いや、そもそも、それは闘うべき対象であるのか、それとも受け入れてよいものなのか、それ自体、定かではない。しかし記念碑の発注者は、制作者と一緒になって「まるでアザラシのようだ」などと感嘆しているわけにはいかない。

「石碑のフィールド」がネオナチの攻撃の対象になり、反ユダヤ主義の落書きによって「冒瀆」されるという事態が起これば、その時「石碑のフィールド」はようやくその名にふさわしい記念碑となることができるのかもしれない。落書きは、逆接的にこれをそのような記念碑として認知する行為であるからである。そのような落書きは現在の社会状況を反映するという意味で、なおこうした記念碑に帰属するものであろう。しかしこの記念碑に張りついた二十四時間体制の厳重な警備は、それを許さない。もっともこの記念碑がこの状態で極右の落書きの対象になり得るのかどうかも疑わしい。

芸術を記念碑として発注することはできるが、それが実際に記念碑として「機能する」か否かは全く別の問題である。

どのような記念碑も、本来それが指し示し記念するはずのものより、それが建てられた時代やそれを見る人々の生きる社会的政治的状況をより鮮明に映し出すものであろう。そして時がたつにつれて記念碑の意味や機能が変質していくことも、忘却から記念碑を守ることができないことと同じく、記念碑の属性であるといえよう。

「石碑のフィールド」はいつか、二十世紀末の代表的記念碑芸術、あるいは都市に溶け込む巨大記念碑の一例、それともアイゼンマンの代表作として語られるだけのものとなるのかもしれない。それらはすべて後の時代に委ねられている。

しかし「石碑のフィールド」は、それがどのように受け入れられ、解釈されようとも、二十世紀末のドイツが、「虐殺されたヨーロッパのユダヤ人」を記念するものとして、このようなものを建てたという事実をここに記録するものではあり続ける。そしてそのこと自体を記念する記念碑となるかもしれない。その解釈もまた後世に委ねられるとしても。

記念碑が迎えた最初の、長く暗いベルリンの冬、凍結した「石碑のフィールド」では昼間飛び跳ねる者や、夜、そこで語らう者を見かけることはなかった。「石碑のフィールド」は、夏とはまた違う姿を冬には見せた。二度目の夏、完成から一年余を経て「石碑のフィールド」には再び人々が集まり、連日、何台もの観光バスが周辺に停まり、多くの観光客で賑わった。サッカーのワールドカップの間は、同じようにまるで「屈託のない」三色旗がこの記念碑の傍ら、ブランデンブルク門周辺を埋め尽くした。「パーティー・ナショナリズム」という言葉がマスコミに登場した。

「石碑のフィールド」は休息の場としても大いに利用され、それは周囲に何の違和感なく溶け込んでいる。石碑の上を歩く者がいれば、警備員がどこからともなくやってきてただちにそれを制止する。「石碑のフィールド」がこのようにして今後もベルリンの街やベルリンの人々と「平和」的に共存していくことは、目下、疑う余地がない。「石碑のフィールド」が、虐殺されたヨーロッパのユダヤ人と何の関係があるのかは定かではないとしても。

十五年以上続けられた記念碑論争が、この記念碑を生み出したのか、それともその論争にもかかわらず、この記念碑が生まれたのか。

一つだけ確かなことがある。それは「記念碑」が、この論争を生み出したということである。「記念碑」を契機にして、また「記念碑」を媒介にして「過去の克服」に関するあらゆる問題が、それぞれそれなりの限界を伴うものであったとしても、広く公に、また徹底的に論じられた。

重要であるのは、可視的になったこの記念碑ではなく、その論争であり、そこで論じられた問題であり、そして何よりも、その問題との取り組みとその継承である。

（1）Vgl. Christine Richter, „Mehr Schutz vor Neonazis", in: BZ vom 15.3.2006.
（2）なおこの式典の式次第や演説は「虐殺されたヨーロッパのユダヤ人のための記念碑財団」のインターネットの公式サイトからダウンロードできる。http://www.holocaust-mahnmal.de/aktuelles/downloads.
（3）Vgl. Art. „Asche verbrannter KZ-Häftlinge beigesetzt", in: BZ vom 30.3.2005.
（4）Zit. nach Ayhan Bakirdögen, „Geschmacklos und anmaßend", in: Welt vom 13.5.2005.
（5）Zit. nach dpa, „Mahnmal: Empörung über Lea Rosh", in: Bmp vom 12.5.2005.
（6）Vgl. Marlies Emmerich, „Stilfragen" in: BZ vom 13. 5.2005.
（7）Jens Bisky, „Die Beerdigung eines Zahns", in: SZ vom 12.5.2005.
（8）Vgl. Ayhan Bakirdögen, „Geschmacklos und anmaßend", in: Welt vom 13.5.2005.
（9）Vg. Art. „Der Lea Rosh-Skandal", in :BZ vom 13.5.2005.
（10）Zit. nach Art. „Lea Rosh gibt Zahn zurück", in: der Tagesspiegel on line spezial vom 13.5.2005, Internet: http://www.tagesspiegel.de/tso/sonderthema5/artikel.asp?TextID=49722#.

(11) Vgl. ibid.
(12) Vgl. Gerhard Gnauck, „die Erinnerungskultur hat sich gewandelt. Polen gedenkt in Belzec des Holocaust", in : Welt vom 4.6.2004.
(13) Zit. nach Marlies Emmerich, „Stilfragen", in: BZ vom 13.5.2005.
(14) Michel Friedman (Interview), in: BZ vom 13.5.2005.
(15) Marlies Emmerich, „Mit Sicherheit ändert sich nicht", in: BZ vom 29.6.2005.
(16) Vgl. Claudia Keller, „Denkmalstiftung gegen mehr Kontrolle", in: Tsp vom 18.5.2005.
(17) Vgl. Kai Ritzmann, „Der Ort wird seine Würde entwickeln", in: BMp vom 13.5.2005.
(18) Zit. nach Claudia Keller, „Denkmalstiftung gegen mehr Kontrolle".
(19) Zit. nach ibid.
(20) Vgl. Ariane Neumann, „Stelenspringer am Holocaust-Mahnmal", in: FAZ vom 18.5.2005.
(21) Zit. nach Bettina Vestring, „Thierse gegen Verbotstafeln am Mahnmal", in: BZ vom 21.5.2005.
(22) Vgl. epd, „Ort der Information bleibt montags zu", in: BZ vom 30.8.2005.
(23) Vgl. Petra Ahne, „Der Architekt und das Mahnmal. Wie Seehunde im Meer", in: BZ vom 22.6.2005.
(24) Zit. nach ibid.
(25) James E. Young, „Die menschenmögliche Lösung des Unlösbaren", in: Tsp vom 22.08.1998. in: DS, S.1115 ff.
(26) Henning Sussebach, „Ein weites Feld", in: Zeit von 2.6.2005.

5 共同想起に関わる現在の問題

5・1 他の記念碑建設問題のその後の経緯

5・1・1 シンティー・ロマの記念碑をめぐる論争

第I部で述べたように、「虐殺されたヨーロッパのユダヤ人のための記念碑」建設のよびかけ直後から、シンティー・ロマは、この記念碑がユダヤ人犠牲者だけを想起の対象にすることに対して強く抗議し、同じ民族虐殺の犠牲者としてシンティー・ロマとユダヤ人共同の記念碑を求め続けた。個別の記念碑をあくまで求めるユダヤ人との間で対立は激化し、その問題はホロコーストの本質をめぐる論争へと発展した。ベルリンと連邦はその対立を回避し、ユダヤ人の記念碑建設の道を開くため、シンティー・ロマの記念碑建設を一九九三年に事実上決定し、翌年、連邦議会堂の傍らがその建設予定地となった。

連邦議会による「虐殺されたヨーロッパのユダヤ人のための記念碑」の建設決定は、ホロコーストの犠牲者グループに対してそれぞれ個別の記念碑を設立することを内容的に含むものであった。それに基づいて、翌二〇〇〇年には他の犠牲者グループに先立って、シンティー・ロマの犠牲者の記念碑建設が連邦議会で正式に決定された。

記念碑の設計は、第一回ユダヤ人の記念碑芸術コンペの招待作家でもあったイスラエルの著名な芸術家ダニ・カラヴァンに委託された。カラヴァンはシンティー・ロマの記念碑として、一〇メートルの石柱を中心に持つ円形の泉の設計を二〇〇三年に完成させた。翌年、建設工事が始まる予定であったが、記念碑の碑文に関する論争が起こり、工事開始は大幅に遅れた。争点は次の二点である。

第一は、碑文の内容に関する問題である。ユダヤ人との共同記念碑の可能性が完全に失われた後、シンティー・ロマ協議会は、シンティー・ロマがナチスの民族虐殺の犠牲者として、ユダヤ人と全く同じように迫害され、虐殺されたことを碑文において明記することを訴え続けていた。そしてローマン・ヘルツォーク大統領（在任期間一九九四~九九年）が、ドイツ・シンティー・ロマの記録文化センターの開館式で行なった演説（一九九七年）の次の一節を、内容的に、またドイツ国家の代表者によってなされた公式の表明であることからも、碑文にふさわしいものであるとして、独、英、仏、そしてロマ語で記念碑中央に附すことを強く求めた。

「シンティー・ロマの民族虐殺は、ユダヤ人と同様、人種主義の妄想という動機によって、計画的に最終的絶滅を貫徹するという意志によって遂行された。そして彼らはナチスの影響の及ぶ全領域で体系的に、子供から年老いた者まで家族全体で虐殺された★1」。

この言葉の内容に対して、ユダヤ人や歴史学者の間から異議が唱えられた。一九九〇年代の前半に集中的に行なわれたシンティー・ロマとユダヤ人の迫害の比較やナチスの本質についての論争が、再びこの碑文をめぐって始まった。二〇〇六年五月八日、五年あまりの論争の末、シンティー・ロマ協議会と連邦文化大臣との間で、次の合意がようやく成立した。

記念碑の傍らに「ツィゴイネル」の迫害と虐殺の歴史をまとめたパネルを立て、ヘルツォークの演説の一節はそこで引用として用い、次の言葉を碑文とする。

「我々はナチスによって占領されたヨーロッパにおいて計画的民族虐殺の犠牲となった全てのロマを想起する★2」。

しかしこの碑文は、第二の争点を解決するものにはならなかった。それはナチスによって虐殺された「ツィゴイネル」を、「ロマ」、あるいは「シンティー」という言葉で表わすことが適切か否かという問題である。

ドイツでは一九八二年にドイツの「ツィゴイネル」に属する民族が「ドイツ・シンティー・ロマ協議会」を設立し、「ツィゴイネル」という言葉を蔑称として拒絶したことを契機として、その民族の自称「シンティー」、あるいは「ロマ」が一般に用いられるようになった。ヴァイツゼッカーの戦後四十周年の演説でも、戦争による犠牲者の名指しの一節で使われているのは「シンティーとロマ」であり、「ツィゴイネル」ではない。ノイエ・ヴァッへの碑文もまた同様である。

しかし、二〇〇〇年に新たに「ドイツ・シンティー同盟」が設立され、この組織はシンティー・ロマ協議会とは全く逆に「ツィゴイネル」をこの民族の総称として用い、記念碑の碑文に「ツィゴイネル」と表記することを求めた。この言葉を回避すれば、ナチスによって虐殺されたシンティーやロマ以外の「ツィゴイネル」民族を排除することになるというのがその論拠である。それ以来、この民族の名称についての議論が、第一点の問題と並行して続けられてきた。

こうした対立を受けて二〇〇五年二月、連邦議会全会派の文化担当の議員が一致して次の一文を碑文として提案した。

「ナチスの人種的妄想によって、ドイツやヨーロッパでツィゴイネルとして迫害され虐殺された全てのシンティーとロマを想起する」[★3]。

しかしこの提案は、「ツィゴイネル」という言葉が用いられていることを理由にして、シンティー・ロマ協議会によって直ちに拒否された[★4]。連邦文化大臣は事態の収拾を図るために英語の「ジプシー」を使うことを提案したが[★5]、ドイツ語を英語に言い換えても問題が解決するわけではないことは明白であり、この提案は全く顧慮されなかった。

それから一年あまりたって、シンティー・ロマ協議会と連邦文化大臣との間で成立したのが、先に記した二〇〇六年五月八日の合意である。しかしその碑文にはツィゴイネルという言葉が使われていないということを理由に、今度はドイツ・シンティー同盟が拒絶した[★6]。

歴史学者もこの論争に加わっている。イェッケルは、シンティーはドイツ語圏で最も多い「ツィゴイネル」に属する民族、ロマは人間という意味を表わすツィゴイネルの自称であり、通常用いられている「シンティーとロマ」という名称は、民族の個別の名と包括的概念であるロマとを並列に並べているので適切ではないと言う。数百年用いられてきたツィゴイネルは、もともと蔑称ではなく他の民族を排除しない包括的な名称であり、歴史的に正当である。そして国際的に通用している「ツィゴイネル」を用いなければ、記念碑の意味が外国人に理解されないとイェッケルは指摘する。★7

歴史学者ヴォルフガング・ヴィッパーマンは、ヨーロッパで多く用いられている「ツィゴイネル」(及び同じ語源を持つ言葉)やスペインやイギリスでの呼称「ジプシー」は、この民族に対して外から与えられた呼称であり、常に否定的なイメージに関連づけられていると批判する。そして「ツィゴイネル」が十八世紀の末、自らをロマと称し、ドイツで六百年前から暮らしているロマは自らを「シンティー」と称してきたことが文献としても確認できることから、「ポリティカル・コレクトネス」ではなく、歴史的正確さの問題として、この民族の自称であるシンティーやロマを用いるべきであると主張する。★8

連邦政府文化省はシンティー・ロマ協議会との合意が成立した際、「ロマ」という名称は「国際的に通用している、この民族の包括的概念」であると公式に表明している。★9

多様な見解が錯綜し、この問題について議論を深めていくための土台となる資料や文献が充分にない。記念碑論争の中で「犠牲者のヒエラルキー」と言われた問題は、こうしたドイツの、あるいはヨーロッパの文化状況にも端的に表われている。ドイツは歴史的にこの民族と既に長い関わりを持ちながら、積極的な関心を持って関わることはなく、現在でも「ツィゴイネル」はナチスの虐殺や迫害の関連で言及されるのが常であり、歴史の主体として見られることはほとんどない。★10

二〇〇七年十二月、碑文についての合意がようやく成立した。碑文として記念碑の泉の淵に記されるのは、イタリアのロマの詩人、サンティノ・スピネリの「アウシュヴィッツ」と題する詩の一節である。

「痩せこけた顔/光を失った目/冷たい唇/静寂/裂かれた心/息もなく/言葉もなく/涙もなく」

そしてその脇に立てられるパネルには、シンティー・ロマなどツィゴイネルに属する民族の歴史についての解説が、シンティー・ロマ中央委員会とシンティー同盟の提案を土台にして、ケルンのナチス資料センターとドイツ現代史研究所（ミュンヘン／ベルリン）との協同によって起草された。

連邦参議院議会は、二〇〇七年十二月、ナチス親衛隊長ヒムラーによる「ツィゴイネル」虐殺の命令（一九四二年十二月十六日）六十五周年を記念し、この記念碑の構想を全会一致で可決した。その議会では参議院議長オーレ・フォン・ボイス（キリスト教民主同盟、ハンブルク市長）が記念の演説★11を行ない、シンティー・ロマの虐殺を想起することの重要性をあらためて訴えると共に、欧州共同体で現在約一二〇〇万人を数えるシンティー・ロマ、及びツィゴイネルと自称する民族が今も社会的経済的弱者として暮らしていることに言及する。そしてこの民族独自の文化、伝統、言語、世界観を守り、そのアイデンティティーを奪うことなく、現代のヨーロッパ市民社会にこれらの人々を統合する可能性と必要性を強調した。その際、ボイスはハンブルク市で一九九二年以降続けられている、ロマ語を話すロマとシンティーの教員によるロマ語での授業やシンティー・ロマの児童の保護者を援助するプログラムの成果を紹介した。

▲…シンティー・ロマの記念碑建設場所。まだ工事は進行していない。記念碑予定地であることを示す看板が立っている。後ろの建物は連邦議会堂。

参議院議会の決議を受け、翌二〇〇八年一月、連邦議会文化委員会はシンティー・ロマの記念碑の構想を正式に承認し、記念碑の建設を始めることを公式に発表した。二〇〇八年十二月には定礎式が行なわれた。

シンティー・ロマの記念碑についての論争は、かつての民族虐殺だけではなく、常にこの少数民族の現在の状況を浮き彫りにすることになってきた。そのことは間違いなく記念碑論争の重要な貢献の一つであろう。

5・1・2 ナチスの資料センター「テロの地勢学」(ゲシュタポ跡地)

一九八七年、ゲシュタポ跡の仮設展示館で始まった「テロの地勢学」は、ホロコーストに至るナチスの犯罪が、どのようにしてこの場所から生まれ、発展していったのかという、加害者に焦点を当てたテーマに集中し、ゲシュタポの政治機構の仕組やその犯罪の展開を明らかにする展示を中心とした活動を行なってきた。

第Ⅰ部で触れたように、展示だけではなく、図書館や国際会議を開くことのできる資料センターをここに建てることが一九九〇年、決定され、一九九二年には「財団 テロの地勢学」が設立された。その年に行なわれたコンペで、スイスの著名な建築家ペーター・ツムトアーの設計が翌年一位に選ばれた。一九九六年に建設工事は始まったが、ツムトアーが当初の計画を大幅に変更したため設計が複雑化したことを主たる要因として工費は高騰し、ベルリンとの間に対立が生じた。工事は二度の中断を経て、最終的に工費の見積もりが当初の三倍近くになるに及んで、工事の中止が二〇〇〇年に正式に決定された。その後長く事態は膠着し、二〇〇四年三月、ゲシュタポ跡の保存運動以来、「テロの地勢学」の設立や発展に深く関わってきたライハルト・リュルプは、ベルリンと連邦に対する抗議として館長の職を辞した。それがメディアや世論を喚起したこともあり、ベルリンから連邦にこのプロジェクトの主導権は移り、その年、ツムトアーの設計実現の中止とそれまでの工事で造られたものの撤去が正式に決定された。二〇〇五年、再びコンペが開かれ、提出された三〇〇余の作品の中から、ベルリンの建築家ハインレとヴィッシャーの企画が翌年一位に選ばれた。二〇〇七年十一月、ようやく建設工事が始まった。現在もこの敷地では特別なテーマを持った展覧会や常設の展示などが野外で行なわれ、多くの人々が訪れている。

記念碑論争の中で、ドイツで最も重要な記念館として何度となく言及された「テロの地勢学」が、内容に関わる論争ではなく、たんなる手続上の不備によって生じた膨大な時間的、物質的損失に対して、ベルリンや連邦の責任を問う声は大きい。
ドイツのポーランド侵攻七十周年の二〇〇九年九月一日に、開館が予定されている。[★12]

「テロの地勢学」附属施設として、二〇〇六年六月、ベルリンのシェーネヴァイデ区にある「強制労働者収容所」が記念館として公開された。三ヘクタールの敷地内に立ち並ぶ一三のバラックには、当時、イタリア、フランス、ベルギー出身の労働者約二〇〇〇人が収容されていた。当時ベルリン全体でこのような施設は約三〇〇〇あり、そこにはヨーロッパ各国から連行されて来た四〇万人以上の強制労働者が収容されていた。記念館となった施設はその中で現在も残っている唯一のものである。東独時代、この建物は予防学研究所として用いられたが、一九九四年以来、歴史的文化財として保護されていた。[★13] これはナチスに関わる特別に重要な歴史的建造物としてデモの規制の指定を受けた施設の一つである。

▲…「テロの地勢学」の展示。

現在、二つのバラックが展示館となっている。欧州連合が費用の財政の一部を負担している。

また二〇〇八年一月二十八日、ベルリン・フィルハーモニーの入り口の傍らで、「灰色のバス記念碑」の除幕式が行なわれた。この場所、ティアーガルテン四番地にはかつて精神障害者と精神病者の体系的虐殺、アクツィオーン（Aktion）T4（T4は住所の頭文字）が計画された別荘があった。ユダヤ人やシンティー・ロマの大量虐殺の始まる前、一九四〇年から一九四一年の間にアクツィオーンT4によって、約一〇万人の精神障害者と精神病患者が「安楽死」という名の下で殺された。ナチスの体制下では、全体で約二〇万人が虐殺されたとみられている。

ホルスト・ホーアイゼルとアンドレアス・クニッツによる記念碑「灰色のバス」は、当時、患者を精神病院などの施設から殺害の場所へ移送するために実際に用いられた灰色のバスをコンクリートで象ったものである。バスの内部のコンクリートの壁には、ある患者が叫んだと伝えられている言葉が刻まれている。

「我々をどこへ連れて行くんだ」。

この記念碑は二〇〇六年に完成し、七〇〇人近くの患者をかつて死へ送った南ドイツのある精神病院の前に建てられた。しかしその後「テロの地勢学」と「虐殺されたヨーロッパのユダヤ人のための記念碑財団」を中心にして、さまざまな組織や市民運動、人権団体が集まり討論を重ねた結果、その殺害計画が立てられたベルリンのこの加害者の現場へ移されることになった。この決定は、この場所一帯を想起の場として再構成する計画の一環として行なわれたものである。

▲…灰色のバス。後に見えるのがセラの制作したベルリン・カーブ。

「灰色のバス」の数メートル離れたところには、一九八六年に造られたリチャード・セラによるアクツィオーンT４の記念碑「ベルリン・カーヴ」がある。

5・1・3 同性愛者の記念碑

同性愛者解放運動団体によって長年訴えられて来た同性愛者の記念碑の建設は、二〇〇三年十二月、連邦議会で決定された。ブランデンブルク門の背後に広がる広大な公園の端、ちょうど「石碑のフィールド」と道路を隔てた向かい側がその建設場所である。二〇〇五年の二月、連邦とベルリンによる記念碑コンペが開かれ、一二四の作品が提出された。二〇〇六年一月、最終選考に残っていた一七の企画の中から、同性愛のカップル、インガー・ドラグセットとミヒァエル・エルムグリーンの作品が第一位に選ばれた。ノルウェーとデンマーク出身の両者は世界的に知られた芸術家であるが、数年前からベルリンが活動の拠点となっている。

その記念碑は幅四・七メートル、奥行き一・九メートル、高さ三・六メートルのコンクリートでできた黒い直方体である。これは「石碑のフィールド」を意識して設計されたものであり、正面から見た広い面はアイゼンマンの石碑とほぼ相似形をなしている。しかしこの黒い石碑状のものは、中が空洞になっており、道路に直接面していない直方体の狭い面の一つには、内部を見ることができる四角い窓が、人の目の高さの位置に作られている。「石碑」の中では、この記念碑の建っているちょうどその場所で、抱き合ってキスをする二人の男のビデオ映像が、二十四時間、切れ目なく流されている。それはここで何がテーマになっているのかを明瞭に表わすものである。

▲…同性愛者の記念碑。

作者はこの作品について、ナチスによって虐殺された同性愛者の苦しみと、現在の自分たちが同一化できるものとを同時に表現することを企図したと言う。それは「ホモセクシュアルを受け入れはするが、それを見たくはないという現代を挑発的ではない方法でありのまま表わしている[14]」。

アイゼンマンはこの作品について、「窓つきの石碑は外観も素晴らしく、また我々の記念碑への共感を表している」と賞賛した[15]。

記念碑の中に映し出される男性同性愛カップルのビデオ映像に対して、後に女性解放運動の雑誌エマ（一九七一年創刊）を主宰するアリス・シュヴァルツァー、及びその編集部は、この記念碑から女性同性愛者が排除されていることを男性支配原理の反映として抗議した。[★16] 論争の末、男性と女性同性愛者の映像が二年ごとに入れ替えられることとなった。

強制収容所で、当時虐殺された約七〇〇〇人の同性愛者は全て男性であり、記録上、同性愛を理由に強制収容所に送られた女性はいない。

記念碑というものは、それが歴史的事実に関連づけられたものであっても、何よりもまずそれを建てた時代と人々のメッセージを担うものである。この記念碑の作者二人は、現代の若者の（男性）同性愛カップルの抱擁を記念碑の中で映し続けることによって、同性愛者の過去の苦しみという歴史的事実より、むしろ現在や将来に実現されるべき同性愛者の解放のイメージを「当事者」として積極的に表現している。その意味では、ここでとり上げたさまざまな記念碑とは異なり、明らかに過去よりも未来に焦点をあてるものである。そうであるならば、性の故ではなく、性的指向性の故に殺された者の想起と解放を、一方の性にのみ限定しなければならない積極的な理由はないであろう。いずれにせよ記念碑とは、歴史的現場の探求や保存を課題とする記念館とは異なり、多かれ少なかれ、現代によって認知された「よい」目的のために、過去を利用、あるいは活用するものである。その意味では記念碑とは現代から過去への侵入に他ならないことをこの事例は明瞭に示しているといえるであろう。

二〇〇八年五月二十七日、同性愛者の記念碑の除幕式が行なわれ、ベルリン市長ヴォーヴェライト、連邦文化大臣、連邦議会副議長、ベルリンのユダヤ教会議長などが列席した。ヴォーヴェライトは式典の演説で、今日でもなお同性婚と異性婚との間に完全な法的平等は実現していないことを批判し、職場における差別、同性愛者に対する侮蔑的なジョーク、右翼の襲撃などに同性愛者に貼られた「異常」というレッテルはなお残っていると述べた[★17]（なおヴォーヴェライトは、二〇〇一年、市長に就任する直前、自分が同性愛者であることを演説の最後で力強く宣言し、圧倒的な拍手で迎えられた。「私はゲイだ。それでいいのだ（Das ist auch gut so.）」という演説を締めくくった言葉は当時流行語となった）。

ベルリン市が土地の提供と今後の管理責任を負い、連邦が六〇万ユーロの経費を負担している。

5・2 戦争の共同想起に関わる現在の記念碑問題

ホロコースト記念碑をめぐる集中的な論争が収束してから、ドイツでは共同想起の議論の焦点は移行し、別の広がりを見せつつある。その流れの一端に触れるため、現在問題になっている記念碑についての論争を以下に簡単に紹介したい。ここで取り上げた記念碑についても現在の政治的社会的背景や他の犠牲者の共同想起との関わりの中で、それぞれ長い論争が続いている。

5・2・1 犠牲者としてのドイツ人――故郷追放者の記念碑

「虐殺されたヨーロッパのユダヤ人のための記念碑」の実現に一つの帰結を見て、共同想起のテーマはホロコーストからドイツ人犠牲者へと移りつつある。

戦後間もなくはドイツで戦争の想起とは市街地の空襲や故郷からの追放など、ドイツ一般市民の直接的体験を中心とするものであったが、一九六〇年代後半、学生運動における戦争世代に対する激しい告発を一つの契機として加害者ドイツ人という視点に貫かれた「過去の克服」が、共同想起のテーマとなっていった。そして一九七〇年代以降、世代交代を背景にしつつ、戦争に関わる共同想起はホロコーストとその犠牲者へと方向づけられた。

第Ⅰ部で詳述したように、「犠牲者」という言葉によって、虐殺された者と「加害者」を一括するノイエ・ヴァッヘは一九九〇年代半ば、激しい論争を引き起こした。その中で「犠牲者」の定義についての議論が根本的に深められ、「受動的犠牲者」や「能動的犠牲者」、「犠牲者となった加害者」などの区別の重要性が論じられた。そして議論は受動的犠牲者の想起とその方法に集中し、それがホロコーストの犠牲者の記念碑建設へと結びついた。

戦後のそうした長い論争の中で、空襲によって犠牲になったドイツの一般市民や戦死者という「自国の」犠牲者に対してどのような共同想起がなされるべきかという問題は、理論的に、また方法論的に深く掘り下げられることはなかった。自国の死者をホロコーストの犠牲者との関連とドイツが始めた侵略戦争の帰結という歴史的文脈の中に正当に位置づけて想起することは、ある意味では、ホロコーストの徹底的受動的犠牲者の想起よりも複雑で困難な課題である。想起をめぐる議論のその空白は、一九九〇年代後半、「ヴァルザー—ブービス論争」を契機にして表面に表われた想起の主体の亀裂や極右の活性化、またそれを許す社会的状況と全く無関係であるとは言い得ないであろう。二〇〇〇年代に入ると、空襲によるドイツ一般市民の犠牲者をホロコースト犠牲者と同等に置くような論調が一部では見られた。この流れの中から二〇〇二年に出版された、英米軍によるドレスデンなど、ドイツの市街地への空爆によるドイツ人犠牲者をテーマにしたヨーク・フリードリッヒの『焼失』[★18]は、出版後直ちに大きな論争を引き起こした。極右はこれを契機に英米軍によるドイツ市街地への空爆を「爆弾ホロコースト」と呼び、空爆による町の焼失をアウシュヴィッツの遺体焼却炉になぞらえ、大きな非難を浴びた。

ドイツ人犠牲者の想起が、歴史的な事実関係を隠蔽、歪曲し、ホロコーストの犠牲者を相殺するような方向へと向かうならば、それはタブー化されることになり、共同想起の道は閉ざされる。その限り想起の空白から、同じような問題が繰り返し現れることを防ぐことはできないであろう。すべての「犠牲者」を一般化し、歴史を隠蔽するようなノイエ・ヴァッへのようなあり方ではなく、他の犠牲者との関わりを根本的に見据えた、「自国」のさまざまな「犠牲者」の共同想起は、根本的に追究されるべき重要な問題の一つである。

戦争の末期及び終結直後、東プロイセンやシュレージアなど、戦前のドイツ領の住民と東欧で何世代にもわたって少数民族として暮らしてきたドイツ人が、現在のポーランド、ロシア、チェコ、スロバキア、リトアニア、ハンガリーの地域から追放された。ドイツ一般市民の犠牲者の中で最も多くを数えるのは、これらの追放されたドイツ人である。

その数は正確には不明であるが、一二〇〇万人から一四〇〇万人の追放者のうち、六〇万から二〇〇万人が強制移送や避難の途上で、またシベリアなどの収容所で、病死、または殺された。

戦後、故郷追放の犠牲者については、東欧圏に組み込まれた東ドイツでは完全に封印されたが、西ドイツでは建国の翌年一九五〇年には、すでに現在の「故郷追放者同盟」（一九五七年設立）の前身となる組織が発足している。この団体は追放された者の財産返還や補償問題だけではなく、領土返還問題も戦後長くその活動の射程に入れるものであった。この組織を中心として、故郷追放者のための記念碑、記念館をベルリンに建てるという運動が、「虐殺されたヨーロッパのユダヤ人のための記念碑」の設立決定後、次第に政治的焦点として表に表われてきた。

二〇〇〇年、「故郷追放者同盟」は、犠牲者の記念館の設立を担う「財団　反民族追放センター」を設立し、故郷追放者同盟の議長（在任一九九八年～）であるキリスト教民主同盟の連邦議員エーリカ・シュタインバッハがこの団体の議長を兼任した。またこの年、故郷追放者の財産の奪還や補償をポーランドやチェコなど当事国に求める「プロイセン信託会社」が設立された。これはポーランドとドイツの関係に軋轢を生んだ。

ドイツ大統領ヨハネス・ラウ（社民党。在任一九九九～二〇〇四年）は、二〇〇三年、ポーランド訪問の際、グダニスク（ドイツ名ダンツィッヒ）でポーランド大統領クヴァシニェフスキに、ドイツ政府がポーランドに対する追放者の財産返却や賠償運動を支持することはないと公式に表明した。

翌二〇〇四年、ポーランドでワルシャワ蜂起六十周年の式典が開かれた。戦争末期、ドイツ軍に対して蜂起したポーランドの軍隊と市民の闘いは、完全に鎮圧されるまで数ヵ月続いた。この戦闘でポーランドは膨大な犠牲者を出し、ワルシャワの町はほぼ壊滅した。六十周年の式典にはドイツ首相としてシュレーダーが招かれた。シュレーダーはその後ポーランド議会で演説を行ない、故郷追放者の財産返還要求の動きに対する批判を明確にした。

「我々ドイツ人は、誰があの戦争を始め、誰があの戦争の最初の犠牲者であったかをよく知っている。従って今日、歴史を逆転させる賠償要求をドイツの側からすることは許されない」★[19]。

補償問題を完全に否定したこのシュレーダーの演説に対しては、キリスト教民主同盟では強い批判があり、意見が分かれた[20]。

アンゲラ・メルケルはキリスト教民主同盟議長として首相就任以前から、すでに財産返還運動を支持しないことを明言しているが、「反民族追放センター」のベルリン建設に関しては、一貫して強い支持を表明していた[21]。

戦争末期ハンガリーを追放されたマイノリティーのハンガリー・ドイツ人を両親に持つ外務大臣ヨシュカー・フィッシャー（緑の党創設者の一人。大臣在任一九九八〜二〇〇五年）は、「反民族追放センター」の設立運動を次のように批判した。

「（犠牲者の痛みとは）結局、我々が自分たちに対して何をしたのかということについての痛みであり、決して、他者が我々に何をしたかについての痛みではない。（略）失われたものについての痛みやドイツやユダヤ人の共生の破壊や取り返しのつかない文化の喪失は、最後にはドイツの古い町の破壊や故郷喪失、そして東欧や東南ヨーロッパで昔から暮らして来たドイツのマイノリティーの自己破壊によって終わった。この自己破壊を一九四四年から想起することは不可能である。故郷追放者の想起のための記念館ではなく、それはドイツの自己破壊のプロセスをテーマとするプロジェクトでなければならない。『民族追放』反対という観点で見るならば、それはヨーロッパのコンテキストにおいて捉えられるべきであり、決して自国民のプロジェクトであってはならない。もしそうなるとすれば結局は歴史の書き換えへ、すなわち加害者と犠牲者の逆転へと逸脱するという疑いを免れ得ない[22]」。

「反民族追放センター」運動に対抗して、二〇〇三年七月、マルクース・メッケル（社民党連邦議員）は「将来への一歩としての共同の想起」という呼びかけで、「反故郷追放ヨーロッパ・センター」の設立を訴えた。メッケルは、故郷追放犠牲者の問題をドイツが単独で担うプロジェクトにすれば、隣国の不信を招き、自分たちの苦しみで他者の苦しみを相殺し、強制追放、強制移住、強制移送の原因や事実関係をないがしろにすることになると批判する。そして近年のユーゴだけでも五〇〇万人、また二十世紀前半、ヨーロッパ全体では五〇〇〇万から七〇〇〇万人に及ぶ宗教的、民族的理由による故郷追放の歴史に、ヨーロッパ全体が共同で取り組み、民族追放についての資料収集や研究、相互交流の場として「反故郷追放ヨーロッパ・センター」を建設することを、和解と相互理解を促す取り組みとして提案した。★23 この呼びかけには連邦議長ティールゼ（社民党）、前連邦議長リタ・ズュースムント（キリスト教民主同盟）、元外務大臣ゲンシャー（自民党）、内務大臣オットー・シリー（社民党）、またポーランドやチェコの代表的政治家ら六〇名が名を連ねた。★24

この流れを受け、社民党と緑の党連立与党は、二〇〇五年、ドイツ、ポーランド、スロバキアそしてハンガリーの文化大臣の連名で「想起と連帯のヨーロッパ・ネットワーク」の設立を発表した（後にチェコ、オーストリアもこれに加わる）。このネットワークの主旨は、二十世紀のヨーロッパにおいて戦争と全体主義、独裁、弾圧、イデオロギーによる抑圧や強制追放、強制移住の犠牲になった市民、民族の歴史をヨーロッパ各国や民族の結びつきの中で捉え返し、ヨーロッパの一つの想起文化を発展させていくことである。具体的課題として、民族追放に関わる既存のさまざまな団体、組織、また研究機関や想起の場所などを結びつけ、この問題についての共同研究や国際会議や展覧会、出版、教育に関わる活動を主催し、またそうした活動を支援、促進することが挙げられている。事務局はワルシャワに置かれる。

この年の秋、ドイツで総選挙が行なわれ、キリスト教民主・社会同盟と社民党の連立政権が発足した。公約の一つとして「反民族追放センター」のベルリン建設を掲げていたキリスト教民主・社会同盟とそれに反対する社民党の間では、この問題も一つの争点となった。両党の間に結ばれた連立協定には、故郷追放の犠牲者のための「目に見える徴《しるし》」を、「想起と連帯のヨーロッパ・ネットワーク」、及びその参加国と連携して、ベルリンに設立する、と記された。

翌年、二〇〇六年春、ヨーロッパの民族追放をテーマに、ボンの歴史館が企画した「避難・追放・統合」と題する展覧会がドイツを巡回し、八月にはベルリンのドイツ歴史博物館で開催された。同時期、そのすぐ近くでは、「財団　反追放センター」の主催した同じテーマを扱った「強制された道」と題する展覧会が、二ヵ月にわたって開かれた。

「虐殺されたヨーロッパのユダヤ人のための記念碑」の完成から一年後の夏、ウンター・デン・リンデンを隔てて行なわれたこの二つの展覧会は、ドイツにおける想起の焦点の移行を象徴的に表わすものとなり、故郷追放の犠牲者の問題に一般市民の意識を喚起するものとなった。

ベルリンに造られることになった故郷追放者ための「目に見える徴」については、両党の間での折衝が続いたが、この問題に関連する東欧諸国、中でもドイツの故郷追放者の最も多くが故郷とした地域を持つポーランドの支持を取りつけることは最も重要かつ困難な課題であった。ポーランドは戦争中、(ユダヤ人を含む)自国民五〇〇万人をドイツ人に殺されている。また二〇〇六年十二月、プロイセン信託会社を通して一二人のドイツ人追放者がヨーロッパ人権裁判所(シュトラースブール)に、ポーランドに対する追放者の財産補償の訴えを起したことで、ポーランドはドイツに対する批判と警戒を強めた。

二〇〇七年秋、ポーランドでトゥスク政権が成立し、この問題に対するポーランド政府の姿勢に変化が生じた。同年十二月、メルケルはベルリンでのトゥスクとの最初の会見で、故郷追放者の「目に見える徴」のベルリン設立にトゥスクの承認を取りつけた。またこの会見でメルケルは従来のドイツ政府の立場に則り、追放者の財産返還や補償運動をドイツ政府は支持しないことを言明した。トゥスクは、グダニスク(ダンツィッヒ)に第二次大戦の博物館建設することをそこで提案している。[★25]

現在、ポーランドはベルリンでの故郷追放者の記念館の計画に対しては政府として積極的に参画することは拒んでいるが、歴史学者が参加すると見られている。[★26]

二〇〇八年三月、ドイツの文化大臣は、故郷追放のための生きた記憶の場所としてその想起と記録の場を設立すると発表した。その具体的構想は次の通りである。

ヨーロッパの二十世紀の故郷追放に関する常設の展示の場所を、現在積極的に活用されていない建物(「テロの地勢学」のすぐ傍らにある「ドイツハウス」)の中につくり、第二次大戦と一九九〇年代のバルカン半島での民族追放を中心的なテーマにする。この計画のために独立した財団は設立されず、ベルリンのドイツ歴史博物館に帰属させる。展示内容は、ポーランドの視点を顧慮したものとして当時高い評価を得た二〇〇六年の巡回展覧会「避難・追放・統合」を基にして構成される。展示場の大半（一二〇〇平方メートル）は、東欧におけるかつてのドイツの移住の歴史や文化や追放の問題に用いられ、残り（四〇〇〜六〇〇平方メートル）はヨーロッパのさまざまな民族や地域やテーマについての特別展に当てられる。記録、研究センターも補完され、最終的には国際会議などが行なわれる「対話の場」となることをめざす。この設立には二九〇〇万ユーロ、年間の維持費として二四〇〇万ユーロが見込まれている。また「反民族追放センター」建設には国家が財政支援をしないことを併せて発表し、この追放者の想起の場が「反民族追放センター」とは一線を画することを明確にした。

ドイツ国家が、現在の、そしてかつての首都ベルリンに、ドイツ人犠牲者のための「目に見える徴」を設立するためには、「虐殺されたヨーロッパのユダヤ人のための記念碑」をはじめするホロコースト犠牲者のための「目に見える徴」の建設が不可欠であった。また一九九〇年代のバルカン半島における「民族浄化」が、民族追放を現代ヨーロッパの今日の問題としてあらためてヨーロッパの記憶に深く刻みつけたことも、一連の流れに少なからぬ影響を与えたであろう。

一九八九年の東欧の変革以降出現し、また「拡大」しつつある新たな「一つのヨーロッパ」は、民族追放の問題をも媒介にして「我々ヨーロッパ人」の一つの共同想起の確立を模索している。ヨーロッパとドイツ、あるいはそれぞれにおける様々な意味や位相での「加害者」と「犠牲者」は、その中でどのように絡み合い、位置づけられ、分離し、また統合されていくのか。ベルリンに造られる「故郷追放者の記念の場」と「ヨーロッパの連帯と想起のネットワーク」は、そこでどのような機能を実際に果たし得るのか。新たな試みは始まったばかりである。

補論　ワルシャワ・ゲットー跡記念碑とヴィリー・ブラント記念碑

故郷追放は、最終的にはドイツが領土の一部を放棄し、新たな国境を定める条約が締結されたことで、いわば故郷喪失として完結した。この問題を記念碑との関連で捉えるとき、言及しておかなければならないのはワルシャワにあるユダヤ人ゲットー跡記念碑である。

ワルシャワ・ゲットーは、一九四〇年からポーランドのユダヤ人四〇万人が、強制収容所へ移送されるまでの間、隔離、収容されたワルシャワの一角である。ゲットーの劣悪な環境で多くの者が餓死、あるいは病死した。一九四三年四月、ゲットーのユダヤ人は、ゲットーに密かに運び込んだ爆弾や銃でドイツ軍に対して武装蜂起したが、約四週間にわたる壮絶な闘いの末、ドイツ軍によって完全に鎮圧され、ゲットーは廃墟となった。ワルシャワ・ゲットー跡はユダヤ人虐殺だけではなく、このユダヤ人蜂起とその膨大な犠牲者を想起する場所である。

一九七〇年、ポーランドと西独との間でワルシャワ条約が締結された。それによってポツダム協定（一九四五年）で暫定的に決められた国境が正式に決定され、国交は回復した。ヴィリー・ブラント（社民党）は条約調印のために一九七〇年十二月、ワルシャワを訪問し、条約の調印に先立ってワルシャワ・ゲットー跡の記念碑を訪れた。ブラントは記念碑に花輪を捧げた後、一歩退くと、十二月の雨で濡れた地面に突然ひざまずき、記念碑に向かってしばし黙想を捧げた。

この振舞いは、大きな衝撃を与えた。西の世界では総じて、ドイツがポーランドに赦しと和解を求める徴として、詳しく伝えられたが、東欧圏は逆にこれを黙殺し、ほとんど報道されることはなかった。翌年、ブラントは東欧との融和政策の評価からノーベル平和賞を受賞する。

現在でもドイツのテレビでしばしば流れるこの映像は、それを取り巻くその場に居合わせた人々の反応からも、この行動が全く予期せぬものであったことを伺わせる。後にブラントが述べたように、その行為は花輪を置くだけではすまないという、その場で突然わき上がってきた感情から自然に生まれたものなのか、それとも事前に考え抜かれた政治的演出であったのか。しかしそのいずれであろうとも、国家の代表が公式的行事で示した、誰の目にも解釈の余地なく明瞭に理解し得る象徴的行為が、国家の公式的政治表現として特別な意味を持って受け止められるのは当然である。それ故、これによって最も大きな衝撃を受けたのは、他ならぬ西ドイツであった。

ブラントの行為を屈辱と見るか、謝罪を表わし和解を求める適切な表現として受け止めるのか、西ドイツは二分された。冷戦構造の中でドイツの領土の放棄を含む戦後の国境追認としての条約締結問題に対する批判と絡んで、これをワルシャワ条約機構への屈服として、故郷追放者組織や保守党はブラントを激しく非難した。この直後、発刊された週刊誌『シュピーゲル』の表紙は、ひざまずくブラントの写真と「ブラントはひざまずくことが許されるのか」という緊急アンケートの大きな見出しで飾られている。このアンケートの結果は、これをいきすぎとみなす者が四八％、適切と答えた者が四一％である。

当時、東ドイツやポーランドを始め東欧諸国がこの報道を抑えた事実は、この象徴的行為が及ぼし得る政治的影響力を重く受けとめたことを逆に物語っている。[★27] それは花輪を置くという形骸化した儀式が決して表わし得なかったものを明瞭に表現し、またワルシャワ・ゲットー跡記念碑に新たな意味の層を加えることになった。

二〇〇〇年十二月、ワルシャワ条約締結三十周年、ひざまずくブラントのレリーフがワルシャワ・ゲットー跡記念碑の傍らで記念碑となり、その場所はヴィリー・ブラント広場と改名された。シュレーダーはこの記念碑の除幕式にドイツ首相として招かれ、式典の後、ポーランド議会で演説を行なった。そこでシュレーダーはポーランドの欧州連合加盟を強く支持している。[★28]

この場所にブラントの記念碑ができるまでの背景には、多くの論争がポーランドで行なわれたであろう。このブラントの記念碑は、ワルシャワ・ゲットーのユダヤ人蜂起や、ここから強制収容所に送られ虐殺された人々の想起を和解へと結びつけるのか、それともそれを相対化するのか、補完するのか、あるいはたんにポーランドの欧州連合加盟に関連づけられるものとなるのか。ワルシャワ・ゲットー記念碑やブラントの記念碑に連なるドイツ人、ポーランド人、そしてユダヤ人の間での分離した想起は、次の世代にどのように継承されるのか。もちろん記念碑を媒介にしてなされた象徴行為も、そこから生まれた新たな記念碑も、時の流れの中で意味を持ち続けることが困難であるのは、他の記念碑と変わるところはない。

5・2・2 兵役拒否者の記念碑――ハルベの戦没者墓地をめぐって

第二次大戦中、ドイツで兵役拒否や軍務放棄などで死刑判決が下された者は約三万人、そのうち、約二万人は処刑された。これらの犠牲者の中には例えばエホバの証人や共産党員など他の犠牲者のカテゴリーにも含まれる者もいる。ナチスが政権をとった一九三三年から一九四五年までの兵役拒否者については、一九九七年、戦後半世紀を経て法的に名誉回復が行なわれ、二〇〇二年には全ての判決が無効になった。[★29] 国家によって後に完全に否定された戦争の兵役拒否者の名誉が法的に回復されるのに、実に戦後五十年の歳月を要したのである。一九四三年、ヒトラーの暗殺を企てたクーデターを主導し、また加わったドイツ将校の名誉回復は戦後すぐに行なわれ、その記念日には、毎年ドイツで半旗が揚げられ、処刑された場所（現国防省内庭）で国家式典が行なわれていることを見れば、この扱いはあまりにも異なっている。

ドイツ最大の戦死者の墓地があるベルリン郊外、ハルベ（ブランデンブルク州）に兵役拒否者の犠牲者のための記念碑建設を求める運動がある。戦争終結六十年周年、二〇〇五年五月八日を設立目標に掲げていたが、それはまだ実現していない。

ハルベは一九四五年四月の末、戦争集結のわずか十日前、ソ連軍とドイツ国防軍やナチス武装親衛隊の間で大きな戦闘が行なわれた場所である。すでに勝敗が決していた戦争の最終局面で、この戦闘はソ連にとって戦後のドイツ支配の展開を決する一刻も早いベルリン到着がかかった重要なものであった。僅か数日の戦闘でおよそドイツ軍三万人、ソ連軍二万人、一般市民二万人がそこで命を落とした。[★30]

その場に残された膨大な遺体は、ソ連軍の指揮の下でその多くは認識票など身元を表すものが取り外された後、地元住民も動員されて、その場にばらばらに埋められた。一九五一年、地元の教会の牧師の呼びかけによって、その森の一部は整地されて墓地となり、遺骨は改めてそこに埋葬された。[★31]

この墓地に整然と並ぶ墓のプレートには、十数年前には「不明者」という文字と戦闘の日付、そして五〇や一〇〇といったそのプレートの下に埋められている遺体の数を表す数字が並んでいるだけであった。その後、墓の整備は進められ、現在では無名兵士のプレートも更に細かく分けられ、没日は記されず、「一九四五年四月」にほぼ統一されている。確かにそれらの人々がいつどこで死んだのかを正確に知ることは不可能であろう。この墓地のすぐ近くでは、使われなくなった小学校の校舎がこの小さな町で起こった出来事を伝える博物館（Denkwerkstatt Halbe）となっている。

▲…ハルベの戦場跡。墓のプレート。

ドイツ統一後、この墓地は、ドイツ兵士の英雄的死を讃える場として、極右のデモの目標地点となった。それに伴い、ハルベはまたネオナチに反対する平和デモや集会が周辺で行なわれる場所ともなった。ブランデンブルク州議会は、この墓地及びその周辺での極右のデモや集会を禁止することを目的とした法案を二〇〇六年十月に可決したが、個々の事例について解釈の余地が残っていることから、その後もデモの申請は続いている。二〇〇六年十一月の国民追悼記念日の前日、多くの市民による反対運動の中で、初めて近辺に近づく極右グループは警察によって排除された。[★32]

兵役拒否者の記念碑を敢えてこの場所に設立しようとする建設運動の意図には、この場をドイツ兵士の英雄賛美に利用しようとするネオナチに対する明確な批判がある。膨大な死者を出したこの戦場跡に兵役拒否者の記念碑が建てられるならば、それは戦闘による兵士の死と、兵士になることを拒否し処刑された者の死との間に価値序列をおくことを否定する明かな徴となるであろう。戦死者と兵役拒否者の死が価値的に同等に受け入れられるならば、この墓地は戦闘の虚しさを象徴する場所となり、ネオナチにとって英雄賛美の象徴力は失われるかもしれない。

死者の共同想起とは死者そのもののためではなく、現代に生きる者によって、現代や将来のためになされる行為である。犠牲者の死を無駄にしない、二度と同じことを繰り返さないという現代の「我々」の意志が、このような「犠牲者」の記念碑建設の根拠となるものである。死者を活かすこと、すなわち死者を「よい」目的のために利用することが、そもそも記念碑というものの本質であることは、その評価は別にしてここで取り上げた多くの論者によって指摘されていることでもある。

しかしこの記念碑には現代から過去への侵入が、あまりにもあからさまな形で企てられている。戦闘を拒否し、このような場所と関わりを持つことを拒絶し、それ故に処刑された人々を、たとえそれらの人々が、(そして戦死者も)根本的には望んだであろう「平和」のためであるとしても、この場所に関連づけることがはたして現代の「我々」に許されているのであろうか。

この地区の行政担当局は、一つの犠牲者グループだけの記念碑をこの場所に建てることは適切ではないという論拠で特別な記念碑の建設を認めていない。統一後、いくつかの自治体では兵役拒否者の記念碑建設は実現している。

5・2・3 「加害者」の現場 ——トプフ&ゼーネ工場跡

トプフ&ゼーネは、アウシュヴィッツなどの強制収容所に死体焼却炉を納入していた企業である。現在、エアフルトにあるこの工場跡地を「加害者の現場」として保存し、ドイツ企業とホロコーストとの関わりを中心的に問う場として記念館にするという計画が進められている。

ビール醸造と酵母製造を主たる事業とし、一九四〇年代にはその業界で世界に知られていたトプフ&ゼーネは、第一次大戦後、死体焼却炉の生産を副業として始めた。一九三九年、ダッハウの収容所に死体焼却炉を納入してから、その製品開発に集中し、より多くの死体をより短時間で、効率的に処理する技術を発展させていった。一九三九年に「一基で二体焼くことが可能な死体焼却炉」[★33]、一九四三年には、「持続的に稼働する大量死体焼却炉」で特許を申請している（一九四三年の特許は一九四九年、戦前からの移行措置法によってそのまま認可されている）[★34]。

この技術力によって、トプフ＆ゼーネは当時唯一の競争相手だったベルリンの廃棄物処理の会社クーリーを圧倒し、ナチスと独占契約を結ぶに至った。一九四五年の一月まで、この会社はブーヘンヴァルト、アウシュヴィッツ、マウテンハウゼンなどに稼働能力の高い焼却炉を次々と納入し、焼却炉の設置や炉の調整、管理のために収容所に技師を直接派遣している。また焼却炉のために開発した排気技術を生かし、一九四三年にはアウシュヴィッツのガス室の換気設備を設置した[★35]。

戦後、創業者の長男であった社長ルートヴィッヒ・トプフは逮捕を逃れ自殺し、会社の幹部や技師はソ連によって幾度かの逮捕、釈放の後、幾人かには有罪判決が下されている[★36]。

戦後トプフ＆ゼーネは名前を変え、酵母や食料貯蔵庫などを生産する東独の国営企業となった。統一後、私企業となったが、一九九四年に倒産した。その後、会社の工場や敷地がそのまま残され、一九九八年から、市民や歴史学者、またさまざまな組織が中心になって、敷地や残った工場跡の保存や活用についての検討が行なわれてきた。一九九九年、火災によって一部を消失したが、死体焼却炉を設計した部屋などを含む主要な建物は残っている。

一九九九年、チューリンゲン州のプロテスタント教会アカデミー、労働組合、ヨーロッパ文化センターなどによって、この場所の保存とその活用を検討する「歴史的場所トプフ＆ゼーネを支援する会」が設立された。この年、これらの団体が主催して、この場所の保存や想起をめぐる三日連続の会議が開かれ、専門家によってホロコーストと近代を中心的テーマとして講演や討論が行なわれた[★37]。

この企業は、ナチスの大量虐殺に巻き込まれたのではなく、上から強制されたわけでもなく、またナチスへの特別な思想的傾倒から積極的に、大量虐殺に協力したのでもない。会社の全利益のうち、死体焼却炉に関わる事業から得たものはその期間を通じて平均三％にすぎず[38]、それは最後まで副業であり、この事業の成否に社の存亡がかかっていたわけではない。強制収容所で行なわれていることをまのあたりにしながら、死体となっていく個々の人間やそこで遂行されていることには関心を払わず、自社の製品や技術の発展にのみ集中できたこの企業の論理、あるいは熱意はいったいどこから生じてきたのか。トプフ＆ゼーネだけではなく、多くのドイツ企業のこの勤勉さや努力は、何百万人にも及ぶ人間の体系的殺戮を技術的に助け、強制収容所での虐殺を加速させたであろう。

自社の製品や技術が用いられる目的やそれによる結果に対する企業の責任、またその企業の一員としての個人の責任、「社会的有用性」や技術の追究の条件とは何か。こうした問題は近代の合理性の追究から必然的に生じる帰結であるのか、ホロコーストは、どの程度、またどのように近代と関係があるのか。そして現在の企業やそこで働く個人は、この問題から根本的に免れているのか。

現在この工場跡では、このようなテーマの下でエアフルトの行政機関の協力を受け、討論会や講演、展示や芸術活動など多様な活動が行なわれている。二〇〇二年からは連邦文化省が財政を負担している。この運動を支える団体が主催した「トプフ＆ゼーネ――罪のない焼却炉」と題する展覧会が、ドイツの主要な都市を巡回した。二〇〇五年にはベルリンのユダヤ博物館でその展覧会は行なわれ、大きな反響を呼んだ[39]。

5・2・4　日常における記念碑――「躓きの石」

ここまで取り上げて来た記念碑は「虐殺されたヨーロッパのユダヤ人のための記念碑」を中心として、主に国家の自己理解や公式的意志表示としての「上から」の記念碑であった。しかしそうした記念碑とは全く対極に、国家的枠組みとは無縁で、非中心的、非儀式的、日常的な、「下から」の記念碑がある。それらの想起の形式もまた現在のベルリンの想起文化を構成する重要な要素である。

「躓きの石」は、表面を真鍮で加工した一〇センチ角の敷石であり、その表面にはナチスの犠牲者の名前と生年月日、そして殺された場所と日付が記されている。この石は犠牲者が当時住んでいた住居（ベルリンではほとんど集合住宅）の前の歩道に埋め込まれている。これはギュンター・デムニッヒという芸術家の作品であり、現在なお進行している記念碑プロジェクトである。一九九五年に最初の石が当局の許可なく埋められてから十年余を経て、今ではドイツ、および他のヨーロッパ諸国の四〇〇を越える市町村で一万七〇〇〇以上の「躓きの石」が埋められている。「犠牲者」を足で踏みつけることになるという当初の批判に対して、デムニッヒは敷石の文字を読むために人は「犠牲者」に頭を垂れることになり、また真鍮の表面は踏まれるほど磨かれ、文字が読みやすくなると述べている。★40

▲…ホロコーストの犠牲者が住んでいた家の前に埋め込まれた「躓きの石」。

国や組織の主導によってではなく、犠牲者がかつて住んでいた住居の現在の住民が、個人やまたグループでデムニッヒに直接申し込むことによって、その住居の前の道に「躓きの石」は埋められる。申請者はこの石の加工費として九五ユーロを負担しなければならない。敷石に記される犠牲者についての記録はその地区の行政に調査、確認が依託されている。現在ベルリンでは二人の職員がそれにあたっている。この記念碑は、この記録調査以外には一切公的支援を受けていない。住民の自発的な九五ユーロの個人負担がこのプロジェクトにおいて何より重要であることをデムニッヒは述べている。二〇〇五年、デムニッヒはドイツ連邦功労賞やユダヤ歴史賞が贈られ、「躓きの石」はすでに「上から」認知されたプロジェクトとなっているが、その基本方針は変わっていない。

戦前ユダヤ人が多く暮らしていた東ベルリンの一角、ハッケー

▲…「決して忘却してはならない戦慄すべき場所（絶滅収容所の名前のリスト）」。後ろがヨーロッパ最大のデパート、カーデーヴェー。

シャー・マルクトは、統一後生まれ変わり、かつての面影を残しつつも現在では若者が集まる賑やかな場所となった。ここにはユダヤ人会堂や、デモの規制を受けている施設「視覚障害者の工場跡記念館」や「ユダヤ人老人ホーム跡記念館」があり、歩道にはいくつもの「躓きの石」が埋められている。それらは右翼のデモの標的にもなり得ない、また見落とされるほどに小さなものであるが、人々が行き交う通りで鈍い光を放っている。「躓きの石」には犠牲者のヒエラルキーも排除もない。そしてこの石は、かつてその町で暮らしていた犠牲者だけではなく、現在その町に暮らす人々の想起への意志をも表わすものである。

もう一つの日常の記念碑の例として、「決して忘却してはならない戦慄すべき場所」を挙げておく。これは西ベルリンの中心の繁華街クーダムへ向かう地下鉄の駅、ヴィッテンヴベルガー・プラッツの前、ヨーロッパ最大といわれるデパート、カーデーヴェー（KaDeWe）のちょうど向かい側に、一九八五年七月に立てられた看板であるが、そこにはアウシュヴィッツを初めとする代表的な強制収容所の名前一二が記されている。西ベルリンの最も賑やかな場所へと向かう人々の目に、このパネルは否応なく突き刺さる。それは今なお、町の風景に、少なくとも完全には溶け込むことなく、影を落としている。

5・3 共同想起をめぐるもう一つの闘い――東独の記念碑

5・3・1 共和国宮殿とベルリン宮殿――想起の入れ替え

「虐殺されたヨーロッパのユダヤ人のための記念碑」の議論が集中的に行なわれていた一九九〇年代、東ベルリンでは、別の記念碑論争が行なわれていた。

一九九〇年代のドイツの共同想起を論じる時、このもう一つの共同想起の闘いについて触れないわけにはいかない。それはこの二つの闘いが、時と場所を同じくして行なわれたという形式的共通性を持つが故ではなく、そのいずれもがドイツ統一を背景にして、「我々ドイツ人」とドイツ史の断絶と連続性を根本から問い、共同想起の本質を異なる角度から鮮明に照らし出すものであるからである。

ホロコーストの犠牲者の記念碑建設が想起か忘却かの二者択一に関わるのに対して、もう一方は記念碑の解体に関わり、そこでは想起と想起との対立、想起の入れ替えが焦点となっている。前者がナチス支配の十二年間という、ドイツ史とドイツ社会の断絶、従って国家の否定的アイデンティティーに関わるものであるとすれば、もう一方の想起は、東独四十年をドイツ史の「断絶」として捉え、それを「正統的」なドイツ史に戻す、いわばドイツの肯定的アイデンティティーを焦点とする。

この二つの論争は当時ほとんど接点を持つことはなかった。しかし歴史の「断絶」を論じることは、その連続性や継承について論じることと本来不可分である。それ故、このもう一つの記念碑論争はホロコーストの記念碑論争と本質的に深い関わりを持つものであるといえよう。

東ドイツでは統一後、一九九〇年代半ばまで記念碑や通りの名前などの変更が集中的に行なわれていった。特に首都のベルリン移転決定（一九九一年）以降、東ベルリンでは他の町とはまた異なる意味と重要さを持ってそれは進行していった。党派的対立も背景にしつつ、それらの決定は区議会で行なわれた。東独国家に深く結びつく名称の多くは戦前の「歴史的」名称へと戻され、マルクス、レーニンにちなんだ建物に埋め込まれた記念板などは東ベルリンの中心から撤去されていった。その中には住所変更に伴う厄介な手続も原因の一つであるが、住民の大きな抵抗や反発を招いたものもある。最初に消滅した代表的記念碑は、一九九一年十一月から三ヵ月かけて解体された巨大レーニン像であり、それが建っていた東ベルリンの交通の要所レーニン広場は、その撤去の後、事の本質を明快に表わすが如く「統一広場」と改称された。

そしてこの一連の記念碑消滅の最後を飾るのが、十五年間議論が続けられた共和国宮殿（Palast der Republik）（東独人民議会堂）である。「共和国宮殿」は二〇〇六年五月、連邦議会によって最後決定的に解体が決定された。

共和国宮殿は、かつてベルリン宮殿が建っていた場所、ウンター・デン・リンデンに連なるカイザー・ヴィルヘルム通り（一九四九年からカール・リープクネヒト通り）に造られ、その名称はベルリン宮殿を対抗的に意識してつけられたものである。歴代のブランデンブルク先帝侯やプロイセン王、そしてドイツ皇帝の公式の居住場所であったベルリン宮殿は、その原型を十五世紀に遡るが、幾度もの拡張の末、十八世紀にはほぼ最終的な形をとって完成した。一九一八年の十一月革命でドイツの帝政が崩壊した後、ベルリン宮殿には博物館や研究機関などさまざまな施設が入り多目的に利用されていたが、第二次大戦末、空襲によって破壊された。

東独社会主義統一党は、その格好の立地条件と敷地の広さ、またプロイセン絶対主義の象徴を保存する意味を認めなかったことから、この場所を党の式典やデモ・集会のための広場として利用することを決定した。一九五〇年、書記長ヴァルター・ウルブレヒトの指示によってベルリン宮殿は完全に爆破され、跡形もなく消滅した。後に残った広い空き地は党の集会などに利用された後、その敷地の端の一角に、一九七六年、三年の建設工事の末、共和国宮殿が完成した。全ガラス張りのその建物には、当時、最新の技術が駆使され、東独人民議会議場だけではなく、コンサート会場やダンスホール、ボーリング場、また大小さまざまなレストラン、バーなど、多様な娯楽施設も入った、そしてシュタージによる監視カメラが至る所に設置された「人民のための」宮殿であった。

一九八九年、ベルリンの壁が落ちた後、共和国宮殿の中にある人民議会場で一九九〇年の秋、自由選挙で成立した最後の人民議会が東独の西独への編入（ドイツ統一）を決定した。それを最後に、共和国宮殿はアスベストの使用を理由に閉鎖された。

統一後、これを歴史的文化財として保存し、活用するのか、撤去してベルリン宮殿を再建するかをめぐって議論が始まった。連邦とベルリンは一九九四年にその跡地の利用についてのコンペを開いた。一位に選ばれた企画はその場所にベルリン宮殿と同じ大きさの敷地面を占める現代的な建造物の建設であったが、その実現は結局見送られた。

一九九八年からアスベストの除去のための工事が始まり、この場所の利用についてはその間もさまざまな提案がなされ、また議論が続けられた。二〇〇一年、連邦とベルリンは、「ベルリンの歴史的中心についての国際専門家委員会」を設置し、この問題の検討を委ねる。翌二〇〇二年、委員会はコンペの開催とベルリン宮殿再建という二つの提案をまとめた。ベルリン宮殿再建とは、正確にはベルリン宮殿と同じ敷地を占め、ベルリン宮殿と同じ二つの中庭を持つ構造の建物を建て、南、北、西の面には歴史的に正確に復元したバロック式の玄関を造るという折衷的なものであり全体の復元を意味するものではない。建築費は六億七〇〇〇万ユーロ、玄関の復元だけに、さらに八〇〇〇万ユーロと見積もられた。連邦議会はこの二つの提案の中から二〇〇二年七月四日、ベルリン宮殿の再建を圧倒的多数で可決した。その後各会派によって構成されたこの問題の検討委員会が設立され、翌年、委員会は連邦議会に財源についての具体化の検討と共和国宮殿解体の二年間の延期を提案し、受け入れられる。二〇〇三年十一月、連邦議会は共和国宮殿の解体とベルリン宮殿の再建を圧倒的多数で可決した。

共和国宮殿はアスベストの処理工事の終了後、外観だけは辛うじて保たれ、ほとんど枠組みだけの廃墟と化したが、二〇〇四年から二〇〇五年の終わりまで暫定的に開放された。その間、そこではこの問題をめぐる討論会や講演会を初めとして、演劇、展覧会やさまざまな芸術パフォーマンスなど九〇〇を越えるイベントが行

▲…解体される共和国宮殿。

なわれ、多くの人々が訪れた。

二〇〇六年一月十九日、共和国宮殿の保存と活用を求める最後の試みとして、緑の党と社会党は連邦議会に解体延期と解体までの共和国宮殿の文化利用を議案として提出するが、四三〇対一一九の大差で否決され、解体工事の開始が決定された。その後、共和国宮殿は周囲の影響を考慮し、爆破によってではなく、建設された行程の逆をたどって静かに日々消滅へと向かっていった。この解体工事の中では再び除去されたはずのアスベストが発見され、工期の予定は大幅に延びた。解体費もそれに応じて高騰し、当初の見積もりの一二〇〇万ユーロから二倍近くに達した。★41

共和国宮殿の保存を求める声も、ベルリン宮殿再建を支持する論拠も多様であり、これをたんに西と東の対立というような単純な構図で割り切ることはできない。ウンター・デン・リンデンを軸として構成されたかつての町の中心を取り戻したいという思いから、これを支持する者も多い。

ブランデンブルク門から約一・五キロ先に位置するベルリン宮殿は、直線の道がちょうど屈折したところに建てられ、その正面玄関をブランデンブルク門から見ることができるよう設計されていた。プロイセン時代につくられたこの一角は、ベルリン宮殿、その向かいのベルリン大聖堂、傍らにはペルガモン博物館などのあるシュプレー川の中州の博物館島、そしてフンボルト大学（ベルリン大学）によって、国家、宗教、学問のアンサンブルを形成していた。そして再建されるベルリン宮殿もまたこのコンセプトを受け入れている。完成後はベルリンの国立美術館（非ヨーロッパの美術品収集部門）、ベルリン市立図書館、そしてフンボルト大学による展示や講演、シンポジウムなど、一般に公開された活動のために用いられることになっている。

二〇〇七年十一月、連邦予算委員会で、ベルリン宮殿の総工費の上限が五億五二〇〇万ユーロ、連邦が四億四〇〇〇万ユーロ、ベルリンが三二〇〇万ユーロを負担することが決まった。またバロック式玄関の復元にかかる残り八〇〇〇万ユーロは、企業など民間の寄付によって賄われる。二〇〇七年の十二月、詳細な設計を決定するためのコンペが始まった。二〇〇八年十一月末、一次選考で残った三〇の中からイタリアの建築家フランコ・ステラの設計が審査委員一五人の全員一致で一位に選ばれた。十二月初め、共和国宮殿は地上からは完全に姿を消し、地下の残骸の撤去が残されるだけとなった。ベルリン宮殿再建工事の開始は二〇一〇年に予定されている。★42

東ベルリンの大多数の者にとっては共和国宮殿は、常にそこにあるものであり、それを周囲との非調和として受け止める理由はない。しかし一九五〇年まで、この場にあったベルリン宮殿を知る者にとっては、この場所に対して全く別の思いがある。共和国宮殿が人民のための虚構の宮殿であったとしても、また、それがウンター・デン・リンデンの統一的外見を「損う」ように、ドイツ史の「断絶」を象徴するものとして見るとしても、それもまたドイツの、そしてベルリンの歴史であるから、そこに保存、記録されるべきであるというのは、東でもまた西でも説得力を持った論拠であった。連邦やベルリンがこの巨大プロジェクトに巨額を投じることが、連邦議会で議決されたほど比率で、圧倒的市民によって支持されているわけではない。

跡形もないベルリン宮殿の「再建」という途方もない企ては、建設開始の時期も定められないままなぜ決定されたのか。なぜ、「歴史的」建造物であり、歴史的現場である東独人民議会ではなく、「偽物の」宮殿の再建が重要であるのか。なぜ、少なくとも、具体的な計画が固まるまでは、廃墟の共和国宮殿を引き続きさまざまな文化的試みに開放しなかったのか。

なぜ、「ドイツ統一」を決議した人民議会議事場が、それまでの歴史を含めて文化財として保存されないのか。なぜ、人民議会場を内部に統合するような新たな建造物の設計が考えられなかったのか。こうした問いは、当時文化大臣によっても答えられないままであった。★43

ベルリン宮殿を破壊して建てられた共和国宮殿は、ベルリン宮殿の再建のために今度は破壊される。かつて

▲…旧東独国家評議会の建物玄関に組み込まれたベルリン宮殿の一部。

の勝者は敗者となり、新たな勝者にその場所を明け渡す。社会主義統一党によるベルリン宮殿の爆破は蛮行である。しかしその過ちは共和国宮殿を破壊し、ベルリン宮殿を見かけ上、復元することによって正されるわけではない。

　この場所をめぐる攻防は、歴史的にはさらに古く遡ることができる。宮殿爆破から十余年後、東ドイツは自らが破壊したベルリン宮殿の一部をわずかな残骸を用いて復元した。それはベルリン宮殿に四つあった玄関・バルコニーのうちの一つである。このバルコニーは、一九一八年の十一月九日、カール・リープクネヒト（一八七一〜一九一九年。ドイツ共産党創設者の一人。十一月革命から二ヵ月後、社会主義の理論的指導者ローザ・ルクセンブルクと共にベルリンで虐殺される）が、社会主義共和国の樹立を下にいる人々に向かって叫んだ場所である。復元されたこの玄関・バルコニーを中央正面に組み込んで、東ドイツ国家評議会の建物は、ベルリン宮殿のすぐ傍に、一九六四年、完成した。

　東独国家評議会（憲法上東独の国家集団元首。社会主義統一党書記長が議長を務める）の建物にそのバルコニーを組み込むことは、東独国家を十一月革命の継承者として、そのドイツ史に接続させることである。東独は、国家の中枢機関において、またそれらの建物が集中する場所で、ベルリン宮殿の破壊と部分的復元によって東独の歴史と自己理解に基づくドイツ史の断絶と連続性を端的に、象徴的に表わした。それに先立ち、一九四七年にはベルリン宮殿前のカイザー・ヴィルヘルム通りはカール・リープクネヒト通りに改称されている。

　ベルリン宮殿爆破から半世紀以上を経て、今度は、統一ドイツ連邦議会が宮殿「全体」を「復元」することによって、この場所に結びつけられるべき共同想起の書き替えを決定した。ドイツ史におけるこの場所の「正しい」共同想起についての公式決定が再び下された。

四十年間の東ドイツの歴史とその向こうにあるナチス支配十二年の彼方には、フリードリッヒ大王の統治するベルリンの「最盛期」がある。ブランデンブルク門は決して東西の分裂や統一を象徴するために建てられたものではない。それは本来、プロイセンの王都に入る正門であり、そこからはベルリン宮殿の正面が、かつてのように臨まれなければならない。なぜならば、かつてベルリンはそのようであったから。東西ベルリンが共有するのは十二年のナチス支配の歴史だけではない。その向こうにはそれより遥かに長く輝かしい歴史がある。

ベルリン宮殿再建に込められているのはそういう思いなのであろうか。宮殿の再建の実現がどれほどの年月がかかろうとも、それは二義的なことにすぎないのであろう。かつての町並みを取り戻すという情熱が否定されるべきことであるのではない。しかしここで本当に中心的テーマとなっているのは、はたして古い町並み再建という文化的問題なのであろうか。それとも共同想起の闘いの結果として、東ドイツの歴史(的象徴)の消滅を中心とする政治的問題なのか。そうした懐疑が根強くある以上、またベルリン宮殿の再建が現在東西ベルリン市民の共同の意志であると言い難い状況で、共和国宮殿の解体をこのように急ぐべきではなかったであろう。「ホロコースト」記念碑が実現した現在、ドイツにとって首都ベルリンの肯定的共同想起の創出はそれほどにも急務の課題であるのか。

5・3・2 フンボルト大学本館のフォイエルバッハ・テーゼ記念碑——記念碑からメタ記念碑への転換

東ベルリンにおける想起の闘いのもう一つの事例は、フンボルト大学本館正面のマルクスの記念碑である。フンボルト大学はプロイセンの政治家でもあった言語学者フリードリッヒ・ヴィルヘルム・フンボルトが十九世紀の初め、新しい理念に基づいて創設したベルリン大学に遡るが、東独時代は首都の大学として社会主義統一党の強い影響下にあった。

▲…フンボルト大学本館玄関を入った正面に刻まれている、フォイエルバッハ・テーゼ。

ウンター・デン・リンデンにある大学本館の正面玄関つきあたりの大理石の壁には、マルクスの「フォイエルバッハ・テーゼ」の一節が彫り込まれている。

「今まで哲学者は様々に世界を解釈してきた。しかし世界を変革することが中心的問題なのである」。

これは、一九八五年、マルクスとエンゲルスの「共産党宣言」百周年を機に、社会主義統一党によって造られた記念碑である。統一後、この言葉を壁から削り取るべきか否かについて、フンボルト大学で議論が続けられた。一九九五年の冬学期には哲学部が主催し、この言葉をテーマとする連続講義が行なわれた[★44]。毎回、哲学、歴史学、社会学などの教員がこの問題について発題をした後、参加者の討論が行なわれた。これには学生や大学関係者のみならず、東ベルリンの一般市民も参加し、しばしば激しい対立に発展した。そこで実際に焦点となっていたのは、この言葉の歴史的意味や由来、あるいは、学問は解釈か、解釈なき変革はあるのか、またフンボルト大学の新しい理念は何かといった問題ではなかった。この言葉をめぐる攻防は、その討論に積極的に参加していた東独の少なからぬ人々にとって、さまざまな記念碑が東ベルリンから消滅していく中、東独の評価そのものがかかった問題として捉えられ、それが討論に感情的対立をもたらしていた。

大学当局は、最終的にこの言葉を「記念」として残し、下に説明文を付けることを決定した。現在この言葉の下にあるプレートには、これが刻まれた経緯とこれが現在「記念碑」(Denkmalschutz)として、そこに保存されていることが記されている。こうしてフォイエルバッハ・テーゼの一節は「記念碑」として、より正確に言えば「記念碑」の「記念碑」として括弧に括られ、この言葉やまた大学の歴史の評価を保留したまま、壁に留められた。

5・3・3 ソ連戦勝記念碑――共同想起の「飛び地」

最後に、東独の記念碑の問題として、ベルリンに現在特別なあり方において存在する、もう一つの「メタ記念碑」について言及しておきたい。それは東西分断に、従ってまたナチスの過去に関わる、ソ連軍（赤軍）の戦勝記念碑、顕彰碑の問題である。

一九四五年五月、ソ連軍はベルリンを包囲し戦争を終結へ導いたが、最終局面での地上戦では膨大な数の兵士が命を落とした。ソ連軍の「ベルリン解放」を讃えて造られたそれらの顕彰碑は、ベルリンに三つ（うち一つはブランデンブルク門にほど近い西ベルリン側）あるが、その中で中心的な位置を占めるのが東ベルリンのトレプトウ公園の戦勝記念碑である。これは一九四九年五月、戦争終結四周年の記念日にソ連の占領下において除幕されたものであり、この年の十月、東ドイツ（ドイツ民主共和国）が建国される。

▲…ブランデンブルク門傍にある、ソ連の戦勝記念碑。

この戦勝記念碑はベルリンの壁が落ちるまで、東独とソ連によってさまざまな国家式典がとり行なわれた東独建国神話の神殿ともいうべき、極めて重要な施設であった。ここには七〇〇〇を越えるソ連兵士の遺骨も埋められており、現在もその一角は自然公園の中で周囲とは全く隔絶された特異な空間として留まっている。

「社会主義者の故郷の自由と独立のために戦死した兵士たち」とロシア語とドイツで刻まれたこの施設の入り口の石門をくぐると、

▲…ソ連の戦勝記念碑（トレプトウ）。彫像の左を曲がると記念碑フィールドへ直接繋がる通路が広がる。

▲…記念碑フィールドの突き当たりにある兵士像。

まっすぐ続く並木道はうつ向き悲しむ女性の彫像に突き当たる。視界が突然開け、そこから直角に、舗装された幅広い道が現れる。この施設の中心であるフィールドへと向かう「参道」である。そこから六、七〇メートル先、門を象徴した一対の巨大モニュメントとその前で片膝をつき頭を垂れる一対の兵士像の間に立つと、ようやくこの施設の本体であるフィールドがその全貌を現す。

ここを訪れる者の最終目標地点であり、この施設の核心をなすのは、フィールドの一番奥にある芝で覆われ小高く盛られた場所に聳える高さ約一二メートルの兵士像である。軍服の上にマントを羽織ったその兵士は、左腕で子供を抱き、右手に剣を持ち、ハーケンクロイツを軍靴で踏み砕き、眼差しを高く上げて遠くを見つめる。

この彫像へと向かうフィールドの芝生を挟んで並行する二本の通路には、赤軍兵士の数々の「偉業」、その英雄的闘いと英雄的死をこの上もなくわかりやすく伝えるレリーフで飾られた石碑が並ぶ。その全ての石碑の通路に接する面に金文字で刻まれているのは、スターリンの言葉（二列に並ぶ石碑の一方はドイツ語、他方はロシア語表記）である。

一九九〇年、ドイツ統一の約半年前に、東西ドイツと占領四国（英米仏露）との間で締結されたドイツに関する最終条約（通称2プラス4条約）で、統一ドイツの規定が詳細に定められた。この条約によって、戦勝記念碑の維持、管理はドイツに義務づけられた。

この記念碑はドイツにありながら、ドイツが手を加えることの決して許されない、「我々」ドイツ人の共同想起の、いわば治外法権にある。二〇〇四年には五〇〇〇万ユーロをかけて大掛かりな補修工事が行なわれたが、その際、「スターリンの犠牲者同盟」が石碑からスターリンの言葉を削除することを求めた。この区の行政機関は管轄外を理由としてこれを斥けている。★45

この場所はドイツにとっては、別の「我々」の共同想起の飛び地である。しかしその別の想起の主体「我々」は、いったい誰であり、またここでは想起されているのは、いったい何であるのか。ここに見られる数々の言葉や建造物においてなお生き続けるスターリンは、ここで中心になっているものが、戦争に倒れた無数の、そして無名の兵士ではないということをはっきりと表している。

ある石碑のスターリンの言葉は言う。「我々の偉大な国に根づいた全ての人種と民族の平等のイデオロギー、民族友愛のイデオロギーは、ヒトラーのファシズムと人種迫害の野蛮なナショナリズムに勝利した」。

将来、ドイツとロシアとの間で合意が成立し、この施設がドイツの管轄に入ることは原理的にあり得る。その時、この施設は撤去されるであろうか。おそらく「戦勝記念碑」としてではなく、ドイツに深く関係のある歴史的事実を、そしてそれが建てられた時代を鮮明に証言するものとして保存されることになるであろう。そしてこの施設は原型を保ちつつも、しかし多くの碑文や解説が加えられ、全く別の意味連関に位置づけられ、名実共にメタ記念碑となることができる。

歴史や共同記憶の中心から何を残し、何を消し去るのか。一九九〇年代の半ばまで、東ベルリンの至るところで集中的に行なわれていたこうした記念碑に関わる議論は、ここに住む人々の生活の中で、時に実際的な影響も与えつつ、目に見える形で進行していった。それは西ベルリンではなく、東ベルリンでのみ遂行された

▲…マルクス・エンゲルス像と解体される共和国宮殿（左）。右はベルリン大聖堂。

▲…東ベルリンの中心、アレクサンダー・プラッツのすぐ側にある建物（教員ハウス）の壁に描かれた東独を代表する「社会主義芸術家」ヴァルター・ヴォーマッチャー（1925年～）の作品。

想起の入れ替えである。東独の記念碑解体をめぐる論争は、決して西と東の対立という単純な図式で片付けられるわけではない。しかし東西ドイツの統一とは、少なくとも部分的には、「西」が代表するドイツの「共同想起」へ東の「共同想起」が吸収されたのであって、決してその逆ではない。

ベルリンの中心には東独時代のさまざまな象徴が、なおさまざまな理由によって残っている。建物の壁に描かれた「社会主義の芸術」など文化財として保存されたものもあれば、ただ撤去する金を捻出できないという事情で残っている記念碑もある。何らかの理由で、解体にも保存にも「失敗した」ものの一部は、メタ記念碑への変容の途上にある。共和国宮殿やベルリン大聖堂のすぐ傍にある、一九八六年に建てられた「適度な」大きさのマルクス・エンゲルス像は、今や観光客が一緒に写真におさまる絶好の撮影スポットとなっている。

そうした統一後のベルリンにおける記念碑をめぐる状況を、ベルリン宮殿の再建と「虐殺されたヨーロッパのユダヤ人のための記念碑」の建設をその焦点として捉えるならば、そこに見えてくるのは、分離した

「我々」の「一つの」共同想起を求める闘いと、また無数の挫折でもある。

（1）Grußwort von Bundespräsident Roman Herzog zur Eröffnung des neuen Dokumentations- und Kulturzentrums Deutscher Sinti und Roma, 16.03.1997, Internet: http://www.bundespraesident.de/Reden-und-Interviews/Reden-Roman-Herzog-,11072.635965/Grusswort-von-Bundespraesident.htm?global.back=/Reden-und-Interviews/-%2c11072%2c6/Reden-Roman-Herzog.htm%3flink%3dbpr_liste.

（2）Zit. nach Art. „Einigung zu Denkmal für Sinti und Roma", in: BZ vom 9.5.2006.

（3）Zit. nach Art. „Zigeuner? Zitat?", in: FAZ vom 1.3.2005.

（4）Vgl. ibid.

（5）Vgl. dpa. „Ein Mahnmahl für die ‚Gipsies'?", in: Tsp vom 5.3.2005.

（6）Vgl. dpa „Sinti Allianz lehnt neuen Kompromiß für Denkmal ab", in: Welt vom 10.5.2005.

（7）Vgl. Eberhard Jäckel, „Sinti, Roma oder Zigeuner?", in: FAZ vom 5.9.2003.

（8）Vgl. Wolfgang Wippermann, „Sinti und Roma sind keine ‚Zigeuner'", Lesermeinung, in: Tsp vom 6.3.2005.

（9）Art. „Gedenkan an die ermordeten Sinti und Roma, 5.9.2006", in: REGIERUNGonline, Internet: http://www.bundesregierung.de/nn_774/Content/DE/Artikel/2006/05/2006-05-09-gedenken-an-die-ermordeten-sinti-und-roma.html.

（10）Wolfgang Wippermann,„Wie die Zigeuner", 1997 Berlin, S. 195.

（11）Rede des Bundesratspräsidenten Ole von Beust, Erster Bürgermeister der Freien Hansestadt Hamburg zum Gedenken zu Ehren der Opfer der Sinti und Roma am 20. Dezember 2007 in Berlin, Internet: http://www.bundesrat.de/nn_9020/DE/organe-mitglieder/praesident/reden/inhalte/gedenkrede.html.

（12）Vgl. Marlies Emmerich, „Topographie des Terrors: Erster Spatenstich im Herbst 2007", in: BZ vom 26.1.2006.

（13）Vgl. dies. „Baracken erinnern an Zwangsarbeiter", in: BZ vom 25.8.2006.

（14）Zit. nach Waltraud Schwab, „Das Mahnmal der anderen Seite", in: taz vom 28.3.2006.

（15）Zit. nach Matthias Oloew, „Das andere Denkmal", in: Tsp vom 27.1.2006.

（16）Sebastian Preuß, „Männerküsse in Beton", in: BZ vom 28.5. 2006.

（17）Vgl. Karoline von Graevenitz, „Homosexuellen-Denkmal eingeweiht", in: Tsp vom 27.5.2008, Internet: http://www.tagesspiegel.de/berlin/Homosexuelle;art270,2538943.

(18) Jörg Friedrich, Der Brand, Berlin/München 2002.
(19) Rede von Bundeskanzler Schröder zum 60. Jahrestag des Warschauer Aufstandes, 1.8.2004, Internet: http://archiv.bundesregierung.de/rede,-691262/Rede-von-Bundeskanzler-Schroed.htm.
(20) Art. „Vertriebene empört Die Rede Schröders war nicht anständig", in FAZ. vom 3.8.2004.
(21) Vgl. Art. „Merkel will nationalen Gedenktag für Vertrieben", in: FAZ vom 8.8.2005; Angela Merkels Rede auf der Veranstaltung der CDU/CSU-Bundestagsfraktion am 18.9.2006 in Berlin „60 Jahre Vertreibung. 60 Jahre Wege zur Versöhnung ", in: Bundesregierung Bulletin Nr. 84-1 vom 18.9.2006, Internet: http://www.bundesregierung.de/Content/DE/Bulletin/2006/09/84-1-bk-60-jahre.html#to7.
(22) Joschka Fischer (Interview), in: Zeit vom 28.8.2003 (36/2003).
(23) Art. „Gemeinsame Erinnerung als Schritt in die Zukunft. Aufruf der Gegner einer nationalen Option. Für ein Europäisches Zentrum gegen Vertreibungen, Zwangsaussiedlungen und Deportationen. Dokumentation", in: Welt vom 16.7.2003.
(24) Art. „Für ein Europäisches Zentrum gegen Vertreibungen", in: FAZ vom 15.7.2003.
(25) Art, „Merkel: Erinnerung an Vertreibungen bleibt in Berlin", in: FAZ vom 12.12.2007.
(26) Art. „Deutsch-polnische Annäherung", in: FAZ vom 6.2.2008.
(27) Michael Wolffsohhn/Thomas Brechenmacher, Denkmalsturz? Brandts Kniefall, München 2005. この本では、ブラントのこの行為が、アメリカや東西ヨーロッパ、また、イスラエルで当時どのように報道されたが論じられている。
(28) Vgl. „„Ohne polnisches Freiheitsstreben wäre die Geschichte der deutschen Einheit weniger glücklich verlaufen' Bundeskanzler Schröder: Polen gehört zu Europa und in die Europäische Union. Auszüge aus der Rede vor beiden Kammern des Parlaments in Warschau", in: FAZ vom 7.12. 2000.
(29) Vgl. Jens Blankennagel, „Deserteursdenkmal", in: BZ vom 29.4.2005.
(30) Vgl. ibid.
(31) この経緯についてはこの墓地を現在管理するハルベ記念館後援会（Förderkreis Gedenkstätte Halbe e.V.）の公式サイト参照。http://www.volksbund.de/gedenkstaette_halbe/ - top.
(32) Vgl. Katrin Bischoff/Tomas Morgenstern, „Ein guter Tag für die Demokratie", in: BZ vom 20.11.2006.
(33) Vgl. Jean-Claude Pressac, Die Krematorien von Auschwitz. Die Technik des Massenvordes, München, 1994, S. 148. この本が現在この問題についての唯一の基礎資料となっている。

(34) Vgl. Eckhard Schwarzenberger, „J. A. Topf & Söhne. Ort und Gegenstand der Auseinandersetzung mit der ‚ganz normalen' Mittäterschaft", in: Aleida Assmann/Frank Hidemann/Eckhard Schwarzenberger (Hg.), Firma Topf & Söhne. Hersteller der Öfen für Auschwitz, Frankfurt/New York 2002, S. 11.

(35) Vgl. ibid. S. 76 f.

(36) Vgl. ibid. S. 148.

(37) その会議の講演を基にして編集されたのが前掲の文献（『トプフ&ゼーネ　アウシュヴィッツの死体焼却炉の製造――想起の場所としての工場跡?』）である。

(38) Vgl. Jean-Claude Pressac, a.a.O., S. 8.

(39) Vgl. Volker Müller, „Die unschuldigen Öfen", in: BZ vom 22.6.2005.

(40) Vgl. Malte Conradi, „Steine in den Weg gelegt", in BZ vom 15.10.2005.

(41) Ulrich Paul, „Palast der Republik. Politiker wollen wissen: Wer ist am teuren Palast-Abriß", in: BZ vom 28.9.2006.

(42) Ulrich Paul, „Stella siegt ganz klar", in: BZ vom 29.12.2008.

(43) Wolfgang Tiefensee (Interview), „Da mach ich nicht mit", in: Zeit vom 4/2006.

(44) この連続講義の記録は一九九六年に公刊されている。Volker Gerhardt (Hg.), Eine angeschlagene These. Die II. Feurbach-These im Foyer der Humboldt-Universität zu Berlin, Berlin 1996. またその一部の講演は以下の哲学雑誌に発表された。Günter Figal/Enno Rudolph (Hg.), Internationale Zeitschrift für Philosophie, 1995 (Heft 2), Stuttgart. ただしそのいずれにも質疑応答の記録はない。それについての本文の記述は当時この講義を聴講していた筆者の記録と記憶に基づく。

(45) Vgl. Marcel Gäding, „Streit um Stalin-Zitate am Ehrenmal", in: BZ vom 31.3.2004.

本書で訳出した資料一覧

本書に訳出、転載することを許諾された下記文献の執筆者、出版社、新聞社、そして本書に写真を転載することを許諾された建築家、ベルリン国立芸術図書館に謝辞を表する。言うまでもなく本書は、それらの人々や団体の協力によって成立したものである。なお下記文献のうち©を附したものは各掲載紙に著作権が帰属する。（なお、6、27、28、29、49、50の資料以外は全て資料集『記念碑論争』に収録されている。）

第Ⅰ部

（1）Perspektive Berlin, „Erster Aufruf“, in: Frankfurter Rundschau vom 30. 1.1989.

（2）Eberhard Jäckel, „An alle und jeden erinnern“, in: Die Zeit vom 7.4.1989.

（3）Romani Rose, „Ein Mahnmal für alle Opfer“, in: Die Zeit vom 28.4.1989.

（4）Günter Freudenberg, „Die Redlichkeit muß es uns verbieten, Opfer von Opfer zu scheiden“, in: Frankfurter Rundschau vom 11.4.1991. ©Frankfurter Rundschau.

（5）Lea Rosh, „Ein Denkmal für die ermordeten Juden Europas“, in: Förderkreis zur Errichtung eines Denkmals für die ermordeten Juden Europas (Hg.), Ein Denkmal für die ermordeten Juden Europas, Berlin o.J. (1990), in: Ute Heimrod/Günter Schlusche/Horst Seferens (Hg.), Denkmalstreit — das Denkmal?, Berlin 1999, S. 774-776. © Förderkreis Denkmal für ermordeten Juden Europas.

（6）ノイエ・ヴァッヘ（戦争と暴力の犠牲者のための記念碑）入り口の碑文

（7）Senatsverwaltung für Bau- und Wohnungswesen (Hg.), Künstlerischer Wettbewerb „Denkmal für die ermordeten Juden Europas“. Ausschreibung, „Teil 3 Wettbewerbaufgabe“, in: Heimrod/Schlusche/Seferens, Denkmalstreit, S. 215.

（8）Senatsverwaltung für Wissenschaft, Forschung und Kultur (Hg.), Denkmal für die ermordeten Juden Europas. Engeres Auswahrverfahren. Aufgabenbeschreibung und Rahmenbedingungen, „Vorbemerkung“, „Sinn und die Aufgabe des Denkmals“, in: Heimrod/Schlusche/Seferens, Denkmalstreit, S. 838–839.

（9）Öffener Brief von Max Bächer, Walter Grasskamp, Salomon Korn, Reinhart Koselleck, Christian Meier, Ansgar

Nierhoff, Rachel Salamander, Michael Schoenholtz, Julius Schoeps und Jochen Spielmann zum Wettbewerb um das Berliner „Denkmal für die ermordeten Juden Europas“ vom 1.9.1997, in: Heimrod/Schlusche/Seferens, Denkmalstreit, S. 869–870.

(10) James E. Young, „Gegen Sprachlosigkeit hilft kein Kreischen und Lachen“, in: Frankfurter Allgemeine Zeitung vom 2.1.1998.

(11) Öffener Brief von Klaus Bölling, Peter von Becker, Ernst Cramer, Marion Gräfin Dönhoff, Günter Grass, Walter Jens, Hellmuth Karasek, Jürgen Kocka, György Konrad, Reinhart Koselleck, Wolf Lepenies, Christian Meier, Dieter Sauberzweig, Peter Schneider, Gerhard Schoenberge, Wolf Jobst Siedler, George Tabori und Siegfried Unseld: „Aus Einsicht Verzichten“, in: Der Tagesspiegel vom 4.2.1998.

(12) Walter Jens, „In letzter Minute. Mein Widerruf zum Holocaust-Mahnmal“, in: Frankfurter Allgemeine Zeitung vom 7.2.1998. ©Frankfurter Allgemeine Zeitung.

(13) Rudolf Augstein, „Zugebaute Scham“, in: Der Spiegel vom 16.2.1998. ©Der Spiegel.

(14) Peter Steinbach, „Flucht in die Vergangenheit“, in: Der Tagesspiegel vom 6.8.1998.

(15) Julius H. Schoeps, „Niemand kann den Ermordeten ihre Würde zurückgeben“, in: Berliner Zeitung vom 12.8.1998.

(16) Roman Herzog, „Feigheit ist das letzte, was ich von meinem Volk erleben möchte. Die Rede von Bundespräsident Roman Herzog aus Anlaß des Holocaust-Gedenktages“, in: Frankfurter Rundschau vom 28.1.1999.

(17) Michael Naumann, „Haus der Erinnerung und Holocaust-Mahnmal in Berlin“, Bonn, 19.1.1999, in: Heimrod/Schlusche/Seferens, Denkmalstreit, S. 1201–1202.

(18) James Young, „Was keine andere Nation je versucht hat“, in: Berliner Zeitung vom 18.12.1998.

(19) Brief von Jürgen Habermas an Peter Eisenman vom 16.12.1998, in: Heimrod/Schlusche/Seferens, Denkmalstreit, S. 1185.

(20) Hanno Loewy, „Thesen zum ‚Denkmal für die ermordeten Juden Europas‘“ in: Heimrod/Schlusche/Seferens, Denkmalstreit, S. 1191–1192.

(21) Stefan Reinecke, „Gedenken mit Gebrauchsanweisung“, in: Die Tageszeitung vom 18.1.1999. ©Die Tageszeitung.

(22) Henryk M. Broder, „Endsieg des Absurden“, in: Der Spiegel vom 25.1.1999. ©Der Spiegel.

(23) Brief der Arbeitsgemeinschaft der Gedenkstätten in Berlin und Brandenburg an die Mitglieder des Deutschen

Bundestages vom 10.2.1999, in: Heimrod/Schlusche/Seferens, Denkmalstreit, S. 1244–1246.

(24) Arbeitsgemeinschaft KZ-Gedenkstätten Bergen-Belsen, Buchenwald, Dachau, Mittelbau-Dora, Neuengamme, Ravensbrück und Sachsenhausen, „Erklärung zum Vorschlag des Staatsministers für Kultur, Michael Naumann, statt eines Holocaust-Denkmals in Berlin ein Haus der Erinnerung zu errichten vom 1.3.1999“, in: Heimrod/Schlusche/Seferens, Denkmalstreit, 1249–1251.

(25) Reinhard Rürup, „Stellungnahme in der öffentlichen Anhörung des Ausschusses für Kultur und Medien des Deutschen Bundestages in Berlin am 20. April 1999“, in: Heimrod/Schlusche/Seferens, Denkmalstreit, S. 1274–1276.

(26) Richard Schröder, „NICHT MORDEN. Aufruf für ein mahnendes Mahnmal“, in: Heimrod/Schlusche/Seferens, Denkmalstreit, S. 1268.

(27) Andreas Nachama, „Sinn und Spruch“, in: Der Tagesspiegel vom 8.4.1999.

(28) Richard Schröder, „Wort und Täter“, in: Der Tagesspiegel vom 10.4.1999.

(29) Rede von Wolfgang Thierse im Deutschen Bundestag, in: Protokoll des Deutschen Bundestags, 14. Wahlperiode, 48. Sitzung, Bonn, Freitag, den 25. Juni 1999, S. 4086–4087.

第Ⅱ部

1

(30) Aleida Assmann, „Zwischen Pflicht und Alibi“, in: Die Tageszeitung vom 20.3.1996. ©Die Tageszeitung.

(31) Salomon Korn, „Durch den Reichstag geht ein Riß“, in: Frankfurter Allgemeine Zeitung vom 17.7.1997. © Frankfurter Allgemeine Zeitung.

(32) Peter Ambros, „Die angemessene Perspektive“, in: Berliner Zeitung vom 20.2.1998.

(33) Jürgen Habermas, „Der Zeigefinger“, in: Die Zeit vom 31.3.1999.

2

(34) Walter Grasskamp, „Die Behaglichkeit des Gedenkens“, in: Die Zeit vom 18.11.1994.

(35) Andreas Krause Landt, „Im Tode vereint, im Denkmal getrennt“, in: Berliner Zeitung vom 10.1.1997.

(36) Christian Meier, „Der Konsequente Aberwitz geteilten Gedenkens“, in: Frankfurter Allgemeine Zeitung vom

25.7.1997. ©Frankfurter Allgemeine Zeitung.
(37) Michael Bodemann, „Der Kern des Unbehagens“, in: Der Tagesspiegel vom 1.11.1997.
(38) Reinhart Koselleck, „Die falsche Ungeduld“, in: Die Zeit vom 19.3.1998.

3

(39) Rafael Seligmann, „Genug bemitleidet“, in: Der Spiegel vom 16.1.1995. ©Der Spiegel.
(40) Heinz Dieter Kittsteiner, „Der Angriff der Gegenwart auf die Vergangenheit“, in: Neue Zürcher Zeitung vom 1.4.1996. ©Neue Zürcher Zeitung.
(41) György Konrád, „Ein jüdischer Garten für alle“, in: Berliner Zeitung vom 28.11.1998.
(42) Richard Schröder, „So nicht! “, in: Die Zeit vom 21.1.1999.

4

(43) Micha Brumlik, „Die Kunst des Gedenkens“, in: Die Tageszeitung vom 1.4.1995.
(44) Joachim Riedl, “Geschichte, ein Requiem für Steine“, in: Süddeutsche Zeitung vom 9.1.1997. ©Süddeutsche Zeitung.
(45) Bernhard Schulz, „Das unverständliche Denkmal“, in: Der Tagesspiegel vom 6.4.1997. ©Der Tagesspiegel.
(46) Eduard Beaucamp, „Kunst in der Falle“, in: Frankfurter Allgemeine Zeitung vom 13.8.1997. ©Frankfurter Allgemeine Zeitung.
(47) Werner Schmalenbach, „Nur große Kunst bewegt“, in: Frankfurter Allgemeine Zeitung vom 13.10.1997.
(48) Barbara Kuon, „Im Treibsand der Befindlichkeit“, in: Frankfurter Rundschau vom 28.1.1999. ©Frankfurter Rundschau.

第Ⅲ部

(49) Henryk M. Broder, „ Ihr Untertanen“, in: Der Tagesspiegel vom 15.11.2003.
(50) Alexander Brenner, „Salz auf meine Wunden“, in: Der Tagesspiegel vom 19.11.2003.

あとがき

記念碑をめぐる共同想起の闘いとは、「我々」による「我々」の規定をめぐる闘いである。「我々」にとって忘却してはならないもの、記念すべきもの、共同想起に留めるべきものは何であるのか。想起の客体を明らかにすることは、何より想起の主体を明らかにすることである。「我々」は何ものであり、将来に向かってどのような「我々」を形成していくのか。この論争において根本的に問われているのはそのことである。

共同想起によって「我々」は「我々」になる。「我々」は、そのうちのあるものを継承し、あるものを忘却に委ね、あるものを「我々」の記憶に新たに加え、そのようにして「我々」は常に共同想起を創り出す途上にあり、過去と現在と将来は、そして「我々」は、連続と断絶によって結びつけられていく。

記念碑の建設や解体は、一つの「我々」を求め、それを固定化したいという願望から生じるものでありながら、実際にはそれは「我々」の対立や分離を顕在化させる。

「記念碑」が「我々」を共同性の問いへ駆り立て、見せかけの同一性を破棄し、多様な「我々」を露にしながら、しかし同時に、それが分裂の克服の可能性を指し示す契機になるならば、「記念碑」を求める闘いには、また「記念碑」を解体する闘いには意味がある。「虐殺されたヨーロッパのユダヤ人のための記念碑」は、その意味において、記念碑のなし得る最善のことを、その実現の前にほとんどなし得たと言えるであろう。

「記念碑」という象徴的物質的形式が一義的問題であるのではない。「我々」が多様な「我々」を内包しつつ、「我々」の規定をめぐって開かれた議論を継続していくならば、対立は対立でありながら、そこで共有される場において、新たな共同性の次元が切り開かれる可能性はあり得よう。そのことを記念碑論争は、多くの挫折を通して、我々に示唆するものである。

戦争に関わる死者の共同想起をめぐる現在の日本の議論においても、ここで様々な形で論じられたように、共同想起の主体と客体とその目的について根本的に問うことが何より重要であることは論をまたないであろう。そこで問題になっているのは、死（者）一般ではなく、また「自然死」や「純粋」な自然災害による死でもなく、狭い意味で社会的歴史的に明確に規定され得る死（者）である。それらの死をもたらした事柄についての根本的な省察なしに、個々の死者を、個々の死者のためだけに想起することは、この問題の、少なくとも中心ではあり得ない。その事柄の省察は、否応なく我々を「犠牲者」や「加害者」、そして「犠牲者」の「定義」や「区別」といった困難な問題に直面させる。そして「誰を」、「何のために」、「共同的に」、想起するのか。この問題を構成するその最も基本的な問題を追究することは、そもそも「一つ」の「中心的」な共同想起の可能性やその根拠についての根本的な問いへ、我々を不可避的に導くことになるであろう。

「何によって」、また「どのように」という方法の問いは、その果てに初めて意味を持つものとなって表われてくるのではないであろうか。

二〇〇九年一月、カール・リープクネヒトとローザ・ルクセンブルクが虐殺された九十周年記念日、東ベルリンの「社会主義者の記念碑（かつての著名な社会主義者や戦後の東独社会主義統一党最高幹部が埋葬されている墓地）」には、現在の左派党の党首を先頭に、かつての東独国家元首も加わり、例年以上に長いデモの列が続いた。東独時代、最重要の国家行事の一つは統一後もその流れを汲みつつ、形を変えて行なわれてきた。ここでは、何よりその想起の主体の断絶と連続性についての徹底的な議論が「過去の克服」の問題として厳しく求められ続けている。九月一日にはドイツのポーランド侵攻・第二次世界大戦開始から七十年、十一月には「ベルリンの壁」の解放から二十年を迎える。それに併せて、既にコンペも始まったドイツ統一記念碑は、再建されるベルリン宮殿の傍ら、最初の統一ドイツの初代皇帝ヴィルヘルム一世の騎馬像があった場所に建てられることになっている。一八七一年のビスマルクによる「上からの統一」に接続させ、またそれに対比させ、市民の平和革命による「下からの」の統一を表わすことが企図されているのである。他方、統一後、バルカンやまた現在のアフガンで増え続けるドイツ軍の戦死者のために、顕彰碑の建設が新たな論争の焦点となっている。なぜ国外の戦死者だけなのか、なぜ海外援助協力団体の民間人や外務省の職員等の死者はここに含まれないのか、国防省の中庭に建てるのか、派兵を決定した連邦議会の前か。

ドイツの共同想起をめぐる議論は、これから秋に向かってますます活発になっていくであろう。


最後に本書の成立に関して直接的な協力を仰いだ人々に対して、特に記して謝意を表わしたい。

フンボルト大学日本文化研究センター所長クラウス・クラハト氏は、この研究に対して研究センターとして、個人として最大の支援を惜しまれなかった。またアンドレアス・グライナー・ペッター氏には、本書に転載した諸論文の著作権の交渉など複雑な問題において助けられ、また貴重な助言が与えられた。筆者のとりわけ困難な時期に、両者から与えられた公私にわたるさまざまな援助に対して心から感謝する。

記念碑論争の論者でもあったフンボルト大学神学部リヒャルト・シュレーダー氏は筆者に自らの資料を開放された。その中には氏の「戒めの碑」の提案が連邦議会にかけられるまでの経緯におけるさまざまな資料や、氏の提案に対する一般市民やイスラエル在住のユダヤ人からの手紙、また一般市民からのこの碑に対する造形的提案など、貴重な資料が含まれていた。本書でそれらに言及することはほとんどできなかったが、何らかの形で生かしたい。執筆中生じたさまざまな疑問については氏から多くの教示を受けた。また来独から今日に至るまで氏の公私にわたる援助と励ましに対して、この場を借りて深く感謝の意を表したい。それなくして本書が成立することはなかったからである。

社会評論社の新孝一氏には、執筆の過程で貴重な助言を与えられた。当初、二部で構成を企画した本書に記念碑完成後の展開を扱うⅢ部を加えることになったのは氏の薦めによるものであった。また氏の丁寧な校正と的確な指示によって多くの助けを得たことを特に記し、改めて感謝したい。

米沢薫

[著者紹介]

米沢薫（よねざわ・かおる）
立教大学文学部キリスト教学科卒業、同大学院文学研究科組織神学専攻、修士課程修了。同博士課程中退。
1991年渡独。ベルリン・フンボルト大学で社会学、政治学を学ぶ。
元ドイツ学術振興会（DFG）研究員。現フンボルト大学日本文化研究センター研究員。

記念碑論争——ナチスの過去をめぐる共同想起の闘い（1988～2006年）

2009年5月3日　初版第1刷発行

著　者＊米沢薫
発行人＊松田健二
発行所＊株式会社社会評論社
東京都文京区本郷2-3-10　tel.03-3814-3861/fax.03-3818-2808
http://www.shahyo.com/
印刷・製本＊株式会社技秀堂

Printed in Japan

ナチス・ドイツの強制労働と戦後処理

●田村光彰

A5判★3400円

ナチス・ドイツによって強制連行され、生死の境目で労働させられ、敗戦と共に放置された異国や占領地の人びと。企業の責任を問い、強制労働に補償を行なう財団が正式に発足するまでの歩み。

歴史の影

恥辱と贖罪の場所で

●アーナ・パリス

A5判★5600円

戦争加害や民族虐殺など、恥辱の過去モを背負う国々を訪れる著者は、人々の記憶を尋ねて歩く。隠蔽と願望、忘却と贖罪が混淆する共同体の物語へ足を踏み入れる旅。

生物学が運命を決めたとき

ワイマールとナチス・ドイツの女たち

●レナート・ブライデンソール

A5判★4000円

ワイマールからナチズムの時代、女性や家族の問題はいかに政治化され、操作されていったのか。人びとの運命を決めた生物学と、それに対する抵抗を明らかにする。

欧州統合と新生ドイツの政治再編

●柴山健太郎

A5判★3200円

市場統合、東西統一の中で再編される経済・社会・政治構造。ネオナチの台頭、高齢化社会、東西格差と失業者の増大。社会問題の深刻化と新しい社会運動。ヨーロッパの火薬庫ドイツのゆくえは。

靖国の闇にようこそ

靖国神社・遊就館 非公式ガイドブック

●辻子実

A5判★1800円

天皇のために殺された人たちを神として祀る靖国神社。アジアからの批判の声は無視したのに、アメリカの圧力で展示内容をこっそり変えた遊就館。建物や碑、展示室の一つ一つをガイド。

ホルクハイマーの社会研究と初期ドイツ社会学

●楠秀樹

A5判★3200円

二つの世界大戦、ロシア革命、ナチズム、迫害、亡命、この激動の時代。ドイツ・フランクフルト学派の代表者・ホルクハイマーが「経験」を問うた知の軌跡から、社会を批判する社会思想の一原型。

ローザ・ルクセンブルク思想案内

●伊藤成彦

四六判★2700円

「赤のローザは、いましもかき消されどこにいるのか、だれも知らない。真実を、彼女は貧しいものらに語った 。だから金持ちどもが追放したのだ、この世から。」(ブレヒト)

1930年代・回帰か終焉か

現代性の根源に遡る

●桑野弘隆・山家歩・天畠一郎編

A5判★3400円

総力戦体制以後。あるいは、国家の脱国民化。現在われわれは1930年代に起源を持つ一つの時代の終わりを生きているのではないか。現在性を解明する補助線をさぐるために30年代を照射。

表示価格は税抜きです。